ERIKA WARMBRUNN

WO ALLE WEGE ENDEN

*Allein mit dem Fahrrad
durch die Mongolei,
China und Vietnam*

*Aus dem Amerikanischen
von Ilse Rothfuss*

*Ein Buch der Partner
Goldmann und National Geographic Deutschland*

Die amerikanische Erstausgabe erschien 2001
unter dem Titel »Where the Pavement ends«
bei Mountaineers Books, Seattle.

Alle Fotos stammen
von der Autorin Erika Warmbrunn.

SO SPANNEND WIE DIE WELT.

Dieses Werk erscheint in der Taschenbuchreihe
NATIONAL GEOGRAPHIC ADVENTURE PRESS
im Goldmann Verlag, München.

1. Auflage Juli 2003, deutsche Erstausgabe
Copyright © 2003 der deutschsprachigen Ausgabe
NATIONAL GEOGRAPHIC ADVENTURE PRESS
im Goldmann Verlag, München,
in der Verlagsgruppe Random House GmbH
Copyright © 2001 der amerikanischen Originalausgabe
Mountaineers Books, Seattle
Copyright © 2001 Erika Warmbrunn
Alle Rechte vorbehalten
Karten: Michael Friel
Lektorat: Dr. Ilonka Kunow, München
Umschlaggestaltung: Petra Dorkenwald, München
Herstellung: Sebastian Strohmaier, München
Satz: Uhl + Massopust, Aalen
Druck und Bindung: Clausen & Bosse, Leck
ISBN 3-442-71222-x
www.goldmann-verlag.de
Printed in Germany

Das Papier wurde aus chlorfrei gebleichtem Zellstoff hergestellt.

Inhalt

Prolog: Die zündende Idee 7

TEIL I:
Mit dem Rad durch die Mongolei
Der verrückte Traum von einer fernen Welt

Eine unerfahrene Reisende in einem Land ohne
Straßenschilder 29
Ein bunter Fleck in der endlosen Weite 65
»Twinkle, Twinkle, Little Star« 100

TEIL II:
Als Lehrerin in Arshaant
Eine kleine Welt in einer weiten Landschaft

Eine Jurte auf dem Schulhof 127
»Thirteen!« 148
»So kiss me and smile for me« 162

TEIL III:
Die Reise durch das Reich der Mitte
Eine Verfolgungsfahrt mit dem Rad

Reise durch eine Tuschezeichnung 187
Höllenschnee 213
»Ihr Fahrrad braucht einen Pass« 230
Eng umschlungen 252

TEIL IV:
Mit dem Rad durch Vietnam
Ein Zeitsprung

»Hallo, hallo, hallo!« 273
Bedürnis nach Wiedergutmachung 299
Tiger und Glühwürmchen 319
Am Ende der Reise 339

Danksagung 350
Bibliografie 351

PROLOG:
Die zündende Idee

Ein Kreis in der Mitte des Dachs öffnet sich zum Himmel hin. Die trübe Winterdämmerung darüber ist seltsam farblos. Ich liege auf dem Boden, mit einer dicken Steppdecke über meinem Schlafsack. Das gestrige Dungfeuer neben mir ist nur noch ein Häufchen Asche in einem kalten Ofen, aber die Sohlen meiner dicken Wollsocken sind angesengt, wo ich sie zu lange an das heiße Metall gehalten habe, als die Flammen noch nicht erloschen waren. Hinter mir schläft eine vierköpfige Familie im einzigen Bett des Haushalts – ein sechsjähriger Junge und sein kleines Brüderchen, eingekuschelt zwischen ihren jungen Eltern. Ich weiß nichts über sie, nicht einmal ihre Namen. Aber letzte Nacht, als ich aus dem Dunkel und der Kälte kam, habe ich gefragt – mit den wenigen Worten, die ich in ihrer Sprache beherrsche –, ob ich bei ihnen übernachten könne. Ich liege still, vermeide jedes Geräusch. Je länger sie schlafen, desto länger kann ich in meinem warmen Kokon bleiben. Ohne mich zu rühren, schaue ich zu meinem Fahrrad hinüber, das an der Rundung des winzigen Fellzelts lehnt. Die Schnee- und Eisklumpen, die sich in den Rädern verfangen haben, sind zu kleinen Pfützen auf dem Boden zusammengeschmolzen, aber die breiten Reifen sind immer noch schlammverschmiert. Die Fahrradkette ist völlig verdreckt. Die blauen Taschen sind schmutzigbraun. Neongrüne Stellen schimmern durch Kratzer auf dem grauen Schutzlack, den ich in einer anderen Welt, in der es Teppichböden, Elektrizität und fließendes Wasser gibt, auf den Rahmen aufgesprüht habe.

Der Lichtkreis wird jetzt heller. Ich höre, wie die Familie sich rührt. Sobald die Sonne aufgegangen ist, wartet Arbeit auf sie.

Draußen in der frischen Morgenluft waschen wir uns flüchtig die Hände und das Gesicht in eisig kaltem Wasser. Rings um uns dehnt sich die eintönige, schimmernde Steppe aus so weit das Auge reicht. Zwei andere Behausungen stehen in der Nähe, aber jenseits dieser winzigen Enklave von drei Nomaden-Zelten gibt es weder Stromleitungen noch Zäune noch Straßenschilder – nichts als den grenzenlosen Raum. Ich war noch nie so tief im Niemandsland, und durch diese Menschen, die hier mühselig ihr Leben fristen, wird mir meine Verlorenheit und Einsamkeit noch schmerzlicher bewusst, als wenn die endlose Weite eine reine Wildnis gewesen wäre. Die anderen Familien sind noch früher aufgestanden als wir. Zwei Frauen melken bereits mit geübten Griffen ihre Kühe, wobei sie mir verstohlene Blicke zuwerfen. Die Frau, in deren Haus ich geschlafen habe, reicht mir einen Schemel und einen Eimer und zeigt auf ihre Kuh. »Ich kann das aber gar nicht gut«, warne ich sie, setze mich jedoch pflichtschuldig auf den dreibeinigen Holzschemel, klemme mir den kalten Blecheimer zwischen die Knie und greife nach einer Zitze. Das Tier macht einen Schritt zur Seite. Als ich nachrücken will, fällt mir der Eimer hinunter. Die drei Frauen schauen mir zu und unterdrücken ein Kichern. Ich klemme mir den Eimer wieder zwischen die Knie und versuche es noch einmal, drücke und ziehe energisch, und tatsächlich kommt ein dünner kleiner Strahl heraus, bis die Kuh plötzlich mit einem Huf aufstampft. Ich fahre erschrocken zurück und scheppernd fällt der Eimer zu Boden. Wir lachen jetzt alle. Die junge Frau hebt den Eimer auf und scheucht mich vom Schemel, um sich an die Arbeit zu machen.

Als die Morgenarbeiten erledigt sind, wird die Nudelsuppe vom Vorabend aufgewärmt und zum Frühstück geschlürft. Dann ist es Zeit für mich, Lebewohl zu sagen. Ich gebe der Frau zwei Kerzen und ihrem kleinen Jungen ein Päckchen Kaugummi. Die Frau erklärt mir eindringlich, dass ihre Familie jedes Jahr an diesen Ort zurückkehre, damit ich sie wieder finde, falls ich zurückkomme. Ich kontrolliere meine Reifen und ziehe die Gurte straff, mit denen mein Schlafsack auf dem Gepäckträger hinten fixiert ist. Mein Fahrrad ist hässlich, aber es ist robust und widerstandsfähig, und in Erinnerung an die leuchtend neongrüne Farbe, die unter dem langweiligen grauen Schutzlack verborgen liegt, nenne ich es Greene. Eine der anderen Frauen tritt jetzt aus ihrem Zelt. Ihr Gesicht ist tief zerfurcht, ihre Augen sind schmale, lebhaft funkelnde schwarze Schlitze. Sie hält einen Schöpflöffel voll frischer Milch in der Hand. Sie sagt etwas, das ich nicht verstehe, aber ich antworte »*Bayarlalaa*« – danke –, und sie nickt. Dann lässt sie ihre Hand herumschnellen und schleudert die Milch über mir in die Luft. Die weißen Tropfen spritzen auf meinen Kopf, auf meine Schultern, auf Greenes schlammverschmierte Taschen, und vermischen sich mit Erde. Ich vermeide es, mich zu ducken oder die Augen zu schließen, denn mit dieser Geste wünscht man Reisenden viel Glück. Die Frauen zeigen mir die Richtung. Ich finde einen Trampelpfad im Gras und folgte ihm geradewegs nach Osten. Es ist jetzt warm, fast heiß in der Sonne, die vom Schnee reflektiert wird. Ein Murmeltierjäger donnert auf seinem Motorrad vorbei. Als er später in der Steppe auf der Lauer liegt, sein Gewehr im Anschlag, fahre ich auf Greene an ihm vorbei. So spielen wir stundenlang Bockspringen, holpern über Steine, knirschen durch Eis und Schnee, waten durch eisige Bäche, bis am frühen Nachmittag eine kleine schwarze Asphaltschlange am Horizont aufschimmert. Es ist wie ein tiefer, erlösender Atemzug, wenn man zu lange unter Wasser war. Wie ein westliches Flugzeug, das von einem sowjetischen Flughafen aufsteigt. Wie eine vertraute Sprache nach einer, von der man nichts versteht.

Ich wollte weglaufen. Weit weg. Angelockt von der lebendigen, blühenden Theatergemeinde in Seattle, war ich nach meinem College-Abschluss dorthin gezogen, hatte mein Russisch-Examen in den Wind geschrieben und mich stattdessen für ein Leben im Rampenlicht entschieden. Fünf Jahre später wusste ich, dass es ein Fehler gewesen war. Alles, was ich in über zwei Jahren bekommen hatte, waren ein paar Jobs als Übersetzer für russische Gast-Ensembles. Ich arbeitete in einem Buchladen, ging im Sommer wandern, im

Winter Ski fahren, aber das Theater sah ich nur von innen, wenn ich eine Eintrittskarte für eine Vorstellung in der Hand hatte. Ich ging zum Vorsprechen, wurde aber nie zurückgerufen. Ich ging arbeiten und starrte auf Landkarten und träumte davon, so weit wegzufahren, dass es wie ein Neubeginn wäre. Ich war viel gereist, an den Maßstäben der sesshafteren Leute gemessen; verglichen mit anderen jedoch war ich ein Anfänger. Ich hatte in einem Pflegeheim in Berlin Betten gemacht, an der Côte d'Azur als Barkeeper gearbeitet und war 1984 in Krakau in die Messe gegangen, weil um fünf Uhr morgens, als mein Zug einfuhr, außer der Kirche nichts offen hatte. Ich war mit einer Freundin in Irland gewesen, wo wir uns Fahrräder ausgeliehen, unsere Rucksäcke auf die Gepäckträger geschnallt hatten und eine Woche lang an der Südküste herumgekurvt waren; unsere Regenumhänge hatten wir zu Zelten umfunktioniert und in den Klippen geschlafen. Ich hatte in Moskau studiert, die Heldin in einem kleinen Filmprojekt im Kaukasus gespielt und war von Georgien in die Osttürkei gewandert. Aber ich war nie in Südamerika gewesen oder in Afrika oder in Asien. Doch wenn das Reisen den Reiz des Neuen behalten soll, muss man sich immer weiter von dem entfernen, was man bereits kennt.

In unserem Buchladen wurden Karten von Botswana, Delhi und der Antarktis verkauft. Wir verkauften Sprachführer für Arabisch, Suaheli und Filipino. Wir verkauften Reiseführer für Abenteuerlustige, die mit dem Frachtkahn auf französischen Kanälen herumschippern, Russland per Eisenbahn durchqueren und Trekkingtouren in den Anden machen wollten. Es gibt nicht mehr viele Ecken auf diesem Planeten, wo man nicht in die Fußstapfen anderer Leute tritt. Ich träumte davon, mich einmal auf ungebahnten Wegen durchzuschlagen, in einem Land, das noch nicht von Touristenhorden platt getrampelt war. Ich wollte mich in unkartografierten Landschaften verlieren und den Menschen begegnen, die dort wohnten. Ich wollte den kompromisslosen, grenzenlosen Raum, eine Natur, die mir in Erinnerung brachte, wie klein und unbedeutend der Mensch ist. Ich wollte genau die leere, fordernde Landschaft, die manche Leute als trostlos oder unwirtlich bezeichnen, die mir jedoch ein tiefes Freiheitsgefühl verschafft. Die Mongolei war eines der wenigen Länder, das in keinem Titel der Reisebuchreihen auftauchte, die wir führten. Ich wusste nicht viel über dieses riesige nordasiatische Land, aber ich stellte mir endlos weite, wilde Steppen vor, die von Horizont zu Horizont reichten. Ich malte mir bauschig-weiße Jurten aus, die mitten im Niemandsland lagen. Ich träumte von zähen, kleinen Pferden, die frei über endlose Steppen liefen, völlig unberührt vom zwanzigsten Jahrhundert. Die Mongolei bedeutete Freiheit für mich.

Vier Jahre zuvor war ich in München gewesen. Ich wollte mir gerade ein Zugticket nach Frankreich besorgen, als ich es mir plötzlich anders überlegte und mir stattdessen ein Fahrrad kaufte. Ich radelte los, in der Überzeugung, dass ich wüsste, was mich erwartete. Ich hatte mir eingebildet, dass ich in Frankreich und Deutschland praktisch zu Hause sei, aber in den nächsten fünf Wochen lernte ich auf meinem Kaufhausfahrrad die verborgensten Winkel des Landes kennen – Bauernhöfe, Berge und Dörfer, wo kein Zug hält. Und als ich jetzt auf eine Asienkarte starrte, stand für mich fest, dass ich die Landschaft erkunden wollte, die jenseits der wenigen, weit verstreuten Städte der Mongolei lag. Ich wollte mich frei bewegen können, unabhängig von den Routen und Fahrplänen der spärlichen und unzuverlässigen öffentlichen Verkehrsmittel. Aber ich bin kein fanatischer Radsportler. Ich habe nicht den Ehrgeiz, mich im Gelände abzuquälen. Und begann daran zu zweifeln, ob ein Fahrrad das optimale Fortbewegungsmittel in einem Land darstellte, das dreimal so groß ist wie Frankreich und weniger als tausend Kilometer asphaltierte Straßen und nicht ein einziges Fahrradgeschäft zu bieten hat. Ich verlegte mich auf eine bessere Idee: ein Pferd zu kaufen, das uralte Transportmittel der Mongolen. Doch während ich auf meine Asienkarte starrte, wurde mir plötzlich bewusst, dass dort, gar nicht so weit von der Mongolei entfernt, Vietnam lag. Weiße Sandstrände mit jener unvermeidlichen Aura behaftet, die der Krieg hervorgerufen hatte. Damals, 1993, kam noch die Attraktion hinzu, dass dieses Land gerade erst zugänglich geworden war. Wenn ich schon die Mongolei bereiste, konnte ich auch noch weiterfahren. Mein Finger zeichnete eine Linie auf das Papier, vom russischen Baikalsee nach Süden bis Saigon. Ich hatte kein spezielles Interesse an China, hatte es nie gehabt, aber nun lag es vor mir, mitten zwischen den beiden anderen Ländern, also würde ich auch durch China fahren. Ich war mir darüber im Klaren, dass ein Pferd nicht das optimale Fortbewegungsmittel in China und Vietnam darstellte. Ein Fahrrad hingegen schon.

Und so hatte ich einen Plan. Oder zumindest eine Idee, eine Fantasie, die mir im Hinterkopf herumschwirrte. Dann läutete eines Tages das Telefon, und ein Mann, den ich nie gesehen hatte, der Freund eines Freundes, bot mir einen Job als Übersetzerin auf einer Theatertournee nach Wladiwostok im fernen Osten Russlands an, in einem Russland östlich Sibiriens. Die Tournee sollte in weniger als zwei Monaten beginnen. Wladiwostok war, da alle Dinge relativ sind, nur einen Katzensprung von der Mongolei entfernt. Näher würde ich meinem Ziel niemals umsonst kommen. Aber kürzlich war ich wieder einmal beim Vorsprechen gewesen; es war gut gelaufen, und die Rolle war fantastisch. Wenn ich sie bekäme, würde ich nicht Nein sagen, nicht einmal der Mongolei zuliebe. Ein paar Tage später läutete das Telefon wieder. Die Rolle war an die schöne Blonde gefallen, die zudem noch singen konnte.

Ich machte mich daran, Visa-Anträge zu stellen. Ich löste meine Wohnung auf und packte alles in Kartons zusammen. Ich nahm den Fahrradkauf in Angriff. Ich wusste, dass mein gutes altes Straßenrad der Reise nicht gewachsen war. Ich wusste, dass ich breite, griffige Reifen brauchte und einen Rahmen, der die monatelangen, extremen Strapazen überstehen würde. Aber mehr wusste ich nicht. Ich ging einfach in verschiedene Fahrradläden und fragte: »Angenommen, Sie würden durch die Mongolei fahren – was für ein Rad würden Sie dann nehmen?« Es war wie eine Metapher – »die Mongolei«. Mitten im Nirgendwo. Am Ende der Welt. Jedenfalls weit, weit weg. Niemand glaubte, dass ich tatsächlich die Mongolei, das

Land meinte. Die meisten hatten keine Ahnung, dass es die Mongolei überhaupt noch gab, dass sie weder zu China noch zu Russland gehörte, dass sie nach so langer Zeit als Spielball der Geschichte noch nicht völlig von der Landkarte verschwunden war. Ich kurvte in den Straßen von Seattle herum und testete Fahrräder, versuchte mir auszumalen, wie es auf steinigem, sandigem Grasland sein würde. Da ich nur fünf Wochen Zeit hatte, entschied ich mich schließlich für ein neongrünes Mountainbike mit den breitesten, griffigsten Reifen, die im Laden zu haben waren, und abwärts gebogenen Lenkern für meine schwachen Handgelenke. Ich schnallte einen Zähler darauf fest und stellte ihn auf Kilometer ein. Meilen konnte ich für die nächsten acht Monate vergessen – alle Karten, Straßenschilder und Wegbeschreibungen der Leute dort würden in Kilometern sein. Ich fuhr mein neues Fahrrad nach Hause, taufte es »Greene« – meine Greene – und ertränkte es in einer Dose Wasser und Schmutz abweisendem Schutzlack. Dann packte ich es in eine Kiste und stieg in ein Flugzeug nach Russland.

Nach drei Wochen in Wladiwostok flog die amerikanische Theatertruppe nach Kalifornien zurück, und Greene und ich wandten uns westwärts in Richtung Irkutsk. Als das Flugzeug über den riesigen Ausdehnungen Südostsibiriens zur Landung ansetzte, war ich entsetzt, worauf ich mich da eingelassen hatte. Es hatte Tage gegeben, an denen ich voll ungeduldiger Erwartung gewesen war, und Tage, an denen mich die kalte Angst gepackt hatte. Im einen Moment war das Leben ein einziger Freudentaumel gewesen und ich selber die Kühnheit und Furchtlosigkeit in Person. Ich konnte es kaum erwarten, auf der Straße zu sein – nur ich und Greene und das Wetter und der wunderbare, erschreckende Gedanke, nie wieder nach der Uhr leben zu müssen. Im nächsten Augenblick jedoch wurde mir ganz flau im Magen. Ich wünschte mir einen triftigen Grund, um die Reise abblasen zu können, noch bevor sie überhaupt angefangen hatte. Ich war den Tränen nahe. Am liebsten wäre ich schnurstracks nach Seattle zurückgeflogen, um den Sommer mit Baseballspielen und Wandern zu verbringen. Ich wusste nichts über die Mongolei und kaum mehr über autarkes Radreisen. Ich war einfach einer Idee gefolgt, hatte alles hinter mir gelassen und stürzte mich blindlings in eine wie auch immer geartete Zukunft hinein. Ich lief weg.

Aber gleichzeitig lief ich auch zu etwas hin. Vor mir lag das Unbekannte, was die Seele und den Sinn einer Reise ausmacht. Ich war halb tot vor Angst, aber ich bereute nichts. Es war der Beginn eines Abenteuers: Die Zukunft lag im Ungewissen, ein Geheimnis, und dieses Geheimnis war Furcht erregend. Zugleich aber war es die aufregendste Sache der Welt.

Der herbe Geruch der Erde erfüllte die Luft, und die Wärme des Sommerabends hing noch in der Dämmerung. Es war der 15. August 1993 in Südsibirien, und ich war auf dem Weg nach Saigon. Ich hatte die ersten fünfzig Kilometer auf dem Fahrrad hinter mich gebracht. Rund siebentausendneunhundertfünfzig lagen noch vor mir. Ich war mittags von Irkutsk aufgebrochen, so wacklig auf meinem überladenen Fahrrad, als ob man mir gerade erst meine Stützräder abmontiert hätte. Blühende grüne Felder wechselten mit dunklen Wäldern ab. Die Leute lächelten und winkten. Die Leute starrten, gleichgültig, ausdruckslos. Ich fühlte mich wieder wie mit fünf, als ich mein neues rotes Fahrrad noch kaum im Griff hatte und alle mich anstarrten. Am späten Nachmittag bog ich in eine unbefestigte Straße ein, die zu einem Dorf führte. Eine Frau lehnte an einem Traktor und redete mit ihrem Nachbarn. Ich hielt an, um nach einem Hotel zu fragen. Sie sagte, es gebe kein Hotel im Dorf, und soviel sie wisse, auch im nächsten Dorf nicht. Ihr Name sei Galya, sagte sie, und ich könne in ihrem Haus übernachten. Sie richtete auf ihrem Dachboden ein Bett für mich her. Sie reichte mir ein Handtuch und schickte mich auf die andere Straßenseite hinüber, wo ich im Bach baden konnte. Sie füllte frische Paprikaschoten zum Abendessen. Dann wollte sie wissen, wer ich war.

Ich bin nicht verheiratet und habe keine Kinder, sagte ich, mit den russischen Fragen beginnend, die sich immer um die Familie drehen – Ehemann, Kinder, Eltern. Ich lebe allein in einer Mietwohnung, tausend Kilometer von meiner Mutter und meinem Vater entfernt. Ich habe eine Schwester. Sie lebt tausende Kilometer weit weg in einer anderen Richtung. Dann ging ich zu den amerikanischen Fragen über, Arbeit und Schulbildung, die Dinge, über die man sich als Amerikaner im Allgemeinen definiert. Ich habe an der Universität Russisch studiert. Ich habe mich als Schauspielerin versucht, bin aber in einer Buchhandlung gelandet. Ich habe in Paris gelebt. Ich habe einen Wagen quer durch Amerika gefahren. Ich habe den Grand Canyon gesehen, das Mittelmeer und die Mitternachtssonne. Und jetzt muss ich noch weiter weg reisen, weil Europa mir nicht mehr genügt.

Für Galya war Europa bereits unerreichbar genug. Sie hatte vom Reisen geträumt, als sie jünger war, aber dann hatte sie geheiratet, hatte Kinder bekommen, ihre Mutter war krank geworden, »und außerdem«, meinte sie schulterzuckend, »durfte man damals nicht ins Ausland reisen.« Wir saßen jetzt auf der Vordertreppe, schlürften süßen, heißen Tee nach dem Abendessen, und Galyas resignierter Seufzer hing noch in der Luft, als eine Gestalt aus dem Zwielicht auftauchte. Die alte Frau, deren immer noch kräftiger Körper von jahrzehntelanger harter Landarbeit sprach, war fassungslos, als sie hörte, dass ich Amerikanerin sei. Anfangs glaubte sie es nicht, dann musste sie darüber lachen, ein tiefes, rauchiges Lachen aus einem zahnlosen Mund. Sie lachte schallend und berührte meinen Arm mit ihrer schwieligen Hand, dann schaute sie mir scharf in die Augen und erklärte mir, dass das Leben in Russland früher viel besser war. »Damals gab es keine Inflation. Die Leute wollten arbeiten.«

Galya entgegnete ruhig, dass Freiheit etwas sehr Wichtiges sei.

»Freiheit wozu?«, bellte ihre Nachbarin. »Damit die Frauen betrunken auf den Straßen herumlungern können, damit ein paar Leute steinreich werden?«

»Das hat es vorher auch alles gegeben«, entgegnete Galya leise, wie zu sich selber. »Wir haben es bloß nicht gesehen. Betrunkene

Frauen und Millionäre. Das hat es immer schon gegeben, wir wussten es nur nicht.«

»Aber früher herrschte noch Ordnung«, wandte die andere Frau ein. Mir war, als könnte ich spüren, wie Galya ein Schauder über den Rücken lief. Aber das Gesicht ihrer Nachbarin erinnerte mich an die verbitterten Züge vieler alter Menschen in Russland, Menschen, die aufrichtig geglaubt hatten, dass sie im Begriff waren, eine strahlende Zukunft aufzubauen, dass sie an der besten Gesellschaftsordnung mitarbeiteten, die es je gegeben hatte. Und eines Tages waren sie aufgewacht und mussten sich anhören, der Sozialismus, dem sie sich verschrieben hatten, sei eine Farce und eine Lüge gewesen, und die ganze Welt lache über sie. Alles Gegebene, alle Gewissheiten waren aus ihrem Leben verschwunden. Ihre Renten reichten nicht mehr für die Miete. Ihre Kinder wurden aus Jobs gefeuert, von denen sie geglaubt hatten, dass sie fürs Leben seien. Ihre Enkel wuchsen in einer Welt auf, die sie nie verstehen würden, eine Welt, die nichts mit der gemein hatte, die ihnen versprochen worden war.

Ein schlankes, braunes Mädchen in abgeschnittenen Bluejeans, dessen Familie irgendwo unten an der Straße wohnte, hatte sich zu uns auf die Stufen gesetzt. Katya war fünfzehn, nur drei Jahre jünger als ich bei meinem ersten Aufenthalt in Russland, damals noch Sowjetunion, ein Land, das im eisigen Panzer des Kommunismus, des Kalten Krieges und des nördlichen Winters erstarrt war. Es war ein Ort, an dem man schnell lernte, die Welt in einem anderen Licht zu sehen – in einem Licht, von dem sich eine arglose junge Südkalifornierin niemals etwas hätte träumen lassen. Die Gefahr war greifbar. Eine Gefahr, die tief und dunkel und real war. Aber ich verstand es noch nicht, nicht in einer konkreten Weise. Für mich war die Gefahr abstrakt, neu und romantisch. Einmal habe ich ein Buch eines im Exil lebenden Malers seinen Eltern in Moskau überbracht. Ich war noch nicht einmal nervös, als ich durch den Zoll musste. Ich schaute zu, wie das alte Ehepaar das Buch auswickelte, eine Zeitungsseite mit einem Foto ihres Sohnes auseinander faltete, sah, wie sie mit den fremden Buchstaben kämpften, selber unfähig, den Arti-

kel für sie zu übersetzen, denn mein Russisch war damals noch
längst nicht gut genug. Ich sah den Hunger in ihren Augen, weil es
doch ein kleines Stück von ihm war, weil er so unvorstellbar weit
weg war, in einer Distanz, die nichts mit den Kilometern zu tun
hatte.

Und da begriff ich allmählich.

Ich war vorsichtig gewesen, als ich fortging. Der Vater des Künst-
lers brachte mich schnell die feuchte Stiege hinunter und in die ver-
schneite Moskauer Nacht hinaus – lautlos, weil die Nachbarn ihre
Ohren überall hatten und ich eine Ausländerin mit einem Akzent
war. Katya war damals fünf gewesen. Als sie zehn wurde, hatte sich
die Welt in einen anderen Ort verwandelt. Ich fragte sie, ob sie sich
erinnere, dass es eine Zeit gegeben habe, in der sie nicht sagen
durfte, was sie wollte. »Ich kann sagen, was ich will«, sagte sie schulterzuckend. »Ich meine, ich würde bestimmte Dinge nicht in einem
bestimmten Ton zu meinen Lehrern oder Eltern sagen, weil ich
sonst Ärger bekommen würde.«

Galya schaute mich an. »Sie hat keine Ahnung, wovon Sie reden.« Es blieb lange still. Dann fügte sie hinzu: »Ich nehme an, das
ist gut.«

Am nächsten Nachmittag überquerte ich die Gleise der Transsibiri-
schen Eisenbahn und hielt vor einem grünen Lattenzaun, um Wasser für meine leeren Flaschen zu erbitten. Eine Stunde später war
Greene im Hof hinter dem Lattenzaun angeschlossen, und ich war
im Wald und suchte mit einem weißhaarigen Jäger und seiner neun-
jährigen Enkelin Pilze. Sonnenlicht sickerte durch die Bäume. Die
welken Blätter des Frühherbsts raschelten unter unseren Füßen. Er
nannte das Land die Taiga, und obwohl es nicht der fast undurchdringliche Wald der echten russischen Taiga war, genügte allein
schon das Wort, um Klänge aus »Peter und der Wolf« in mir her-
aufzubeschwören. Am Abend, nach einem herzhaften Mahl, das mit
den unvermeidlichen Wodkas gewürzt war, ging ich mit der Frau des
alten Jägers über den Hof zum *banya*, wo sie einen Eimer dampfend

heißes Wasser nach dem anderen über meinen Kopf hievte, während der Holzofen bullerte und das Kerzenlicht an den Holzwänden flackerte. Es war so typisch russisch, wie man es sich nur vorstellen kann.

Am nächsten Morgen fuhr ich aus den Hügeln zu den Ufern des größten Sees der Erde hinunter. Der Baikalsee, an dem über tausend Flora- und Faunaspezies beheimatet sind, die es sonst nirgends auf dem Planeten gibt, breitete sich glatt wie ein Spiegel bis zum Horizont vor mir aus. Die Schnellstraße führte ostwärts um das Wasser herum. Ich wandte mich nach Südwesten und fuhr ein schmales Asphaltband entlang, das sich auf die Mongolei zuschlängelte.

Am Abend aß ich in einer winzigen Küche, deren Boden aus gestampfter Erde bestand. Eine junge Frau kochte Kartoffeln und wärmte hausgemachte Nudeln auf, während Schwärme von Fliegen in der heißen, trüben Luft herumsummten und ihr Bruder, der im Türrahmen lehnte, mich anstarrte. Er war betrunken. Ich hatte es nicht gemerkt, als ich am Dorfladen angehalten hatte, um nach einer Unterkunft für die Nacht zu fragen, und er mich zu sich nach Hause eingeladen hatte. Die Männer waren alle betrunken, aber die Frauen hatten die Dinge im Griff. Seine Mutter scheuchte ihn aus der Küche und füllte meine Schale mit einer Speise aus frischer Beerenmarmelade. Draußen tobten zwei kleine Jungen mit breiten Mondgesichtern über den staubigen Hof. Die ganze Familie war dunkelhäutig und mandeläugig. Ich war zu den Burjaten gekommen. Wie ihre mongolischen Vettern im Süden sind die Burjaten ein Nomadenvolk, das von alters her Schamanismus praktiziert und eine mongolische Sprache spricht. Im späten siebzehnten Jahrhundert annektierten die Russen das Gebiet der Burjaten von China, und 1990 repräsentierten die Burjaten nur noch ein Viertel der Bevölkerung dieser Region. Doch als die gutturale Sprache meiner Gastgeberfamilie über mich hinwegflutete, spürte ich, dass Asien näher gerückt war. Diese Laute hatten nichts Vertrautes mehr.

Die Straße führte nach Südwesten weiter, weiße Birkenstämme ragten endlos gen Himmel, bis sie vom tiefen Waldesdunkel verschluckt wurden. Sie waren schön, wie aus einem Holzfäller-Märchen, aber es ließ mich ungerührt, weil ich schwer an die Erde gefesselt war, von der Hitze niedergedrückt, vom Gewicht meiner Radtaschen gelähmt, in meinem eigenen, unzulänglichen Körper gefangen. Ich kannte das Gefühl, wenn man selbstvergessen auf dem Fahrrad dahinfliegt, wenn die Beine rhythmisch in die Pedale treten, die Räder über das Land sausen, aber das hier war völlig anders. Ich hatte nicht trainiert für meine Reise. Es war nichts weiter als eine Idee gewesen, und jetzt war es Realität, eine Wirklichkeit, auf die mein Körper nicht vorbereitet war. Auf Steigungen schaffte ich höchstens hundert Meter am Stück, dann musste ich anhalten und gierig Wasser in mich hineinschütten, bis ich wieder leichter atmen konnte. Ein rhythmisches Knallen kam bei jeder Umdrehung der Pedale von der hinteren Gangschaltung. Ich versuchte es zu ignorieren. Ich schickte ein Stoßgebet zum Himmel, dass es einfach weggehen oder von selbst wieder in Ordnung kommen möge. Ich hatte keine Ahnung, was ich tun sollte.

Meinen ersten Platten hatte ich auf einer Fahrt durch Südfrankreich vor vier Jahren erlebt. Ich hatte kein Werkzeug, kein Flickzeug gehabt, und keine Ahnung, wie man ein Loch in einem Fahrradschlauch repariert. Fünf Stunden saß ich an jenem heißen, stickigen Nachmittag im Garten eines pensionierten Richters, während er das Flickset eines mittlerweile längst erwachsenen Enkels hervorkramte und wir uns mit vereinten Kräften vergeblich abmühten, den Schlauch zu reparieren. In der nächsten Stadt fand ich ein Fahrradgeschäft, kaufte mir ein Flickset und lernte rasch damit umzugehen. Aber der platte Reifen war das Einzige, was mir jemals passiert war; alles andere war völliges Neuland für mich. Jetzt saß ich mitten auf einer staubigen Straße in Sibirien und studierte mein Reparaturhandbuch. Die Kette war nicht mehr mit der Gangschaltung gekoppelt, so viel konnte ich sehen. In meinem Handbuch stand etwas von »Stellschrauben«. Ich zog eine um eine halbe Drehung an. Nichts. Noch eine halbe Drehung. Nichts. Ich machte die Drehung wieder rückgängig. Ich versuchte es in der anderen Richtung. Nichts. Ich

19

grübelte angestrengt: War es ein Unterschied, ob die Kette aus der Gangschaltung gesprungen war, oder die Gangschaltung aus der Kette? Ich schlug das Buch wieder auf und las: »Wenn die Gangschaltung nicht justiert ist, Schaltzugspannung überprüfen.« Ich suchte mir ein Schaltseil aus, von dem ich glaubte, dass es das richtige sein könnte, ruckte daran, und die Gangschaltung rastete ein! Ich war mutterseelenallein mit dem Fahrrad in Sibirien unterwegs, aber das machte nichts, weil ich ein absolutes Genie im Fahrradreparieren war!

Ich lehnte mich zurück und blickte mich um. Es sah aus wie in der Schweiz: ein tiefgrünes Tal, ein Bach, der irgendwo im Wald toste, Kuhglocken, die im Wind bimmelten. Und doch trennten mich Welten von Kuckucksuhren und Schweizer Nummernkonten!

Eine kleine alte Frau, die einen Korb mit frisch gepflückten Beeren trug, tauchte zwischen den Bäumen auf. »Guten Tag, wohin fahren Sie?«, fragte sie auf Russisch. »In die Mongolei!«, rief ich zurück und freute mich an dem exotischen, unwahrscheinlichen Klang dieser Worte. »Von Irkutsk«, erklärte ich, als sie näher kam – und von Amerika, ja, und allein. Und ja, natürlich wusste ich, dass ich dort heute nicht mehr hinkommen würde. Und ja, danke, ich bräuchte tatsächlich eine Unterkunft für die Nacht. Wir aßen in ihrer Blockhütte, in der ein Feuer im Ofen brannte, zu Abend, spießten eingelegte Pilze aus einer gemeinsamen Schüssel auf und tauchten gekochte Kartoffeln in kleine Salzhäufchen, die direkt auf den Tisch geschüttet wurden. Während die Enkelin über die Pilze meckerte – weil sie zu groß oder zu klein waren oder was auch immer –, fragte mich die Tochter über Amerika aus: »Haben Sie Kühe? Haben Sie Hühner? Und wenn Sie Fleisch im Laden kaufen können – wie viel kostet es? Wie viel kostet Brot? Gibt es Pilze bei Ihnen? Wilde Beeren? Haben Sie anderes Geld in Amerika? Oder nehmen Sie auch unser sowjetisches Geld? Ist das weit von China, wo Sie leben?« Draußen vor der behaglichen Hütte senkte sich die Dunkelheit über den duftenden immergrünen Wald, und die Straße, die an ihr vorbei in die Mongolei führte, war nicht mehr asphaltiert.

Am nächsten Nachmittag führte mich die Straße aus dem Wald hinaus in eine karge alpine Landschaft und geradewegs auf die unüberwindbare Mauer der Sowjetbürokratie zu. Mondi, die letzte Stadt vor der Grenze, sah wie Montana im neunzehnten Jahrhundert aus. Kleine Holzhäuser drängten sich unter den wuchtigen Bergrücken zusammen. Die sorgfältig gepflegten Gärtchen waren mit Zäunen aus Baumschösslingen eingefasst. Direkt vor dem winzigen Postamt kam ich an eine unbeschilderte Weggabelung. Ich ging in das Postamt und fragte die dicke Frau hinter dem Schalter, welche Straße zur Grenze führte. Draußen vor dem Fenster rotteten sich Kinder um Greene zusammen, hockten sich hin und zeigten mit den Fingern, und ihre Blicke huschten ängstlich zwischen mir und dem Fahrrad hin und her. »Zehn Kilometer den Berg hinauf«, sagte sie. »Waren Sie schon beim Zoll? Es ist das grüne Gebäude drüben auf der anderen Seite der Brücke. Man wird sie nicht hinüberlassen, bevor Sie nicht dort waren.«

Ich war immer der Meinung, dass man am besten fährt, wenn man den Leuten möglichst wenig Gelegenheit gibt, nein zu sagen. Halte nie an, solange dich keiner aufhält. Aber die Vorstellung, dass ich wegen eines lächerlichen Formulars zurückgeschickt werden würde, nachdem ich mühsam die zehn Kilometer bergauf gefahren war, machte mich gefügig, und ich ging brav zum grünen Gebäude auf der anderen Seite der Brücke hinüber.

»Nein«, sagte die Frau, die in einer makellosen Uniform steckte. »Nur einheimische Russen und Mongolen dürfen hier über die Grenze.«

Ich nahm an, dass sie noch nie mit einem Nicht-Russen oder Nicht-Mongolen zu tun gehabt hatte und daher nicht wusste, dass ich einen Pass und Visa hatte, die es mir erlaubten, aus Russland aus- und in die Mongolei einzureisen. Ich erklärte ihr geduldig, dass ich alle nötigen Papiere beisammen hätte, um über die Grenze zu kommen, und dass ich mich nur erkundigen wolle, ob es zusätzliche Zollformalitäten zu erledigen gab, bevor ich weiter die Straße hinauffuhr. Sie setzte sich über ein Walkie-Talkie mit ihrem Vorgesetzten

21

an der Grenze in Verbindung. »Nein«, sagte er. »Nur einheimische Russen und Mongolen dürfen hier über die Grenze. Das ist keine international geöffnete Grenze.«

Ich ärgerte mich, dass ich überhaupt hergekommen war, machte mir aber noch keine ernsthaften Sorgen und fragte, wer mir die Erlaubnis erteilen könne, die Grenze zu überqueren. »Vielleicht ist der Zollinspektor in dem Gebäude auf dem Berg oben«, sagte sie mit einem freundlichen Schulterzucken; wie die meisten Sowjetbürger zog sie es vor, die Verantwortung auf andere abzuschieben. In der Grenzstation auf dem Hügel oben wurde ich in einen kahlen Raum eskortiert, wo ich meinen Pass und meine Visa einem höflichen, dunkelhaarigen Leutnant namens Sergej vorzeigte. Sergej war einundzwanzig und hatte vier Jahre in Moskau studiert, bis er die vier stolzen Sterne auf seinen Schulterklappen erworben hatte. Nach dem Examen hatte man ihn für vier Jahre hierher nach Sibirien geschickt, aber er war fest entschlossen, sich bis Irkutsk und schließlich wieder nach Moskau hinaufzuarbeiten. Er schickte jemanden los, der mit dem Hauptquartier in Kjachta, achthundert Kilometer im Osten, telefonieren sollte, wo ich seiner Meinung nach die Grenze überqueren musste. »Wenn die dort sagen, dass ich Sie hier über die Grenze lassen darf, kein Problem.«

Eine katastrophale Frühjahrsflut hatte die Strom- und Telefonleitungen heruntergerissen, so dass ein Anruf nach Kjachta bei dem ohnehin schon antiquierten russischen Telefonsystem noch komplizierter als sonst war. Nach einer halben Stunde entschloss sich Sergej, den Anruf in Kjachta selber zu tätigen. Wir gingen in ein komfortables Büro hinauf, in dem ein anderer junger Offizier, Pascha, mir erzählte, dass vor kurzem vier tschechischen Journalisten der Grenzübertritt verweigert worden war. »Mondi«, sagte er, »ist nicht für den internationalen Grenzverkehr geöffnet – keine Drittländerpässe.« Ich studierte sorgfältig meine Visa und las zum ersten Mal das Kleingedruckte – wonach mir der Grenzübertritt an jeder *international geöffneten Grenze* gestattet war. Mein Magen krampfte sich zusammen. Gleichzeitig stieg mir die Schamröte ins

Gesicht, als mir klar wurde, dass die Frau in dem grünen Gebäude am Hang unten sicherlich massenhaft Nicht-Russen und Nicht-Mongolen abgefertigt hatte.

Während Sergej mit dem Telefon beschäftigt war, frotzelte ich, dass sie mich doch in einem Lastwagen hinten über die Grenze schmuggeln könnten.

»Nein«, sagten Sergej und Pascha ernst.

Ich fragte halb im Scherz, ob ich die Grenze nicht umgehen könne, indem ich durch die Berge fuhr.

»Sicher«, erwiderten sie ebenfalls halb im Scherz. »Zu Fuß schon, aber nicht mit dem Fahrrad.«

Ich bot ihnen an, ein Bußgeld zu bezahlen. »Warum sollten Sie ein Bußgeld bezahlen?«, fragte Sergej ehrlich überrascht; er hatte nicht begriffen, dass das ein kleiner Bestechungsversuch sein sollte. »Sie haben doch nichts verbrochen.« Wo zum Teufel war sie nur, die gute alte Sowjetkorruption, wenn man sie einmal brauchte?

Stunden vergingen, während Sergej vergeblich durchzukommen versuchte. »Ich habe zwei Lastwagen hier, die morgen nach Kjachta aufbrechen. Wenn Sie wollen, können Sie mitfahren«, bot er mir an.

»Alles, bloß nicht zurückfahren«, beharrte ich. Ich war mir so sicher gewesen, dass es sich nur um eine lächerliche Formalität handelte. »Es muss doch eine Möglichkeit geben. Das ist einfach idiotisch. Ich will doch nur ausreisen.«

Gegen sieben Uhr kam die Verbindung zu Stande, und die Frage wurde mit einem barschen Nein beantwortet.

Sergej schaute mich entschuldigend an, als er auflegte. »Vielleicht, wenn Mondi auf Ihrem Visum aufgelistet wäre …«

»Dann schreiben Sie es doch dazu«, sagte ich mit einem entwaffnenden und – wie ich hoffte – vielleicht sogar unwiderstehlichen Lächeln und zeigte auf die Schreibmaschine in der Ecke. »Oder lassen Sie mich fünf Minuten allein im Zimmer.«

»Das kann nur der Soundso machen«, sagte Sergej ernst, ohne meinen Vorschlag auch nur eine Sekunde lang in Erwägung zu ziehen.

»Und wo ist dieser Soundso?«

»In Kjachta.« Sergej hielt sich an die Regeln. Seine Vorgesetzten hatten nein gesagt, und damit basta. Er diskutierte bereits mit Pascha darüber, wo sie mich die Nacht über unterbringen könnten. Es gab ein Hotel in der Stadt, aber sie befürchteten, dass es »nicht sehr gut« war. Je unlösbarer die Probleme, die sie mit mir hatten, desto größer meine Chance auf ein Wunder, sagte ich mir – seht zu, dass ihr sie loswerdet, schickt sie einfach über die Grenze –, und so erhob ich keinen Protest. Schließlich einigten sie sich darauf, dass ich in Sergejs Unterkunft schlafen könne, und Sergej würde nebenan bei Pascha übernachten. »Aber erzählen Sie es nicht unserem Vorgesetzten in Kjachta«, sagte Sergej grinsend. »Ich weiß nicht, was er dazu sagen würde, dass wir Amerikaner bei uns übernachten lassen.«

Sergej und Pascha wärmten Armeekonserven auf und öffneten eine Flasche Wodka, und dann ließen wir uns zu dritt zum Abendessen in seiner kleinen Junggesellenküche nieder. Naiverweise war ich immer noch überrascht, wie negativ die Russen die Veränderungen der letzten Jahre sahen. Sergej und Pascha redeten wie die meisten Leute nicht über die neu errungenen Freiheiten, sondern über die Inflation. Als ich 1983 das erste Mal in Russland gewesen war, war der Rubel über eineinhalb Dollar wert gewesen, der größte Schein war ein Zehn-Rubel-Schein, und es war gefährlich für die Leute, mit mir auf der Straße gesehen zu werden. Jetzt schlief ich in der Wohnung des Leutnants, und der Rubel wurde zu 1200 je Dollar gehandelt (achtzehn Monate später waren es bereits 5000). »Schaut uns doch an«, sagte ich lachend. »Ich bin Amerikanerin. Ihr seid russische Offiziere. Wir sitzen in einem Militärgebäude und essen zusammen zu Abend. Und ihr findet, die Dinge seien nicht besser geworden?« Aber die Tatsache, dass sie frei mit mir kommunizieren konnten, hatte weniger Bedeutung für ihr Leben, als ich mir in meiner Arroganz einbildete. Weniger Bedeutung jedenfalls als die Eierpreise. Für mich war es wichtig, Freunde zu Hause besuchen zu können, ohne dass ich hinterher stumm die Treppe hinun-

24

terschleichen musste, oder hingehen zu können, wo immer ich wollte. Die wachsende Arbeitslosigkeit und die Brotpreise betrafen mich nicht. Die Schauspieler in Wladiwostok hatten mir erklärt, dass sie sich an die neuen gesellschaftlichen Freiheiten sofort gewöhnt hätten, weil sie ihnen so normal, so natürlich erschienen seien, etwas, wovon sie immer geglaubt hätten, dass es ihnen zustünde. Tausend-Rubel-Scheine hingegen hatte niemand gewollt.

Ich hatte vier Tage gebraucht, um von den Ufern des Baikalsees nach Mondi zu radeln. In fünf Stunden fuhr ich zurück. Ich saß neben Sascha, einem fröhlichen Burschen, der so schlaksig und eckig wie eine Vogelscheuche war und sich freute, dass er auf der langen Fahrt Gesellschaft hatte. Tolya, ein älterer, bereits ergrauender Mann, fuhr den zweiten Lastwagen und akzeptierte meine Anwesenheit mit einem nachsichtigen, wenn auch nicht gerade begeisterten Kopfschütteln. Wir fuhren auf die Schnellstraße, von der ich gestern abgebogen war, und wandten uns dann nach Osten. Saschas Augen unter der sandfarbenen Baskenmütze funkelten vor Neugier, als er mich über Amerika ausfragte. Wir kicherten und amüsierten uns köstlich, dass er eine Amerikanerin auf dem Beifahrersitz seines Militärlasters mitführte. Als wir zum Tanken anhielten, spendierte Tolya uns ein Eis, knurrig und widerstrebend, wie jemand, der sich seiner eigenen Gutmütigkeit schämt. Lange nachdem es dunkel geworden war, bogen wir von der Straße ab, und die beiden Männer zündeten ein Lagerfeuer an. Wir aßen Dosenfleisch und tranken Tee aus einem Kessel, den Tolya mit einer Lötlampe erhitzte. Dann rollten wir uns zum Schlafen in den Kabinen zusammen. Sascha, der nur seinen dünnen Mantel zum Zudecken hatte, fragte mich besorgt, ob es mir in meinem Schlafsack nicht zu kalt sei. Als wir am nächsten Morgen nach Kjachta kamen, wiegte ich mich immer noch in dem Glauben, ich könnte irgendeinen griesgrämigen Beamten dazu bringen, »Mondi« auf mein Visum zu stempeln. Ich sagte den Fahrern, wenn ich die Genehmigung bekäme, würde ich in ein paar Stunden wieder da sein und mit ihnen nach Westen zurückfahren.

Sascha meinte arglos, das sei durchaus möglich. Tolya hielt mich für verrückt und sagte mir Lebewohl.

Die Grenze war ein Stück Asphalt, mit Glasscherben und anderem Müll gespickt. Ein Trupp mongolischer und russischer Männer, die ziemlich dubios wirkten, lagerte in der Sonne. Ich fragte mich zum Chef der Grenzstation durch und erklärte ihm, dass ich ein Visum benötigte, um bei Mondi über die Grenze zu gehen. Das, so wurde mir verkündet, konnte nur die Polizei in Irkutsk veranlassen.

Wenn man etwas will, ist es oft das Beste, einfach nicht zur Kenntnis zu nehmen, warum es angeblich nicht geht. Man muss nur hartnäckig genug sein, dann wird sich plötzlich und unerklärlicherweise jemand finden, der einem genau das erlaubt, wovon er eben noch behauptet hat, dass es vollkommen unmöglich sei. Ich hätte wissen müssen, dass kein Grenzbeamter die Befugnis hat, das Visum eines Ausländers zu ändern, dass die einzige Person, die die Macht hatte, »Mondi« auf meine Papiere zu stempeln, vermutlich in einem grandios-schäbigen Büro in Irkutsk saß. Wahrscheinlich wusste ich es auch, aber ich hatte hartnäckig darauf gehofft, dass ich doch noch irgendwie durchschlüpfen würde. Das war jedoch ein Irrtum gewesen. Der Beamte in Nauschki ignorierte meine letzten halbherzigen Versuche, einen Mondi-Stempel zu ergattern, und erklärte mir unumwunden, dass ich die Grenze nicht mit einem Fahrrad überqueren könne. Der Zug in die Mongolei würde um 4.30 Uhr abfahren, und ich könne noch von Glück sagen – er ginge nicht jeden Tag.

Teil I
Mit dem Rad durch die Mongolei
Der verrückte Traum von einer fernen Welt

Yakbabys auf der Straße nach Chatgal
lecken an Greenes Taschen

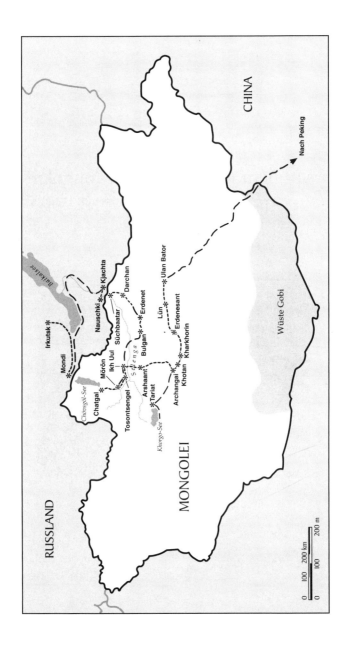

Eine unerfahrene Reisende
in einem Land ohne Straßenschilder

Die Mongolei, die eingebettet zwischen Russland und China liegt, ist ein raues, schönes, windgepeitschtes Land voller Extreme. Im Westen ragen schneebedeckte Berge bis über 4000 Meter auf. In der Wüste im Südosten fallen weniger als fünf Zentimeter Regen pro Jahr. Dazwischen liegen Wälder, reißende Flüsse, Salzseen und endlose Steppen. Im Sommer färben sich die wogenden Ebenen grün und dienen als Nahrung für Schafe, Ziegen, Yaks und Pferde, deren Anzahl die menschliche Bevölkerung um über zehn zu eins übersteigt. Aber der Sommer ist kurz. Über sieben Monate lang steigt die Durchschnittstemperatur des Landes nicht über den Gefrierpunkt, und nur ein winziger Bruchteil des Bodens lässt sich bewirtschaften, so dass die riesigen Viehherden weiterhin die wichtigste Existenzgrundlage der Mongolei bilden; sie liefern das Fleisch und die nahezu endlose Bandbreite von Sauermilch-Zubereitungen, die zur täglichen Nahrung der meisten Mongolen gehören.

Die Mongolei, einst Wiege eines riesigen Reichs, Heimat eines Kriegerheers, das den ganzen Kontinent in Angst und Schrecken versetzte, existierte Ende des 20. Jahrhunderts im Bewusstsein der Welt nur noch als Unterpfand, als Puffer und Schlachtfeld zwischen seinen beiden großen Nachbarn. Es stand noch auf der Karte, eine schwarze Linie um eine der bevölkerungsärmsten Regionen der Erde. Aber für die meisten Außenstehenden war die Mongolei ein landumschlossenes Atlantis, das in den Tiefen der Geschichte versunken war, überspült von den Eroberungswellen Chinas und später der Sowjetunion. Doch als das Regime im Norden zu Beginn der 1990er-Jahre zusammenbrach und die Strukturen der kommunistischen Herrschaft sich lockerten, tauchte ein Land auf, dessen Geist erstaunlich ungebrochen war. Sieben Jahrzehnte kommunistischer Herrschaft hatten unweigerlich gewaltige Umwälzungen mit sich gebracht, doch im Wesentlichen war die alte Lebensweise geblieben, was sie immer gewesen war. Das Kernland der Mongolei war nach wie vor ein Reich zäher, unerschrockener Wanderhirten, die in ihren Fellzelten unter einem grenzenlosen blauen Himmel lebten.

Das waren die Menschen, denen ich begegnen wollte; es war ihr Land, das ich kennen lernen wollte. Ich sah mich selber, ein winziges Pünktchen auf einem Mountainbike, wie ich unermüdlich durch die herrliche, unter der Sonne glühende Steppe radelte. Ich stellte mir vor, wie ich in einem Kreis zerlumpter Hirten am Lagerfeuer saß, so fremd und bizarr ich ihnen auch erscheinen musste. Stattdessen verbrachte ich meine erste Nacht in der Mongolei in einem feuchten, schmuddeligen Hotelzimmer und starrte verdrossen auf meine Karten. Ich war in Süchbaatar, kaum 20 Kilometer südlich von Nauschki, wo ich gar nicht sein wollte. Ich wollte 600 Kilometer weiter westlich sein, eine steinige Erdstraße südlich von Mondi entlangradeln, am Chövsgöl-See kampieren, um schließlich erschöpft, aber triumphierend in dem Dorf Chatgal einzutreffen.

Ich bin ein Mensch, der gern plant, und das war mein Plan gewesen. Ich wollte ein paar Tage in Chatgal bleiben und ausruhen, dann weiter nach Süden durch eine Stadt namens Mörön fahren, über die Selenga und weiter nach Archangai, bevor ich ostwärts in Richtung Ulan Bator, der Hauptstadt, abbiegen würde. Dieser Bogen deckte ungefähr 1200 Kilometer ab und würde mich mitten durch das fruchtbare Zentrum des Landes führen. An meinem achtundzwanzigsten Geburtstag, Anfang Oktober, wollte ich Ulan Bator bereits den Rücken gekehrt haben, um durch die Ausläufer der Wüste Gobi in Richtung Peking zu radeln und vor dem Winter über die flache, kahle Landschaft nach Süden zu fliehen. Der Morgen, an dem ich in Süchbaatar erwachte, war der Morgen, an dem ich in Chatgal hätte sein sollen, so wie es in Gestalt eines schönen, durchgezogenen Bogens auf der Karte zu sehen war, auf der ich meine Reise von Irkutsk eingezeichnet hatte. Ich mache gern Listen und bin groß im Organisieren. Ich will alles schön ordentlich haben. Ich kochte vor Wut über die elenden Sowjetbürokraten, die mir meinen schönen, perfekt ausgetüftelten Plan durchkreuzt hatten.

»Na gut, dann muss ich eben umdrehen und auf der anderen Seite ihrer blöden Grenze nach Mondi zurückfahren«, knurrte ich die feuchten Betonwände an, während mein Finger auf der Karte eine Route westwärts über die Grasebenen abfuhr. Aber die vergangene Woche hatte mir rasch gezeigt, dass ein voll beladenes Mountainbike – mit Campingausrüstung, Ersatzteilen und Winterkleidung – nicht dasselbe ist wie ein normales Tourenrad, ein T-Shirt zum Wechseln und westeuropäische Asphaltstraßen. Hundert-Kilometer-Tage gehörten der Vergangenheit an. Jedenfalls für eine untrainierte Radfahrerin wie mich. Es war schon Ende August. Der Sommer neigte sich dem Ende zu. Ich hatte nicht die Zeit, zurückzuradeln und dort weiterzumachen, wo ich aufgehört hatte. Und außerdem widerspricht es dem Geist einer Abenteuerreise, dass man zurückfährt, nur weil es so geplant war. Auch wenn ich noch so versessen auf eine makellose, durchgezogene Linie auf meiner Karte war – ich musste lernen, flexibel zu sein.

»Dann machst du eben einen neuen Plan«, redete ich mir gut zu. »Akzeptierst, wo du bist. Radelst einfach Richtung Süden nach Ulan Bator und dann weiter nach Peking, über diese einsamen tausend Kilometer.«

In null Komma nix hatte ich einen neuen Plan aus dem Ärmel geschüttelt. Ich wollte nicht zurückfahren, nur weil ich es so geplant hatte. Ich wollte zurück, weil dort das Land lag, das ich entdecken wollte, weshalb ich hergekommen war. Dort hinten wartete das mongolische Kernland, die riesige, heiße Steppe, über die zerlumpte Hirten ritten. Der Kompromiss lag nicht im Wo, sondern im Wie. Ich musste nicht den ganzen Tag radeln. Ich musste nicht die nördlichste Route über die weglose Steppe nehmen. Ich konnte der Hauptstraße nach Süden zur Stadt Darchan folgen, dann westwärts via Erdenet und Bulgan nach Mörön und Chatgal abzweigen. Diese

Route war streckenweise asphaltiert – in welchem Maß ging aus meinen diversen Karten allerdings nicht eindeutig hervor. Mir war jede Kombination von Verkehrsmitteln recht – Bus, Jeep, Lastwagen, Zug oder Fahrrad –, die mich rasch über die 600 Kilometer bringen würde. Dann konnte ich umkehren und so tun, als ob ich von Russland hergeradelt wäre, um nie wieder in einen Bus, Lkw, Jeep oder Zug zu steigen. Und damit hatte ich eine neue Version meines neuen Plans!

Im Übrigen gab es einiges auszukundschaften. Ich war in ein Land geflohen, dessen Sprache und Sitten ich nicht kannte, in dem mir mein bisheriger Erfahrungshorizont nicht weiterhelfen würde. Ich hatte alles hinter mir gelassen, was mir vertraut war. Wie ein Kind musste ich ganz von vorne anfangen. Ich schloss die Tür meines Hotelzimmers ab und ging hinaus.

Es war still. Kühe wanderten durch die staubigen Straßen. Frauen mit leeren Eimern stellten sich in einer dunklen Toreinfahrt an. Ein knorriger alter Straßenhändler verhökerte fettige Piroggen aus einer Sporttasche. Die Mittagssonne drückte durch die hohe Wolkendecke und heizte die Luft auf. Es war eine Stille wie in den Siestastunden der südlichen Länder oder wie an einem verlassenen Grenzposten, nur hin und wieder von Hufgeklapper oder einem einsamen Kinderruf unterbrochen. Düstere Blockbauten aus kommunistischer Zeit ragten über dem Hauptplatz auf, aber je weiter die Stadt in die umliegenden Hügel hineinwuchs, desto mehr wurde der sowjetische Beton von Holz- und Mörtelhütten hinter hohen Holzzäunen verdrängt. Ich stieg über die Häuser hinauf, setzte mich auf einen Hang und blickte auf Süchbaatar, Mongolei, hinunter. Die Mongolei. Ich flüsterte das Wort vor mich hin und grinste. Ich war in der Mongolei. Es war, als hätte ich meine Fersen dreimal zusammengeknallt und das Zauberwort gesprochen, um alsbald in einem Traum zu erwachen.

Über mir ertönte jetzt Hufgeklapper. Ich sprang auf die Füße, aufgeschreckt von dem Geräusch, und schaute hinauf: Drei kleine Kinder kletterten an den Felsausläufern hinter einem Dutzend mühelos dahinspringender Ziegen her. Sie winkten, und ich ließ mich wieder auf meinem kurzen Hügelgras nieder. Ich hatte ein flaues Gefühl im Magen, weil ich nicht wusste, was der nächste Tag mir bringen würde. Ich schaute auf Süchbaatar und die leere Ebene hinunter, die hinter dem letzten Haus begann, und konnte nur eine schmale Asphaltstraße erkennen, die in die Steppe hineinlief. Ich grinste vor mich hin, dann lachte ich laut hinaus, von einer Euphorie erfasst, wie ich sie noch nie erlebt hatte: Ich wusste nicht, was der nächste Tag mir bringen würde!

Unter mir stieg jetzt Rauch aus einem Schornstein nach dem anderen auf. Ich huschte wieder in den Ort hinunter und klopfte zaghaft an die geschlossene Tür des Hotelrestaurants. Eine Frau machte sie einen Spaltbreit auf und schaute zu mir heraus. Ich war in vielen Hotelrestaurants in Russland gewesen. Sie waren meistens geschlossen, entweder weil gerade »sauber gemacht« wurde oder weil die Zutaten ausgegangen waren oder weil die Leute einfach keine Lust hatten. Ich war auf die übliche unfreundliche sowjetische Abfuhr gefasst. Doch die Frau lächelte und hielt mir die Tür auf. Vier Männer saßen an einem der sechs Tische zusammen und tranken chinesisches Bier. Sie waren die einzigen Gäste außer mir. Einer von ihnen holte eine weitere Flasche warmes Bier von der winzigen Bar und stellte sie vor mich hin. Sie sprachen genug Russisch, um mich fragen zu können, woher ich kam und wo ich hinwollte. »Allein? Eine Frau allein!?« Sie schüttelten die Köpfe. »Sie sind sehr mutig.«

»Oder sehr dumm.« Ich lächelte.

Ich hatte die Frau, die mir aufgemacht hatte, gefragt, ob ich vielleicht etwas zu essen bekommen könne. Einen Satz, den ich in den russischen Restaurants gelernt hatte – denn dass man mich hereingelassen hatte, bedeutete noch lange nicht, dass es auch Essen gab. Die Frau nickte, fragte aber nicht, was ich wollte. Denn dass es Essen gab, bedeutete nicht, dass man etwas auswählen konnte. Dann kam in einem cafeteriaähnlichen Durchbruch in der Wand ein Pfannengericht zum Vorschein, das aus Schaffleisch, Kohl und Nudeln bestand, sowie eine Schale mit einer dünnen, abgestandenen Brühe.

Die Frau, die offenbar Kellnerin, Wirtin und, soweit ich sehen konnte, auch Köchin in einem war, hatte mit dem Essen eine Gabel gebracht, aber keinen Löffel. Ich schloss daraus, dass es in Ordnung war, die Suppe direkt aus der kleinen Schale zu trinken, wie aus einer großen Teeschale in einem chinesischen Restaurant. Tee. Natürlich. Es war gar keine Suppe, es war Tee. Salziger mongolischer Tee.

Die Tür ging auf, und zwei junge Mädchen schlüpften herein. In ganz Asien war ich sofort von Menschen umringt, die auf geheimnisvolle Weise von meiner Anwesenheit erfahren hatten: Polizisten, die meine Papiere sehen wollten, kaum dass ich meinen Fuß in ein Hotel gesetzt hatte, Lehrer, die mir in abgelegenen Dörfern als Dolmetscher dienten, Studenten, die ihre Sprachkenntnisse anwenden wollten. Zölöö und Dölgön waren den Sommer über von ihrem Fremdspracheninstitut in Ulan Bator nach Hause gekommen. Ob ich englisch sprach, wollte Zölöö wissen. Oder deutsch, erkundigte sich Dölgön. Sie erzählte mir, dass sie im September mit ihrer Klasse nach Deutschland fahren würde. Es war ihre erste Reise ins Ausland, und sie hatte keine harte Währung. »Was für Sachen kann ich verkaufen?«, fragte sie. »Stimmt es, dass die Leute im Westen ganz wild auf Dinosauriereier sind? Ich habe drei aus der Wüste Gobi. Glauben Sie, dass ich sie in Deutschland verkaufen kann?«

Dölgön saß rechts von mir und stellte mir Fragen in Deutsch. Zölöö saß zu meiner Linken und quetschte mich auf Englisch aus. Zwischendurch warfen sie sich Kommentare auf Mongolisch zu. Dölgön trug einen Pulli und schwarze Jeans. Zölöö trug einen dunkelroten Deel. Der Deel, ein einteiliges Kleidungsstück, das bis über die Knie reicht, hat lange, gebauschte Ärmel, die man über die Hände herunterstreifen kann, wenn im Winter die Temperaturen in den Keller sacken. Er ist für Männer und Frauen praktisch gleich geschnitten, wird mit Stoffschlaufen über stoffbezogenen Knöpfen geschlossen und in der Taille mit einer Schärpe oder einem Gürtel zusammengefasst. Es gibt schmuddelige alte Deels zum Kühemelken, normale Werktagsdeels und schöne neue Deels für Feste und sonstige feierliche Anlässe. Es gibt leichte Sommerdeels und schaf-

34

fellgefütterte Winterdeels. Der Deel ist weder altmodisch noch die einzig verfügbare Kleidermode. Zölöö trug ein Kleidungsstück, das sich in Jahrhunderten kaum verändert hatte. Dölgön war nicht anders angezogen als jede amerikanische College-Studentin. Morgen trug vielleicht Dölgön einen Deel und Zölöö Pulli und Jeans.

Während ich an meinem Bier nippte und Fragen beantwortete, versuchte ich mir auszumalen, wie Dölgön auf dem Kurfürstendamm in Berlin ihre Dinosauriereier verkaufte. Es war schon undenkbar genug, dass es einen Weg aus dieser Welt der Stille in die Hektik und den Lärm und die grellen Lichter jener anderen geben sollte. Irgendwann waren mein Bier getrunken, meine Schale leer und den Mädchen die Fragen ausgegangen. Ich fragte, was ich zu bezahlen hätte. Ich hatte nicht im Voraus nach dem Preis gefragt. Jetzt konnte die Kellnerin oder Wirtin mir jeden Wucherpreis abverlangen, der ihr in den Sinn kam. Kurz vor meiner Abreise war doch noch ein Reiseführer mit der »Mongolei« im Titel erschienen, und aus diesem Buch hatte ich meine Weisheit.

»Nichts«, sagte die Frau und schüttelte den Kopf. »Willkommen in der Mongolei.«

Es war Sommer in Südkalifornien. Ich war dreizehn und wollte mit meiner Clique am Swimmingpool herumlungern. Doch mein Vater schickte mich nach Frankreich, damit ich Französisch lernte. Seine Nichte hatte Freunde in der Nähe von Paris, die eine Tochter in meinem Alter hatten und mich bei sich aufnehmen würden. Mein Vater sprach fließend Französisch. Er übersetzte für mich, als wir das erste Mal mit Stéphanie und ihren Eltern und ihrem sechzehnjährigen Bruder François zusammentrafen. Dann reiste er ab, um sich seiner Forschungsarbeit in Belgien zu widmen.

François war cool. Er rauchte, fuhr Mofa und hatte schlechte Noten in der Schule. Ich hatte lauter Einsen. Ich konnte eine lange Liste französischer Vokabeln herbeten und fehlerlos Verben konjugieren, aber ich verstand kein Wort von dem, was François, Stéphanie oder sonst jemand sagte. Doch mit dreizehn lernt man schnell Fremdsprachen. Man hört auf zu übersetzen. Man wird locker, lernt hinhören und hinsehen, bis man die einzelnen Puzzleteile zusammensetzen kann. Man begreift, dass es bei Sprache um Kommunikation geht und nicht um perfekte Grammatik. Nach vier Wochen kam mein Vater zurück. Sein Französisch war miserabel. Sein Wortschatz armselig, sein Akzent peinlich. Ich verstand zehnmal mehr als er und musste für ihn übersetzen. Und das war's dann. Ich hatte den Köder geschluckt. Eine Tür war aufgegangen.

Wir reisten nach München, wo ich in den Kindergarten gegangen war und Radfahren gelernt hatte, als meine Eltern dort ein Sabbatjahr verbracht hatten; nach Amsterdam, weil ich eine richtige Windmühle sehen wollte; und nach London, wo ich einen Hotdog im Hyde Park aß, von dem mir speiübel wurde. Dann saß ich wieder an meinem Swimmingpool zu Hause und aalte mich mit meiner Clique in der Sommersonne. Aber ich war jetzt anders. Mein Horizont hatte sich enorm geweitet, und die Welt würde nie mehr dieselbe sein. Ich tauchte ins Wasser ein, immer tiefer hinunter, bis meine Fingerspitzen über den Boden streiften. Dann zog ich die Beine an, stieß an die Oberfläche und schnappte lachend und keuchend nach Luft. Es war wunderbar. Aber es würde mir nie mehr genügen.

Mein Vater freute sich, dass er mich mit seinem Fernweh angesteckt hatte. Er fand es richtig, als ich zwei Sommer später nach Deutschland ging, um dort in einer Familie zu wohnen und Deutsch – seine Muttersprache – zu lernen. Er trug es auch mit Fassung, als ich das College ein Jahr aufschob und nach Paris zurückging. Dass ich Russisch als Hauptfach nahm und Mitte der Achtzigerjahre einen Sommer lang in Moskau studierte, machte ihn zwar nervös, aber ich war in einer Gruppe, und Russland war immer noch mehr oder weniger Europa – und Europa war zu Hause.

Die Mongolei war etwas anderes. Die Mongolei war ein fremdes Land voll unbekannter Menschen. Die Mongolei war eindeutig nicht »zu Hause«. Außerdem fuhr ich allein. Ein Mädchen. Auf einem Fahrrad! Hell entsetzt über dieses Vorhaben, hatte mein Vater mir 200 Dollar für Übersee-Telefonate zugesteckt, damit ich ihn auf dem Laufenden halten und ihm versichern konnte, dass ich gesund und munter war. Ich hatte ihn vorgewarnt, dass man im größten Teil der Mongolei vermutlich nicht ins Ausland telefonieren konnte, aber ich hatte ihm versprochen, dass ich mich melden würde, wann immer sich eine Gelegenheit bot. Und so ging ich an dem Morgen, nachdem ich in Darchan angekommen war, das nur hundert (asphaltierte) Kilometer südlich von Süchbaatar lag, zum Postamt und fragte, ob ich nach Amerika telegrafieren könne. Die Schalterbeamtin konsultierte eine Kollegin, die mich wiederum zu einer dritten Person hinaufführte, die mir schließlich einen Stapel Formulare aushändigte. Keine der drei Frauen kannte das lateinische Alphabet, doch als ich ein Jahr später das raue, vergilbte Papier sah, das mein Vater erhalten hatte, war ich verblüfft, wie korrekt die Nachricht übermittelt worden war: »DARKHAN ALL INE HEADING WEST NO COMMUNICATION EEW WEEKS DONT WORRY LOVE ERIKA.« (Darkhan all fine heading west no communication few weeks don't worry love Erika – Bin in Darchan + alles bestens + weiter Richtung Westen + keine Nachrichten nächste Wochen + macht euch keine Sorgen + Küsschen, Erika.) Doch es war trotzdem nicht genug. Bis ich im Oktober Ulan Bator erreichte, hatte mein Vater sechs Wochen lang nichts von mir gehört, so dass mein Name auf der Suchliste des »US State Departments« stand.

Darchan ist mit 80000 Einwohnern die zweitgrößte Stadt der Mongolei. Sie liegt 220 Kilometer nördlich von Ulan Bator und 180 Kilometer östlich von Erdenet, dem dritten und letzten urbanen Zentrum der Mongolei. Zwei meiner Karten führten die Straße von Darchan nach Erdenet als asphaltiert auf. Nach einer kurzen Fahrt aus der Altstadt heraus war die Abzweigung in großen, verblichenen blauen Buchstaben ausgeschildert. Es war das letzte Straßenschild, das ich in den nächsten vier Wochen zu sehen bekommen sollte. Ich bog nach Westen ab. Der Asphalt ging abrupt in einen gut eingeebneten Schotterweg über. Die gnadenlose Sonne verbrannte mir die Arme. Als ich das nächste Mal Asphalt zu sehen bekam, radelte ich bereits im Schnee.

Fünf Jungen jagten auf ihren Pferden die Steppe herauf, um Greene und mich näher zu begutachten. Zwei von ihnen trugen einen Deel, zwei hatten Baseballmützen verkehrt herum auf dem Kopf. Sie saßen so mühelos und lässig auf ihren Reittieren wie ihre amerikanischen Altersgenossen auf einem Fahrrad und posierten vor meiner Kamera mit der komischen Großspurigkeit, die halbwüchsige Jungen überall auf der Welt zur Schau tragen. Eine Wolke winziger Insekten hatte mich eingehüllt, kaum dass ich abgestiegen war, und so hielt ich mich nicht lange auf, sondern fuhr gen Westen weiter, im Ohr Hufgeklapper und das Gejohle der Jungen, die in die entgegengesetzte Richtung davonjagten.

Am Tag zuvor war ich von Süchbaatar in Richtung Süden durch die grüne Steppe gerollt, mit Waldstücken dazwischen und hin und wieder ein paar Gers. (Jurte, so hatte ich gelernt, ist das russische Wort; der mongolische Name für die Rundzelte oder Fellhütten ist Ger). Die Gers erinnerten mich daran, dass ich nicht in Nebraska war. Das hier fühlte sich plötzlich anders an. Die Straße zog sich schnurgerade hin, so weit das Auge reichte, und führte durch eine riesige Ausdehnung trockenen, verkümmerten Gesträuchs. In weniger als vierundzwanzig Stunden sollte sich eine Straße wie diese als unvorstellbarer Luxus erweisen, aber im Augenblick verkörperte sie nur die nackte Ungewissheit, die Tatsache, dass ich keine Ahnung hatte, was der Tag, geschweige denn die Nacht, mir bringen würden. Ich war immer noch innerhalb des Dreiecks Darchan – Ulan Bator – Erdenet, immer noch auf den Hauptverkehrswegen des Landes, aber wenn ich die Augen zusammenkniff und die flache, glühende Landschaft absuchte, waren die einzigen menschlichen Wesen, die ich ausmachen konnte, zwei ferne Reiter, die neben einer Flut von Schafen herritten.

Fünfunddreißig Kilometer hinter Darchan hörte ich das Dröhnen eines Lastwagens. Er bremste ab, als er mich einholte, dann hielt er an. Ein kleiner Mann mit einem scharfen, fremdartigen Gesicht glitt vom Beifahrersitz herunter. »Wir haben Sie gestern auf der Straße von Süchbaatar gesehen«, sprach er mich auf Russisch an, »und wir haben uns gestritten, ob Sie ein Mann oder eine Frau sind. Ich habe gesagt, Sie sind eine Frau. Süren«, er nickte zum Fahrer hinüber, »hat gedacht, Sie sind ein Mann. Er hat gesagt, Sie können unmöglich eine Frau sein. Mein Name ist Abbas. Wir sind auf dem Weg nach Erdenet. Möchten Sie mitfahren?«

Eine Mitfahrgelegenheit, das war für mich immer noch wie Mogeln, egal was ich mir in dem Hotelzimmer in Süchbaatar geschworen hatte. Ich kämpfte einen Augenblick mit meinem Stolz, mit meinem selbst auferlegten Ehrenkodex, was »richtig« war (wenn man eine Radreise macht, muss man auch den ganzen Weg radeln), und mit der Tatsache, dass ich das Gefühl hatte, endlich richtig unterwegs zu sein, wenn ich die Straße hinunterschaute. Dann stellte ich mir den Chövsgöl-See vor, die Berge und Flüsse jenseits des Städtedreiecks, stellte mir vor, wie es sein würde, wenn ich erst wirklich dort draußen war. Wir hievten Greene hinten auf die Ladefläche hinauf, und ich kletterte in das Führerhaus. Wir brauchten fünf Stunden für die 150 Kilometer. Rings um uns her dehnte sich die endlose, menschenleere Grasebene bis zum Horizont aus. Bei jedem Straßenbuckel und Schlagloch hüpfte und schnellte Greene unter ihren Fesseln herum wie eine Forelle, die auf dem Boden eines Ruderboots nach Luft schnappt. Ich spähte von meinem Sitz zwischen Süren und Abbas durch das Fenster nach hinten und krümmte mich bei jedem unsanften Aufprall, den die arme Greene über sich ergehen lassen musste.

Die beiden Männer arbeiteten für eine russische Firma in Erdenet, Abbas als eine Art Aufseher und Süren als Fahrer. Abbas war sechsundzwanzig und Aserbaidschaner. Er war fröhlich und gesprächig und nahm sich auf dem ganzen Weg bis Erdenet kaum die Zeit, Luft zu holen. Er erzählte mir von seinem Traum, in einem blauen Ferrari von Paris nach Mailand zu fahren, seinen Fuß auf jeden einzelnen Kontinent zu setzen. Er erzählte Witze von Gorbatschow und Schewardnadse, wie sie bei einem Staatsdinner im Weißen Haus goldene Löffel klauten. Ich bekam die Pointe nie so richtig mit, aber ich lachte trotzdem. Süren war Mongole. Sein Gesicht war breit, goldhäutig und unerschütterlich, sein Körper kompakt und muskulös. Er sagte nicht viel, aber wann immer ich seinem Blick begegnete, hatte er ein amüsiertes, nachsichtiges Funkeln in den Augen. Ich schaute von einem Mann zum anderen. Ein paar Jahre zuvor hatten die Führer der drei baltischen Nationen ein Treffen abgehalten, um sich darüber zu verständigen, wie sie ihr gemeinsames Ziel, die Sowjetherrschaft abzuschütteln, ins Werk setzen sollten. Ich hatte mich durch alle Kanäle gezappt und die Berichte verfolgt. Schließlich hatte einer der Kommentatoren die Bemerkung fallen lassen, auf die ich die ganze Zeit gewartet hatte: »Wenn die Staatsoberhäupter von Lettland, Litauen und Estland sich zusammensetzen, müssen sie in der einzigen Sprache kommunizieren, die sie gemeinsam haben.« Und genauso würden auch Süren und Abbas niemals die Sprache des anderen lernen. Die beiden Männer, die zwei gleichermaßen unterdrückten Völkern angehörten, unterhielten sich auf Russisch.

Abbas war auf der Fahrt freundlich zu Süren, aber später, beim Abendessen, als er und seine russischen Nachbarn unter sich waren, lästerten alle über die unzivilisierten Mongolen, die faulen Mongolen, denen die Russen beibringen mussten, wie man den Boden bewirtschaftet, die schmutzigen Mongolen, die ihre Schlachttiere nicht ausbluten ließen, die ihre Toten nicht auf einem Friedhof begruben. Die alte Praktik der Mongolen, ihre Toten in die Steppe hinauszubringen und den Wölfen und Geiern preiszugeben, wurde Ende der 1950er-Jahre verboten, aber ich bekam nie einen Friedhof zu sehen. Ich machte mir bewusst, welch seltsamer Brauch es in Wahrheit ist, riesige Geldsummen für aufwändige Kisten zu vergeuden, die wir tief in einem Stück Erde vergraben, das wir noch Jahre danach mit Blumen schmücken. Was ist abergläubischer, abwegiger, »unzivilisierter« – das hier oder einen Toten in die Hügel zu bringen, damit er wieder eins mit der Erde werden kann?

Abbas sorgte sich um mich. Er gab mir Tütensuppen und mehrere Dosen Kondensmilch. Er wollte mit mir kommen. Er wollte einen

Führer für mich auftreiben. Ich versuchte ihn zu beruhigen. Es war bereits später Vormittag, und ich hatte es eilig, dort draußen zu sein, ganz auf mich allein gestellt. Ich brauchte keinen starken Mann zum Händchenhalten. Ich sagte danke. Ich sagte Lebewohl. Ich radelte zum Stadtrand hinaus und hatte keine Ahnung, was ich als Nächstes tun sollte. Hinter mir lag Erdenet: eine blinkende Verkehrsampel und mehrstöckige Betonblocks. Vor mir dehnte sich die Mongolei aus – die leere goldgrüne Steppe, die in sanfte Hügel überging. Schlammfurchen zogen sich durch das Gras, fächerten in verschiedene Richtungen aus und verschwanden. Das war es – die Realität einer Radreise durch die Mongolei: Manchmal gibt es keine erkennbare Straße. Manchmal gibt es drei auf einmal. Trotz all meiner Fantasien von wildem, unwegsamem Gelände stieg an diesem Schnittpunkt von Stadt und Steppe ein Hauch von Panik in mir auf. Wo waren die 7-Eleven, die Verkehrsampeln, die Straßenschilder, die Straße? Oder zumindest ein netter alter Mann auf einem Pferd, der mir sagen konnte, welche dieser undeutlichen, matschigen Furchen ich nehmen sollte? Wie sollte ich mich hier zurechtfinden?

Ich radelte probeweise hundert Meter nach links und starrte über den unentzifferbaren schlammig grünen Flickenteppich. Ich rief mir die Straße, die aus Darchan hinausführte, in Erinnerung und lachte über die naive Anfängerin, die bei dieser klaren, breiten Spur in Panik geraten war. Ich drehte mich um und radelte zum Asphalt zurück. »Bulgan?«, fragte ich den erstbesten Passanten. Der Mann lächelte, nickte und winkte über die Grasebene hinweg. »Genau das wolltest du doch«, hielt ich mir vor, und fuhr, nachdem ich tief Luft geholt hatte, auf die Hügel zu. Das Gelände stieg langsam zu den Erdaufwerfungen an. Eine Stunde verging. Dann zwei. Der Schlamm verhärtete sich zu trockenen Furchen. Greenes Reifen kamen auf halb im Boden vergrabenen Steinen gefährlich ins Rutschen. Ich war nicht sehr geschickt bei diesen Manövern. Dann tauchte jenseits des Tals ein netter alter Mann auf einem Pferd auf und kam ohne Eile in meine Richtung geritten. »Bulgan?«, fragte ich, als er sich neben mich schob und sein Pferd zu einem gemächlichen Trott durchparierte. Er nickte, hielt sich parallel zu mir, schweigend, beobachtend, während die Pferdehufe rhythmisch auf die Erde trommelten. Er blieb ein paar Minuten neben mir, dann sprach sein Körper unmerklich zu dem Pferd, das mühelos in einen zügigen Trab zurückfiel, und sie ritten über die Steppe davon. Meine Route stieg zu einem Kamm auf. In einer Senke führte der Weg in weitem Schwung nach rechts und in ein breites Tal hinunter. Kühe, Schafe und Ziegen streunten auf der nicht eingezäunten Weide herum. Kleine Ansammlungen von Gers waren über das saftige Gras verteilt.

Die Mongolei ist ein hoch gelegenes, trockenes Land. Über 250 Tage im Jahr scheint die Sonne, mag es auch noch so kalt dabei sein. Die wenigen Niederschläge konzentrieren sich auf den kurzen Sommer. Bäche und Rinnsale, sichtbare und unsichtbare, durchquerten plätschernd oder stumm den üppig grünen Talboden, saugten urplötzlich Greenes Reifen in den Schlamm hinein, um sie dann wieder für eine kurze, trockene Strecke freizugeben. Ich stellte mich im Schlamm nicht geschickter an als auf den Steinen. Greenes schwere Taschen zogen in jede Richtung, nur nicht nach vorne. Ich kam nur langsam vorwärts.

Jenseits des Tals erspähte ich etwas, das wie eine steile, aber deutlich erkennbare Schotterspur aussah, die in die nächste Hügelkette hinaufführte. Für mich sah es wie eine Straße aus, und in meiner Welt führt jede Straße irgendwohin. Ich schob Greene die steinige, staubige Steigung hinauf. Aber anstatt den Hügel zu umrunden, hörte die Straße einfach auf, wie ein unfertiges Achterbahngerüst. Nur ein schmaler Fußweg führte weiter, um steil bergab in dichtem Unterholz zu verschwinden. Umkehren war die logische Schlussfolgerung, den halben Kilometer ins Tal zurückgehen und eine andere Route suchen. Aber Umkehren ist mir aus tiefster Seele zuwider. Umkehren schmeckt zu sehr nach Niederlage. Scharfe Dornen zerkratzten mir Arme und Beine, verfingen sich in meinem Haar und in Greenes Taschen, als wir uns den Abhang hinunterarbeiteten. Ich hatte kaum die Kraft, Greene auf dem steilen, unebenen Grund zu halten oder auf der anderen Seite wieder hinaufzuschleppen. Als ich oben auf dem Abhang angekommen war, schweißnass und nach Luft ringend, trank ich gierig aus meiner Wasserflasche, spritzte Wasser auf die tieferen Kratzer in meinen Armen und schaute zu, wie ein bauchiger weißer Tanklaster vom Talboden heraufgefahren kam, auf der Spur, die meine Augen zwischen den Hügeln nicht hatten ausmachen können, und in Richtung Bulgan verschwand. Als die Staubwolke, die er hinter sich herzog, in der heißen Luft verwehte, schwang ich mich wieder auf mein Fahrrad und rumpelte hinter ihm her.

Ein paar Straßenbiegungen weiter stiegen zwei Gers aus der Grasebene auf. Eine kleine Pferdeherde wanderte in der Nähe herum, aus deren Mitte zwei junge Männer auftauchten und mich beobachteten. Einer schien etwas über seine Schulter zu rufen. Daraufhin tauchte eine junge Frau auf, die durch das dunkle, schlammige Gras zielstrebig auf mich zukam. Sie trug hellblaue Jeans und weiße Tennisschuhe und sprach mich auf Russisch an. Lkhamsüren studierte in Ulan Bator und würde am Ende des Sommers in die Stadt zurückkehren. Sie sagte, sie glaube nicht, dass ich vor Einbruch der Dunkelheit nach Bulgan kommen würde, womit sie sicherlich Recht hatte, wenn ich in diesem Tempo weitermachte. Sie fragte, wo ich normalerweise in der Mongolei übernachtete. Ich sagte, ich hätte ein Zelt. Es gab noch kein »normalerweise«, und »Zelt« hörte sich autarker an als Hotel. Sie sagte, ich könne gern die Nacht über dableiben, und zeigte auf die Stelle neben einem der Gers, wo ich mein Zelt aufbauen konnte. »Super, danke«, sagte ich niedergeschmettert. Ich hatte schon auf meine erste Nacht in einer exotischen runden Fellhütte gehofft. Stattdessen packte ich mein hellblaues Nylon-Dreieckszelt aus, das einen schreiend grellen Farbfleck in dieser Landschaft gedeckter, harmonischer Farbtöne bildete.

Wir saßen eine Weile im Gras und schauten zu, wie Lkhamsürens Brüder in abgewetzten Deels und Gummistiefeln ihre Stuten mol-

Mein Zelt neben Lkhamsürens Ger

ken. Ein halbes Dutzend Fohlen waren getrennt von der Herde angebunden. Nacheinander wurden sie zu ihren Müttern geführt, wo sie gerade so lange trinken durften, bis der Milchfluss in Gang gekommen war, um dann wieder zu ihrem Anbindepfosten zurückgezerrt zu werden, solange die Mütter gemolken wurden. Die Milch würde zu Airag vergoren werden, einem beißenden, leicht alkoholischen Gebräu, das ein bisschen an dünne Buttermilch erinnert. Nach dem Melken wurden die Stuten zu ihren Fohlen zurückgelassen, die sich die restliche Milch einverleiben durften.

Lkhamsüren wollte mir ihr Fotoalbum zeigen. Wir traten geduckt durch die schulterhohe Holztür in ihr Ger. Ein Lattengerüst, ungefähr wie das Faltgitter, das amerikanische Eltern am Treppenabsatz anbringen, damit ihre Kleinkinder nicht hinunterpurzeln können, bildete die runde Wand. Vom oberen Ende des Gerüsts liefen dutzende schlanker Stangen in einem Holzkreis in der Mitte des Dachs zusammen. Diese Dachluke, *tonoo* genannt, wurde ihrerseits von zwei kräftigen senkrechten Pfosten in der Mitte des Gers abgestützt. Die gesamte Konstruktion war mit mehreren Schichten dicken Wollfilzes und einer abschließenden Segeltuchplane umwickelt, ein perfekt ausbalanciertes, abgerundetes Gefüge, dem die heftigen Winde, die von Sibirien herunterfegen, nichts anhaben konnten. In den Blechofen war oben ein kreisrundes Loch geschnitten, so dass der *togoo*, ein wie ein großer, tiefer Wok geformter Kessel, der bis in die Flammen hinunterreichte, perfekt hineinpasste. Das Ofenrohr verlief nach oben zum *tonoo* hinaus, ungefähr drei Meter über dem Boden. Drei Betten und zwei orangefarbene Kommoden waren um die Mitte angeordnet. Ein kniehoher Tisch stand neben dem Ofen. Niedrige Hocker waren über das Ger verteilt. Ein Spiegel auf einer der Kommoden war mit Fotos von Freunden und Familienangehörigen eingerahmt.

Es gibt reine Sommergers und ganzjährige Wintergers; solche, die nur einen Grasboden haben, und solche mit perfekt eingepassten Holzdielenböden; Gers mit einem *tonoo*, das zum Himmel hin offen ist, und Gers, bei denen Teile des Holzkreises verglast sind. Aber die Grundkonstruktion ist überall in der Mongolei dieselbe.

Ich blätterte Lkhamsürens Fotoalbum durch. Auf jedem der Bilder posierten Familienmitglieder mit verkrampften Gesichtern vor Sowjetdenkmälern oder mit den unvermeidlichen aufblasbaren Plastiktieren, die die Fotografen an den großen kommunistischen Plätzen zu diesem Zweck bereithalten. Lkhamsüren warf mehrere Hände voll frischer Nudeln in den *togoo*. Sie fragte, was ich in der Mongolei essen würde. Ich sagte, ich hätte Tütensuppen und dergleichen. Sie fragte, wie ich sie zubereitete.

»Einfach heißes Wasser drübergießen.«

»Wenn ich fertig bin«, sagte sie, »können Sie Ihr Essen machen.«

»Super, danke.« Ich nickte, wieder am Boden zerstört. Vielleicht hatte der Reiseführer doch Recht. Vielleicht waren hier Lebensmittel wirklich knapp. Aber der *togoo* war voll, und die Männer draußen sahen nicht so aus, als ob sie hungern müssten. »Riecht gut«, sagte ich lächelnd. Zögernd, vorsichtig fragte sie mich, ob ich etwas davon probieren wolle. »Wenn genug da ist«, sagte ich ebenso zaghaft. Sie schöpfte ein bisschen in eine kleine Schale und reichte sie mir. Nachdem sie ein paar große Schalen für die restliche Familie gefüllt hatte, die hereinkam, das Essen schnell hinunterschlürfte und wieder an die Arbeit zurückkehrte, sagte sie mir, ich könne jetzt meine Suppe bringen.

»Ich habe keinen großen Hunger – das hier war genug.«

»Möchten Sie noch etwas?«

Es war wirklich gut, und ich hatte Hunger, und der *togoo* war noch halb voll. »Nur, wenn genug für alle da ist.«

Sie lachte und füllte eine große Schale mit dampfender Hammelnudelsuppe – dem so genannten *Guriltai Shul.* »Die Russen rühren unser Essen nicht an«, sagte sie. »Sie denken, es ist schmutzig. Ich hätte nicht gedacht, dass Sie es essen würden.«

Je mehr Erfahrung die Leute mit Fremden hatten, desto größer waren die Vorurteile, die sie in Bezug auf meine Ängste und Bedürfnisse hegten. Je weniger die Leute über das Leben außerhalb der Mongolei wussten, je weniger Bilder sie im Kopf hatten, desto unbekümmerter und großzügiger gingen sie mit ihrer eigenen Lebensweise um, neigten eher dazu, mich in ihre Welt aufzunehmen, anstatt sich an meine vermeintlichen Erwartungen und Bedürfnisse anzupassen. Dass Lkhamsüren mich nicht aufgefordert hatte, in ihrem Ger zu übernachten, geschah aus denselben Gründen, die sie daran gehindert hatten, mich zum Essen einzuladen: Sie dachte, eine Fremde wie ich würde nicht in einem mongolischen Bett schlafen wollen.

Was wir wissen, haben wir durch das erfahren, was wir gesehen, gehört und erlebt haben. In meiner Welt sind Pferde gleichbedeutend mit nachmittäglichen Ausritten in die kalifornischen Hügel oder Reitstunden im Reitstall, bei denen man sich abmüht, die Fersen nach unten zu strecken. Dass man über die Prärie galoppiert, um von A nach B zu kommen, das gehört in ein anderes Jahrhundert, ins Reich der Filme, in eine längst versunkene Fantasiewelt. Es hat sicherlich nichts mit der Realität zu tun.

Rhythmisches Hufgetrappel ertönte auf der trockenen Erde hinter mir. Ich musste lachen, weil es eben doch Realität war, weil ich durch die Mongolei reiste und mich manchmal wie in einem John-Wayne-Film fühlte. Ich hielt an. Zwei Männer parierten ihre Pferde durch. Sie fragten mich nicht, woher ich käme. Sie fragten mich nicht, wo ich hinwollte oder wie alt ich sei. Sie starrten mich nur an, und ihre Blicke verhießen nichts Gutes. Einer von ihnen starrte auf einen Lastwagen, der uns entgegenkam, und knurrte seinem Kumpel etwas zu. Ich verstand kein Wort, aber ich wusste genau, was er gesagt hatte. Er hatte gesagt: »Warte, bis der Lastwagen vorbei ist.«

Ich stand da und schaute. Ich sah, wie der andere nickte. Dann stellte ich mich in die Pedale und strampelte los. Die Leute hinter den Fenstern des Lastwagens starrten zu mir heraus und lächelten und winkten. Ich überlegte, ob ich sie anhalten sollte, aber was sollte ich ihnen sagen? Dass ich den beiden jungen Reitern nicht über den Weg traute? Dass ich ihre Augen gesehen hatte und dass diese Augen nichts Gutes verhießen? Worum sollte ich bitten? Schutz? Eine Mitfahrgelegenheit? Sie fuhren in die falsche Richtung. Ich tat so, als ob nichts wäre. Ich sagte mir, dass ich mir alles nur eingebildet hatte, dass nichts weiter passieren würde.

Das Dröhnen des Lastwagens verebbte hinter dem Hügel. Die Männer waren wieder da; sie rückten immer dichter an mich heran, und trotz allem, was ich in ihren Augen sah, was mir meine innere Stimme zuschrie, glaubte ich nicht, dass sie tatsächlich so weit gehen und mich anfassen würden, weil ich es noch nie erlebt hatte. Aber genau das taten sie. Einer der beiden griff herunter und grapschte meine hinteren Radtaschen, so dass Greene zu Boden stürzte. Ich riss im letzten Moment meine Füße aus den Pedalriemen, packte einen der Pferdezügel und schaffte es, aufrecht zu bleiben, als mein Rad auf den Boden knallte. Das Pferd warf seinen Kopf zurück. Der Reiter brüllte mich an. Ich ließ los. Der andere Mann stocherte bereits mit einem schweren Holzpflock an meinen Radtaschen herum. Er machte mir ein Zeichen, dass ich sie aufmachen sollte. Ich tat so, als ob ich ihn nicht verstanden hätte, und erzählte ihm fröhlich, was drinnen war, ließ aber die Reißverschlüsse zu. Ich sprach Russisch, was vermutlich ein Fehler war. Einer von ihnen deutete auf meine Sonnenbrille, der andere auf meine Uhr, meinen Helm, dann wieder auf die Sonnenbrille. Sie wollten diese Sachen. Sie wollten Beute machen. Sie wollten Lösegeld. Sie waren Räuber, Wegelagerer, altmodische Banditen, Gestalten aus einem Western-film, Geächtete, die von den Hügeln heruntergeprescht kamen, um die Postkutsche zu überfallen. Aber von John Wayne war weit und breit nichts zu sehen.

Komischerweise hatte ich keine Angst – ich war einfach viel zu wütend. Auf diese Männer und ihre Dreistigkeit, ihre Unverfroren-heit, auf meine eigene Wehrlosigkeit. Ich hatte keine Chance gegen sie. Sie waren stärker als ich, ihre Pferde schneller und wendiger als Greene. Wir waren kaum zehn Kilometer von Bulgan entfernt, aber ich wusste, dass Stunden vergehen konnten, ehe ein anderer Last-wagen die Straße entlangkam. Hingegen wusste ich nicht, wie weit sie gehen würden. Was würden sie riskieren? Was konnte ich ris-kieren? Wie hungrig waren sie, wie wütend, wie gefährlich? Ich hatte zwei billige Sonnenbrillen im Außenfach einer der Radta-schen. Ich weiß nicht, warum ich sie mitgenommen hatte – falls ich meine gute verlieren würde oder um sie als Souvenir zu verschen-ken –, aber jetzt war ich froh darüber.

Ich machte den Reißverschluss auf und gab dem Anführer eine der Brillen. Er setzte sie auf und warf sich in Pose, das Gesicht der Sonne zugewandt. Sein Kumpel grapschte jetzt noch drohender nach meiner. Wütend nahm ich die zweite Brille und schleuderte sie mit voller Wucht nach ihm. Sie landete auf dem Boden, und sein Ge-sicht wurde rot vor Wut. Etwas blitzte in seinen Augen auf, etwas Gefährliches, und diesmal galt es mir, mir ganz persönlich, und nicht der Radfahrerin mit den prall gefüllten Taschen. Jetzt hatte ich Angst. Er war wütend auf mich. Aber dann stürzte sein Kumpel sich auf die Brille, und er musste ihm schnell zuvorkommen, wenn er nicht leer ausgehen wollte. Mich hatten sie in der Aufregung ganz vergessen.

Ich kochte vor Wut, war sauer, dass ich ihnen überhaupt etwas gegeben hatte, und zugleich erleichtert, weil sie mir nicht noch mehr abgenommen hatten; ich verfluchte mich, dass ich nicht ruhig geblieben war, dass ich mich so leicht hatte einschüchtern lassen, dass ich nicht versucht hatte, die Situation in den Griff zu bekommen, indem ich zum Angriff überging, anstatt mich zu verteidigen, indem ich sie cool abblitzen ließ. So schimpfte ich in mich hinein, während ich Greene den steinigen Hang fast hinaufschleuderte. Als ich oben auf der langen Steigung angekommen war, blickte ich zurück. Sie waren fort. Ich wusste, dass ich Glück gehabt hatte. Ich wusste, dass die Gefahr bis zu einem gewissen Grad real gewesen war. Es war die einzige auch nur annähernd gewalttätige Episode, die ich in den ganzen acht Monaten erleben sollte – aber das konnte ich damals nicht wissen.

Die Bushaltestelle in Bulgan war ein staubiger, leerer Platz am Ortsausgang. Stille braune Menschen saßen in dem mageren Schatten eines baufälligen Unterstands und warteten auf den Bus, der irgendwann kommen würde oder auch nicht. Heute, morgen, übermorgen. Sie waren die personifizierte Geduld in der Hitze, leidgeprüft und schicksalsergeben. Ich hatte Glück. Ich war kaum ein paar Stunden da, als ein kurzer gelber Bus mit starker Schlagseite auf dem Weg nach Mörön anrumpelte. Die Fahrgäste hievten Greene hinten in den Bus und legten sie auf das übrige Gepäck. Dann machten sie mir einen Platz frei, obwohl andere Leute bereits auf den Gepäckstücken hockten, die den halben Mittelgang füllten.

Es gab keine Vorortsiedlungen. Bulgan begann und endete beim letzten Holzzaun. Nach diesem Zaun kam die unbevölkerte Steppe. Der Bus bebte und ratterte und wackelte und brach alle paar Stunden zusammen, doch obwohl meine Mitreisenden schon seit Tagen unterwegs waren – die meisten von ihnen kamen aus China zurück –, waren alle erstaunlich gut gelaunt. Sie hatten sich auf der langen Fahrt angefreundet, hatten die heißen und kalten Tage gemeinsam erlitten, teilten Essen und Trinken miteinander, erzählten sich vielleicht ihre Reiseabenteuer. Manchmal begann einer zu summen, bis ein Gesang mit Worten aus dem Summen wurde. Andere Stimmen fielen ein, vermischten sich, schwangen sich auf, trennten sich, um die Begleitstimme zu geben, fielen unisono zurück, und es stiegen Melodien auf, hoch und sehnsuchtsvoll, alt und schmerzlich, voll ausgelassener Fröhlichkeit. Sie sangen Lieder von Müttern und Pferden, Lieder von Geburt und Tod und dem Kampf des Daseins – Harmonien aus einem tiefen, einfachen Land, in dem die Menschen lebten und liebten und starben, eingebettet in die ewig gleiche Natur, der sie sich anpassten, anstatt sie beherrschen zu wollen und sich von ihr loszusagen.

Als sich herausstellte, dass ich Russisch sprach, nicht aber Mongolisch, nahm mich eine junge Frau in Jeans und einem pinkfarbenen T-Shirt unter ihre Fittiche, nachdem sie sich mühsam über die Bündel im Mittelgang zu mir vorgearbeitet hatte. Die Leute rückten zusammen, um ihr Platz zu machen, wie in einer stillschweigenden Übereinkunft, nach der sie ab jetzt für mich verantwortlich sein sollte. Bolormaa hatte in Russland Jura studiert. Sie war klein und zierlich, trug eine Brille unter ihrem geraden schwarzen Pony und hatte eine kontaktfreudige, selbstbewusste Art, die sich auffällig von der stillen, in sich ruhenden Kraft der Frauen unterschied, die nie aus der Mongolei herausgekommen waren. Bolormaa war in einer Fellhütte unter einem rigiden kommunistischen Regime aufgewachsen, und doch verband uns viel mehr als unsere gemeinsame Sprache. Nach kurzer Zeit war es, als hätten wir uns schon seit Jahren gekannt, als wären wir zusammen aufs College gegangen, hätten nächtelang geredet und literweise Kaffee getrunken, die Bücher aufgeschlagen, aber meistens unbeachtet, vor uns auf dem Tisch.

Das Einzige, was uns trennte, war die Tatsache, dass sie Mutter war. Sie hatte den Vater ihrer zweijährigen Tochter an der Universität in Russland kennen gelernt und wollte jetzt Geld zusammensparen, um zu ihm ziehen zu können. Das war auch der Grund, warum Bolormaa ihre angesehene Stelle als Anwältin aufgegeben hatte, um einem weitaus lukrativeren Geschäft nachzugehen: Sie reiste zwischen der Mongolei und China hin und her, kaufte dort

Waren ein und verkaufte sie mit gutem Profit auf dem Markt von Mörön weiter. Es war eine neue Welt. Importwaren und Kleider waren jahrzehntelang ausschließlich aus der Sowjetunion und ihren Satellitenstaaten gekommen. Quasi über Nacht mussten die Mongolen neue Regeln lernen, ein ganz neues Spiel. »Wir wussten gar nicht, was das ist, kaufen und verkaufen«, sagte Bolormaa. »Wir haben einander einfach gegeben, was wir brauchten.« Sie hatte sich auf Kinderkleidung spezialisiert. Andere Leute importierten Stereoanlagen, Kaugummi, Haushaltswaren, Fernseher. Der Bus war gerammelt voll mit chinesischen Waren.

Oben auf dem Hügel kamen wir an einem großen Steinhaufen vorbei, der mit leeren Wodkaflaschen, verrotteten Reifen und kleinen Tögrög-Scheinen verziert war. (Vor vier Jahren war der Tögrög auf 3 Dollar beziffert worden. Als ich in Darchan Geld gewechselt hatte, war der offizielle Wechselkurs 350 je Dollar gewesen. Für 60 $ erhielt ich ein paar große Scheine – 50er, 100er, einen knisternd neuen 500er – und so viele gebündelte Einer-, Dreier-, Zehner- und 20er-Scheine, dass ich eine kleine Radtasche damit hätte füllen können.) Zerfetzte Lumpen, an lange Holzstäbe gebunden, wehten in der Mitte des Steinhügels. Das hier, so erklärte mir Bolormaa, als der Bus zum Stehen kam, war ein *ovoo*. *Ovoos*, die man hauptsächlich auf Bergpässen findet, gehen auf eine alte schamanistische Tradition zurück. Reisende lassen kleine Opfergaben dort oder legen als symbolische Geste einen Stein zu dem Haufen, um den Göttern zu danken, dass sie sie auf ihren Reisen vor Schaden bewahrt haben. Heute sind die Gottheiten, denen der Dank gilt, weitgehend in Vergessenheit geraten, aber der alte Brauch besteht weiter. Meine Mitreisenden drängten alle aus dem Bus, gingen dreimal im Uhrzeigersinn um den Haufen aus Steinen, Müll und Geld und legten ein paar Tögrög in eine Nische oder unter einen Stein. Ich lernte diese *ovoos* im Lauf meiner Reise lieben, denn dahinter ging es immer bergab. Es war mir ein echter Trost, das Ritual zu befolgen und einen kleinen Dank zurückzulassen, dass ich den Kamm eines weiteren Hügels unversehrt erreicht hatte.

Ein *ovoo* – Reisende danken hier vergessenen Gottheiten

Den Rest des Tages ruckelte der Bus durch eine endlose, goldene Steppe, wobei er manchmal einer sichtbaren Straße folgte, manchmal durch wegloses, wehendes Gras holperte. Hinten lag Greene auf der Gangschaltung, und die Kette flappte lose herum. Die Sonne neigte sich dem Horizont zu, und bald schrumpften die paar Meter löchriger Erdstraße, die von den hüpfenden Scheinwerfern des Busses erfasst wurden, zu einem engen Tunnel greifbarer Realität in einer ansonsten unergründlich pechschwarzen Nacht zusammen. Irgendwo in der Dunkelheit hielt der Bus an. »Wir fahren morgen weiter«, erklärte mir Bolormaa, während alle sich zum Schlafen niederließen, den Kopf an die Schulter eines Nachbarn oder gegen ein kaltes Fenster gelehnt; ein paar von den Männern rollten sich in ihren Deels im Gras draußen zusammen. Kurz nach Sonnenaufgang fuhren wir wieder los, aber es dauerte nicht lange, bis der Bus über die Grasebene zu zwei Gers abschwenkte. Mongolischer Postservice – der Fahrer hatte Waren aus China mitgebracht, um Tauschgeschäfte mit der Familie zu tätigen, die aus den Fellhütten herausgelaufen kam. Sie begutachteten die Stereoanlage und wühlten den

Stapel von Socken, Pullis und Hosen durch, suchten aus, wählten, verwarfen und feilschten. Kein Geld wechselte den Besitzer, aber als wir wieder davonratterten, stand ein blökendes Schaf im Mittelgang.

Am späten Nachmittag, nach weniger als 400 Kilometern, dafür über vierundzwanzig Stunden nachdem wir von Bulgan aufgebrochen waren, rumpelte der Bus nach Mörön hinein. Das Zentrum war eine trostlose Ansammlung von Betonbauten – ein paar Läden, die Schule und das Postamt, mehrere Wohnblocks, die Bank und das Hotel –, aber meine geräumige Unterkunft strahlte einen verblichenen Glanz aus. Abgewetzte Orientteppiche und behagliche, durchgesessene Diwans zierten die beiden Räume. Es gab manchmal Strom, manchmal auch warmes Wasser, aber zu jeweils anderen Zeiten. Die Heizkörper, die von den Stadtwerken mit Fernwärme gespeist wurden, würden frühestens in einem Monat angestellt werden, obwohl es in den Zimmern bereits bitterkalt war.

Pünktlich um sieben Uhr abends klopfte Bolormaa an meine Tür. Kurz darauf hatten wir die Betonblocks hinter uns gelassen und gingen eine breite Schotterpiste zwischen hohen Holzzäunen entlang. Das staubige Land wurde durch diese Zäune in Parzellen aufgeteilt, und so war eine Vororrtsiedlung entstanden, in der sich Haus an Haus drängte, nicht anders als in jeder amerikanischen Wohnanlage. Das Wegnetz aus eng gesetzten Holzzäunen, die nur von den ewig gleichen grünen Metalltoren unterbrochen waren, kam mir wie ein unentwirrbares Labyrinth vor. Neben jedem geschlossenen Tor war eine Holztür. Bolormaa stieß eine dieser Türen auf, und wir betraten das Grundstück ihrer Familie. In einer Ecke stand eine Holzhütte mit einem Bretterboden, in den zwei Löcher gesägt waren, und einem Stapel alter russischer Bücher, die als Toilettenpapier dienten. Am anderen Ende des Zauns standen zwei Blockhütten. In einer davon lebte Bolormaa mit ihrer Tochter, ihren Eltern und ihren beiden jüngeren Brüdern; die andere gehörte ihrem ältesten Bruder und seiner Familie. Zwei Kreise auf dem Boden markierten die Stelle, an der die beiden Familien behagliche Gers für die kalten

Monate errichten würden. Ein kleines Ger stand bereits dort – Bolormaas Großeltern weigerten sich, ihr kuscheliges Fellzelt abzureißen, um in einem zugigen Sommerhaus zu wohnen.

Sobald wir ihr Haus betraten, setzte uns Bolormaas Mutter Tee vor. Seit ich ihn nicht mehr mit einer wässrigen Suppe verwechselte, fand ich den mongolischen Tee köstlich, besonders wenn er mit Yakmilch, so sahnig wie frische Butter, aufgebrüht war. Bolormaas Mutter hatte ein sanftes, duldsames Gesicht und die ruhige Gelassenheit eines Menschen, der gelernt hat, Opfer zu bringen, ohne seine Würde zu verlieren. Sie hielt eine kleine Schale in ihrer rechten Hand, während die Fingerspitzen ihrer Linken leicht unter ihrem rechten Unterarm ruhten. Ich legte die Finger meiner linken Hand an meinen rechten Ellbogen und nahm meinen Tee entgegen, wobei ich den Boden der Schale mit vier Fingern umfasste und den Daumen als Stütze unter den Rand legte. Ich hatte bereits gelernt, die Teeschale zu halten, ohne dass die Finger sich um die Wölbung spreizten und der Zeigefinger über den Rand gekrümmt war. Ich hatte gelernt, dass alle Nahrung mit zwei Händen gereicht und in Empfang genommen werden muss, entweder buchstäblich oder symbolisch. Ich hatte gelernt, dass man einem Gast das Essen in die Hände gibt und nicht auf den Tisch legt.

Wenn keine sprachliche Verständigung möglich ist, werden Rituale zu einer Form der Kommunikation. Neue Sitten sind dann nicht mehr absurd, primitiv oder exotisch, sie werden zu Trittsteinen, winzigen Türen in eine neue Kultur. Beide Hände ineinander zu legen, um besonderen Respekt oder Dankbarkeit zu zeigen, wenn man Essen oder ein Geschenk erhält, wurde mir bald genauso selbstverständlich, wie ich meine Schuhe auszog, wenn ich ein Haus in Russland betrat, niemals Obst in einem italienischen Laden anfasste oder eine Flasche Wein zu einer amerikanischen Party mitbrachte. Doch so aufmerksam ich auch beobachtete, sollte es im Lauf meiner Reise Dinge geben, die ich übersah. Oder Dinge, die ich zwar sah, aber missverstand. So wie an jenem Tag, als ich in einem Ger auf dem Boden kauerte und sorgfältig den Mann nachahmte, der neben mir

54

saß, den rechten Fuß flach auf den Boden gedrückt, das Knie in der Luft, das linke Bein darunter geschlungen. Ich machte alles getreulich nach, ohne zu ahnen, dass sich nur Männer auf diese Art hinsetzen, nicht aber Frauen.

Mit dem Tee brachte Bolormaas Mutter die unvermeidliche Platte mit Sauermilcherzeugnissen – *aaruul, aarts* und *öröm* – von der jeder Besucher zumindest einen winzigen Bissen nehmen muss. Dieses *tavgiin idee*, wie es in Mongolisch heißt – »die Platte, für Gäste hergerichtet« –, nannte ich bei mir die »Willkommensplatte«. Der übliche Aaruul-Haufen – gestockte Milch, die auf dem Ger-Dach in der Sonne getrocknet wird, bis sie steinhart ist, wie ein Lutscher, den man langsam im Mund zergehen lässt – war mit einer Hand voll *aarts* ergänzt, getrockneten Quarkbrocken von der Größe und Konsistenz einer Walnuss. Das Ganze war kunstvoll mit einigen Öröm-Scheiben drapiert – der festen, sahnigen Schicht, die sich auf gekochter Milch bildet, wenn sie abkühlt.

Plötzlich kam ein kleines Kind zur Tür hereingepurzelt. Belgüün, Bolormaas Tochter, hatte rote Pausbäckchen und blitzende Augen, die ganz anders als die der restlichen Familie waren. Ihr Vater sei von den Kapverden, erklärte Bolormaa. Das kleine Mädchen war ein dunkelhäutiges Mischlingskind in einer sehr reinrassigen asiatischen Welt. »Nein, die Leute hier haben es anfangs nicht sehr gut aufgenommen. Aber es ist, wie es ist – was soll man da machen?« Belgüün war verwöhnt und launisch und bekam alle paar Minuten einen schrecklichen Wutanfall, aber sie war der unbestrittene Mittelpunkt des Haushalts, von ihren gebrechlichen Großeltern und ihrer achtjährigen Cousine gleichermaßen angebetet und verhätschelt.

Bolormaas Mutter schlug vor, dass Bolormaa mir das Familienalbum zeigen solle, und lächelte vor sich hin, als wir uns in Russisch darüber unterhielten. Sie kochte Hammelknochen mit viel Fleisch zum Abendessen und servierte uns kostbare chinesische Süßigkeiten als Nachtisch. Sie machte sich Sorgen, dass ich mich vielleicht fürchtete, so allein in meinem kalten Hotelzimmer, verließ sich dann aber auf ihre welterfahrene Tochter, die mir glaubte, als ich ihr sagte, dass ich es gewöhnt sei, allein zu schlafen. »Aber wenn Sie von Chatgal zurückkommen, müssen Sie gleich hierher kommen und nicht ins Hotel gehen.« Spätabends begleitete mich Bolormaa durch die pechschwarze Nacht zurück, die nur hin und wieder von einem Lichtschwall aus dem *tonoo* eines Gers erhellt wurde. Bolormaa zündete sich eine Zigarette an und warf mir einen vorsichtigen Blick zu. »Mongolische Frauen dürfen immer noch nicht in der Öffentlichkeit rauchen«, sagte sie. Dann fasste sie mich unter, lächelte zufrieden und inhalierte tief. »Ich mache das nur, wenn mich niemand sehen kann.«

Wollige Yakbabys sprangen erschrocken von der Straße herunter, um sofort zurückzuschleichen, an Greenes Taschen zu lecken und neugierig an ihren Reifen zu knabbern, während ich ratlos erst die Stromleitungen, dann die Straße, dann wieder meinen Kompass anschaute, die mich alle in verschiedene Richtungen wiesen. Ich war auf dem letzten Abschnitt der Rückreise zum Chövsgöl-See, und ich wollte die ganzen hundert Kilometer mit dem Rad zurücklegen. Aber kaum zwölf Kilometer außerhalb von Mörön saß ich bereits in der Klemme: Die Stromleitungen verliefen einen Hang hinauf, die am stärksten befahrene der zahlreichen Spuren bog nach Westen ab, und laut Kompass musste ich geradewegs nach Norden weiterfahren. Sollte ich den Stromleitungen folgen, die ja schließlich irgendwohin führen mussten? (Immerhin pries der Reiseführer sie als zuverlässige Methode, die richtige Route zu finden, an.) Sollte ich der Fahrspur folgen, in der Annahme, dass die vielen anderen Leute, die diesen Weg nahmen, wahrscheinlich auch nach Chatgal wollten? Oder sollte ich diese beiden konkreten Anhaltspunkte ignorieren und mich stattdessen auf den Kompass und seine abstrakte Ausrichtung verlassen? Chatgal liegt fast direkt nördlich von Mörön, aber der Karte nach musste ich eine Weile nach Westen fahren und erst hinter einem kleinen See nach Norden abschwenken. Ich entschied mich für die Fahrspur. Die Kilometer krochen endlos unter

Greenes Reifen vorüber. Schließlich musste ich mir eingestehen, was sich nicht länger verhehlen ließ: Diese Straße würde niemals nach Norden abbiegen.

Es ist praktisch unmöglich, ein Fahrzeug auf einer mongolischen Straße anzuhalten, nur um nach dem Weg zu fragen. Wenn der Fahrer abbremst, fängt der Motor höchstwahrscheinlich zu stottern und zu spucken an, um schließlich ganz abzusaufen. »Chatgal?«, brüllte ich, während das Motorrad in engen Kreisen um mich herumkurvte. »Nein, nein, nein!«, brüllte der Mann über den heulenden Motor hinweg und riss seinen Kopf in die Richtung zurück, aus der ich gekommen war. Ich starrte wütend die Straße hinunter. Umkehren ist so frustrierend! Rückgängig machen, was man erreicht hat, die eigene Leistung zunichte machen! Ich hörte den Mann auf dem Motorrad schreien. Er nahm eine Hand vom Lenker, gerade lang genug, um auf eine undeutliche Fahrspur zu zeigen, die einen Hang hinaufführte. Nordosten. »*Bayarlalaa!*«, brüllte ich in die Staubwolke, als der Motor stotterte und aufheulte und das Motorrad davonzischte. Stille senkte sich wieder über die Steppe. Der Kompass. Verlass dich auf den Kompass.

Jenseits des Hügelkamms kam ein kleiner See in Sicht. Eine Herde großer brauner Kühe graste am diesseitigen Ufer. Während ich mehrere steinige Kilometer zum Talboden hinunterholperte und -schlitterte, wurden die Kühe größer und sahen immer merkwürdiger aus, bis sie sich schließlich als unerschrockene, neugierige Kamele entpuppten. Sie schauten zu, wie ich mein Zelt aufbaute und zu dem leuchtend blauen Wasser ging. Seemöwen kreisten in der Luft. Schwärme kleinerer Vögel tschilpten sich über das Wasser hinweg zu. Und dort, einsam im Sonnenuntergang dahingleitend – ein makellos weißer Schwan. Aber das schwappende, schlammige Ufer war mit Kameldung übersät und das Wasser voller Mist und Algen. Ich starrte bitterböse auf diesen Gully, der nur wenige Meter entfernt so malerisch gewirkt hatte, dann fiel mir ein, dass das hier, wie viele Seen in der landumschlossenen Mongolei, vermutlich sowieso nur ein Salzsee war. Also aß ich eine halbe Gurke statt der getrockneten Chilibohnen, die ich hatte kochen wollen, trank sparsam von meinem restlichen Wasser und inhalierte das Abendlicht. Die Luft, die meine Lungen füllte, war klar und rein. Sie schmeckte nach Erde und nach Gras und nach Unendlichkeit. Jenseits des schimmernden Wassers schmiegten sich drei weiße Rundungen an den Fuß der Hügel. Als ich fünf Tage später wieder an dem See vorbeikam, waren die Nomadenzelte fort. Die Hirten waren weitergezogen, vielleicht folgten sie, zumindest einen Teil ihres Wegs, der Straße, die ich jetzt kaum sehen konnte, die aber am anderen Ende des Sees entlanglief und geradewegs von Mörön nach Chatgal führte. Der Kompass, der Kompass, der Kompass.

Ich sagte mir, dass ich meine Lektion gelernt hatte: 1. Es ist sehr leicht, sich in der Mongolei zu verirren. 2. Die Ausrichtung der Kompassnadel ist nicht bloß Theorie. Ich war eine unerfahrene Reisende in einem Land ohne Straßenschilder, aber ich hatte ein Zelt und einen Schlafsack, und dass man sich ein bisschen verirrt, gehört zu einem guten Abenteuer. Heute, während ich dies schreibe, unter dem Dröhnen eines Hubschraubers über der Skyline von New York City, und daran denke, dass man mir, wenn ich das nächste Mal in die Mongolei fahre, ein GPS-Handgerät und ein Mobiltelefon aufdrängen wird, fällt mir jener Abend wieder ein. Ich stelle mir vor, wie ich am See sitze und meine Mailbox abhöre, und ich weiß, dass diese Verbindung mit der Außenwelt das machtvolle, prickelnde Freiheitsgefühl zerstört hätte, das einen erfüllt, wenn man sich den Gefahren des Unbekannten überlässt.

Noch vor kaum zehn Tagen hatte ich mir meine Ankunft in Chatgal als triumphale Rückkehr von der Wildnis des Uferwalds am Chövsgöl-See zurück in die Zivilisation vorgestellt. Ich hatte mir genüsslich eine heiße Dusche ausgemalt, und dazu – eine absurde Vorstellung, die auf einen Reiseführer-Kommentar über den zunehmenden Tourismus in Chatgal zurückging – eine Busladung voll gesetzter West-Touristen, die alle die Hände über dem Kopf zusammenschlugen, als sie hörten, dass ich die über hundert Kilometer von der russischen Grenze nach Süden geradelt war. Stattdessen musste ich mich mit einem schlaksigen Backpacker in einer schlabbrigen blauen Hose begnügen.

Daniel kam aus der Schweiz und war seit 19 Monaten unterwegs. Er tauchte auf der knarzenden Hotelveranda auf, als ich gerade ankam, und half mir, Greene über die Holztreppe hinauf in das dunkle, geräumige Gebäude zu bringen. Er lachte, als ich nach einem Restaurant fragte, sagte aber, dass wir den wuchtigen Eisenherd des Hotels benützen dürften. Er hackte Feuerholz und ich kochte die Tütensuppen, die Abbas mir gegeben hatte. Beim Essen erzählte Daniel mir seine Reisegeschichten – oder was er dafür hielt. Die Geschichte von einem köstlichen Essen in einem laotischen Dorf gipfelte darin, dass man ihm zwei Dollar abknöpfen wollte, obwohl es nur fünfzig Cent kosten durfte. Daraufhin hatte er sich geweigert, den Wucherpreis zu bezahlen, und so lange mit den Leuten herumgestritten, bis sie nachgaben. Die Geschichte einer zweitägigen Zugfahrt durch China kreiste darum, wie er jemanden bestochen hatte, ihm eine Fahrkarte zum Preis für Einheimische anstatt für Ausländer zu verkaufen, und wie er damit die ganze Fahrt über durchgekommen war. Immer wollten ihn die Leute betrügen, aber er machte ihnen jedes Mal einen Strich durch die Rechnung. Die Moral der Geschichte war, dass er für sein Geld auf Heller und Pfennig bekommen hatte, was ihm zustand, und darauf war er offenbar mächtig stolz.

Zwei der fröhlichen jungen Frauen, die das Hotel führten, kamen zu uns in die Küche. Während wir im Schein einer flackernden Kerze (es gab seit Tagen keinen Strom) bis tief in die Nacht hinein zusammensaßen, brachten sie uns bei, wie man auf Mongolisch zählt. Bevor ich mich schlafen legte, ging ich noch einmal nach draußen über den Hof und schlüpfte durch ein Loch im Zaun zum Plumpsklo. Als ich wieder in meinem Zimmer war, wusch ich mir die Hände und putzte mir die Zähne über einer genialen Waschvorrichtung: Irgendjemand hatte eine große Büchse an einen Pfosten genagelt. Ein Stöpsel, der durch eine Schraube von unten befestigt

59

war, schloss das Loch im Boden. Man schüttete einen Eimer Wasser in die Büchse, stieß die Schraube hoch und schon strömte Wasser über die Zahnbürste in ein Becken, das unter der Büchse stand. Das Ganze war natürlich kein Vergleich mit einer langen, heißen Dusche, aber dennoch war die Wirklichkeit von Chatgal letzten Endes viel befriedigender als eine »Rückkehr in die Zivilisation«. Ich konnte gut auf die sanitären Anlagen verzichten, wenn ich dafür in einer Stadt wohnen durfte, die noch weit entfernt von lärmenden Busladungen voller Touristen war.

Als ich am nächsten Morgen durch das Dorf wanderte, fragte ich mich, wie ich hier überhaupt jemals heiße Duschen oder Touristenbusse hatte erwarten können. Kühe und Pferde weideten das kurze Gras im Zentrum ab. Schafschädel, Ziegenbeine und einzelne Hufe lagen verstreut auf den Schotterstraßen wie weggeworfene Fastfood-Verpackungen. Ein kleiner Junge tauchte zwei Blechkanister in den See und schleppte das Wasser nach Hause. Auf einer verblichenen, handgemalten Plakatwand traf Lenin mit Süchbaatar zusammen, dem jungen Revolutionär, der 1921 in die Rote Armee eintrat, um die Weißrussen aus seinem Land zu vertreiben und die mongolische Volksrepublik zu gründen. Hinter einem mit rotem Samt drapierten Tisch sitzend, appellierte der Sowjetführer stumm an den Betrachter, eine Hand beschwörend erhoben, die andere in demonstrativer Kameradschaftlichkeit auf den Arm des mongolischen Revolutionärs gelegt. Ich trat über erhöhte Türschwellen und folgte den Leuten in voll gestopfte Läden. In einem lagen diverse Teestapel aus, Streichhölzer, Butter, Kohl, Packungen mit chinesischen Nudeln und Zigaretten. In einem anderen wurde seifige chinesische Schokolade angeboten, Kartoffeln, ein einsames Paar Schuhe, ein undefinierbares Etwas in klobigen Gläsern, die mit dem russischen Wort »Saft« beschriftet waren, und Zigaretten. In einem dritten gab es Zwiebeln, Kerzen, chinesische Kaugummis, einen einzelnen Pulli und Zigaretten. Weiter unten an der Straße standen die Leute vor einem Laden Schlange, in dem gerade eine Brotlieferung eingetroffen war. Jede Familie in Chatgal war auf eine Ration von vier Brotlaiben pro Woche gesetzt. Die Tögrög-Scheine in der erhobenen Faust, drängelten die Leute in den Laden hinein, um ihr Brot zu ergattern, bevor es keines mehr gab.

Daniel war seit einer Woche in Chatgal und hatte viele Bekanntschaften gemacht, unter anderem die eines Lehrers, der ihn in seine Schule eingeladen hatte. Die weiß gekalkten Wände des Schulzimmers waren mit Porträts von Descartes, Galileo, Shakespeare und Dschingis Khan behängt. Die Schiefertafel war mit den steilen Schleifen, Strichen und Schnörkeln der alten mongolischen Schrift bedeckt. Diese Schrift, die über die chinesischen Uiguren aus dem Mittleren Osten importiert worden war, geht bis ins dreizehnte Jahrhundert zurück. Als jedoch 1941 die Mongolei im Zug einer massiven Alphabetisierungskampagne und weil es politisch opportun war eine leicht modifizierte Version des kyrillischen Alphabets übernahm, verschwand die alte Schrift praktisch in der Versenkung. Fünfzig Jahre später feierte sie ein Comeback auf den Schultafeln im ganzen Land. Mädchen vorne, Jungs hinten, immer zwei an einem Holzpult, saßen die Fünfzehnjährigen aufmerksam da, während der Lehrer, ein kleiner Mann in einem zerknitterten Anzug, uns Fragen stellte und unsere Antworten für die Schüler ins Mongolische übersetzte. Daniel und ich erzählten der Klasse, wie alt wir waren, wo wir herkamen, wo wir in der Mongolei gewesen waren und wo wir noch hinwollten.

Alle Jugendlichen beherrschten zumindest ein bisschen Schulrussisch, und so fragte ich sie direkt, ob sie noch irgendwelche Fragen hätten. Unterdrücktes Kichern war die Antwort, und die schwarzen Augen blickten verlegen zur Seite. Der Lehrer fragte, welchen Beruf wir ausübten, wie viele Jahre wir in die Schule gegangen seien und was wir studiert hätten. Wieder wandte ich mich an die Schüler. Ich fragte, wie viele von ihnen Abitur machen und an der Universität von Ulan Bator studieren wollten. Diesmal erwiderten mehrere Mädchen meinen Blick, nickten schüchtern, aber nachdrücklich, und lächelten bei diesem abenteuerlichen Traum von einer fernen Welt. Ich begriff, dass es teuer war, in der Hauptstadt

61

zu leben und zu studieren, aber wenn schon Ulan Bator so weit weg war, was mussten diese Jugendlichen erst empfinden, wenn sie Daniel und mich sahen? Wenn Ulan Bator ein Traum war, was waren dann die Alpen? Was der Times Square? Aber das Eis war jedenfalls gebrochen. Hände gingen in die Höhe: Ob wir verheiratet seien? Ob unsere Familien Kühe und Schafe hielten? Wie viele Geschwister wir hätten?

Ein Mädchen hob die Hand. »Welches mongolische Essen mögen Sie am liebsten?«

»Man hat mir gesagt, ich würde hier verhungern«, sagte ich. »Aber die Leute überschütten uns mit Essen.«

Wir hatten mehrere von Daniels Bekannten besucht, und wann immer wir in ein Haus kamen, aßen wir. Wir aßen herben, frischen Joghurt. Wir aßen Aaruul und Öröm. Wir schauten Fotoalben an – Chatgal im Winter, der zugefrorene Chövsgöl-See – und tranken die frischeste, sahnigste Milch, die ich je zu schmecken bekommen hatte. Wir kauten auf dem Fleisch gekochter Hammelknochen herum, während unsere Gastgeber jedes bisschen Fleisch, Knorpel und Fett abnagten, bis ihre starken Zähne und Messer nur noch den nackten, schimmernden Knochen zurückgelassen hatten.

Ein Junge hob die Hand. »Gibt es noch Indianer in Amerika? Ich habe gehört, dass sie ursprünglich aus der Mongolei gekommen sind.«

Ich lächelte. »Ich weiß nicht, ob sie aus der Mongolei gekommen sind, aber ja, es gibt noch Indianer in Amerika.«

»Wie gefällt Ihnen das Leben in der Mongolei?«, fragte ein Mädchen. »Wie ist es im Vergleich zu Amerika und der Schweiz?«

Ich antwortete, wie ich immer in Russland antwortete: dass wir in größerem materiellen Wohlstand lebten, dass aber das »Singen in der Küche« längst nicht so gut war. Womit ich meinte, dass die Lackschicht des amerikanischen Lebens, das auf Arbeit, Geld und Erfolg abgestellt ist, selten völlig abgestreift wird, um den wesentlichen Dingen wie Freundschaft, Geselligkeit und einfacher Lebenslust Platz zu machen, so wie es spätnachts in Russland geschieht, wenn ein paar Leute mit einer Gitarre und einer Flasche Wodka in einer rauchigen Küche zusammensitzen. Oder, fügte ich hinzu, mit einer Schale Airag in einem mongolischen Ger. Daniel sprach jetzt mit leidenschaftlicher Stimme und leuchtenden Augen von der Gastfreundschaft, die er in der Mongolei erfahren hatte, von der offenherzigen, unvergleichlichen Großzügigkeit der Menschen, denen er begegnet war. Ich konnte diesen Lobgesang auf die Großzügigkeit nicht mit seinen stolzen Triumphen über die angeblich betrügerische Gier der Einheimischen in Einklang bringen, aber er redete mit großer Begeisterung und meinte es offenbar ehrlich.

Ich dachte an den Busfahrer, der einen Kassettenrekorder gegen ein Schaf eingetauscht hatte. Ich dachte an Dölgön, die mich gefragt hatte, was man für Dinosauriereier in Berlin verlangen könne. Ich dachte an Belgüüns schöne, fremdartige Augen. Dann dachte ich an das Singen im Bus nach Mörön und an Belgüüns Großmutter, die sich Gedanken machte, ob ich mich nicht fürchtete, wenn ich allein im Hotelzimmer schlafen musste. Ich dachte an einen Reiter, den ich von Chatgal nach Osten hatte ziehen sehen und der ein schwer beladenes Kamel mitführte, und ich dachte an den silbernen Jeep, der an ihm vorbeigebraust war und ihn in einer Wolke von Staub zurückgelassen hatte. Und plötzlich wurde mir bewusst, dass es fast einer Beschwörung gleichkam, was Daniel und ich da von uns gaben. Die Zukunft dieser Kinder würde sich dramatisch von der urtümlichen Welt ihrer Vorfahren unterscheiden, und wir flehten sie an, nicht die Verbindung zu den kostbaren Werten ihrer Kultur zu verlieren. Natürlich ist das eine der großen Heucheleien westlicher Reisender: Wir möchten, dass die Menschen in fernen Ländern liebenswert, einfach und exotisch bleiben, unberührt von der Informationsfülle, den Besitztümern, dem Komfort, der für uns im Westen selbstverständlich ist und den wir höchstens für ein paar kurze Streifzüge in ärmere Regionen aufzugeben bereit sind. Aber wir hatten einen Ort gefunden, der uns tief berührte, und wir wünschten uns, dass er sich nicht verändern möge, ob das nun richtig war oder nicht.

Zwei Tage später füllten wir unsere Rucksäcke mit einem Picknick, das aus Kohl, Kartoffeln, Knoblauch und Zwiebeln bestand, und brachen auf. Die Wiesen entlang der Ufer des Chövsgöl-Sees waren mit Gers gesprenkelt. Die Sonne schien sommerhell, aber ein scharfer Wind kündigte bereits die Kälte des Herbstes an. Wir machten ein Feuer und kochten ein Festmahl, dann legten wir uns rücklings in das duftende Gras. Über uns kreiste ein Falke lautlos und mit unbewegten Schwingen himmelwärts. Am Rand der Wiese schimmerte das kristallklare Wasser des Sees in den Farben der Südsee – Blautöne in allen Nuancen, die die Natur jemals hervorgebracht hat.

Ich dachte an die Nacht in Mondi, als ich mit Sergej und Pascha Wodka getrunken und immer noch Hoffnung gehabt hatte, dass sie mich am nächsten Morgen über die Grenze radeln lassen würden. Das war vor zwei Wochen gewesen. Damals konnte ich noch kein Wort Mongolisch und hatte noch nie ein Ger betreten. Die Mongolei war nichts anderes als ein Sammelsurium von Bildern in meinem Kopf gewesen. Jetzt konnte ich »Hallo« und »Danke« sagen und bis zwanzig zählen. Ich wusste, dass ich nicht auf die Türschwelle treten durfte, wenn ich ein Ger betrat. Ich wusste, dass man nicht an eine Ger-Tür klopft, sondern einfach eintritt. Ob man die Leute kennt oder nicht, ob man erwartet wird oder nicht, man macht einfach die Tür auf und geht hinein.

Ich setzte mich auf und starrte über den See auf den blauen Horizont. Irgendwo jenseits dieser Linie, an der Himmel und Wasser ineinander übergingen, lag Mondi. Ich war drei Tage in Chatgal gewesen, und jetzt war ich bereit, umzukehren, so zu tun, als sei ich von Russland hergeradelt, und langsam durch die Mongolei zu fahren.

Ein bunter Fleck
in der endlosen Weite

Ich blieb den ganzen Weg bis Mörön auf der Straße, hielt mich östlich des kleinen Sees hinter dem leeren Gelände, an dem die drei Gers gestanden hatten. Ich radelte den ganzen Tag mit aller Kraft und traf bei Sonnenuntergang in der Stadt ein. Unter einem nieslingen grauen Himmel ging ich am nächsten Nachmittag mit Bolormaa auf den Markt. Wie viele Anfänger in diesem Geschäft besaß sie keinen der klapprigen Flohmarkttische in der schlammigen Einfriedung. Sie stand einfach da, ein paar Mäntel über dem Arm, und verlangte das Doppelte von dem, was sie in China gekostet hatten, war aber bereit, mit sich handeln zu lassen. Sie brachte mir die Preise auf Mongolisch bei, und die Leute drängten sich um uns, um zuzuhören, wie ich die langen, gutturalen Konsonantenfolgen auszusprechen versuchte, aber niemand kaufte etwas. Schließlich schlenderte ich davon, kaufte Brot, Gurken, Kohlen und kleine chinesische Schokowaffeln, die einzeln in rote Folie verpackt waren. Bevor ich an jenem Abend zu Bett ging, gab ich die Hälfte von allem, was ich gekauft hatte, Bolormaas Mutter, mit der Begründung, dass ich nicht alles auf dem Fahrrad mitnehmen konnte, weil es zu schwer sei.

Schnee säumte die fernen Berge, und ein scharfer Frosthauch lag in der Luft, als ich am nächsten Morgen aus Mörön hinausradelte. Eine kleine Pferdeherde trottete zu den Hügeln hinauf und knabberte beim Gehen am Gras, wobei ihnen die schweren Stirnlocken in die dunklen Augen fielen. Auf einem fernen Kamm zog eine Schaf- und Ziegenherde träge dahin. Die Erde war von Jeepspuren durchzogen. Wenn eine Spur zu zerfurcht oder schlammig wurde, wichen die Fahrzeuge einfach auf die Steppenfläche aus und hinterließen parallele Linien blutig brauner Wunden, die auseinander fächerten, abschwenkten und immer tiefer in die unberührte Weite hineinführten.

Es kommt ganz drauf an, wen man fragt, dachte ich, als ich am Abend in das Dorf Tosontsengel hineinfuhr. Ich kam an einem einzelnen alten Mann vorüber und erspähte eine fünfköpfige Familie, die vor ihrem Hof schwatzte.

»*Zochid buudal* – Hotel?«, fragte ich.

»*Bakhuì* – nein.«

»*Bakhuì*?«, wiederholte ich.

»*Bakhuì.*«

»Ah.« Ich nickte und schaute zu den fernen Hügeln hinüber, machte aber keine Anstalten, weiterzufahren.

»Woher sind Sie?«, wurde ich gefragt. »Woher kommen Sie gerade? Wohin gehen Sie? So ganz allein?« Das waren die ersten Sätze, die ich auf Mongolisch lernen sollte, dann auf Chinesisch, dann auf Vietnamesisch. »Haben Sie keine Angst? Wie alt sind Sie? Sind Sie verheiratet?« Sieben Fragen. Sieben Antworten.

Als mein Vater die »Sieben Fragen« hörte, fand er seine Ängste durch die fünfte bestätigt. Aber wenn ich zurückfragte: »Angst wovor?«, bekam ich nur vage Antworten. »Bären?«, sagten die Leute mit unsicherem Schulterzucken. »Wölfe? Banditen?« Keine Schüsse aus fahrenden Autos, keine Amokläufe von Crack-Geschädigten, keine automatischen Schusswaffen, keine der Gefahren, die wir gleichmütig hinnehmen, wenn wir uns zu Hause in Amerika in Sicherheit wähnen.

»Nein«, sagte ich und schüttelte den Kopf. »Ich habe keine Angst.«

Dann kamen die Worte, auf die ich gewartet hatte. »*Tsai uu* – Tee?« Wenn ich erst einmal über der Türschwelle war, das wusste ich mittlerweile, hatte ich auch einen Platz für die Nacht. Während ich den salzigen, milchigen Tee trank, versammelten sich immer mehr Familienmitglieder um mich. Ich fand mich schrecklich unkommunikativ und schämte mich für meinen armseligen Wortschatz und meine verständnislosen, Verzeihung heischenden Blicke

auf alle Fragen, die ich nicht verstand, aber Brüder, Cousins, Großeltern, Freunde und Nachbarn drängten sich um mich und starrten
mich an, als sei ich der spannendste Action-Thriller. Sie setzten mir
einen Hammelschwanz vor – einen faustgroßen, huppeligen weißen
Fettklumpen, der nackt in einer Schüssel zitterte. Es war eine Deli-
katesse, aber pures Fett war das Einzige, was ich beim besten Willen
nicht hinunterbekam. Ich übersah geflissentlich den weißlichen
Klumpen, und schließlich brachte ihn jemand weg und füllte die
Schale mit dampfender Nudelsuppe, Guriltai Shul.

Es gelang mir, den Leuten verständlich zu machen, wohin ich
wollte – nach Süden, über die Selenga zu einem Dorf namens
Arshaant. Sie schüttelten die Köpfe und sagten, es gebe dort keine
Brücke. »Brücke« gehörte nicht zu den ersten Wörtern, die ich in
Frankreich, Russland oder Deutschland gelernt hatte. Dort hatte ich
»Zug« oder »Postamt« und »Wein« gelernt. In der Mongolei lernte
ich »Fluss« und »Pferd« und »Brücke«. *Güür.* *Güür bakhuì? –* Es
gibt keine Brücke?« Dann folgten Erklärungen und Wegbeschreibungen und Kommentare, von denen ich keinen einzigen verstehen
konnte. Ich begriff nur, dass es keine Brücke gab.

Ein Kind war losgeschickt worden, um die Russischlehrerin des
Dorfes zu holen. Die junge Frau, die bald darauf erschien, erklärte
mir, dass die Brücke von der letzten Frühjahrsflut weggefegt worden war. Sie sagte, es gebe ein Boot in dem Dorf Ikh Uul, fünfzig Kilometer weiter östlich. Sie sagte: »Die Familie bittet Sie um Verzeihung. Ihr Sohn ist heute vor einem Jahr gestorben. Er war drei Jahre
alt. Heute Abend haben sie sich versammelt, um seiner zu geden-
ken. Sie bitten um Nachsicht, wenn sie ein bisschen niedergedrückt
wirken. Sie sind der Meinung, es sei ein gutes Omen, dass Sie an
diesem Tag gekommen sind.«

Ich war immer noch damit beschäftigt, diese Information zu ver-
dauen, als die Sippenmatriarchin ihre Hand ausstreckte und mir
einen Silberring über den Mittelfinger streifte. Sie hatte rote Apfel-
bäckchen über der goldenen Borte ihres staubigen Deels, und das
wissende Lächeln um ihren eingefallenen Mund erweckte in mir

den Wunsch, auf ihren Schoß zu kriechen wie ein kleines Kind. Dann gab mir ihr Mann eine prall gefüllte Tüte Aaruul und einen 50-Törög-Schein. Man durfte ein Geschenk oder die kleinen Geldbeträge, die oft dazugelegt wurden, nicht zurückweisen, denn das wäre eine Beleidigung gewesen, aber ein kleines Gegengeschenk wurde immer gern genommen. Ich reichte der Frau einen Kugelschreiber, der wie die Space Needle in Seattle geformt war und in dem ein kleiner Plastiklift auf- und abfuhr, und erklärte ihr, dass ich diesen Turm von meinem Haus aus sehen konnte. Ihrer Tochter schenkte ich eine Rolle extra herber »Lifesavers«, die das Mädchen mit ineinander gelegten Händen entgegennahm. Sie öffnete die Rolle und gab einen Pfefferminz ihrem Bruder, der ihn in den Mund steckte und mit einem Aufschrei wieder ausspuckte, während seine Augen entsetzt zwischen mir und seiner großen Schwester hin- und herirrten, so scharf kam ihm, der in einem Land ohne Gewürze aufgewachsen war, dieses harmlose Bonbon vor.

Geld für Unterkunft und Essen anzubieten wäre ebenfalls beleidigend gewesen, aber man konnte Geldgeschenke an kleine Kinder verteilen, die sie dann an ihre Eltern weitergaben. Als ich in der eisigen Morgenfrühe mit der Familie um den knisternden Ofen versammelt war, gab ich den beiden kleinsten Jungen einen Dollar-Schein. Es war viel Geld, wenn man es in Tögrög umrechnete. Vielleicht sogar mehr als angemessen. Vielleicht auch wertlos, wenn sie es nicht umtauschen konnten. Und doch kam es mir erbärmlich wenig vor, verglichen mit der Großzügigkeit meiner Gastgeber. Alle begutachteten sorgfältig die Scheine, und ich hörte heraus, dass einer der Onkel wusste, wie viel sie in Ulan Bator wert waren. Als die Scheine schließlich in den Deel der Mutter gesteckt wurden, streckte sie die Hand aus und ließ zwei Gabeln voll ranziger Butter in meinen Tee fallen, ein ziemlich widerlicher Leckerbissen.

Sie sagte, sie liebe mich wie eine Tochter. Sie sagte: »Danke.« Danken? Mir? Dafür, dass ich dreimal so viel Tee wie alle anderen getrunken hatte, weil sie meine Schale immer wieder neu füllte, sobald sie leer war, und es mir wirklich schmeckte, weshalb ich auch nicht nein sagte? Weil sie den Gedenktag ihres toten Sohnes in einen Unterhaltungsabend für das Dorf umgewandelt hatte? Und doch war ihr Dank aufrichtig und echt. Weil ich ihr einen kleinen Einblick in meine Welt verschafft hatte? Ich konnte ihnen zeigen, wie viele Gänge mein Fahrrad hatte und wie die Bremsen funktionierten. Ich konnte Fotos machen und sie durch den Sucher schauen lassen, aber die Sprachbarriere erlaubte mir keine andere Kommunikationsebene als die Technik und mein Lächeln. Sie dankte mir für die einfache Tatsache, dass ich da war, ein rätselhaftes Wesen aus einem Fantasiereich; weil ich, soweit es einem bloßen Übernachtungsgast mit meinem armseligen Wortschatz überhaupt möglich war, an ihrem Leben und ihrer Welt teilnehmen wollte. Und ich wiederum dankte ihr, dankte ihnen allen für ihre warme Gastfreundschaft, von der sie nicht wussten, dass sie etwas Besonderes war, dankte ihnen, dass sie mich in ihre Welt aufgenommen hatten, als ob ich dazugehörte.

Die goldbraune Steppe wurde mit jeder Pedalumdrehung grüner, je mehr die Straße sich dem Flussufer näherte. Ein dicker Streifen Laubbäume markierte den Flusslauf am Fuß des Gebirges. Ich machte lange Pausen, legte mich ins warme Gras, ließ mich vom Wind streicheln, genoss die Grenzenlosigkeit der herrlichen Landschaft und schlug von Zeit zu Zeit nach einer Bremse. Eine Herde Kamele wanderte langsam durch die wogende Grasebene. Zähe kleine Pferde grasten frei in den endlosen Weiten der Steppe, die gänzlich unberührt vom zwanzigsten Jahrhundert war. Als ich nach Ikh Uul hinunterrollte, schob sich ein Lastwagen neben mich. Zwei Männer, ein junges Mädchen und ein kahl rasierter Junge streckten ihre Köpfe aus dem Führerhaus und fragten, wo ich hinwollte.

»Über den Fluss …«

»Keine Brücke«, sagten sie. »Kein Boot.« Sie holten eine rote Plastikschale hervor und füllten sie mit Arkhi, einem selbst gebrannten klaren Schnaps aus Kuhmilch, dem »mongolischen Wodka«, wie das Getränk liebevoll genannt wird. Während wir die Schale herumgehen ließen, steigerte der Fahrer von Frage zu Frage seine Lautstärke, als ob ich ab einer bestimmten Dezibel-Zahl plötzlich Mongolisch verstehen würde. »Folgen Sie uns, wir helfen Ihnen«, brachte das Mädchen schließlich in Russisch hervor. Wir landeten im Haus eines Bekannten, und bei Tee und frischem Joghurt versicherten alle einmütig, dass es keine Brücke gebe. Und kein Boot.

»Sie müssen Richtung Osten nach Bulgan fahren«, verkündete plötzlich eine Stimme von der anderen Seite des Raums in präzisem Russisch. Ich drehte mich um und sah eine junge Frau in der Tür stehen. Sie lehnte ihm Türrahmen, die Hände gefaltet, die langen Haare im Nacken zu einem Pferdeschwanz zusammengefasst. Delgermaa hatte eben erst ihr Studium in Ulan Bator abgeschlossen und absolvierte jetzt ein Praktikum an der Schule von Ikh Uul, ehe sie ihr Diplom als Russischlehrerin erhielt.

»Ich bin mit dem Bus dorther gekommen«, sagte ich, als ich plötzlich wieder in ganzen Sätzen kommunizieren konnte. »Ich will den gleichen Weg nicht zweimal machen.«

Delgermaa wandte sich an unseren Gastgeber und übersetzte.

»Die Leute hier nehmen Sie in ihrem Lastwagen mit, dann können Sie Richtung Süden nach Kharkhorin fahren und das Erdenezuu-Kloster besichtigen«, lautete die Antwort.

»Man hat mir gesagt, es gebe ein Boot hier.«

»Es gibt kein Boot.«

»Gehen die Leute hier nicht über den Fluss?«

»Manchmal gibt es ein kleines Flugzeug von Mörön, das in Arshaant zwischenlandet.«

»Es muss doch ein Boot geben.«

»Es gibt eine große Brücke in Bulgan.«

Das Gespräch drehte sich im Kreis wie ein Hund, der sich in den Schwanz beißt, wobei Delgermaa schüchtern, aber fließend für den ganzen Raum übersetzte, der jetzt voller Leute war.

»Es muss doch ein Boot geben.«

»Wir können uns erkundigen, wann ein Flugzeug geht.«

»Aber es muss doch ein Boot geben.«

Eine lange Pause entstand. Blicke, die ich nicht deuten konnte, gingen zwischen den Leuten im Raum hin und her. Endlich durfte Delgermaa zugeben: »Ja, gut, es gibt ein Boot, aber es ist gefährlich.«

»Das macht nichts.«

»Nein, es ist wirklich gefährlich.«

»Überqueren andere Leute auf diese Weise den Fluss?«

»Ja. Aber für einen Fremden ist es zu gefährlich.«

Ich blieb hartnäckig. Ich wollte nicht mit einem Lastwagen nach Bulgan zurückfahren. Es gab erneut heftige Diskussionen, und ehe ich wusste, wie mir geschah, folgte ich Delgermaa durch Ikh Uul zu dem schmucken Holz- und Mörtelhaus, in dem sie mit ihren Eltern lebte. Obwohl die Familie noch auf dem Holzherd kochte und kein Badezimmer hatte, sondern ein primitives Plumpsklo im Hof draußen, war es ein ganzjähriges Haus mit drei getrennten Räumen und einer Reihe von Bücherregalen, die sich an einer solide gebauten Wand entlangzogen. Sie würden selbst im Winter kein Ger aufstellen. Delgermaas Eltern waren ebenfalls Lehrer. Ihr Vater erklärte, dass das Boot ziemlich weit flussaufwärts von der Straße nach Arshaant anlegen würde und dass ich einen Führer brauchte, der mich über die Hügel lotste, die zwischen der Straße und der Stelle lagen, an der das Boot anlandete. Er versprach mir, am nächsten Morgen jemanden zu suchen, der bereit war, mich zu begleiten. Diesmal erhob ich keine Einwände. Sie würden mich über den Fluss fahren lassen, aber auf keinen Fall alleine, und damit Schluss, basta.

Ich rollte meine Schlafmatte auf dem Boden neben Delgermaas Bett aus. Nachdem der Strom um elf Uhr ausging, lagen wir im Dunkeln und redeten. Sie war einundzwanzig, verheiratet und schwanger. Ihr Mann hatte gerade sein Wirtschaftsstudium abgeschlossen und arbeitete für eine chinesische Importgesellschaft. »Wir hatten nicht vor, so schnell ein Kind zu bekommen«, ertönte Delgermaas sanfte Stimme aus dem Dunkel, »aber es ist einfach passiert, und wir sind froh darüber. Jetzt muss mein Mann erst einmal Geld für unser eigenes Zuhause in Ulan Bator verdienen. Ich bleibe hier, bis das Baby da ist. Dann werden meine Eltern es versorgen, damit ich arbeiten kann.«

Am Samstagmorgen wurden alle Reste vom gestrigen Abendessen zum Frühstück verzehrt. Delgermaa und ich aßen Buuz, kleine Teigtaschen mit Hammelhack und Zwiebeln, die wir in unseren Tee tunkten, um sie wieder aufzuwärmen. Da kam Delgermaas Vater herein, gefolgt von einem kleinen Mann mit einem kleinen armeegrünen Rucksack auf dem Rücken. Er würde mich über den Fluss führen. Ich hatte auf Anhieb volles Vertrauen in seine Fähigkeiten als Pfadfinder. Er trug eine Nickelbrille und hohe schwarze Stiefel, und ich stellte ihn mir als Naturburschen vor, der das Wetter vom Himmel ablesen und Wildtiere in ihrem Bau aufstöbern konnte, der lautlos über den Waldboden ging, ohne auch nur ein einziges Blatt aufzurühren, ein edler Indianer-Kundschafter, der mich mühelos über die geheimen Wege seines Landes führen würde.

Die Selenga fließt etliche tausend Kilometer durch die Mongolei nach Südrussland, wo sie schließlich in den Baikalsee mündet. In Ikh Uul fächert sie sich zu einem Netz von Rinnsalen und Wasserarmen auf, einige davon breit und flach, andere tief und schmal. Im Frühjahr, wenn Schneeschmelze und Gewitterschauer die Ufer anschwellen lassen, verwandelt sich der Strom vermutlich in eine einzige endlose Wasserfläche, aber jetzt, im September, war er ein Mischmasch von Land und Wasser, ein Netzwerk von Wasserläufen, die den Boden in unzählige kleine Parzellen aufteilten. Mein Führer bewegte sich geschmeidig durch die Felder zum Fluss. Ich schleppte mein Fahrrad mit den grellfarbigen Taschen hinter ihm her und ließ eine Spur niedergetrampelter Pflanzen und aufgewühlter Erde zurück. Wir kamen an einen breiten Wasserlauf. Mein Begleiter setzte sich hin, zog seine Stiefel aus und steckte sie in seinen kleinen Rucksack, dann rollte er seine Hose hoch und bewährte sich als Held und Retter, indem er dreimal durch das eisige, schenkeltiefe Wasser hin und her ging und sich mit seinen bloßen Füßen über den steinigen Untergrund tastete. Er trug einen Satz Radtaschen hinüber, während ich Greenes restliche Ladung abschnallte, aushakte und entwirrte. Dann kam er zurück, um mein Rad auf seine Schultern zu hieven und ein letztes Mal über den Fluss zu gehen. Diesmal kämpfte ich mich hinter ihm her, und meine Füße wurden knallrot in der kalten, reißenden Strömung. Ich torkelte vorwärts, arbeitete mich Zentimeter für Zentimeter über die schlüpfrigen Steine voran, von meinem Zelt und Schlafsack gefährlich aus dem Gleichgewicht gebracht, immer kurz davor, in die eisigen Fluten zu stürzen.

Als ich Greene auf der anderen Seite wieder aufgeladen und meine Schuhe und Socken angezogen hatte, stapften wir kurze Zeit durch lichten Wald, bis wir zu einem Flussarm kamen, der so schnell und tief war, dass man ihn nicht zu Fuß durchqueren konnte. Es war ein schöner Ort – jeder Windhauch, jedes Blätterrascheln, jeder Vogelruf so klar und lebendig in der frischen, reinen Luft –, aber es war weit und breit kein Boot oder Fährmann zu sehen. Als steiler Felsüberhang schien das gegenüberliegende Ufer denkbar ungeeignet als Landeplatz. Ich schaute meinen Held und Retter an. Er wandte die Augen ab und ließ seinen Blick über das leere Flussufer schweifen, ratlos und sichtlich verunsichert. Hinter uns raschelte es. Ein Mann trat durch die Bäume. Er beriet sich kurz mit meinem Führer, dann sagten sie, ich solle hier warten, und gingen zusammen fort. Ich setzte mich mit meinem Tagebuch und einer Tüte knuspriger *aarts* von Bolormaas Mutter an das steinige Ufer.

Zwei Stunden später kehrte mein Begleiter zurück und bestätigte mir, was ich ohnehin längst wusste: Das hier war die falsche Stelle. Wir gingen durch den Wald zu einer flachen Furt. Es war inzwischen erheblich wärmer geworden, und diesmal empfand ich das eiskalte Wasser als nahezu erfrischend. Der Schweiß rann mir über den Rücken, als ich Greene durch Stellen mit dichtem, knietiefem Gras schob. Myriaden von Insekten landeten auf meinem salzigen Gesicht, aber immer wenn ich meine Hand von der Lenkstange nahm, um nach ihnen zu schlagen, geriet Greene auf dem unebenen Boden heftig ins Schlingern, riss mir den Arm herum und knallte mir in die Seite. Endlich hielt mein Begleiter an einem schmalen Bach an und zeigte über das Wasser in die Bäume. »Sehen Sie das Boot?« Ich sah nichts, aber ich setzte mich pflichtschuldigst hin und zog meine Schuhe und Socken aus.

73

Das »Boot« war, wie sich schließlich zeigte, nichts weiter als ein ausgehöhlter Baumstamm. Es war nicht nur gefährlich, es war schlicht unmöglich: Das Gefährt würde kentern, sobald es auf dem Wasser auftraf. Wieder schaute ich meinen Begleiter an. Wieder wich er meinem Blick aus und studierte das Ufer, als ob sich die Lage plötzlich von selbst ändern könnte. Dann kehrten wir um und gingen zurück. Als wir an den Bach kamen, den wir zuletzt durchquert hatten, standen zwei stämmige, barfüßige Jugendliche am anderen Ufer und hielten nach uns Ausschau. Sie spritzten durchs Wasser, hoben Greene voll beladen hoch und trugen sie in einem einzigen Anlauf hinüber.

Ich hatte jedes Vertrauen in meinen Führer verloren. Vier Stunden waren vergangen, seit wir aus Ikh Uul aufgebrochen waren. Wir hatten den Fluss viermal überquert und waren genauso weit wie vorher. Aber die Jungen wussten offenbar, wo sie uns hinbringen mussten. Wir folgten ihnen den Fluss hinauf zu dem Boot: zwei ausgehöhlte Baumstämme, die mit Stöcken und Draht zu einem V-förmigen Floß zusammengebunden waren. Wir verteilten meine Sachen in die Baumstämme und legten Greene oben drauf. Die Jungen schoben das Boot weiter flussaufwärts, dann stießen sie sich ins Wasser ab, wobei einer von ihnen auf der Spitze des Vs hockte, während der andere hinten im Heck balancierte und mit einer langen Stange steuerte. Als Delgermaa mir gesagt hatte, dass die Überquerung für einen Fremden zu gefährlich sei, hatte ich gelacht und geantwortet: »Das macht nichts, ich kann schwimmen.« Doch als ich jetzt mit ansah, wie Greene auf zwei Baumstämmen das trübe grüne Wasser überquerte, hallten die Worte in meinem Kopf wider. Sicher, ich konnte schwimmen – aber mein Fahrrad nicht.

In Gedanken sah ich Greene bereits auf den Grund des schlammigen Wassers sinken und hielt den Atem an, bis die Jungen mit dem Boot am anderen Ufer geschickt beidrehten, Greene und die Taschen ausluden und mit dem Gefährt zurückkehrten, um meinen Begleiter und mich zu holen. Ich triumphierte: Niemand brachte mich je wieder auf einen Lastwagen hinauf, nur weil es keine Brücke gab!

Auf der anderen Seite schnallte ich Greenes Taschen wieder fest. »Wie viel schulde ich den beiden?«, fragte ich meinen Begleiter. »Später«, wehrte er ab, sichtlich verwundert über meine Frage. Die Jungen zogen das Boot weit auf das schlammige Ufer hinauf. Dann brachen wir alle zusammen auf. Als wir über die Sandinseln marschierten und durch kalte Wasserarme wateten, wurde mir klar, dass wir mit der Flussüberquerung gerade erst begonnen hatten. Aber ich hatte es aufgegeben, meine Socken wieder anzuziehen oder meine Hose über die Knie hinunterzurollen. Die beiden Jungen hievten Greene voll beladen über das Wasser, so dass wir nicht annähernd so lange wie beim ersten Mal für die Überquerungen brauchten. Wir durchquerten eine breite Lichtung, in der ein paar Männer Heu für den Winter mähten und rhythmisch ihre Sicheln durch das goldene Gras schwangen. Dann stießen wir auf ein Zelt, vor dem zwei zerlumpte alte Männer und ein dritter barfüßiger Junge auf uns warteten.

Einer der Männer war wortkarg und distanziert. Die tief liegenden Augen unter seinem kurz geschorenen grauen Haar waren zwei wachsame Schlitze. Nur das stille Lächeln in seinen Mundwinkeln zeigte, dass er der Unterhaltung folgte. Sein Gefährte hingegen war lebhaft und redselig. Er trug seine Fellmütze verwegen schief auf dem Kopf und sprach ein rasches, eingerostetes Russisch. Die drei Jugendlichen, die für ihn arbeiteten, hatten sichtlich großen Respekt vor ihm, und ihre starken braunen Rücken huschten geduckt und flink durch die Zelttür ein und aus, während sie uns Brot und Öröm servierten. Ein vergnügtes Lächeln lag in ihren Gesichtern, und ihre dunklen Augen waren klar und aufmerksam. Sie machten ein Feuer, füllten einen *togoo* mit Flusswasser und schütteten Milch und eine Hand voll Teeblätter hinein. Ich steuerte eine Gurke bei, die kostbarer war, als ich ahnte, und schnippelte sie in die aufgehaltenen, schwieligen Hände der Männer. Der Mann mit der roten Mütze stellte die Sieben Fragen. Er wollte wissen, wie mir dieses Land gefiele, »unsere schöne Natur, unser starkes Volk«. Der tiefe Stolz der Mongolen auf ihr Land kam in seinen Kommentaren zum

Ausdruck: »Dschingis Khan. Kühe, Schafe, saubere Luft, reines Wasser – alles, was man zum Leben braucht.« Inzwischen bezweifelte ich, ob mein Begleiter den Weg über die Hügel kannte, die vor uns aufragten, aber es machte mir nichts mehr aus. Ich hatte den Fluss überquert und saß in einem Kreis zerlumpter Männer um ein Lagerfeuer, so wie ich es mir erträumt hatte. »Ich liebe Ihr Land«, sagte ich zu ihm, und es klang so banal und unzulänglich und war doch so aufrichtig gemeint. Er verstand es und lächelte.

Obwohl ich nicht mehr viel Vertrauen in den Orientierungssinn meines Führers hatte, hielt ich mich an ihn und wartete, dass er mir das Zeichen zum Aufbruch gab. Schließlich nickte er mir zu und stand auf. »Ich muss erst noch bezahlen«, sagte ich.

»Später«, erwiderte er und schüttelte den Kopf.

»Wie meinen Sie das, später?« Wir verabschiedeten uns von den Jungen, die uns über den Fluss gebracht hatten. Ich war die Einzige, die keine Ahnung hatte, was hier gespielt wurde – die typische Situation in einem Land, in dem man die Sprache nicht beherrscht.

»Der Mann mit der roten Mütze ist der Boss der Fährboote. Die

Greene und mein Begleiter werden über die Selenga übergesetzt

Jungen arbeiten für ihn«, erklärte mir mein Begleiter. »Er kommt mit uns. Wir bezahlen später.«

Zusammen mit dem dritten Jungen, der jetzt Greene schob, führte uns der »Boss der Fährboote« durch die Felder weiter. Wir gingen eine Viertelstunde, bevor wir einen breiten Wasserarm erreichten. Erst jetzt verstand ich, dass wir immer noch mitten im Selenga-Strom waren. Ein Boot, das genauso aussah wie das erste, lag am anderen Ufer. Der Junge band sich sein Hemd und seine Hose über den Kopf und tauchte ins Wasser, um das Boot zu holen. Die Sonne brannte jetzt seit Stunden herunter, und ich beneidete ihn um das kalte Bad. Aber es wäre wohl etwas gewagt gewesen, wenn ich mich bis auf die Unterwäsche ausgezogen und verkündet hätte: Also, dann bis nachher, auf der anderen Seiten drüben! Nachdem der Junge uns alle übergesetzt hatte, fragte er, ob er eine Runde auf Greene drehen dürfe. Ich wusste, was passieren würde, konnte es aber nicht ablehnen. Er hätte mich auch sein Pferd reiten lassen. Aufsteigen, loswackeln, kichern, wackeln, krach – sein Gesicht wurde puterrot, und die zwei Männer lachten ihn aus.

Diesmal waren wir wirklich über dem Fluss. »Ich muss noch bezahlen«, sagte ich wieder zu meinem Führer. »Später«, sagte der Boss. »Erst müssen wir Tee trinken.« Es war noch keine Stunde vergangen, seit wir zuletzt Tee getrunken hatten, aber wir gingen zu dritt bergauf durch eine trockene griechische Landschaft zum Ger des Bosses. Ziegen spazierten durch die offene Tür ein und aus, und Fliegen summten um die Fleischteile herum, die in Plastikwannen unter den Betten lagerten. Als seine Frau Tee und Airag servierte, ertönten Hufschläge draußen, und ein fröhlicher Bursche mit einer viereckigen Mütze und einem brüllenden Lachen kam geduckt durch die Tür herein und gesellte sich zu uns. Dann standen wir plötzlich auf, sagten Danke und Lebewohl, mein Begleiter saß bereits auf einem Pferd, Greenes Vordertaschen um seinen Sattelknopf geschlungen, und der fröhliche Bursche schwang sich auf ein zweites Pferd mit Greenes hinteren Radtaschen. Während ich verständnislos dem Stimmengewirr lauschte und zu den Kommentaren lächelte, die ich nicht verstand, hatte die Diskussion, die um mich herum in Gang war, zu dem Ergebnis geführt, dass meine Eskorte um zwei Pferde und einen weiteren Führer verstärkt wurde.

So viel zu dem Projekt »Mit dem Fahrrad durch die Mongolei« – eine absurdere Szene lässt sich wohl kaum denken. Zwei Reiter schleppten mein Gepäck einen Berg hinauf, während ich auf meinem Rad hinterher hechelte, wie eine vornehme viktorianische »Entdeckungsreisende«, die sich »allein« in Afrika durchschlägt, von einem ganzen Heer einheimischer Träger begleitet, die ihr die Schrankkoffer hinterherschleppen. Die Pferde verschwanden über einen Hügel, während Greene und ich uns durch eine sandige Wiese kämpften. Ich kochte vor Wut. Es war einfach idiotisch. Ich brauchte ein Pferd. Und dann dieser dämliche Führer. Ich überschüttete ihn in Gedanken mit Beleidigungen aller Art. Nicht einmal anständig reiten konnte er! »Bleiben Sie mit dem Fahrrad von dem Pferd weg, sonst scheut es«, sagte er und winkte abwehrend mit der Hand, als ich ihn einholte. Ich rollte so dicht an ihm vorbei, wie ich nur konnte.

Dann ging es wieder bergauf. Die Pferde waren bereits oben auf dem Kamm, und die beiden Männer blickten auf mich herunter und schauten zu, wie ich verzweifelt mit den Füßen nach einem Halt tastete, während ich mein Rad durch die Felsen schob. Es war zum Haareraufen. Dann schwang sich der Neue mit einem breiten Grinsen von seinem Pferd, drückte seine Zügel meinem Begleiter in die Hand und schlitterte den Hang herunter, um mir hinaufzuhelfen. Dankbar, keuchend, erreichte ich den Kamm. Wieder ging es einen weglosen Steilhang hinauf. Mein Begleiter verschwand im Wald. Smiley stieg ab, sein Pferd mit einer Hand führend, während er die andere auf Greenes Gepäckträger legte und zu schieben anfing. Schwitzend, keuchend arbeitete ich mich hinauf, obwohl ich jetzt nur noch lenkte. Ich würdigte meinen Führer keines Blickes, als wir auf dem Pass oben waren.

Das Tageslicht schwand rasch dahin. Die Selenga und Ikh Uul waren tief unter uns gerade noch erkennbar. Wir arbeiteten uns langsam durch eine Schlucht, die rechts von einem drohenden Steilhang und links von einem tiefen Abgrund begrenzt war, und folgten einem undeutlichen Pfad, der sich um große Felsbrocken schlängelte. Auf der anderen Seite des Hangs standen wir dann plötzlich auf einer breiten Schotterstraße. Nach der ersten Flussüberquerung hätte ich meinen Begleiter am liebsten mit Dollars überhäuft und ihm außerdem noch meine Baseballmütze und ein Paar Socken als Ersatz für die Lumpen geschenkt, in die seine Füße gehüllt waren. Als ich dann das vierte Mal vergeblich hinter ihm her durchs Wasser watete, und erst recht, als Smiley heruntergerannt kam, um mir zu helfen, hatte ich mir geschworen, dass ich ihm keinen einzigen Tögrög geben würde. Aber jetzt konnte ich unten im Tal, wo es bereits dämmerte, den Pfad erkennen, der sich südwärts nach Arshaant schlängelte. Ich griff tief in meine Taschen und gab jedem der beiden eine Hand voll Fünfziger-Scheine.

Als ich den »Boss« vor unserem Aufbruch von seinem Ger ein letztes Mal nach dem Preis gefragt hatte, waren mir unwillkürlich Daniels Geschichten im Kopf herumgespukt. Ich hatte keine genaue Vorstellung, welcher Betrag für die Bootsüberfahrten als angemessen gelten konnte, und ich wusste, wenn der Boss mir einen absurd hohen Preis abverlangen würde, hätte ich nicht die Nerven, ihn herunterzuhandeln.

»Ich weiß nicht«, hatte er schulterzuckend gesagt. »Das überlasse ich Ihnen.«

Mit einer solchen Antwort hatte ich zuletzt gerechnet. Ich schaute Hilfe suchend meinen Führer an, der mehrere Scheine aus seiner Tasche zog und dem Boss, wie ich schätzte, fünfzig Tögrög gab. Jetzt zählte ich das Doppelte ab und hoffte, dass es in Ordnung war.

»Nein, nein, nein«, wehrten mein Begleiter und der Neue ab. »Sie schulden uns gar nichts.«

»Oh, ja, doch.«

»Nein, nein.«

»Doch, doch.«

Mein Begleiter schaute Smiley an, zuckte mit den Schultern, zählte sorgfältig hundertfünfzig Tögrög ab und gab mir den Rest zurück. Dann standen wir da und schauten uns lange an. »Kommen Sie zurecht?«, fragte mein Begleiter schließlich. »Haben Sie keine Angst?« Ich lächelte und schüttelte den Kopf. Die beiden Männer hoben grüßend die Hand und wendeten ihre Pferde. Der Mond stieg auf, und die Nacht brach herein, als Greene und ich in die dämmrige Ebene hinuntersausten.

Mitten in der Nacht kroch ich aus meinem Zelt in eine silbrig schimmernde Unendlichkeit hinaus, die gänzlich unverändert war, seit Dschingis Khan und seine Horden vor über einem halben Jahrtausend nach Osten gezogen waren. Kein Widerschein hell erleuchteter Städte war am Horizont zu sehen, kein Wildhüter-Posten am Rand des nächsten Tals, kein Kramladen, keine gepflasterte Straße; nichts als der leere Raum, grenzenlos und ungezähmt. Ein leuchtender Mond erhellte das Dunkel, so dass die Nacht kristallklar war. Jeder Grashalm warf einen Schatten und zitterte lautlos in der Wildnis. Es war der leerste, stillste Ort, den ich je erlebt hatte. Ich breitete meine Arme weit aus und drehte mich langsam in der glitzernden Helligkeit der Nacht, bis die Sterne zu Lichtstreifen über meinem Kopf verschwammen.

Die Mongolei ist in achtzehn Provinzen, so genannte Aimags, aufgeteilt. Jeder Aimag besteht wiederum aus mehreren Landkreisen, den *sums*. Mörön ist die Hauptstadt des Chövsgöl-Aimags, der sich von Russland im Norden bis Arshaant im Süden erstreckt. Jenseits von Arshaant würde ich in die Provinz Archangai kommen, mit zwei Bewohnern pro Quadratkilometer eine der bevölkerungsreichsten Regionen der Mongolei. Alaska, Grönland und die Westsahara sind noch weniger dicht besiedelt als die Mongolei, desgleichen drei kanadische Provinzen und zwei australische Bundesstaaten, aber nur Grönland und West-Australien decken eine größere Fläche ab als die Mongolei. Unter den souveränen Staaten hat die Mongolei weltweit die geringste Bevölkerungsdichte. Als meine Mutter das hörte, machte sie sich Sorgen. »Wie willst du denn dort Leute finden?«, fragte sie. Ich sagte: »Keine Angst, die Leute finden mich!«

80

Eine Familie stand an der Straße und wartete. Lange bevor ich sie sah, hatten sie mich entdeckt, ein bunter Fleck in der unendlichen Weite.

»Woher kommen Sie?«

»Ikh Uul.«

Sie starrten mich fassungslos an. »Wie sind Sie über den Fluss gekommen?«

»Mit dem Boot.«

Ich gebe hier die Gespräche in ganzen Sätzen wieder. In Wahrheit verstand ich nur winzige Bruchteile von dem, was sie sagten. Ich kannte das Wort für »Fluss« und leitete daraus die Frage ab. Ich konnte mich nicht mehr erinnern, was »Boot« hieß, und so verwendete ich das russische Wort und mimte »rudern«, während ich ihre Gesichter beobachtete und auf ein Zeichen wartete, dass sie verstanden hatten. Sie nickten heftig.

»Ist Arshaant gleich dort vorne?«, fragte ich. (»Arshaant?« Ich hob meine Augenbrauen und deutete die Straße hinunter.)

»Nein, nein, nein.« Sie schüttelten die Köpfe und zeigten über das Tal auf eine andere Spur. Sie müssen mich falsch verstanden haben, dachte ich, oder vielleicht wissen sie es einfach nicht. Die Selenga lag hinter mir, und Arshaant lag südlich von Ikh Uul. In meiner Vorstellung fügt sich die Welt immer zu einem perfekten Koordinatensystem zusammen. »Arshaant«, wiederholte ich. Sie nickten und zeichneten eine verschlungene Skizze in die Erde, mit einer Straße, die einen Hang hinauflief, eine Kehre machte, dann nach rechts abbog und dann noch einmal nach rechts. Sie hatten offensichtlich keine Ahnung, wovon sie redeten. Ich dankte ihnen höflich und rollte ein kleines Stück weiter, ehe ich anhielt und meinen Kompass hervorholte. Der Pfeil schwang unerschütterlich nach rechts. Ich bewegte mich nach Westen, nicht nach Süden. Arshaant war genau dort, wo sie es angezeigt hatten. Mein guter Orientierungssinn, auf den ich immer so stolz gewesen war, hatte sich in der Weite der Mongolei in nichts aufgelöst.

Ich fuhr über die Steppe zu den Hügeln zurück. Der Wind wurde

81

stärker, und als die Straße sich dem Fuß der Hügel näherte, verwandelte sie sich in Sand. Ich stand in den Pedalen, und Greene sank immer tiefer in den weichen Grund. Ich stieg ab und schob. Auf einem Kamm galoppierten zwei Reiter vorüber, die auf mich herunterstarrten. Wer war nur auf die Idee gekommen, ein Rad zu kaufen anstatt eines Pferdes? Dann machte die Straße eine scharfe Kehre und führte schnurstracks einen steilen, steinigen, nicht eingeebneten Hang hinauf. Ich brauchte zwei Stunden, um Greene auf den Kamm hinaufzuschieben, wo die zerfetzten Fahnen eines *ovoos* gen Himmel flatterten. Ein Schwirren ertönte plötzlich über meinem Kopf. Schwarze Schwingen zerschnitten den Raum und hallten in der luftigen Stille wider wie fernes Donnergrollen. Der Vogel stieg auf, schoss abwärts und verschwand. Langsam ein Stück Aaruul lutschend, ging ich dreimal um den *ovoo* herum und steckte ein paar Tögrög unter einen Stein. Auf der anderen Seite drüben, am Fuß des Hügels, füllte ich meine Wasserflaschen an einem schmalen Bach, dann radelte ich über die herrliche, leere goldene Steppe davon, dem nächsten Hügel entgegen. Hinter diesem Hügel wandte ich mich wieder nach rechts, ein weiteres, langes, sandiges Tal hinauf, und radelte langsam in einen zunehmenden Gegenwind hinein.

Als die Dämmerung grau und windig hereinbrach, fuhr ich in die stillen Wohnviertel von Arshaant hinein. »*Sain baina uu* – Hallo«, rief ich einem jungen Mädchen zu, das hinter einem Zaun auftauchte. Eine Frau in knallblauer Goretex-Kleidung, die auf einem Mountainbike mit einundzwanzig Gängen angefahren kam, war eine Sensation, etwas absolut Unerhörtes. Ich hätte genauso gut vom Mond kommen können. Schüchtern, aber neugierig, trat das Mädchen näher.

»*Zochid buudal*?«, fragte ich.

»*Bakhuì.*« Sie schüttelte den Kopf. Ihre dunklen Augen strahlten aus einem märchenhaft schönen Gesicht hervor, die schwarzen Haare fielen ihr bis zur Taille. Jetzt kam ihre winzige Großmutter angetrippelt, stellte sich auf die Zehenspitzen und spähte über den Zaun. »Woher kommen Sie? Wohin gehen Sie? Allein? *Tsai uu*?«

Zwei Häuser standen in dem staubigen Hof. Das Mädchen führte mich an der winzigen Behausung vorbei, in der sie mit ihrer Großmutter lebte, und brachte mich unverzüglich zu dem zweiten, größeren Haus. Dann ging es die Treppe hinauf und hinein, samt Fahrrad und allem Drum und Dran. Die Cousine des Mädchens, eine grobknochige, plattgesichtige, stämmige vierundzwanzigjährige Frau namens Gerlee, warf nur einen kurzen Blick auf mich und fing an zu kochen. Zwei zehnjährige Mädchen, die in einer Ecke miteinander gespielt hatten, fingen an, Mehl mit Wasser zu verrühren. Delger, das schöne junge Mädchen, schnitt Hammelfleisch und Zwiebeln. Gerlee überwachte die beiden Mädchen beim Teigkneten, fachte ein Feuer im Ofen an und bombardierte mich gleichzeitig mit den Sieben Fragen. Delger schnitt dicke Butterscheiben in den *togoo*. Die kleinen Mädchen häuften jetzt löffelweise Hammelhack und Zwiebeln auf die Teigringe.

Ich half ihnen, die Ränder der Teigringe zusammenzudrücken, um *khuushuur* – große Teigtaschen – daraus zu machen. Gäste dürfen eigentlich nicht mitarbeiten, aber Gerlee amüsierte sich köstlich, als sie sah, wie langsam und ungeschickt ich mit den Teigmonden hantierte, und so hielt sie mich nicht davon ab. Ihre dicken Finger formten rasch und behände gleichmäßige Muster um die *khuushuur* herum, die nie zerfielen, wenn sie in den Topf mit der blubbernden Butter geworfen wurden. Hinterher saßen wir um den Holzofen herum, verbrannten uns die Finger und die Zunge an den frittierten *khuushuur*, aßen, verständigten uns mit Grimassen und lachten. Wie alt mein Vater sei? Meine Mutter? Ob ich Geschwister hätte? Wie alt meine Schwester sei? Das Gespräch dauerte eine halbe Stunde, in der ich langsam die Wörter »Vater«, »Mutter«, »Schwester«, »dreiundsiebzig«, »vierundsechzig« und »vierundzwanzig« lernte.

Der Strom in Gerlees Haus war ausgefallen, und so bliesen wir nach dem Essen die Kerze aus und gingen nach nebenan. Das winzige Zwergenhäuschen wurde von einer einzigen nackten Glühbirne, die an der Decke baumelte, erhellt. Es war bereits gerammelt voll, aber die neuen Besucher fanden trotzdem noch Platz. Wir quetschten uns auf den Rand eines der Betten neben Gerlees beste Freundin Altanzuul. Als sie mich den anderen vorstellte, erzählte Gerlee alles, was sie über mich erfahren hatte – von wo ich hergeradelt war, dass ich nicht verheiratet sei, wie alt meine Eltern seien. Dann zeigte sie auf die winzige, verschrumpelte alte Frau, die vor dem Ofen hockte und kochte, ein tief zerfurchtes Gesicht, das im flackernden Feuerschein wie eine hölzerne Maske aussah. »Das ist meine Großmutter, sie ist siebenundsiebzig.« Die Augen der Frau funkelten zu mir hoch, und sie nickte. Auf ein hohes Alter war man zu Recht stolz in diesem gnadenlos harten Land. Als der Arkhi herumgereicht wurde, prophezeite mir Gerlee, dass das Wetter am nächsten Morgen sehr schlecht sein würde. Hier und da ertönte ein russisches Wort aus den Schatten, und alle wollten Gerlee bei der Verständigung helfen, wollten, dass sie mich überredete, am nächsten Morgen nicht weiterzufahren, sondern den Tag in Arshaant zu verbringen. Schatten tanzten an den Holzwänden des winzigen Raums. Die gutturalen Klänge der mongolischen Sprache erfüllten die Luft. Erwartungsvolle, lächelnde Gesichter. Ich antwortete, ich würde gern noch einen Tag bleiben.

Als wir am nächsten Morgen aufwachten, war das Wetter so grau und unfreundlich, wie Gerlee es vorausgesagt hatte. Ich zog alle meine Polypropylen- und Fleece-Schichten über. Gerlee warf eine leichte Weste über ihr kurzärmeliges Baumwollhemd, packte mich am Arm und führte mich hinaus. Es gibt eine klare Arbeitsteilung zwischen Männern und Frauen in der Mongolei, doch ohne jedes Werturteil, ohne ein spürbares Überlegenheits- oder Unterlegenheitsgefühl. Holzhacken ist Männersache, aber es gab keinen Mann in Gerlees Haushalt, und sie spaltete genauso selbstverständlich Feuerholz, wie sie ihre Kühe molk, eine Arbeit, die seit jeher den Frauen zufiel. Ich half ihr beim Holzhacken und fand, dass ich auch ein ziemlich großes Trumm kleingekriegt hatte, aber Gerlee konnte sich kaum halten vor Lachen, als sie mich die Axt schwingen sah. Das Melken probierte ich lieber erst gar nicht. Dann kamen Altan-

84

zuul und Delger daher, und wir gingen zu dritt in den Ortskern von Arshaant. Eine solide Brücke überquerte den Fluss, der mitten durch das Dorf floss. Auf der anderen Seite waren die üblichen Betongebäude und staubigen Straßen zu sehen.

Als wir an einem heruntergekommenen Spielplatz vorbeigingen, kam eine junge Frau auf uns zu und sprach mich an. Bayarjargal war Russischlehrerin an der hiesigen Schule. Sie hatte zarte Gesichtszüge, einen strähnigen Pony und das ätherische Gebaren einer Balletttänzerin. Ich hatte das deutliche Gefühl, dass sie uns nicht zufällig begegnet war. Sie fragte, ob ich die Schule besichtigen wolle. »Ja, gern«, sagte ich, ohne zu ahnen, dass ich mit dieser Entscheidung meinen Plan zunichte gemacht hatte, von Ulan Bator nach Peking weiterzuradeln. Bayarjargal wechselte ein paar abrupte Worte mit Gerlee, und bevor ich wusste, wie mir geschah, folgte ich ihr über den Schulhof und ließ Gerlee, Altanzuul und Delger stehen.

Die Kinder kicherten und tuschelten und starrten mich an, aber sobald ich sie ansah, senkten sie schnell die Köpfe, den Blick auf ihre Holzpulte geheftet. Ich erzählte, woher ich kam und wohin ich fahren wollte. Ich zeichnete die Vereinigten Staaten an die Tafel und erklärte, warum es dort zwei Washington gab. Ich redete Russisch; Bayarjargal und eine Lehrerin namens Enkhtuya übersetzten ins Mongolische. Enkhtuya war eine steife junge Frau mit einem gezwungenen Lachen und einem ängstlichen Ausdruck in den Augen, als ob sie auf Schritt und Tritt mit unangenehmen Überraschungen rechnete. Beide Frauen trugen schicke Pullis und lange, weite Röcke, ein Relikt aus ihren Studienjahren in Ulan Bator und Russland.

Als der Unterricht vorüber war, führten sie mich den Flur hinunter in ein Büro. Darin saß ein älterer Mann hinter einem Schreibtisch. Er deutete auf den Besucherstuhl. Enkhtuya und Bayarjargal blieben an der Wand stehen. Agvantseren, ein großer, dünner Mann, der einen gepflegten westlichen Anzug trug und eine Brille auf der Nase hatte, stellte sich in ausgezeichnetem Russisch vor. Er begann mit denselben Fragen wie alle anderen auch, doch dann nahm das Gespräch eine andere Richtung. Anstatt zu fragen, ob ich verheiratet sei oder Kinder hätte, wollte er wissen, ob ich Russisch konnte, wie lange ich es gelernt hatte, welchen Beruf ich in Amerika ausübte. Schließlich lud er mich im Auftrag der Schule ein, ein paar Tage in Arshaant zu bleiben. »Wir werden Ihnen eine Unterkunft besorgen. Wo wohnen Sie jetzt?«

Ich konnte mich nicht an Gerlees Namen erinnern. Mongolische Namen waren mir immer noch ein Rätsel, ein Wirrwarr von unverständlichen Konsonanten-Anhäufungen, die ich ein Dutzend Mal hören musste, bis sie mir im Gedächtnis haften blieben. Bayarjargal sprang ein und erzählte ihm, wo ich die Nacht verbracht hatte.

»Wir geben Ihnen ein eigenes Zimmer«, sagte er.

»Ich wohne gern mit anderen Leuten zusammen, aber ich muss erst fragen, ob sie einverstanden sind, wenn ich noch ein paar Tage bleibe.«

»Oh, ich bin sicher, Sie möchten lieber in einem eigenen Zimmer untergebracht sein«, sagte er.

Die Tür ging auf, und eine anmutige, elegante Frau kam herein; sie hatte hohe, runde Wangenknochen und tiefe Lachfältchen um die Augen. Baasanjav war Biologielehrerin und stellvertretende Schulleiterin. Sie hatte eine hervorragende Stelle als Wissenschaftlerin in Ulan Bator aufgegeben, um nach Arshaant zurückzukehren und ihre alten Eltern zu betreuen. Ihr Russisch war makellos. »Was möchten Sie gern machen, solange Sie hier sind?«, fragte sie. »Hätten Sie Lust zu reiten?« Ich sagte, ja, sehr gerne. »Richtig reiten«, fügte ich hinzu, um von Vornherein klarzustellen, dass ich nicht zu den westlichen Touristen gehörte, die sich nur auf einem mongolischen Pferd fotografieren lassen wollten. Die Tür ging wieder auf, und Gerlee streckte ihren Kopf herein. Ich fragte mich, was aus der selbstbewussten, tüchtigen jungen Frau geworden war, mit der ich noch vor wenigen Stunden Holz gehackt hatte. Gerlees Wangen waren knallrot, und sie fühlte sich hier sichtlich fehl am Platz. Bayarjargal sagte etwas zu ihr, woraufhin Gerlee Türen knallend den Raum verließ. Baasanjav blinzelte durch das Fenster zum grauen Himmel hinauf. »Morgen«, sagte sie lächelnd, »morgen gehen wir reiten.«

Gefolgt von einem Schwarm kichernder Schulkinder gingen Enkhtuya, Bayarjargal und ich über den Schulhof zu einem rechteckigen, dreistöckigen Betonbau hinüber, wo die vielen Kinder untergebracht waren, die im *khödöö* wohnten – auf dem Land, in der Steppe draußen, zu weit weg vom Dorf, um jeden Tag in die Schule zu gehen oder zu reiten. Ich wurde in einen weiß gestrichenen Schlafsaal mit vier Eisenbetten geführt. Hier könne ich wohnen, sagten die beiden Frauen. Die Verständigung mit Gerlee sei zu schwierig für mich, fügten sie hinzu, und ich würde sicher Zeit und Ruhe brauchen, um mein Tagebuch zu schreiben. (Ich hatte kein Wort von Schreiben gesagt, sondern nur am Morgen ein paar Zeilen hingekritzelt.) Mit Gerlee hätten sie schon gesprochen, sagten sie.

Die Geringschätzung in der Stimme der Lehrerinnen war nicht zu überhören. Es war absurd in einem so kleinen Dorf, aber Gerlee fühlte sich von den gut gekleideten, gebildeten jungen Frauen eingeschüchtert, und diese schauten auf sie herunter. Sie wollten mich unbedingt von ihr loseisen. Ich weiß bis heute nicht, ob sie mich nur für sich haben wollten oder Gerlee für unter meiner Würde hielten, oder ob sie ernsthaft glaubten, ich würde mich in dem kalten, kahlen Zimmer wohler fühlen, an dessen Scheiben ein Dutzend Kindergesichter klebten und zu mir hereinstarrten. Jedenfalls wehrte ich mich nicht und sagte: »Nein, ich will nicht hier einziehen.« Ich bohrte auch nicht nach, was sie mit Gerlee besprochen hatten. Hatten sie sie gefragt, ob ich noch ein, zwei Nächte bei ihr zu Hause schlafen könne, oder hatten sie ihr nur gesagt, dass ich ausziehen würde? Ich ließ einfach alles über mich ergehen – was hätte ich auch anderes machen sollen in dieser fremden Kultur, in einer Sprache, die ich nicht verstand.

Sie sagten, ich solle jetzt mein Fahrrad holen. Wir gingen zusammen den Hang hinauf. Spannung lag in der Luft, alle waren peinlich berührt. Doch selbst unter so unangenehmen Umständen wurden die Regeln der Gastfreundschaft nicht missachtet. Gerlee servierte uns Tee. Normalerweise fungiere ich als Übersetzerin; ich bin es nicht gewöhnt, mich auf andere verlassen zu müssen. Ich wusste nicht, wie ich mich verhalten, was ich sagen sollte. Noch am Vorabend hatten Gerlee und ich uns durch Zeichensprache und mit einem gemeinsamen Wortschatz von ungefähr vierzig Wörtern verständigt. Langsam, umständlich, auf einfachstem Niveau, aber direkt und ohne Umschweife. Wir hatten uns dabei ins Gesicht geschaut. In die Augen. Hatten viel gelacht. Jetzt sprach ich in einem präzisen, nichts sagenden Russisch zu ihr, und die Lehrerinnen übersetzten. Falls man es so nennen will. Sie gaben nicht einfach wieder, was wir uns sagten. Sie unterbrachen uns und formulierten unsere Sätze um, sie fügten hier etwas hinzu, nahmen dort etwas weg, ließen ihre eigenen Andeutungen und Kommentare einfließen. Das merkte ich, auch ohne die Worte selber zu verstehen. Wir tranken hastig unseren Tee, den Blick gesenkt, dann nahmen wir Greene und gingen fort. Als ich wieder in meinem Schlafsaal war, mit der Aussicht auf eine einsame Nacht in einem unbeheizten Raum, in dem alle paar Minuten die Tür aufging und ein Kind zu mir hereinspähte, stand mir offenbar der Verdruss ins Gesicht geschrieben.

»Sie wären gern wieder bei diesen Leuten, nicht wahr?«, fragte Enkhtuya verlegen.

»Ja«, gab ich zögernd, aber ehrlich zu. »Es war gemütlich und unterhaltsam bei ihr. Ich habe Agvantseren gesagt, dass ich lieber bei Gerlee bleiben möchte, aber dann hieß es auf einmal, ich würde hierher ziehen, und da dachte ich, Gerlee will mich nicht mehr.« Das stimmte natürlich nicht, oder zumindest war es eine geschönte Version der Wahrheit. Als Agvantseren mir ein Zimmer angeboten hatte, hatte ich gezögert, weil ich nicht wusste, ob ich es Gerlee zumuten konnte, noch ein paar Tage länger bei ihr zu bleiben (und vielleicht hatte mich auch der Gedanke an ein eigenes Zimmer mit fließend warmem Wasser gelockt). Aber später hatte ich dann sehr wohl gemerkt, dass sie mich gerne bei sich behalten hätte. Eins stimmte allerdings: Ich hatte tun wollen, was die Lehrerinnen mir sagten, weil ich glaubte, dass es das Richtige sei. Und die Lehrerinnen hatten sich bemüht, mir das zu bieten, was ihrer Meinung nach brauchte. Sie konnten sich einfach nicht vorstellen, dass ich lieber in einer mongolischen Hütte schlief als in diesem Zimmer, einer Unterkunft, wie sie von Touristen bevorzugt wurde, soweit ich es nach meinen Erfahrungen in Russland beurteilen konnte. Am Ende war niemand glücklich.

Zögernd und vorsichtig, so wie Lkhamsüren, als sie mir die erste Schale Guriltai Shul angeboten hatte, lud Enkhtuya mich jetzt für die Nacht zu sich nach Hause ein. Enkhtuya und ihr sauberes Heim waren Welten von Gerlees turbulentem, chaotischen Haushalt entfernt. Enkhtuya war in Mörön aufgewachsen und konnte weder Kühe melken noch reiten. Sie war 26, das jüngste von neun Kindern, und als sie von Mörön fortgezogen war, waren ihre Eltern mit ihr gekommen. Ihr Vater war nicht zu Hause. Ihre Mutter war eine winzige Frau mit scharfen, funkelnden Augen, in deren Mundwinkel ständig eine Zigarette baumelte. Den ganzen Abend über murmelte sie immer wieder: »Ich kann es einfach nicht glauben – eine Amerikanerin, die in meiner Küche sitzt, die in meinem Haus schläft. Es ist wie in einem Film.«

Enkhtuyas Tochter Oyunga war eine aufgeweckte Sechsjährige, die Enkhtuya liebevoll als das Resultat »einer gescheiterten Ehe« in Ulan Bator beschrieb. Sie redete sanft auf die Kleine ein und nickte ihr zu, mit dem typischen »Nun zeig schon, was du kannst«-Gesicht, das alle Eltern auf der ganzen Welt haben. Das kleine Mädchen mit seinen straff sitzenden rosa und roten Schleifen im Haar schaute mich mit schimmernden dunklen Augen an, wand sich, wurde rot und schmiegte sich verlegen an Großmutters Knie. Schließlich raffte sie ihren ganzen Mut zusammen und rasselte stolz einen englischen Abzählreim herunter, während ihre Augen zwischen ihrer Mutter und der fremden Besucherin hin und her schossen.

Am nächsten Morgen zog ich einen Rock an und ließ mein Haar offen herunterhängen. Enkhtuya wollte, dass ich eine ihrer Anfänger-Russischklassen unterrichtete. Sie reichte mir ein Lehrbuch und setzte sich hinten in den Raum zu Bayarjargal, Baasanjav und Agvantseren. Ich ahnte nicht, dass es ein Test war. In dieser Unterrichtsstunde ging es um den Unterschied zwischen »hier« und »dort«. »Der Stuhl ist hier.« »Der Tisch ist dort.« »Wo ist der Stuhl?« Mehrere Schüler drängten sich jeweils um ein Buch. Sie tuschelten miteinander. Ich ermahnte sie, still zu sein. Sie kicherten und zogen sich an ihre Plätze zurück. Die Lehrer soufflierten Antworten von den hinteren Bänken. Ich machte »Pscht!« zu Agvantseren – einer der wichtigsten Männer der Schule und vermutlich des ganzen Dorfs –, und alle kicherten und freuten sich, dass er so respektlos behandelt wurde. Er grinste und nickte und hielt zwei, drei Minuten lang den Mund. Nach dem Unterricht kehrten wir in das Büro am Ende des Flurs zurück, wo der Schulleiter, ein ruhiger, besonnener Mann, sich zu uns gesellte. Agvantseren übersetzte für ihn. Der Schulleiter erklärte, dass Enkhtuya und Bayarjargal im letzten Jahr einen viermonatigen Englischkurs in Russland absolviert hatten, um später Englisch statt Russisch unterrichten zu können. »Damit unsere beiden Kolleginnen es ein bisschen leichter haben, dieses Ziel zu erreichen, möchte die Schule Sie einladen, ein Jahr lang in Arshaant zu bleiben und Englisch zu unterrichten.«

Ich war völlig verdattert und stotterte nur, dass ich unmöglich ein ganzes Jahr in der Mongolei bleiben könne.

»Wie lange können Sie denn bleiben?«, hakte Agvantseren schnell ein.

»Ich muss …« Ich dachte an die kahle Wüste, die sich tausend Kilometer südlich von Ulan Bator bis China erstreckte. Ich stellte mir vor, wie es wäre, so hautnah am Dorfleben teilzunehmen. Ich rief mir in Erinnerung, dass es nicht darum ging, jeden einzelnen Zentimeter der Strecke abzuradeln. »Ich muss in Ulan Bator sein, bevor es zu schneien anfängt. Aber dann komme ich vielleicht zurück.« Ich hatte einen Plan. Ein Ziel. Der Ort, den ich erreichen wollte, war für mich so unwirklich wie eine Stadt aus Tausendundeiner Nacht, aber trotzdem wollte ich meinen Traum von Saigon nicht aufgeben. »Nein, nicht für ein Jahr. Aber vielleicht für einen Monat?« In meinem Kopf entstand ein völlig neues Szenario an Möglichkeiten, Aussichten und Plänen, während ich um eine Entscheidung rang, ihnen eine Antwort, eine verbindliche Zusage zu geben versuchte.

»Das wäre wunderbar. Es liegt ganz bei Ihnen. Sie müssen sich nicht jetzt sofort entscheiden«, sagte Baasanjav, die sich keinen Deut um Pläne oder Verbindlichkeiten scherte. »Die Sonne ist herausgekommen. Sollen wir reiten gehen?«

Ich habe Pferde immer geliebt, bin aber leider allergisch gegen Pferdehaare. Als ich in mein Zimmer zurückging, um meine Antihistamin-Tabletten zu holen, musste ich feststellen, dass der ganze Medikamentenbeutel verschwunden war. Ich wühlte alle Taschen durch – nichts. Ich hatte nun schon drei Dinge verloren: Mein schwarzer Rollkragenpulli musste zwischen Bett und Wand gerutscht sein, als ich in dem düsteren Hotel in Süchbaatar meine Taschen packte; das Bügelschloss war irgendwo auf der steinigen Straße nach Chatgal von Greenes Taschen heruntergehüpft; und jetzt das Erste-Hilfe-Set. Ich hatte genug Kleider dabei, und ich hatte ein zweites Fahrradschloss. Es war fast, als hätten diese Dinge gewusst, dass sie überflüssig waren, bevor ich es selber begriff. Aber das hier war etwas anderes. Ich war mit dem Rad in der Mongolei unterwegs und hatte nicht einmal ein Aspirin oder Verbandszeug dabei. Und keine Malariaprophylaxe für meinen Vietnam-Aufenthalt. Ich konnte mich nicht erinnern, wann ich die hellrote Tasche zuletzt gesehen hatte, aber ich hielt es für undenkbar, dass ich sie irgendwo liegen gelassen hatte. Ich war sehr ordentlich. Ich passte auf. Ich verlor nichts. Gleichzeitig verbot ich mir den Gedanken, dass die Tasche gestohlen worden war. Wollte es einfach nicht glauben, dass einer der Menschen, die mir ans Herz gewachsen waren und denen ich vertraut hatte, meine Medikamente weggenommen haben könnte. Wie denn auch? Wer? Und wo? Wann? Ich werde es nie erfahren.

Baasanjav und ich führten unsere Pferde die Straße hinunter und über eine Steigung ins nächste Tal. Meine Begleiterin trug einen dunkelvioletten Deel und war sehr schön, eine Königin aus fernen Zeiten, als sie sich lässig auf ihr Pferd schwang, mit einer Anmut, wie sie nur Menschen eigen ist, die von Kindesbeinen an reiten gelernt haben. Zudem war sie intelligent und witzig, und es war ihre Aufgabe, mich zu unterhalten, damit ich zurückkommen würde. Wir trotteten hinter einem schimmernden Salzsee vorbei und galoppierten bald ein langes Tal hinunter. Die Zügel in meiner Hand passten nicht zusammen, waren nur primitive, gezwirbelte Rohlederstreifen. Der Sattel war schmal und steif, mit einem geraden Holzknauf und -zwiesel. Die Pferde waren wild und urtümlich, zwar einigermaßen eingeritten, aber nicht zahm, nicht gefügig. Sie waren hässlich und genügsam, robuste kleine Tiere mit massigen, viel zu großen Köpfen, aber sie strahlten Kraft und Ausdauer aus und eine Bereitschaft, bis ans Ende der Welt zu gehen. Ihr unbezähmbarer Geist und ihre noble Energie spiegelten den Charakter von Land und Leuten wieder.

Unter »richtig reiten« hatte ich mir einen einstündigen Spazierritt in einer herrlichen Landschaft vorgestellt. Doch es sollte wesentlich anstrengender werden. Nach zwei Stunden im Sattel stöberten wir Baasanjavs Kühe weit unten im Tal auf, trieben sie zusammen und kehrten nach Arshaant um. Zurückreiten und Nachzügler einfangen, in vollem Galopp den Ausreißern nachjagen – ich war zur Viehhirtin geworden! Ich trieb Kühe über die mongolische Steppe! Und was das Beste war – ich spürte nicht das mindeste Kitzeln in meiner Nase, bekam keinen einzigen roten Punkt auf meinen Vorderarmen. Mongolische Pferde sind nicht wie andere Pferde. Ich bin nicht allergisch gegen mongolische Pferde.

Am nächsten Morgen begleiteten mich Agvantseren, Baasanjav, Bayarjargal, Enkhtuya, Gerlee, Delger und Altanzuul bis zum Dorfrand hinaus. Greene war mit Geschenken beladen – Butter, Brot, *tos*, einer Speise aus süßem gebratenen Mehl und Butter, Kohl und buchstäblich kiloweise Aaruul, Öröm und *byaslag*, das dem westlichen Käse am nächsten kommt. Mehr, als ich jemals essen konnte. Und dabei hatte ich so wenig genommen wie nur irgend möglich, ohne meine Gastgeber vor den Kopf zu stoßen und zu kränken. Die staubige Straße wand sich gut sichtbar das Tal entlang und in die Hügel hinein. Baasanjav hielt an. »Schicken Sie uns ein Telegramm und lassen Sie uns wissen, wann Sie zurückkommen.«

Die heiße, goldene Steppe lag stumm und urtümlich unter einem endlosen blauen Himmel. Schlammtümpel hatten sich in flachen Mulden angesammelt. Ich war irgendwo südlich des Dorfs Tsetserleg, das irgendwo südlich von Arshaant liegt. Die Luft war still, und ich konnte endlos weit sehen. Ich war seit Stunden allein in dieser Landschaft. Aber jetzt tauchte ein Pferd am Horizont dieses endlosen Nichts auf, und bald war es auf meiner Höhe. Das rhythmische Stampfen der Hufe wurde langsamer und passte sich dem Tempo von Greenes Reifen an. Der jugendliche Reiter parierte sein Pferd durch und grinste breit. Körperlich war er schon fast ein Mann, aber in seinem Blick lag ein kindlicher Eifer. Er war gestern da gewesen, als ich nach Tsetserleg gekommen war und der grässliche Betrunkene verlangt hatte, dass ich meine Taschen aufmachte und ihm den Inhalt zeigte.

Ob ich mich an ihn erinnerte, wollte der Junge wissen. Ich erriet seine Frage, obwohl wir praktisch keine gemeinsamen Worte hatten. Ich kannte sicherlich nicht das mongolische Wort für »erinnern«. Aber ich verstand ihn, und ich nickte. Ich erinnerte mich an sein Pferd, einen wendigen Graugescheckten. Ich erinnerte mich, wie leicht der Junge dort oben saß, hoch auf dem Widerrist, den einen Steigbügel etwas länger als den anderen, so wie die Mongolen einst jahrhundertelang durch die halbe Welt geritten sind. Ich erinnerte mich, wie er dort oben saß und zuschaute, bis der Betrunkene endlich von mir abließ und eine junge Frau mit einem Baby auf dem Arm mich für die Nacht in ihre Hütte einlud. Jetzt zeigte er auf die Berge, sagte, dass er auf dem Weg nach Hause sei. Ich nickte und deutete die Straße hinunter. »Ich gehe dorthin.« Er grinste wieder, warf mir einen letzten, langen Blick zu, wendete sein Pferd und ritt über die Grasebene davon.

Die Hügel waren nicht hoch, aber sie waren schlammig und steinig und steil. Ich war abgestiegen und schob, als ich das graue Pferd anhalten sah. Der Junge beobachtete mich. Dann rollte ich auf der anderen Seite hinunter, und er wandte sich ab. Als ich mich dem nächsten Hügel näherte, hielt er wieder an. Ich strampelte mit aller

Kraft, schaltete immer weiter herunter, stellte mich in die Pedale, kämpfte um mein Gleichgewicht, denn ich wollte mir auf gar keinen Fall eine Blöße geben, solange diese voller Leben sprühenden jungen Augen auf mich gerichtet waren. Danach kam ein ebener Abschnitt, und hier war das Treten leicht. Plötzlich hörte ich galoppierende Hufe hinter mir, und im nächsten Moment war das grau gescheckte Pferd wieder an meiner Seite. Der Junge zeigte grinsend auf den Hügel, der vor uns lag. Ich schaltete herunter und trat wie verrückt in die Pedale, als ich die Steigung in Angriff nahm, aber am Ende musste ich aufgeben und abspringen. Der Junge war sofort von seinem Pferd herunter. Er nahm die Zügel in eine Hand, hielt mit der anderen Greenes Gepäckträger und schob sie die Steigung hinauf. Als wir auf dem Grat ankamen, lachten wir uns an, heftig nach Luft ringend. Ich bot ihm meine Wasserflasche an, und er nahm einen Schluck. Der einzige Mongole, den ich je pures Wasser trinken sah! Wir brauchten keine Worte, um uns zu verständigen.

Nach einer Weile brachen wir zusammen auf und bewegten uns wieder durch die offene Ebene. Das milde Licht der Spätnachmittagssonne legte sich über die Steppe. Eine Pferdeherde graste in der Ferne. Sanfte Berge säumten die Welt. Er war schön, dieser Junge, der beinahe schon ein Mann war. Er ritt wie ein Prinz. Ich wollte ihn fotografieren. Er ritt um mich herum, ließ sein Pferd in immer engeren Kreisen herumwirbeln, lächelte strahlend in die Kamera, längst nicht mehr so schön wie vorher, als er sich ohne Pose ganz selbstverständlich und nahtlos in die Landschaft eingefügt hatte. »*Tsai uu?*«, fragte er dann und zeigte auf ein einsames Haus, das sich schemenhaft am Fuß der Hügel abzeichnete. Ich nickte, und wir verließen die Straße. Das Gras war sehr saftig hier. Der Torf schmatzte feucht unter Greenes Reifen. Wir überquerten einen baufälligen Steg über einen Bach.

Die Mutter und Schwester des Jungen hatten uns kommen sehen und warteten auf uns. Das kleine Mädchen, deren windgepeitschte Wangen röter als das Band in ihrem Haar waren, drückte sich eng an ihre Mutter, zwischen Schüchternheit und Neugier hin und her

94

gerissen. Als ich in das Holzhaus hineinkam, saß der Vater des Jungen auf dem Boden, das linke Bein untergeschlagen, wobei der Rücken eine gerade Linie mit seinem rechten Bein bildete. Er hatte einen kraftvollen Körper. Sein Gesicht war von Sonne, Wind und Schnee gegerbt. Er trug eine traditionelle Pelzmütze, die auf dem Kopf oben zu einer Spitze zusammenläuft, so dass sie wie eine Krone aussieht. Er griff in einen Tabaksbeutel aus versilbertem hellgrünen Stoff und stopfte eine lange Pfeife, und seine Tochter holte mit einer Zange ein Stück Glut aus dem Herd und zündete sie für ihn an. Er sprach Russisch mit einer tiefen, rauen Stimme und übersetzte die Fragen, die seine Familie mir stellte.

»Gibt es Kühe in Amerika?« Ja, aber ich lebe in der Stadt.

»Gibt es Murmeltiere in Amerika?« Ja, aber wir essen sie nicht.

»Gibt es Frühling, Sommer, Herbst und Winter in Amerika?« Ja, außer in einem Teil des Landes, der Kalifornien heißt. Dort, wo ich aufgewachsen bin.

»Gibt es noch Indianer in Amerika?«, fragte er. »Wir haben gehört, dass sie aus der Mongolei kommen.«

Ich hatte diese Frage zum ersten Mal von einem Schuljungen in Chatgal gehört, und damals hatte ich sie kurzerhand als naive Selbstüberschätzung einer kleinen, weltabgeschiedenen Nation abgetan. Doch als ich jetzt in dieses zerfurchte, königliche Gesicht blickte, dachte ich an die Landbrücke in der Beringsee, und die Vorstellung erschien mir längst nicht mehr so abwegig. »Ja«, sagte ich.

Er fragte, ob ich mit dem Fahrrad von Amerika hergefahren sei.

»Nein«, sagte ich lachend. »Von Irkutsk.«

Er sagte, vielleicht würde sein Sohn eines Tages nach Amerika gehen.

»Warum nicht? Es ist weit weg und teuer, aber nichts ist unmöglich.«

»Kann er mit dem Pferd dorthin reiten?«, fragte die raue Stimme. Ich lachte wieder. »Da hätte er viel zu tun.«

»Aber«, bohrte er hartnäckig weiter, »wie sind die Straßen?«

Ein langes Schweigen folgte, während ich mir bewusst machte,

95

»Kann mein Sohn auf seinem Pferd nach Amerika reiten?«

dass der Pazifische Ozean, der mein Weltbild begrenzte, seit ich denken kann, in seiner Vorstellung von der Erde nicht vorkam. Ich zeigte ihm einen der winzigen Blechglobusse, die ich mitgenommen hatte, und erzählte ihm vom Ozean. »Das ist die Mongolei. Das ist Amerika. Das ist alles Wasser. Man braucht ein Schiff oder ein Flugzeug, um dorthin zu kommen.« Er wusste, was ein Flugzeug war. Er sah manchmal eines hoch oben in der Luft über sich hinwegfliegen.

»Ah«, sagte er und nickte feierlich. Den Globus schenkte ich seiner Tochter.

Am Horizont hatten sich langsam Wolken aufgetürmt, und als die Sonne unterging, heulte der Wind plötzlich wild von den Bergen herunter. Wir drängten uns am Ofen zusammen, während das Unwetter über uns hereinbrach. Ich zog eine Kerze aus einer meiner Taschen und gab sie der Mutter des Jungen. Sie hatte getrockneten Dung ins Feuer geworfen; jetzt legte sie mit derselben Hand frische Nudeln ins kochende Wasser. Die Wände waren nass, wo der Regen hereinpeitschte und zwischen den Blechplatten durchsickerte, die Vater und Sohn in aller Eile über die unverglasten Fenster gelegt hatten. Nach dem Essen wiesen sie mir einen Platz an, wo ich meinen Schlafsack ausrollen konnte, auf dem Bärenfell, das den Boden zwischen ihren beiden Betten bedeckte. Mann und Frau krochen in das eine Bett, Bruder und Schwester in das andere. Der Kerzenstummel flackerte auf und erlosch.

Die Steppe ging langsam in niedrige Vorberge über. Schwache Fahrspuren zogen sich hier und da durch die sanften Täler. Ich hatte mich in dieser welligen Landschaft so gut wie möglich südwärts gehalten, aber schon wieder die Orientierung verloren. Eine schwache Spur führte in ein enger werdendes Tal. Ich folgte ihr und stieg an einem Bach, der unter dem Gras dahingurgelte, langsam aufwärts. Die Schatten wurden länger und brachten den eisigen Abendhauch mit. Dann machte die Spur eine scharfe Kehre, und ich fand mich in einem lichten Wald wieder und starrte eine steile, bewaldete Steigung hinauf. Das war eindeutig nicht mehr Süden, aber die einzige Alternative war umzukehren. Ich schob Greene den Berg hinauf, bis ich zu einer Lichtung mit einem großen *ovoo* kam, der Balsam für meine Seele war, da er zumindest die Straße im Nachhinein als solche bestätigte. Ich stellte mein Zelt unter den Bäumen auf und kochte Trockenerbsen aus Seattle und frischen Kohl aus Arshaant über einem zischenden Feuer, dann kroch ich in meinen Schlafsack.

Im schummrigen Morgenlicht ging ich um den *ovoo* herum. Links von mir stieg das Gelände zu einem hohen Gipfel an. Rechts fiel es nach unten ab, und direkt vor mir wand sich eine schwache Spur geradeaus in Richtung Osten, die an der Kante des nächsten Sattels entlangführte. »Nein«, rief ich mir in Erinnerung. »Du folgst dem Kompass. Du ignorierst die Straße und folgst dem Kompass.« Richtung Süden ging es durch eine Bergblumenwiese hinunter. Bald tauchte eine enge, abschüssige Schlucht auf. Ich schleppte Greene durch das Gestrüpp und stieß auf einen gewundenen Fußpfad. Ich schickte ein Stoßgebet zum Himmel und rollte den Hang hinab. Der Pfad fiel stetig ab – mal schwächer, mal stärker – und mündete schließlich in ein breites Tal ein. Stundenlang spielte ich Himmel und Hölle im Ufergestrüpp der Bäche und Rinnsale, die auf der Suche nach dem Fluss aus den Schluchten herunterstürzten. Immer wieder zog ich meine Schuhe und Socken aus, rollte meine Hose hoch, balancierte im eisigen Wasser über glitschige Felsen, dann zog ich meine Schuhe und Socken wieder über meine glänzenden roten Füße.

An einer flachen Furt traf ich auf einen rundgesichtigen jungen Mann in Bluejeans und einem dunkelroten Deel, der im Gras lag. In seinem Mundwinkel baumelte eine selbst gedrehte Zigarette, seine Baseballmütze hatte er zurückgeschoben. An seinem Motorrad hingen ein halbes Dutzend Murmeltierfelle. »Mein Benzin ist ausgegangen – haben Sie welches?«, begrüßte er mich und nickte zu dem Fahrzeug hinüber. Sein Jagdgewehr war mit dem Holzschaft auf dem Boden aufgepflanzt und auf ein fernes Murmeltier angelegt. Er wartete darauf, dass jemand mit Benzin vorbeikommen würde. Möglicherweise würde er den ganzen Tag warten müssen, aber dieses Warten hatte einen Wert an sich und keinerlei Ähnlichkeit mit ungeduldigem westlichen Fingertrommeln oder Hin- und Herrennen und Auf-die-Uhr-schauen. Es hatte den Wert des reinen Daseins – Zeit verleben, nicht Zeit töten.

Ich hatte kein Benzin, aber eine große Tüte mit verschiedenen Käsesorten, er hatte einen großen Beutel voller *bortsog*, kleiner gebratener Brotzöpfe. Und so setzten wir uns in der Sonne zusammen und hielten ein kleines Picknick ab, wie man es in der Mongolei immer macht, wenn jemand eine Panne hat oder wenn ihm das Benzin ausgegangen ist – man teilt sein Essen mit ihm, leistet ihm eine Weile Gesellschaft und hilft ihm, wenn man kann. Und wenn man nichts tun kann, wünscht man ihm Glück und watet durch den Fluss davon.

Das Tal erstreckte sich lang und flach vor mir, aber als der Nachmittag voranrückte und der Gegenwind stärker wurde, wusste ich, dass ich Archangai (wie alle die Hauptstadt der Archangai-Provinz nannten, obwohl sie auf meiner Karte als Tsetserleg eingetragen war) an diesem Abend nicht mehr erreichen würde. Und als dann eine Ansammlung von Gers in der Nähe des Flusses in Sicht kam, bog ich von der Straße ab. In der Mongolei ist es völlig in Ordnung, wenn ein Reisender im Haus eines Fremden erscheint und um eine Unterkunft für die Nacht bittet. Theoretisch wusste ich das; in der Praxis war es undenkbar für mich, eine Bitte zu äußern, die so ganz und gar gegen alle Konventionen ging, mit denen ich in Amerika aufgewachsen war. Ich begnügte mich damit, eine Einladung herauszulocken.

»Wie weit ist es bis Archangai?«, fragte ich eine Frau, die vor ihrem Ger saß und eine Kuh molk.

»Vierzig Kilometer«, schätzte sie.

»Ah.« Ich schaute zuerst auf meine Uhr und dann mit zusammengekniffenen Augen zum Abendhimmel hinauf. »Na ja, macht nichts. Ich hab ja mein Zelt.«

»*Tsai uu?*«

»Twinkle, Twinkle, Little Star«

Als ich am Morgen nach meiner Ankunft in Archangai auf den Hauptplatz zuschlenderte, fielen mir drei Fremde in Daunenjacken und Wanderstiefeln ins Auge. Ihre Hautfarbe verriet sie sofort. Chris war Deutscher. Thierry und Claire waren Franzosen. Wie sich herausstellte, waren sie auf dem Weg zum Khorgo-See, 160 Kilometer weiter westlich, wo sie ein paar Tage wandern wollten. Ich hatte nichts gegen einen Tempowechsel und erst recht nicht gegen die Aussicht, mich eine Weile fließend deutsch und französisch verständigen zu können. Ich schloss Greene im Hotel ein, und zwei Stunden später holperten wir alle auf der Rückbank eines gemieteten Jeeps die Straße zum Khorgo-See hinunter. Christian wollte den ganzen Weg bis zum Westende des Sees gefahren werden und dann langsam am nördlichen Ufer, an dem es keine Straße gab, zurückwandern. Der Fahrer hingegen wollte uns in Tariat absetzen, einem Dorf an der Ostspitze des Sees. Sie einigten sich auf einen Kompromiss. Als die Dämmerung in Dunkelheit überging, setzte der Jeep uns auf halber Höhe am südlichen Ufer ab und fuhr in Richtung Archangai zurück.

Wir entfachten ein loderndes Lagerfeuer, und Christian kochte Vollkornnudeln und Miso-Suppe. Als wir bald danach in unsere Zelte krochen, fing mein Magen auf einmal zu rebellieren an. Ich hatte starke Bauchkrämpfe, und der kalte Schweiß brach mir aus. Ich kroch wieder in die Nacht hinaus. Der Himmel glich einer pechschwarzen Kuppel, an der Myriaden von Sternen funkelten – mehr als man sich jemals vorstellen kann, wenn man wie ich kaum vierzig Kilometer vom hellen Lichterglanz von Los Angeles entfernt

100

aufgewachsen ist. Überschwemmt von dieser Lichtflut, kauerte ich elend im Dunkel. Ich schob es auf die Erschöpfung, die ungewohnte Fertignahrung – etwas, was ich seit Monaten nicht mehr gegessen hatte –, auf meine Periode, die seit zwei Wochen überfällig war. Auf jeden Fall verbot ich mir jede ernsthaftere Erklärung für das schmerzhafte Rumoren in meinem Bauch.

Ich kroch in meinen Schlafsack zurück und versuchte die Magenschmerzen zu ignorieren, konnte aber nicht einschlafen, und so grübelte ich wieder über die Frage nach, die mir seit einer Woche im Kopf herumging: Sollte ich nach Arshaant zurückkehren oder nicht? Wenn ja, würde das bedeuten, dass ich mit dem Zug von Ulan Bator nach Peking fahren musste, denn ich konnte auf keinen Fall Ende November durch die Wüste Gobi radeln. Obwohl ich es niemals zugegeben hätte, wollte ich immer noch »der erste Mensch« sein, »der die ganze Strecke von… bis… mit dem Fahrrad zurückgelegt hat«. Ich glaubte nicht wirklich, dass ich der erste war; weder der Erste überhaupt, der erste Weiße, der erste westliche Reisende noch der erste weiße westliche Reisende seit rund achthundert Jahren. Und natürlich wusste ich, dass eine Linie auf der Karte nichts über die Reise aussagte, die mich über einen ganzen Ozean hierher geführt hatte. Dennoch fiel es mir schwer, meinen Plan aufzugeben – die so verführerische Vorstellung von einer durchgezogenen Tintenlinie auf einem Papier, eine zweidimensionale Wiedergabe aller Menschen und Orte, die ich vielleicht wirklich kennen lernen würde, wenn ich mich zum Bleiben entschloss.

Am nächsten Morgen hatten die Krämpfe nachgelassen. Wir ließen uns Zeit beim Teetrinken und Zusammenpacken, ehe wir schließlich am See entlang Richtung Westen aufbrachen. Eine kleine Karawane trottete vor uns im Gänsemarsch die Straße entlang: hoch oben auf einem Turm von Besitztümern thronte ein Kind über einem Kamel; auf einem Pferd saß eine Frau mit einem Säugling im Arm; auf zwei schwer beladenen Pferden ritten ein Junge und ein Mädchen von etwa sechs oder sieben Jahren. Aus einem pockennarbigen, bärtigen Gesicht blickten die tief liegenden Augen ihres

Vaters auf uns herunter, als wir ihm die Karte zeigten. Ich deutete auf das Ende des Sees, wo mehrere kleine Flussläufe in die größere Wassermasse mündeten. Ich fragte, wie weit es sei.

»Weit«, sagte er.

»Wie viele Kilometer?«, fragte ich und fuhr mit meinem Finger das nördliche Ufer ab.

Er schüttelte den Kopf. »*Güür bakhuì*«, sagte er.

»*Ys* – Wasser?«, fragte ich und hielt meine Hand fragend an meine Knie, an meine Hüften.

Er schüttelte den Kopf, beugte sich vor und hielt seine Hand knapp über den Kopf des Pferdes. »Das Wasser ist so hoch wie die Ohren eines Pferdes.«

Mongolische Entfernungseinschätzungen waren meistens nur halb richtig, wie ich inzwischen erfahren hatte. Wenn mir jemand sagte, ich hätte noch vierzig Kilometer zu fahren, dann waren es meistens zwanzig. Auf topografische Auskünfte hingegen konnte man sich hundertprozentig verlassen. Andererseits hatte man mir schon öfter »*güür bakhuì*« gesagt, und die Flüsse sahen auf der Karte nicht sehr hinderlich aus. Christian war ebenfalls geneigt, die Warnung in den Wind zu schießen und darauf zu vertrauen, dass wir schon irgendwie hinüberkommen würden. Wir dankten dem Mann und gingen weiter. Die Hügel waren mit Bäumen gesäumt, die sich bereits herbstlich gelb färbten. Das Wasser war von einem tiefen, frischen Blau. Wir picknickten in aller Ruhe auf einem makellosen Sandstrand, bevor wir am späten Nachmittag das Westende des Sees erreichten. Mehrere Flussarme dehnten sich zu einem einzigen großen Morast aus. Christian und ich zogen die Schuhe aus und stapften durch den Schlamm, der an unseren Füßen saugte, wurden aber ständig von Wasserrinnen aufgehalten, die zu breit und zu tief zum Durchwaten waren und deren Untergrund immer bedenklicher aussah. Es gab keine Brücke und diesmal auch kein Boot. Keinen baufälligen Pier. Keinen alten Fischer, der bereit gewesen wäre uns überzusetzen und nach dem ich an jedem anderen Ort Ausschau gehalten hätte. Aber da die Mongolen von jeher keinen Fisch essen und folglich auch nicht fischen, warteten wir vergeblich auf malerische kleine Ruderboote, die flugs herbeieilten, um ein paar verirrte Touristen übers Wasser zu bringen.

Schließlich gaben wir uns geschlagen und gingen westwärts auf der Straße weiter, bis wir an eine kleine Ger-Siedlung kamen. In der Gruppe lief alles anders als wenn ich allein reiste. Ich beobachtete fasziniert, wie Christian die Dinge anpackte. Er ließ die Frau, die ihre Kühe molk, links liegen und wandte sich direkt an die Holz hackenden Männer.

»*Sain baina uu?*«

»*Sain. Ta Sain baina uu* – Gut, und Ihnen?«

Christian ließ seinen Rucksack auf den Boden fallen und nahm ein Päckchen Zigaretten heraus. Eine ganz eigene Kultur, das Rauchen, in die ich nicht initiiert war. Christian reichte die Zigaretten herum. Die Männer rauchten, inhalierten tief und genüsslich, und die zufriedene Stille wurde hin und wieder von Fragen unterbrochen, wo wir herkämen und wo wir hinwollten.

»Zelt?«, fragte Christian schließlich und mimte Zeltaufbauen und Schlafen. »Können wir hier unsere Zelte zum Übernachten aufstellen?«

»Natürlich.« Die Männer nickten. »*Tsai uu?*«

Wir folgten ihnen in ein Ger. Christian ließ wieder seine Zigaretten herumgehen und verteilte Süßigkeiten an die Kinder. Aber mir kam es mehr wie eine Invasion vor, nicht wie ein Besuch, als wir mit unseren wuchtigen Rucksäcken in die bescheidene Behausung eindrangen. Wir breiteten unsere Karte aus. Ein halbes Dutzend Erwachsene deuteten eifrig auf vertraute Ortsnamen und lasen sie laut vor. Sie waren fasziniert von den kartografischen Darstellungen, brachten sie aber nicht mit der Geografie in Verbindung, die ihnen vertraut war. Unser Gastgeber nahm meinen Kugelschreiber und zeichnete eine eigene Karte. Fünfzehn Kilometer bis zur Brücke, sagte er und zeichnete eine gerade Linie. Über die Linie zeichnete er einen Kreis. »*Jijig nuur* – ein kleiner See.« Von der Brücke zeichnete er eine Linie zu diesem kleinen See. »Zehn Kilometer«,

103

sagte er. Erst dann, so gab er uns zu verstehen, konnten wir am Nordufer des Sees entlang zurückkehren.

Auch im Nachhinein erscheinen mir ein, zwei zusätzliche Tage nicht gerade verlockend. Damals, bei den Magenkrämpfen, die mich weiterhin quälten, war der Gedanke einfach entsetzlich. Auch den anderen war es zu viel, und so gingen wir am nächsten Tag langsam den Weg zurück, den wir gekommen waren. Wir waren nur wenige Stunden unterwegs, als wir das Dröhnen eines Lastwagens hörten. Ich fragte die majestätische Frau hinter dem Lenkrad, wie weit sie fuhren. Nach Ulan Bator, sagte sie. Christian, Thierry und Claire wollten in Tariat abgesetzt werden. Sie wollten immer noch das Nordufer erkunden. Doch als der Lastwagen anhielt, um sie aussteigen zu lassen, fragte ich, ob ich bis Archangai mitfahren könne.

Und so begann einer der wundersamsten Abende meiner Mongoleireise. Ich fuhr mit zwanzig Männern und einer Ziege auf der offenen Ladefläche des Lastwagens. Ein junger Tierarzt warnte mich, dass es eine lange, harte Nacht werden würde. »Ich weiß, kein Problem«, wehrte ich seine besorgten Einwände mit gespielter Unerschrockenheit ab. Doch die ratternde, holprige Fahrt hatte meinen Magen bereits in Aufruhr versetzt. Jedes Ruckeln des Lastwagens jagte mir Messerstiche in den Bauch. Nach Sonnenuntergang war die Temperatur abrupt abgefallen. Ich zog meine Beine eng an die Brust und lächelte krampfhaft, obwohl ich am ganzen Körper schlotterte. Ich saß auf einem Sack unbekannten Inhalts, zwischen der Ziege und einem älteren, bebrillten Herrn. Der ältere Herr griff herüber und legte mir seinen schaffellgesäumten Deel um die Schultern.

Während die Sterne immer zahlreicher hervortraten, stieg der Gesang der Männer in den Abendhimmel auf. Der Tierarzt übersetzte mir die Lieder. In dem Wolldeel war mir jetzt warm, aber mein Magen fühlte sich noch immer wie ein Minenfeld an, das bei jeder falschen Bewegung in die Luft fliegen würde. Es kostete mich große Anstrengung, Interesse für die Erklärungen des Tierarztes zu bekunden. Ich schloss die Augen. Als ich aufwachte, hatte der Lastwagen mitten in der sternenfunkelnden Dunkelheit angehalten, und aus einer offenen Ger-Tür flutete Licht auf die Steppe. Der Ger gehörte dem Bruder des Fahrers. »Wir schlafen alle dort drin«, sagte der Tierarzt.

Ich wollte nur einen Bissen Öröm von dem *tavgiin idee* nehmen, aber jemand reichte mir ein großes Stück Aaruul. Ich hatte eine Vorliebe für den seltsamen, kalkig-rauchig-sauren Geschmack von Aaruul entwickelt. Aber jetzt drehte sich mir dabei plötzlich der Magen um und es würgte mich in der Kehle. Ich ließ das Stück verstohlen in meine Tasche gleiten. Dann wurde Arkhi eingeschenkt und die kleine Schale an den Mann weitergereicht, der zur Rechten des Gastgebers saß. Mit der Schale in der Hand begann der Mann zu singen. Nach ein paar Takten fielen ringsum andere Stimmen mit ein, bis schließlich alle sangen. Als das Lied zu Ende war, leerte der Sänger die Schale. Erneut wurde sie gefüllt und an den nächsten Mann weitergereicht, der nun seinerseits ein Lied anstimmte. Von zwei Kerzen beschienen und in die Wärme des Feuers gehüllt, sangen die Männer heitere, schmerzliche, hoffnungsvolle Lieder. Als die Krämpfe nachließen, strahlte ich vor Freude, dass ich hier war und nicht in einem Zelt, in dem Französisch gesprochen wurde.

Der Mann zu meiner Linken hob die Arkhi-Schale hoch. Unser Gastgeber füllte sie neu und improvisierte einen Trinkspruch auf mich, die Fremde, den Gast, dann reichte er sie mit einem 500-Tögrög-Schein an mich weiter.

Arkhi wird oft von einem Geldgeschenk begleitet. Alle anderen Milchzubereitungen sind weiß, die Farbe, die für das Gute steht; Arkhi hingegen ist »schwarz« (klar). Als Wiedergutmachung, dass man einem Gast etwas vorsetzt, das eine »schlechte« Farbe hat, wird der Trunk mit einem kleinen Schein offeriert – im Allgemeinen 20, 50 oder höchsten 100 Tögrög. Ich schwor mir, dass ich am nächsten Morgen nicht von hier weggehen würde, ohne dem jüngsten Kind unseres Gastgebers ein großzügiges Geschenk zu machen.

Aber zunächst einmal war ich an der Reihe mit Singen. Ich hatte die ganze Zeit davor gezittert. Ich kann nicht singen. Ich bin absolut unfähig, einen Ton zu treffen, geschweige denn eine Melodie zu halten, und meine Freunde verdrehen nur die Augen, wenn ich lauthals ein Lied mitsinge, das gerade aus dem Radio dröhnt. Jemand, der nicht singen kann, kennt meistens auch nicht viele Lieder, und seit ich wusste, was auf mich zukam, hatte ich verzweifelt mein armseliges Repertoire durchwühlt. »Amazing Grace« – kein Drandenken. »America the Beautiful … Spacious skies and amber waves of grain«, weiter kam ich nicht. Alles aus »My Fair Lady« oder »The Sound of Music« oder »Evita« – aber nur, wenn ich mit der CD mitsingen konnte. Und das Schlimmste war, welches Lied auch immer ich anstimmte, ich musste es allein zu Ende bringen. Niemand außer mir kannte den Text.

Der Tierarzt übersetzte, als ich zu reden begann: »Ich bin in dieses Land gekommen, in dem die Gastfreundschaft so überwältigend ist, dass ich mich wie auf einem anderen Planeten fühle. Aber dann schaue ich zu den Sternen hier auf, die so zahlreich und so schön sind – dieselben Sterne wie an meinem Himmel zu Hause –, und ich weiß, dass die Welt tatsächlich eins ist. Darum möchte ich ein Kinderlied über diese Sterne singen: ›Twinkle, twinkle, little star‹«.

Es war lange nach Mitternacht – in einem Land, in dem das Leben von der auf- und untergehenden Sonne beherrscht wird –, als eine dralle Frau mit einem dröhnenden Lachen und dicken, kräftigen Fingern in den blubbernden Topf auf dem Ofen griff, einen Schafskopf packte, energisch daran herumriss und -schnitt und mir einen großen Klumpen in die Hand drückte. Alle starrten mich erwartungsvoll an. Mein Magen hatte sich beruhigt. Das heiße, salzige Fleisch schmeckte wundervoll. »*Amttai* – köstlich«, sagte ich und kaute grinsend. Einer der Männer fasste sich an die Zunge und zeigte auf das Fleisch in meiner Hand. Ich nahm noch einen Bissen und wiederholte:»*Amttai.*« Fett brachte ich nicht hinunter; Zunge war kein Problem.

Es gibt für alles einen tieferen Grund. Jene Nacht unter den mongolischen Gesichtern im flackernden Feuerschein, den Liedern im Dunkeln, entschädigte mich reichlich für die missglückte europäische Trekkingtour. Die Stunden in dem Ger ließen mich selbst die lange, kalte, holprige Fahrt auf dem Lastwagen vergessen. Arkhi und Airag machten weiter die Runde. Beim Airag wird zweimal kurz an der Schale genippt, ehe man sie an den Nebensitzenden weiterreicht; erst bei der dritten Runde trinkt jeder eine ganze Schale. Arkhi hingegen wird dreimal »bis auf den Grund« geleert, was in der Mongolei bedeutet, dass man immer ein paar Tropfen in der kleinen Schale lässt. Ich hatte Bedenken, ob mein Magen den Alkohol vertragen würde, aber die erwartungsvollen Gesichter um mich herum machten es mir unmöglich, nein zu sagen. Schließlich quetschten sich alle zu zweit oder dritt in ein Bett oder breiteten Schlafmatten in konzentrischen Kreisen auf dem Boden aus. Ich schlief eingezwängt zwischen dem Tierarzt und einer Holzkiste. Als ich aufwachte, hatte ich schreckliches Bauchgrimmen. Ich kämpfte mich mühsam durch die morgendlichen Rituale – Kleider anziehen, Schlafmatten zusammenrollen, im Gras draußen pinkeln –, und wünschte mir sehnlichst, ich könnte den Rest meines Lebens im Bett liegen bleiben. Aus einer großen Schüssel mit dem restlichen Hammelfleisch schnitten die Männer mundgroße Stücke zurecht und tunkten sie zum Aufwärmen in ihre Teeschalen. Ich hätte gern mit ihnen gelacht, aber ich brachte nur mühsam und widerstrebend ein paar Anstandsschlucke Tee hinunter. Ich verfluchte mich, dass ich nicht zu den Leuten gehörte, die immun gegen Schmerzen und Unbequemlichkeiten sind. Meine Gastgeber hatten wahrhaftig etwas Besseres von mir verdient. Aber ich war nur ein kleines Häufchen Elend.

Sobald ich wieder im Lastwagen saß, schmiegte ich mich an die Schulter des bebrillten Herrn, schloss die Augen und kämpfte gegen die Übelkeit an. Es war ein schöner Tag, eine schöne Art, die Mongolei zu erleben, und doch hatte ich so gar nichts davon. Am frühen Nachmittag erreichten wir Archangai und hielten vor einem Haus an, das einem Freund oder Bekannten eines meiner Mitreisenden gehörte. Ich wäre gern in Gesellschaft gewesen, aber der bloße Gedanke an Essen verursachte mir Brechreiz. Ich sagte, dass ich sofort ins Hotel gehen müsse. »Es tut mir Leid. Es tut mir so schrecklich

Leid.« Sie wünschten mir alles Gute, aber ich wusste, dass ich sie mit meinem abrupten Aufbruch vor den Kopf stieß. Im Hotel fiel ich sofort auf mein Bett und schlief in Sekundenschnelle ein. Ich hatte dem Kind unseres Gastgebers kein großzügiges Geschenk gemacht. Geschweige denn, dass ich sonst etwas gegeben hätte.

Die nächsten zwei Tage schlief ich viel und aß wenig. Ich bunkerte mich in meiner kalten Betonzelle ein, verkroch mich in meinen Schlafsack und verbrauchte den größten Teil meines kostbaren Kakaopulver-Vorrats. Kein Vergleich natürlich zu den Fantasien, in denen ich schwelgte – nach einer langen, heißen Dusche nackt in einem plüschigen, gut beheizten Hotelzimmer auf dem Bett herumlungern, mit einem langen Löffel und einem Bierkrug voller Eiscreme der Sorte Ben & Jerry's New York Super Fudge Chunk bewaffnet –, aber Zufriedenheit und Komfort sind relative Begriffe. Ich saß auf dem Boden und putzte Greene. Ich nahm Teile auseinander, von denen ich gar nicht gewusst hatte, dass sie überhaupt existierten, dann holte ich mein Handbuch hervor, um nachzulesen, wie man sie wieder zusammensetzt. Mit einer Zahnbürste und einem Stapel Wattepads entfernte ich Dreckklumpen aus jedem Winkel und jeder Ritze der Kette, der Kettenräder und des Freilaufs, dann drehte ich Greene um und ließ sauberes Öl in ihre Gänge laufen. Ich richtete abgenützte Bremsbeläge her, pumpte die Reifen auf und fixierte eine abgebrochene Halterung am Gepäckträger mit Isolierband. Zum Schluss wusch ich das ganze Fahrrad ab und brachte Greenes Taschen neu an, bis sie fast wieder neu und startklar aussah.

Archangai, das am oberen Ende eines Tals liegt, auf zwei Seiten von zerklüfteten Felsengipfeln eingerahmt, hatte eher das Flair eines schmucken Alpendorfs als die Wildwest-Atmosphäre, die ich von anderen Orten her kannte. Ich schlenderte in den Gassen des alten Ortskerns herum und sammelte nach und nach alle Gemüsesorten ein, die ich finden konnte – Kohl, Rüben, Knoblauch, Zwiebeln und Karotten. Außerdem entdeckte ich, versteckt in Nischen und Ecken hinter unbeschilderten Türen, einen Friseursalon, eine

Uhrmacherwerkstatt und einen Buchladen. Unter den alten, linientreuen Büchern fand ich ein russisch-mongolisches Wörterbuch und einen Satz Postkarten. Im Postamt nebenan gab es jedoch nur Inlands-Briefmarken. Die Schalterbeamtin zeigte mir, wie viele ich für eine Postkarte nach Amerika brauchen würde. Sie konnte gar nicht alle auf dem Umschlag unterbringen. Und außerdem, so fügte sie hinzu, würde sie den Rest des Monats ohne Briefmarken dasitzen, wenn sie mir so viele auf einmal verkaufen würde.

Als ich später im Hotel am Ofen stand und meine Gemüsesuppe umrührte, lernte ich Bat kennen, einen vierzig Jahre alten Geologen aus Ulan Bator. Er spähte in meinen Topf.

»Oh, Sie tun Karotten rein?«, sagte er und rümpfte die Nase. »Karotten sind für Pferde. Wissen Sie nicht, wo man Fleisch kaufen kann?«

»Ich wollte die Suppe ohne Fleisch. In Amerika esse ich nicht oft Fleisch, nur ein paar Mal im Monat.«

»Ein Essen ohne Fleisch«, sagte er kopfschüttelnd, »das ist in der Mongolei kein Essen.«

Ich fragte ihn, ob es ein öffentliches Bad in Archangai gebe. Er wusste es nicht, sagte aber, er wolle sich erkundigen. Am nächsten Tag verkündete er mir, dass er eine Dusche gefunden habe. Er wollte mich am Nachmittag hinbringen. Ich packte Seife, Shampoo, ein Handtuch, saubere Socken und Unterwäsche zusammen. Ich war seit gut vier Wochen, in denen ich fast täglich geradelt war, nicht mehr mit warmem Wasser in Berührung gekommen. Um die Mittagszeit rief Bat vom Hoteltelefon aus an. Wir sollten um zwei Uhr noch einmal anrufen, wurde ihm gesagt. Telefone waren hier Mangelware, und ich wunderte mich ein bisschen, dass ein städtisches Bad eines haben sollte, aber mir konnte es nur recht sein. Um zwei Uhr war die Antwort dieselbe – versuchen Sie es in einer Stunde wieder, das Wasser ist noch nicht warm. Es lag also nicht daran, dass wir keinen Termin bekommen konnten, sondern dass die Warmwasseranlage nicht funktionierte. Um drei Uhr hieß es, wir sollten um vier Uhr kommen, bis dahin sei das Wasser auf jeden Fall heiß.

109

Um vier Uhr machten wir uns auf den Weg durch die Stadt und bogen schließlich in den Hof eines weißen, dreistöckigen, L-förmigen öffentlichen Gebäudes ein.

»Was ist das hier alles?«, fragte ich Bat, während wir auf eine Tür an der einen Seite des Hofs zusteuerten.

»Warten Sie hier«, sagte er und ging hinein.

Eine Minute später tauchte er wieder auf und winkte mir. Eine lächelnde Frau in einem weißen Kittel und einem weißen Häubchen saß in einem kleinen, sauberen Raum hinter einem kleinen Metallschreibtisch. So hatte ich mir ein städtisches Bad in der Mongolei bestimmt nicht vorgestellt. Ich reichte ihr die 100 Tögrög, die es laut Bat kostete. Die Frau sprang auf und führte mich in einen kleinen, weiß gekachelten Raum. Sie zeigte auf den Warmwasserhahn und sagte, es sei genug für fünf Minuten da. Dann lächelte sie wieder und schloss die Tür hinter sich. Bat hatte irgendwie die psychiatrische Abteilung des Archangaier Krankenhauses dazu überredet, ihren Heißwasserboiler für mich aufzuheizen.

Hinterher lud er mich in sein Zimmer ein. Ich rollte mich auf der Couch zusammen, und er legte eine dicke, kratzige Decke um mich. Ich fühlte mich so warm und sauber und behaglich wie schon lange nicht mehr. Er machte mir einen heißen, süßen russischen Tee. Er bot mir an, mich zu massieren. Ich wusste, schlaftrunken wie ich war, dass ich nein sagen müsste, dass ich die Grenzen des Anstands bereits überschritt, indem ich hier blieb, aber eine Massage war einfach zu verlockend. Noch besser als Schokoladeneis. Ich legte mich hin. Seine Hände bewegten sich geschickt über meinen Rücken und meine Beine, und meine verkrampften Muskeln lösten sich unter seinen Fingern. Er ließ sich Zeit, knetete gründlich und langsam. »Dreh dich um«, sagte er nach einer Weile, und ich wusste, das war der Anfang vom Ende, aber ich drehte mich trotzdem um. Bat war intelligent und gut aussehend, und als seine Finger über mein Gesicht und meine Schultern glitten, war ich halb entschlossen liegen zu bleiben. Doch als er zu meinen Brüsten kam, machte ich die Augen auf und schüttelte den Kopf. Nein, das war es nicht, was ich

110

an diesem Abend brauchte. Er walkte jetzt meine Füße, dann meine Waden durch, dann arbeitete er sich langsam bis übers Knie vor, und ich stand erst auf und ging, als seine Hände sich zwischen meine Schenkel verirrten.

Wie eine Vorahnung ging mir nach meinem Aufbruch von Archangai der Gedanke durch den Kopf, dass es irgendwo in dieser riesigen, gastfreundlichen Nation auch so etwas wie einen »schlechten« Ger geben musste. Und prompt pfiff mir ein halbwüchsiger Junge auf einem Pferd zu. Er lockte mich mit dem Ruf »Schlafen Sie in meinem *ail* und fahren Sie morgen weiter.« Ail ist eine Ansammlung von Gers, eine Art Familienhaushalt. Es war sieben Uhr, der Gegenwind wurde von Minute zu Minute stärker, und Khotont, das nächste Dorf, lag mindestens eine Stunde entfernt. Der Junge, der ein einzelnes Schaf vor seinem Pferd hertrieb, führte mich zu zwei Gers, die nicht weit von der Straße entfernt standen. Seine Mutter und seine halbwüchsige Schwester servierten uns stumm Airag und Öröm und gingen dann hinaus, um die Kühe zu melken. Sein mürrischer, hagerer Großvater redete mit scharfer Stimme auf mich ein, wiederholte dieselbe Frage mehrmals, sichtlich verärgert, dass ich ihn nicht verstand. Keiner von ihnen wirkte neugierig oder erfreut. Der Junge fragte mich, ob ich *valuta* hätte, das russische Wort für harte Währung. Ich hatte dieses Wort oder diese Frage in der Mongolei noch nie gehört. In meinem Kopf schrillten die Alarmglocken. »Nein«, log ich und hoffte, dass sie trotz ihres ungewöhnlichen Interesses an ausländischer Währung nicht clever genug waren, um sich auszurechnen, dass ich Dollars bei mir haben musste – es waren über tausend in bar, die ich am Körper verteilt trug, und mehrere tausend in Form von Reiseschecks in Greenes Taschen.

Ehe ich mich versah, saß ich mit dem mürrischen alten Mann allein im Ger. Er keifte etwas von »Khotont heute«. An diesem Punkt hätte ich mir schleunigst eine passende Ausrede einfallen lassen und zur Tür hinausstürzen sollen. Stattdessen blieb ich sitzen – obwohl mir klar war, dass ich nicht allzu fest schlafen durfte und

Greene scharf im Auge behalten musste – und versuchte diesen offenkundig feindseligen Mann zu überreden, dass er mich in seinem Haus übernachten ließ.

»Schlafen – hier – Khotont – morgen«, radebrechte ich. Wie bei den Banditen auf der Straße nach Bulgan ignorierte ich das mulmige Gefühl in meinem Bauch und machte einfach stur weiter, als ob nichts gewesen wäre.

Der alte Mann schnaubte gereizt, reichte mir zwei Aaruul-Brocken und scheuchte mich zur Tür hinaus. Dann schnürte er die Tür zu, stieg auf ein Pferd und ritt davon. Der Junge kniete ganz in der Nähe auf dem Boden, den Arm tief im Bauch eines noch lebenden Schafes, dem er die Aorta abdrückte – eine uralte Schlachtmethode, bei der nichts von dem nährstoffreichen Blut des Tieres verloren geht. Er blickte kaum auf. Ich schlenderte zu dem Viehpferch hinüber. Die Frauen zeigten genauso wenig Interesse an mir wie die Männer, aber schließlich winkte mich das Mädchen in ein zweites Ger hinein. Ohne ein Wort zu sagen, reichte sie mir eine Schale mit schmutzigem Airag. Dann griff sie nach dem Ring an meinem Mittelfinger, das Geschenk von Tosontsengel. Sie versuchte ihn herunterzuzerren und wollte, dass ich ihr den Silberreif an den Finger steckte.

Es war nach acht Uhr, schummrig und stürmisch, als ich davonsauste, in die Dämmerung hinein, und das Aaruul des alten Mannes angewidert in den Wind schleuderte. Schlaglöcher und Erdbuckel waren nicht mehr zu erkennen, nur die Farbe der Straße war heller als das umliegende Grasland. Ich fuhr schnell, meine Beine flogen geradezu, getrieben von dem Bedürfnis, so viel Raum wie nur möglich zwischen mich und diese dunkle, befleckte Leere zu bringen. Ich achtete nicht auf Sand oder Steine oder Löcher, radelte einfach in vollem Karacho durch die Schwärze, als sei ich von Hexen verfolgt, die am Nachthimmel hinter mir herflogen, weiter, immer weiter, und meine erschöpften Beine spürten keine Müdigkeit mehr. Endlich tauchten die wenigen elektrischen Lichter von Khotont aus der Dunkelheit auf. Aber das hier war nicht Frankreich, wo man sich von einem Barkeeper oder einem bummelnden Pärchen den Weg zu einer netten kleinen Pension zeigen lassen kann. Hier gab es nichts als dunkle Holzzäune, die die leeren Straßen säumten. Die Hügel um mich herum waren ein duftendes Grasbett. Mein kleines blaues Zelt war sicher und gemütlich.

Ich driftete langsam in den Schlaf, als mein Körper sich plötzlich in Krämpfen schüttelte, um die Anspannung loszuwerden. Ich schwebte zwischen Albträumen von Airag und Fantasien von Ulan-Bator-Ärzten. Ich wand mich wimmernd und rammte mir die Fingerknöchel in die Rückenmuskeln, was den Schmerz ein bisschen linderte. Ich flehte die Nacht an, mich gnädig in den Schlaf sinken und Vergessen finden zu lassen. Als ich in der eisigen Morgendämmerung erwachte, stellte ich fest, dass die Krämpfe verebbt waren.

Als Dschingis Khan über das Reich herrschte, das einmal das größte der Welt sein und sich von Korea über den Mittleren Osten westwärts bis nach Ungarn erstrecken würde, bestand die Hauptstadt aus einem weitläufigen Ger-Lager in den Steppen des mongolischen Kernlands. Sein Sohn und Nachfolger Ügedei, der einen prunkvolleren Regierungssitz haben wollte als das Ger seines Vaters, ließ Karakorum von seinen Architekten in eine Stadt mit festen Häusern und Mauern verwandeln. Desgleichen blieb Dschingis Khans Enkel Kublai, als er Großkhan wurde, nicht in Karakorum, sondern verlegte seinen Regierungssitz in die Städte Dadu, das spätere Peking, und Shangdu, auch als Xanadu bekannt. Nach dem Tod des Kublai Khan 1294 zerfiel das riesige mongolische Reich. Die Grenzen schrumpften rasch von allen Seiten nach innen. Aber der Sitz von Dschingis Khans ursprünglicher Hauptstadt – ungefähr 300 Kilometer südwestlich von Ulan Bator, fast genau im Zentrum des Landes, und heute unter dem Namen Kharkhorin bekannt – blieb letztlich unter mongolischer Herrschaft.

Hier nun ließ im ausgehenden sechzehnten Jahrhundert Altan Khan, der den Buddhismus in seinem Land verbreiten wollte, ein großes Kloster namens Erdenezuu Khiid bauen. Das Klostergelände, das früher mit zahlreichen Gers und Tempeln, mit Scharen von

Mönchen und Novizen bevölkert und einst Mittelpunkt eines tief religiösen Landes war, lag jetzt nur noch als leere Grasfläche da. Zwei Hunde jagten über den Hof hintereinander her. Eine Kuh schnüffelte an einer geschlossenen Tür. Aber aus einem der Schornsteine quoll Rauch, und im Inneren errichteten Gläubige erneut die Umrisse eines kleinen Tempels. Drei Seiten des Vorraums waren mit einem Gewirr von getrockneten Blättern, goldenen Figurinen, handbestickten Stoffbahnen, Kerzen und Opfergaben wie Essen und Tögrög-Scheinen bedeckt. Die Rot-, Blau- und Kupfertöne glühten und funkelten wie ein lange in Vergessenheit geratenes Sammelsurium von Kostbarkeiten auf dem Dachboden einer alten Erbtante. Weihrauch waberte zwischen den bunten Tuchfahnen himmelwärts. Mönche murmelten und sangen, ihre roten Gewänder ein einziges wogendes Farbenmeer als Hintergrund für den glänzend polierten Gong in der Mitte des Raums. Aus der Asche der Sowjet-Herrschaft erstand ihre Welt in der zeitlosen Luft der Steppe allmählich wieder neu.

Ich radelte am 25. September nach Kharkhorin hinein. In jener Nacht fegte der erste Wintersturm über die Steppe. Ich teilte ein Hotelzimmer mit zwei japanischen Rucksack-Touristinnen. Wir schliefen mit der Hoffnung ein, dass das schlechte Wetter bald vorüberziehen würde, aber am Morgen tobte der Sturm immer noch. Yumiko, die ein Jahr in Kansas studiert hatte und fließend Englisch sprach, Satomi und ich blieben den ganzen Tag unter unseren Decken liegen, redeten oder spielten Karten oder schrieben Tagebuch. Von Zeit zu Zeit stürzte eine von uns über den eisigen Boden zum Fenster und spähte hinaus. Der Schnee fegte seitlich durch die kahlen Baumäste, die über die beschlagene Scheibe kratzten, und dahinter war nichts als eine undurchdringliche weiße Wand. Wir schliefen früh ein, aber nach ein paar Stunden wachte ich mit den mittlerweile vertrauten Krämpfen auf, die meinen Körper befielen, und die restliche Nacht warf ich mich unruhig hin und her, bis ich mich schließlich im Badezimmer am anderen Ende des Flurs, wo sich eine kleine Schneewehe am Fenster innen gebildet hatte, über-

114

geben musste. Irgendwann kurz nach Tagesanbruch fiel ich in einen tiefen Erschöpfungsschlaf.

Als ich erwachte, ausgelaugt und zerschlagen, aber ohne Schmerzen, strömte Sonnenlicht durch das Fenster herein. Die Äste draußen ragten reglos in einen strahlend azurblauen Himmel. Mit Steinen und Schlamm kannte ich mich inzwischen aus, aber Schnee war eine neue Herausforderung. Trotzdem ließ ich mich nicht davon abbringen, noch am selben Tag von Kharkhorin aufzubrechen, was sich als eine der dümmsten Entscheidungen auf meiner ganzen Reise erweisen sollte.

Es war früher Nachmittag, als ich schlitternd und rutschend losfuhr und alle paar Meter auf dem Boden landete. Schnee, Schlamm und Eis blieben knarzend und knirschend an Greene haften. Ich brauchte zwei Stunden, um die elf Kilometer bis zur nächsten Straßengabelung zurückzulegen. Dort liefen Stromleitungen über eine undeutliche Spur, die bergauf führte. Eine etwas breitere Straße fiel zur Linken ab. Ich schaute auf meinen Kompass. Die Straße führte nach Südosten. Ulan Bator liegt nordöstlich von Kharkhorin. Ich tippte auf den Kompass. Ich schüttelte ihn. Ich hielt ihn in verschiedene Richtungen. Ich drehte die Skala herum. Der Kompass blieb unerschütterlich bei seiner Aussage. Es war vier Uhr und weit unter dem Gefrierpunkt. Ich war in der einen Richtung elf Kilometer vom nächsten Hotel entfernt und hatte keine Ahnung, was in der anderen lag. Ich rollte auf die linke Abzweigung. Steine lauerten unter dem Schnee und Eis. Ich hatte einen Fuß auf dem Boden, und meine Augen klebten förmlich auf Greenes Vorderreifen. Fast wäre ich im Fluss gelandet. Das Tageslicht verblasste und wich der Dunkelheit. Ich war eindeutig nicht auf der Hauptstraße, die aus Kharkhorin herausführte. Ich war immer noch höchstens fünfzehn Kilometer vom Hotel entfernt. Und ich stand da und starrte auf die Eisbrocken, die in der schnellen, dunklen Strömung hinunterwirbelten.

Das Rattern und Dröhnen eines Lastwagens ließ mich herumfahren. Bremsen quietschten und ein jovialer Typ in einer Lederjacke landete auf dem Schnee neben mir. Er war sichtlich angehei-

115

tert und lallte in einer Mischung aus Deutsch und Russisch, dass er mich bis zur Asphaltstraße mitnehmen könne. »Nein, danke, nur über den Fluss.« Seine kleine Schwester reichte uns vom Lastwagen hinten eine Schale Airag herunter. Ein weiterer Mann, zwei Frauen und zwei kleine Kinder saßen mit dem Fahrer in der Kabine zusammengedrängt. Wir tranken den Airag und der joviale Typ lud mich ein, mit ihm in sein Haus in Arvajcheer, 150 Kilometer südöstlich von Kharkhorin, zu kommen. »Nein, danke, nur über den Fluss.« »Mr. Jovial«, Greene und ich kletterten mit der fünfzehnjährigen Gerelmaa auf die Ladefläche des Lastwagens, und das Fahrzeug spritzte durch den eisigen Fluss, wobei die Räder sich tiefer und tiefer in die immer breiter werdenden Schlammnarben entlang der Ufer hineinfraßen.

»Nein, danke, nur über den Fluss«, hatte ich gesagt. Aber als wir kilometerweit einer unsichtbaren Straße über die frostige, glitzernde, leere Steppe folgten, bestand ich nicht darauf, den Lastwagen anzuhalten und mich absetzen zu lassen. Ich schlotterte in meinen dicken Fleece- und Microfaserschichten. Gerelmaa, die mit bloßen Händen neben mir saß, ihre Füße in leichten Socken und kurzen, dünnen Stiefeln, schien immun gegen die Kälte zu sein. Sie plapperte pausenlos auf mich ein, immer in der Meinung, dass ich sie verstehen würde, und konnte es gar nicht fassen, wenn sich am Ende jeder langen Erklärung oder Frage herausstellte, dass ich absolut keine Ahnung hatte, wovon sie redete. Ihr Bruder wiederum, nervtötend wie alle Betrunkenen in allen Schnapsbuden der Welt, fragte mich ständig nach meinem Namen, warum ich in der Mongolei sei, warum ich keinen Mongolen heiraten wolle. Dann fragte er, ob ich gehörte habe, was in Russland passiert sei.

»Nein, was denn?«

»Es gibt zwei Präsidenten.«

»Wie meinen Sie das, zwei Präsidenten.«

»Ich weiß nicht.«

»Wer soll das sein? Wie kann es zwei Präsidenten geben? Was ist passiert?«

»Ich weiß nicht, aber es gibt jetzt zwei Präsidenten in Russland. Warum heiraten Sie nicht einen Mongolen und bleiben hier?«

Peng – krach! Der Lastwagen kippte gefährlich, und wir steckten fest; das rechte Hinterrad drehte sich hilflos im Schnee und Schlamm. Eine Zeit lang saßen alle nur da und schauten, in ihrer geduldigen mongolischen Art, die ich so liebenswert gefunden hatte – bis ich hier saß, schlotternd vor Kälte, Müdigkeit und Angst, dass ich in der Nacht buchstäblich erfrieren würde. Warum unternahm denn keiner was? Drei Gers standen geduckt kaum einen Kilometer entfernt im trüben Dämmerlicht. Warum ging niemand hin und holte Hilfe oder zumindest heißen Tee? Schließlich begannen sie, Steine vor dem Reifen aufzuhäufen. Ich wünschte mich in die behaglichen Gers hinüber, schämte mich aber zugleich, dass ich so ein Jammerlappen war, und so kletterte ich widerstrebend vom Lastwagen herunter, um mit anzupacken. Doch die paar Steine halfen uns auch nicht aus der Patsche. Als die Dunkelheit vollends hereinbrach, wurde der Entschluss gefasst, dass die Frauen und Kinder zu den Gers gehen sollten. Ich hätte nie gedacht, dass ich einmal froh sein würde, zu den »Frauen und Kindern« gerechnet zu werden. Ich war hart im Nehmen. Ich konnte jederzeit mit den Männern mithalten. Aber jetzt war ich blitzschnell auf und davon und stapfte durch das Mondlicht. Gerelmaa trug ein Kind auf dem Rücken, während der andere kleine Junge durch den Schnee hüpfte, und ich wünschte mir nur, dass wir schneller hinkommen würden.

Die kleine Familie im nächst stehenden Ger rückte zusammen und machte uns bereitwillig Platz, als wir hereinkamen – eine Schar wildfremder Leute, die einfach aus dem Dunkel auftauchten. Ich nahm sofort den Platz am Ofen in Beschlag, zog meine Schuhe aus und hielt meine Füße an das Metall, bis meine Socken zu kokeln anfingen. Nach einer Weile hörten wir schwere Reifen im Schnee knirschen. Die Männer hatten es geschafft, das festgefressene Rad herauszumanövrieren. Gerelmaa musste mich anstoßen, damit ich mein heimeliges Ofenplätzchen an die Männer abtrat, die frisch aus der Kälte kamen. Der joviale Typ war inzwischen wieder nüchtern geworden und hatte sich in einen freundlichen, liebenswürdigen Burschen verwandelt, der mich weiterhin drängte, mit ihm nach Arvajcheer zu kommen. Aber keine zehn Pferde brachten mich in diesen Lastwagen zurück. Ich war in der Mongolei, und ich hatte dazugelernt. Ich brauchte nicht abwechselnd zum Himmel und auf meine Uhr zu schauen, um dann seufzend zu verkünden: »Na ja, macht nichts, ich hab ja mein Zelt«, und dann auf eine Einladung zu warten. Ich wandte mich an unsere Gastgeber und fragte unumwunden: »Kann ich hier schlafen?«, und der Lastwagen donnerte ohne mich in die Nacht hinein.

Es war beinahe heiß in der Sonne, die vom Schnee reflektiert wurde, als ich am nächsten Morgen aufbrach und einer undeutlichen Straße und meinem Kompass folgte, diesmal direkt nach Osten. Am frühen Nachmittag tauchte eine schwarze Asphaltschlange am Horizont auf. Snickers und andere Verheißungen tanzten mir vor den Augen.

Ich hatte tatsächlich die Hauptstraße aus Kharkhorin heraus verpasst und war weiter südlich, als ich gehofft hatte, aber es lag kein

Endlich wieder Asphalt!

Schnee auf dem Asphalt, kein Sand, keine Steine. Die Sonne schien auf die sanft gewellten Ebenen. Pferde grasten hinter kleinen Ger-Lagern. Falken mit gefiederten Beinen segelten mühelos durch den Himmel. Ich bremste ab, denn ich näherte mich einer Versammlung von kleinen, schwarz gekleideten Männern, die auf einer Wiese zusammenstanden, dann kippte ich fast vom Rad, als die Mönche sich plötzlich in Geier verwandelten, die mit ihren plumpen Leibern unbeholfen in den Himmel aufflappten. Ich fuhr den ganzen Tag, machte Kilometer. Als ich in der Dämmerung bergab sauste, hätte ich beinahe die Abzweigung nach Erdenesant verpasst. Ein halbes Dutzend Fabrikgebäude ragten über dem kleinen, mit Holzzäunen gesäumten Dorf auf. Das Hotel bestand aus drei Zimmern in einem namenlosen Apartmentgebäude. Zwei Polizisten aus Ulan Bator übernachteten ebenfalls hier. Ich fragte sie, ob sie wüssten, was in Russland passiert war.

»Panzer in den Straßen von Moskau.«

»Wessen Panzer?«

»Ich weiß nicht, aber vielleicht gibt es Krieg.«

Am nächsten Abend, in Lün angekommen, entdeckte ich ein verblichenes Holzschild mit der Aufschrift »Zochid Buudal«, das schief über dem Hoteleingang angebracht war. Der Wirt kochte Hammel und Kartoffeleintopf auf einer heißen Platte auf dem Fußboden, während seine Kinder im Zimmer herumtobten und keinen Nintendo brauchten, um sich zu amüsieren. Ich schlief voll bekleidet in meinem Schlafsack in einem zugigen, unbeheizten Raum und war um 7.30 bereits wieder unterwegs, als die Sonne noch nicht über den Horizont gekrochen war. Ulan Bator war 130 Kilometer entfernt. Gegen Mittag erblickte ich ein Ger, das verdächtig nahe an der Straße stand. Auf einem handbeschrifteten Schild stand *guanz* – das mongolische Wort für eine Imbissbude. Ich hielt an und schlang rasch einen Teller Buuz hinunter. Ich hatte noch nicht einmal die Hälfte des Wegs bis zur Hauptstadt zurückgelegt. Das nächste *guanz* gehörte zu einer Gruppe von drei Gers und lag an einer Straße, die beinahe schon eine Schnellstraße war. Noch fünfzig Kilometer. Als ich um 7.15 am Abend um eine Ecke bog, lag die Stadt glitzernd im Tal unten. Der Vollmond stieg gerade auf. Mein Kilometerzähler, den ich auf Null gestellt hatte, als ich von Irkutsk aufgebrochen war, zeigte jetzt 1675 Kilometer an.

Am nächsten Morgen streckte ich mich sauber und nackt unter einer einzigen Decke aus. Die Heizkörper verströmten wohlige Wärme in dem Raum im fünften Stock, und dampfend heißes Wasser kam aus den Wasserhähnen im Bad. Auf den Straßen unten gab es Sirenen und Verkehrsampeln und fast so viele Mercedes wie Kühe. Über der Brücke drüben im »Hotel Bayangol« gab es rund um die Uhr einen internationalen Direkt-Wahl-Telefonservice und Satellitenfernsehen. Die wichtigsten Nachrichten aus der Welt waren, dass Michael Jordan dem Basketball Lebewohl gesagt hatte, dass Michael Jackson wegen Kindesmissbrauchs angeklagt war, und, ach ja, dass es in Russland einen missglückten Staatsstreich gegeben hatte. Anrufe in die Vereinigten Staaten kosteten acht Dollar pro Minute, aber die Verbindungen waren gut. Während seichte südkalifornische Sitcoms und Bilder des brennenden Moskauer Parlaments über den Bildschirm flackerten, beruhigte ich meinen Vater, dass ich am Leben war und dass es mir gut ging (eine kleine Notlüge), und bat meine Mutter, mir ein neues Erste-Hilfe-Set postlagernd nach Peking zu schicken.

In dem hohen Speisesaal des Ulan-Bator-Hotels aß ich Omeletts und trank Instantkaffee, der auf einem weißen Tischtuch serviert wurde. Die trostlose Hinterland-Hauptstadt mit ihren gesichtslosen kommunistischen Wohnsilos kam mir wie eine boomende Metropole vor. Die leeren Kaufhausregale – in meinen Augen quollen sie geradezu über vor Waren. Es gab Snickers und Äpfel an jedem Kiosk, und Coca-Cola schmeckte wie ein Göttertrank. Ich aß im Dollar-Restaurant des Hotels mit einem deutschen Ehepaar zu Abend, das es sich zur Aufgabe gemacht hatte, Wildpferde in die Wüste Gobi zurückzubringen, und ich schaffte es kaum in mein Zimmer, ehe ich, von Krämpfen geschüttelt, alles wieder von mir gab, was ich tagsüber gegessen hatte. Nach fünf friedlichen Nächten waren die Krämpfe umso schlimmer zurückgekehrt. Schlotternd trotz all der Wärme, die Fingerknöchel in meine Rückenmuskeln gerammt, warf ich mich die ganze Nacht hin und her und krümmte mich vor Schmerzen.

Wenn ich in Russland bin, schwöre ich Stein und Bein, dass ich lieber außer Landes fliegen als einen sowjetischen Arzt an mich heranlassen würde. In Ulan Bator jedoch war ich geradezu selig, dass ich in ein russisches Krankenhaus gehen konnte. Die Soldaten und Berater, die hier behandelt werden sollten, hatten die Mongolei verlassen; die Flure des riesigen Krankenhauses hallten gespenstisch, und die Ärzte langweilten sich zu Tode. Zwei Ärztinnen ließen sich im Behandlungsraum zu einem Schwätzchen nieder, während eine dritte mich untersuchte. Ich sagte ihr, dass meine Periode einmal ausgeblieben war, dass ich aber sicher sei, dass ich nicht schwanger war. Sie nickte und ertastete rasch eine Schmerzlinie, die von meinem Brustbein über die Rippen hinunter verlief. »Sie müssen sehr vorsichtig sein, was Sie in diesem Land essen und trinken«, sagte sie kopfschüttelnd und reichte mir zwei Folienpackungen mit kleinen hellgrünen und großen braunroten Tabletten. Als ich die Medizin nahm, dachte ich an Lkhamsüren. Diese Ärztin hier hätte niemals ihre Guriltai Shul gegessen, so viel stand fest. Bis zum heutigen Tag weiß ich nicht, was mir eigentlich fehlte. Ich weiß auch nicht, ob es die Tabletten, der heftige Durchfall am vorigen Abend oder einfach Zufall war, aber jedenfalls kamen die Krämpfe nie wieder.

Der Zirkus hatte geschlossen. Im Kino liefen nur amerikanische oder chinesische Filme, und in der Oper gab es nur eine Vorstellung pro Woche. Aber das Postamt war geöffnet und hatte einen reichlichen Vorrat an schönen Briefmarken. Ich schrieb einen langen Brief, fand ein Kopiergerät und schickte zwanzig Kopien nach Hause. Ich fragte mich zur U.S.-Botschaft durch und erkundigte mich nach Briefen, die dort eventuell für mich eingegangen waren. Die zugeknöpfte Vize-Konsulin gab mir kühl zu verstehen, dass die Botschaft es nicht schätze, wenn man sie als Zwischenlager für private Post missbrauche, aber sie wolle nachsehen – wie denn bitteschön mein Name sei?

121

»Erika Warmbrunn.«

Sie wirbelte herum und starrte mich mit hochgezogenen Augenbrauen an. »Warm...?«

»Ja«, kicherte ich. »Tut mir Leid.«

»Wissen Sie, dass Sie auf der Suchliste des State Departments stehen?«

»Mein Vater hat sich Sorgen um mich gemacht, aber es ist alles in Ordnung, ich habe mit ihm gesprochen.«

Die Vize-Konsulin fand das gar nicht witzig. »Ich muss das State Department offiziell benachrichtigen und melden, dass Sie gefunden worden sind.«

»Ja«, seufzte ich, »ich bin gefunden worden.«

Ich lief Christian in die Arme, und wir gingen zusammen im Bayangol essen. Die Coca-Cola schmeckte immer noch gut, aber nicht mehr so göttlich wie am ersten Tag in der Stadt. Fast alle Ausländer, die ich in der Mongolei kennen gelernt hatte, waren hier: das Wildpferd-Paar an einem Tisch, Thierry und Claire an einem anderen, Yumiko und Satomi an einem dritten. Yumiko sagte, eine Stunde, nachdem ich Kharkhorin verlassen hätte, sei ein anderer Ausländer mit dem Bus gekommen, ein großer bärtiger Mann aus der Schweiz. Ihrer Aussage nach hätte Daniel in den nächsten Tagen in Ulan Bator eintreffen müssen, aber ich sah ihn nie wieder. Auf dem Weg zum Restaurant stieß ich jedoch auf ein weiteres vertrautes Gesicht. Zölöö, eine der ersten Mongolinnen, die ich – vor Millionen Jahren – in Süchbaatar kennen gelernt hatte, feierte ihren Geburtstag mit zwei Freundinnen. Das Essen in diesem kalten Meer von roten Plastikstühlen und orangefarbenen Tischtüchern war nicht halb so gut wie die Mahlzeiten, die ich selbst in den einfachsten mongolischen Gers vorgesetzt bekommen hatte, aber die Mädchen sparten, um sich dreimal im Jahr – zu jedem Geburtstag – den Ausflug in diese Plastikwelt zu gönnen.

Am nächsten Tag kaufte ich eine Fahrkarte nach Mörön zurück. Als ich vor zwei Monaten von Irkutsk aufgebrochen war, hatte ich ernsthaft vorgehabt, den ganzen Weg bis Saigon zu radeln, um bei meiner Ankunft sagen zu können: »Ich habe jeden Zentimeter der Strecke mit dem Fahrrad zurückgelegt.« Mondi hatte mir einen Strich durch die Rechnung gemacht, hatte das ehrgeizige Projekt auf »jeden einzelnen Zentimeter von Chatgal bis Saigon« heruntergeschraubt. (Später kam auch noch die Lastwagenfahrt aus Kharkhorin heraus dazu – zählten zwanzig Kilometer?) Und dann war ich eingeladen worden, in einem kleinen Dorf mitten in der Mongolei zu leben und Englisch zu unterrichten. Und ich kämpfte noch immer mit mir, ermahnte mich zur Spontaneität: Lass die Dinge geschehen, lerne, die Dinge geschehen zu lassen. Begreife, dass nicht alles nach Plan gehen, dass nicht alles in deine Vorstellungen, in eine ordentliche kleine Schublade passen muss. Erkenne, um wie viel wertvoller und bereichernder es für dich sein wird, am Dorfalltag teilzunehmen, anstatt stur auf einer durchgezogenen Linie auf der Landkarte zu beharren. Das Hier und Jetzt ist wichtig, nicht die Geschichte, die du später zu Hause erzählen kannst. Und letztlich wird dein Aufenthalt in Arshaant eine bessere Geschichte ergeben als jede Linie auf der Karte.

Ich war gerade achtundzwanzig geworden, doch anstatt die Grenze nach China zu überqueren, wie ich es ursprünglich geplant hatte, unternahm ich die nötigen Schritte, um Greene in Ulan Bator zu lassen, und schickte Baasanjav ein Telegramm mit der Ankündigung, dass ich am Wochenende in Arshaant eintreffen würde. Ich wusste, ich würde von Snickers und Äpfeln und heißen Duschen träumen, sobald ich dort war, aber nach einer Woche in Betonhochhäusern und Plastikrestaurants war ich bereit, zu den struppigen Pferden und lerneifrigen Kindern in dieser riesigen, leeren Landschaft zurückzukehren.

Teil II
Als Lehrerin in Arshaant
*Eine kleine Welt
in einer weiten Landschaft*

Buyanjargal und Myagmarsüren im Unterricht

Eine Jurte auf dem Schulhof

Auf dem staubigen Hof der Schule von Arshaant liefen Kinder, mit Feuerholz und Decken beladen, in einem Ger ein und aus. Ich hatte den eigentlichen Bau des Gers verpasst, eine verblüffend schnelle Prozedur, die sich in sämtlichen Höfen im Dorf vollzogen hatte, seit ich von hier aufgebrochen war. Ein paar Nachbarn kamen zum Helfen zusammen und schon in wenigen Stunden war ein gemütliches Fellzelt aufgestellt; dann konnte die Familie aus ihrem zugigen Sommerhaus in das Ger umziehen, um dort den Winter zu verbringen. In dem Ger, das mitten auf dem Schulhof errichtet worden war, stand ein einziges eisernes Feldbett an der Wand. Eine Reihe von Stühlen und Hockern waren auf einer Seite im Halbkreis angeordnet. In der gegenüberliegenden Rundung war eine niedrige Kommode untergebracht. Teppiche lagen hufeisenförmig um den Ofen herum, und zwei wacklige Stapel Feuerholz umrahmten den Eingang. Das war mein Zuhause. Die Arshaanter hatten mir ein Ger gebaut. Ich würde im eigenen Ger wohnen!

Ich hatte mir Sorgen gemacht, dass Baasanjav mein Telegramm vielleicht nicht bekommen hatte. Ich hatte befürchtet, dass die erste Begeisterung der Lehrer vielleicht schon verpufft war. Ich hatte mich mit dem Gedanken gequält, dass man mich für unzuverlässig halten würde, weil ich meine Ankunft für Samstag angekündigt hatte, und jetzt war schon Dienstag. Ich hätte es besser wissen müssen. »Zu spät« wird in der Mongolei nicht in Minuten, sondern in Tagen oder Wochen gemessen – wenn überhaupt. In einem Land ohne Telefone, in dem der Reisende der Willkür der Elemente ausgeliefert ist, bedeutet »Treffe Samstag ein«, dass man vermutlich in einer Woche da

127

sein wird. Und falls man überhaupt nicht auftaucht, kann jeder sich denken, dass es kein Benzin gegeben hat, dass der Fluss unpassierbar war, dass man von unerwarteten Gästen zu Hause festgehalten wurde. Geduld ist etwas nahezu Unerschöpfliches in einem Land, in dem die Menschen noch im Rhythmus der Jahreszeiten leben und nicht nach dem Ticken des Uhrzeigers. Es machte keinen Unterschied, ob ich am Samstag, Sonntag, Donnerstag oder erst im nächsten Monat kam. Es war egal, wenn ich fast eine Woche später eintraf, als ich in meinem Telegramm angekündigt hatte. Und im Grunde war es auch unwichtig, ob ich telegrafiert hatte oder nicht. Ich war hier, jetzt, in diesem Augenblick, und das war alles, was zählte.

Als ich in Mörön aus dem Flugzeug gestiegen war, ohne im Mindesten zu ahnen, wie ich nach Arshaant weiterkommen sollte, stand der einzige Mensch, den ich in der Stadt kannte, in der Ankunftshalle. Trotz ihrer riesigen Fläche von 1,5 Millionen Quadratkilometern ist die Mongolei eine sehr kleine Welt, in der man an jeder Ecke einem Bekannten in die Arme läuft. Bolormaa wartete auf einen Freund, der für Belgüün ein Paar Schuhe aus der Hauptstadt mitbringen sollte. Statt der Schuhe für ihre Tochter bekam sie mich. Noch bevor sie mich gefragt hatte, warum ich überhaupt hier war, bestand sie schon darauf, dass ich bei ihr übernachten müsse, nicht im Hotel. Als ich ihr erzählte, wo ich hinwollte, lachte sie. »Das ist ganz einfach. Ich komme gerade von China zurück. Ich habe ein paar Tage auf dem Markt hier zu tun, dann gehe ich nach Arshaant und verkaufe dort, was noch übrig ist. Ich habe Verwandte dort. Wir gehen zusammen.«

Aus den paar Tagen wurde fast eine Woche, in der Bolormaa auf dem Möröner Markt beschäftigt war und ihr Bruder Batgal seinen Jeep reparierte und Benzin aufzutreiben versuchte. Doch eines Nachmittags waren wir endlich unterwegs. Auf jede halbe Stunde Fahren kamen zwanzig Minuten Reifenflicken und Unter-der-Haube-Herumwerkeln, und als wir endlich die Ufer der Selenga erreichten, war der Himmel bereits rosa überzogen vom Widerschein der untergehenden Sonne. Batgal rief über den Fluss. Zwei Männer auf der anderen Seite winkten zurück. Dann traten sie auf eine quietschende

Vorrichtung aus Metall-Bootsgerippen, die mit rauen Holzplanken bedeckt waren, und zogen sie an einem über das Wasser gespannten Kabel zu uns herüber. Während ich wieder einmal über die Selenga geschippert wurde, ging mir die Frage durch den Kopf, ob das die berühmte »Brücke« war, von der alle gesprochen hatten. Die letzte Etappe, eine nächtliche Blitztour durch Hügel und flache, kristallklare Bäche, verlief wundersamerweise ohne Reifenpanne. Wir kamen in Arshaant an, bevor Bolormaas Verwandte sich schlafen gelegt hatten.

Bolormaas Cousine war eine lebhafte Frau Mitte vierzig, ganz anders als ihr sanfter, stiller Mann, der nicht viel Raum in ihrem energiegeladenen, turbulenten Haushalt einzunehmen schien. Ihre beiden kleinen Söhne waren fröhliche, übermütige Schlingel. Ihre halbwüchsigen Töchter lächelten zutraulich. Die fünfzehnjährige Buyanjargal faszinierte mich vom ersten Augenblick an. Starke Gefühle warfen Licht und Schatten über ihr breitflächiges Gesicht, das so wechselhaft wie ein Wolkenhimmel an einem Hochsommertag war. Wenn sie sich ärgerte, zogen sich ihre hohen Brauen finster über den dunklen Mandelaugen zusammen; wenn sie sich freute, traten Grübchen in ihre Wangen und ein breites Grinsen dehnte ihr Gesicht. Sie war so voller Leben, dass sie ihre schlaksigen Kinderarme und -beine, die bald die einer jungen Frau sein würden, kaum stillhalten konnte. Die Verwandten hatten Bolormaa nicht erwartet, aber sie hatten gewusst, dass ich kommen würde. Sie wussten, dass eine Amerikanerin herkommen sollte, um Englisch zu unterrichten. »Sie wussten es«, übersetzte Bolormaa am nächsten Tag, als wir zusammensaßen und Buuz aßen, »weil die Schule dir ein Ger gebaut hat.«

Dann kamen Agvantseren und Baasanjav gebückt zur Tür herein. Soweit ich wusste, hatte niemand an diesem Morgen den Hof verlassen; kein Kind war in den Ort geschickt worden, um die Nachricht zu übermitteln, dass ich angekommen war. Aber die Lehrer wussten es, und sie waren gekommen, um mich zu meinem Ger zu bringen. Mein Ger! Ich drehte mich in meiner kleinen Behausung um mich selber, nahm begeistert jedes kleine Detail in mich auf und stand eindeutig im Weg, während immer noch letzte Hand angelegt

129

wurde. Deshalb ging ich erst einmal einkaufen. In einem Laden gab es Kartoffeln und Zwiebeln, in einem anderen Mehl, das aber nur gegen Lebensmittelkarten ausgegeben wurde – drei Kilo pro Person und Monat. Das war alles, was ich an diesem Tag an Lebensmitteln in Arshaant vorfand. Ich kaufte noch einen Stift und ein paar schäbige Schulhefte für meine Unterrichtsvorbereitungen und merkte erst später, als ich mich zum Schreiben hinsetzte, dass der Stift kein Kugelschreiber, sondern ein Füllhalter war. Ich ging in die Hauptstraße zurück, aber keiner der Läden hatte Tinte vorrätig.

Am Nachmittag versammelten wir uns im Büro des Schulleiters. Er fragte mich, ob ich mit meinem Ger zufrieden sei.

»Fantastisch«, versicherte ich begeistert.

»Der Hausmeister kommt jeden Morgen und feuert den Ofen an«, sagte er.

Neben meinem Ofen lag ein säuberlicher Holzstapel, außerdem ein altes russisches Taschenbuch als Anfeuerungsmaterial. Ich protestierte und sagte, es mache mir nichts aus, den Ofen selber anzufachen. Meine Gastgeber nickten höflich, aber nicht sehr überzeugt.

»Er kommt und macht Feuer für Sie«, wiederholte Agvantseren. »Und einen Fernseher werden Sie auch bekommen.«

»Nicht nötig«, sagte ich lachend. »Ich habe alles, was ich brauche.«

»Der Fernseher wird bald da sein.«

»Ich brauche keinen Fernseher, aber vielleicht könnte man ein Schloss an der Tür anbringen.«

»Ja, natürlich bekommen Sie ein Schloss. Schließen Sie ab, wenn Sie schlafen oder nicht zu Hause sind. Und der Fernseher wird auch da sein, wenn heute Abend der Strom angestellt wird.«

»Es ist doch alles auf Mongolisch, ich verstehe sowieso nichts. Aber ich hätte gerne einen Eimer zum Wasserschöpfen.«

»Selbstverständlich, wir werden uns darum kümmern. Brauchen Sie sonst noch etwas?«

Ich zeigte kleinlaut meinen neuen Füllhalter vor und fragte, ob ich Tinte bekommen könne. Der Schulleiter reichte mir einen kleinen Glasbehälter. Ich war mit Computern und E-Mails aufgewachsen und drehte hilflos den Füllhalter und das Tintenglas in der Hand hin und her. Ich hatte keine Ahnung, was ich damit anfangen sollte. Baasanjav griff ruhig herüber, schraubte den Füllhalter auf und ließ geschickt Tinte in die Kammer einströmen. Kein Wunder, wenn sie mir nicht zutrauten, dass ich einen Ofen anfeuern konnte!

Am nächsten Morgen war ich früh auf und hatte ein fröhlich knisterndes Feuer in Gang gebracht, ehe der Hausmeister, ein hagerer, dunkelhäutiger, wortkarger Mann, hereinkam. Er kontrollierte sorgfältig meine Behausung, fand nichts auszusetzen und schob einen zusätzlichen Holzklotz in den Ofen. Er hatte den Auftrag bekommen, sich um mich zu kümmern, und er nahm seine Pflicht ernst.

Kaum war die erste dünne Rauchfahne aus meinem Schornstein aufgestiegen, da wurde es vor meinem Ger lebendig. Ich hörte lautes Füßestampfen, dann herrschte einen Augenblick Totenstille, von unterdrücktem Gekicher und Getuschel unterbrochen. Schließlich wurde die Tür aufgerissen. Zahlreiche Kinder drängelten sich draußen. Die kleinen Gestalten hoben sich scharf vor dem niedrigen Eingang ab. Sie spähten zu mir herein, während sie sich gegenseitig anschubsten und zum Eintreten ermunterten. Manche Grüppchen waren mutiger als der Rest. Sie schwärmten herein, drängten aber sofort wieder zur Tür zurück. Die Kinder, die vorne standen, versuchten sich hinter ihren Freunden zu verstecken, während die hinteren nach vorne stießen, bis sie sich plötzlich in der ersten Reihe wiederfanden und schnell nach hinten zurückstrebten. In dieser ständig wiederkehrenden Anordnung schauten sie mir beim Essen, Schreiben und Geschirrspülen zu. Dann drehten sie sich plötzlich um, wie auf ein Kommando, das ich nicht hören konnte, stürzten in den Hof hinaus, und die Tür schlug sachte hinter ihren verhallenden Schritten zu.

Als Nächstes stürmte eine Gruppe von Sechstklässlerinnen meine Tür. Die Mädchen purzelten übereinander, kicherten, tuschelten, erröteten, schauten auf den Boden, den *tonoo*, auf ihre Klassenkameradinnen, überallhin, nur nicht zu mir, dem Gegenstand ihrer Neugierde. »Hallo«, sagte ich, und die schwarzen Mandelaugen irr-

ten erschrocken durch das Ger, begleitet von unterdrückten Kicher-
salven. Nur ein Mädchen hielt den Kopf hoch und schaute mich
offen an. Bis ich mir ihren Namen merken konnte, nannte ich Bat-
Ölzii in Gedanken die »kleine Indianerin«. Weit mehr noch als ihre
runzligen Großeltern erinnerten mich die alten Augen und ernsten
Gesichter der glatthäutigen Dreizehnjährigen an die Physiogno-
mien von amerikanischen Ureinwohnern, wie ein fernes Echo der
Wanderwellen nach Osten, die in grauer Vorzeit stattgefunden hatten. Ich schaute Bat-Ölzii an und zeigte auf das Bett. »Bett«, sagte
ich in Englisch. »*Krovat*«, sagte ich auf Russisch. »*Or*!«, sagte sie auf
Mongolisch. »*Or*«, wiederholte ich, und wieder kicherte es in allen
Ecken, aber diesmal schauten die meisten Mädchen mich an.

Ich bat sie, mir die Wörter für »Ofen« und »Holz« zu sagen. Sie
lehrten mich »schlafen« und »Axt« und »Schule«. Dann fragte ich die
Mädchen auf Mongolisch, wie alt sie seien. Ich fragte sie in Russisch,
was sie einmal werden wollten, wenn sie groß waren. Russisch war
Pflichtfach für alle Schüler, aber die meisten Mädchen trauten sich
nicht, ihre Unterrichtssprache anzuwenden. Nur Bat-Ölzii kicherte
nie oder druckste verlegen herum, um dann ratlos mit den anderen
zu tuscheln. Sie war mutig. Wenn sie etwas nicht verstand, was ich
sagte, oder ihr ein russisches Wort nicht einfiel, blickte sie angestrengt
auf den Boden, während eine leichte Röte über ihre hohen Wangenknochen huschte, dann hob sie ihren klaren, stetigen Blick wieder zu
mir auf und bat mich, es noch einmal zu sagen. Langsam, sorgfältig
übersetzte sie für ihre Freundinnen, die der Reihe nach erzählten, dass
sie Lehrerin oder Ärztin oder Journalistin werden wollten.

Am Nachmittag ging ich den Hang hinauf zu Gerlee. Sie wusste bestimmt schon, dass ich da war, und ich hatte mir geschworen,
dass ich mich nicht völlig von den Lehrerinnen vereinnahmen lassen
würde. Die Sonne war inzwischen herausgekommen. Die Luft war
warm, kein Wind wehte, und der Himmel erstrahlte in makellosem
Blau, aber der Fluss war an den Rändern bereits vereist. Gerlees
Mutter und Großmutter saßen am Ofen und tranken Tee, als ich
hereinkam. Sie empfingen mich wie eine lange verloren geglaubte

Tochter, schmiegten zur Begrüßung ihre Wangen an meine. Die Großmutter fischte unverzüglich einen großen Klumpen Innereien aus dem Topf, der auf dem Ofen stand, und reichte ihn mir. Während ich nach Fleischbrocken suchte und vernehmlich schmatzte und schlürfte, erklärte Gerlees Großmutter, dass Altanzuul nach Erdenet gezogen war und dass Gerlee und Delger im *khödöö* waren. Aber sie würden am nächsten Nachmittag zurück sein, und dann müsse ich wiederkommen und sie begrüßen. Das alles sprudelte sie in schnellen, vollständigen Sätzen hervor. Ich war froh, wenn ich ein paar Stichwörter aufschnappte.

»Gerlee heute *khödöö*«, wiederholte ich. »Gerlee morgen hier. Ich morgen auch hier?« Sie antwortete mit einem Schwall von Mongolisch, der sich nach einer Bestätigung anhörte, begleitet von ständigem Nicken, so dass ich daraus schließen konnte, dass ich sie richtig verstanden hatte. Ich gab jeder von ihnen einen Apfel. Sie nahmen die Frucht auf mongolische Art entgegen. Gerlees Mutter schnitt sich ein Stück ab und steckte den Rest in eine Schublade, »für Gerlee und Delger«. Ich wühlte mein ganzes Mongolisch hervor, um zu erklären, wie ich nach Arshaant gekommen war und wie lange ich hier sein würde und wo Greene war. »Mein Fahrrad ist in Ulan Bator«, ist einer der wenigen mongolischen Sätze, die mir bis heute geblieben sind.

Kaum war ich wieder zurück, da hüpfte Pippi Langstrumpf zur Tür herein. Das kleine Mädchen trug einen schmutzig grünen Deel und geringelte Wollstrümpfe. Ihr Haar hatte sich halb aus den dünnen, widerspenstigen Zöpfen gelöst. Sie gab mir zu verstehen, dass ich mit ihr kommen müsse. Ich hatte keine Ahnung, wer sie war oder wohin sie mich führen würde, aber ich folgte ihr über die Brücke. Sie plapperte mit ernster Miene, während wir den staubigen Hang in das Labyrinth von Holzzäunen hinaufstiegen, und starrte mich durchdringend an, um sich zu vergewissern, ob ich auch verstanden hatte, was sie mir sagen wollte – vermutlich eine Erklärung, wohin wir gingen. Ich konnte jedoch nur hilflos mit den Schultern zucken und die Dinge auf mich zukommen lassen. Schließlich landeten wir bei Gerlee. Pippi hieß in Wahrheit Tüvshinjargal. Sie war

Gerlees kleine Schwester und hatte stolz und eigenmächtig den Entschluss gefasst, mich nach der Schule nach Hause mitzubringen. Die Großmutter war genauso verblüfft wie ich, als ich plötzlich wieder vor ihr stand, aber sie stellte keine Fragen, sondern machte sich sofort am Herd zu schaffen, als ob es völlig logisch sei, dass ich wieder da war – als ob sie mich nicht eben erst bewirtet hätte.

Der Englischunterricht war freiwillig. Als die Schüler gefragt worden waren, ob sie an vier Tagen in der Woche nach der Schule dableiben wollten, um Englisch zu lernen, hatten fast alle die Hand gehoben. Die Lehrer hatten diejenigen ausgesucht, von denen sie glaubten, dass sie am meisten davon profitieren würden – Schüler, die motiviert waren, schnell lernten und ihre Schulbildung außerhalb Arshaants fortsetzen würden. Buyanjargal zeigte mir einmal ein Bild von sich und ihren Mitschülern in der fünften Klasse. Von den zwölf Schülern auf dem Foto waren jetzt drei in der neunten Klasse. Der Rest war von der Schule abgegangen. Die meisten arbeiteten im *khödöö*. Die Arshaanter Schule ging nur bis zur zehnten Klasse. Die wenigen Schüler, die nach der Zehnten weitermachen wollten, mussten zwei Jahre lang nach Mörön ziehen und dann vielleicht nach Ulan Bator. Die Teilnehmerzahl für den Englisch-Unterricht wurde auf fünfundvierzig Schüler reduziert, und es wurden drei verschiedene Gruppen, in Altersstufen eingeteilt, gebildet. Baasanjav zeigte mir mein Klassenzimmer. Das Nachmittagslicht strömte durch die staubigen Fenster in einen makellos sauberen Raum. Die stumpfrosa Wände waren kahl. Die Schüler saßen auf harten Schemeln hinter flachen Holzpulten. Baasanjav reichte mir eine Liste, in der die drei Altersgruppen aufgeführt waren. Dann ging sie. Und ließ sich nie wieder blicken. Die Schule hatte sich davon überzeugt, dass ich der Sache gewachsen war, und es kam nie jemand, um meinen Unterricht zu kontrollieren.

Es war fantastisch. Die Kinder wussten, dass ich kein Mongolisch konnte. Wenn ich Englisch mit ihnen redete, hatte das nichts Aufgesetztes, war keine bloße Schulübung. Vor allem in Gruppe I mit den

Zwölf- bis Dreizehnjährigen, von denen die meisten noch kaum Russisch konnten, war es praktisch unmöglich, Übersetzungen zu geben. Den Schülern blieb also gar nichts anderes übrig, als zuzuhören und sich irgendwie mit den ungewohnten Lauten anzufreunden.

»My name is Erica.« Ich wedelte mit den Armen und wollte sie ermutigen, mir nachzusprechen.

Nichts.

»My ...« Ich fuchtelte mit den Händen wie ein Conférencier bei einem bunten Senioren-Abend.

»My«, wisperte Bat-Ölzii tapfer.

»My.«

»My«, wiederholten mehrere Stimmen.

»Name.«

»Name.« Jetzt stimmten alle ein.

»Is.«

»Is!«

»My name is Erica.«

»My name is Erica«, ertönte es holprig im Chor.

Ich lachte und zeigte auf Bat-Ölzii und sagte: »My name ist Bat-Ölzii.« Ich zeigte auf Buyanjargals kleinen Bruder: »My name is Battur.« Ich zeigte auf ein kleines Mädchen in einem zerlumpten Karomantel. »What is your name?«

»My name is Enkhjargal«, sagte sie prompt. Enkhjargal war elf Jahre alt. Sie hatte runde Hamsterbäckchen und kurze, struppige Zöpfe. Ihre Finger waren ständig mit Tinte verschmiert, weil ihr Füllhalter leckte. Ihr Notizbuch war mit Merkzetteln voll gestopft; und ihre Augen fingen jeden Gedanken wie im Flug auf.

In Gruppe II waren die Schüler etwas älter und konnten besser Russisch. »My name is Tsengüünjargal«, sagte ein Mädchen mit schmalem Gesicht und langen Fingern; sie hatte sich beim Antworten kerzengerade aufgesetzt, um dann sofort wieder an die Wand zurückzuplumpsen.

»My name is Chuluunbaatar«, murmelte der einzige Junge in der Klasse.

»My name is Otgontuya.«

»My name is Enkhtsetseg.«

Ich hatte fürs Erste genug damit zu tun, mir die Namen der Schüler zu merken. Narantsetseg bedeutet »Sonnenblume«, Sarantsetseg »Mondblume«. Sarantuya heißt »Mondstrahl«, Enkhtuya »Friedensstrahl«, Enkhjargal »Frieden-Freude« und Bayarjargal »Freuden-Glück«. In der Mongolei gibt es keine ererbten Familiennamen, nur den Taufnamen und einen Nachnamen, der im Allgemeinen auf einen Anfangsbuchstaben beschränkt ist und oft überhaupt nicht verwendet wird. Die Mädchen waren alle Sonnen, Monde oder Blumen; die Jungen waren Helden: Enkhbaatar heißt »Friedensheld«, Batbaatar »Starker Held« und Sükhbaatar »Axt-Held«. Ich erntete immer wieder große Heiterkeit bei den Kindern, wenn ich mir an den endlosen Silben fast die Zunge zerbrach oder den Versuch unternahm, das richtige *-jargal*, *-tsetseg* oder *-baatar* dem jeweils richtigen Gesicht zuzuordnen.

Buyanjargal war in Gruppe III, zusammen mit ihrer besten Freundin Delgersüren. Delgersüren, die gut einen Kopf kleiner war als Buyanjargal, hatte den geschmeidigen, kraftvollen Körper einer Athletin; ihre feinen Züge ließen bereits jetzt erkennen, dass sie einmal eine strahlende Schönheit sein würde. Die Schülerinnen (es gab keine Jungen in Gruppe III) waren wie alle Fünfzehnjährigen auf der Welt – es gab Anführerinnen und Mädchen, die sich unterordneten, Selbstbewusste und Schüchterne, Beliebte und Streberinnen. Aber im Gegensatz zu ihren mediengeschädigten westlichen Altersgenossinnen bewegten sie sich noch so selbstverständlich und natürlich wie Kinder, ganz ohne die Affektiertheit frühreifer Teenager, die krampfhaft erwachsen sein wollen. Da die Mädchen hier nicht tagtäglich von einer Werbung bombardiert wurden, die ihnen Parfüm, Erfolg und unerreichbare Schönheitsideale verkaufte, waren sie in ihrem Körper noch zu Hause.

Nur die sechzehnjährige Sarantuya fühlte sich offenbar nicht wohl in ihrer Haut. Sie hatte ein dunkles Muttermal an der Nasenwurzel, und ihre Züge verloren sich fast in dem teigigen Gesicht. Ihr Lächeln war weniger offen als das der meisten anderen Mädchen, und sie wirkte eher wie eine resignierte Erwachsene, die in der Tretmühle eines harten Alltagslebens gefangen ist. Myagmarsüren, ebenfalls sechzehn, war offener und leichter zugänglich. Sie war nicht mehr so mädchenhaft wie die anderen, hatte die Kicherphase überwunden, und ihr Lachen hatte einen vollen, warmen Klang. Ohne sich in irgendeiner Weise von ihren Kameradinnen abzusondern, strahlte sie eine Ausgeglichenheit und Unabhängigkeit aus, die den anderen fehlte. Und schließlich war da noch Khongorzul. Sie war seltsam hellhäutig, mit rötlichem Haar, das einen auffälligen Kontrast zu dem Meer von ebenholzschwarzen Köpfen bildete. Wann immer ich ihr eine Frage stellte, weiteten sich ihre Augen vor Entsetzen, ihre Finger flatterten und verkrampften sich in ihrem Schoß, und sie rutschte noch tiefer in ihre Bank, den gesenkten Kopf hilfeflehend zu den anderen verrenkt. Die anderen halfen ihr prompt, murmelten Antworten, die sie dann unsicher und flüsternd wiedergab.

Bei Khongorzul waren die Mädchen besonders schnell mit Einsagen bei der Hand, aber sie hielten sich auch nicht zurück, wenn die Besten von ihnen an der Reihe waren. Bei jeder Frage wurden die Antworten quer durchs Klassenzimmer getuschelt. Und das galt nicht nur für die Kinder. Enkhtuya und Bayarjargal machten es ebenso. Für mich war dieses reflexartige, Hilfe suchende Umherblicken ein Zeichen, dass die Kinder unfähig waren, eine Aufgabe selbstständig zu lösen. Ich konnte nicht verstehen, warum die Lehrerinnen nichts dagegen unternahmen. Doch es geschah ganz offen und ungeniert und wurde nicht als Mogeln angesehen. Mit der Zeit wurde mir klar, dass in einer Gesellschaft, in der jeder Einzelne so hart um sein Überleben kämpfen muss, das Gemeinschaftsgefühl, die gegenseitige Hilfsbereitschaft übertrieben stark entwickelt sind. Die Menschen hier lebten wie nach einer uralten Übereinkunft, dass jedes Geschöpf Teil eines Ganzen ist und das Recht hat, alles zu tun, um sein Fortbestehen zu sichern; in einer solchen Umgebung gibt es wenig Nachsicht gegenüber Schmerzen oder Schwäche, aber andererseits auch kaum Konkurrenzdenken.

Nach dem Unterricht ging ich über den Hof in mein Ger hinüber. Ich hatte kaum Zeit, meinen Mantel abzulegen, als die Tür aufgerissen wurde und das Essen in den Armen der rundlichen Köchin mit den weit auseinander stehenden Zähnen hereinkam. Ich hatte gesagt, dass ich gern selber kochen würde, wenn die Schule mir die Lebensmittel stellte, aber sie hatten darauf bestanden, dass die Köchin mir die Mahlzeiten zubereitete. An manchen Tagen kam sie selber mit einem Hammel-Rüben-Eintopf und einem breiten Lächeln über den Hof gewatschelt. Manchmal schickte sie aber auch zwei Schuldmädchen, die mir einen Topf mit Hammel und Kartoffeln brachten. Alle paar Tage schickte sie mir einen Laib frisch gebackenes Brot, und einmal ließ sie eine Schale Zucker da, den es, wie ich wusste, nicht im Dorfladen zu kaufen gab. Ein anderes Mal zauberte sie einen wunderbaren Salat aus klein geschnittenem Kohl und Karotten, den die meisten Mongolen verächtlich als Pferdenahrung abgetan hätten. Ich sagte ihr, dass das rohe Gemüse köstlich gewesen sei, und ein paar Minuten später brachte ein kleines Mädchen zwei weitere voll gehäufte Teller.

Sobald die Köchin fort war, tauchten Buyanjargal und Bolormaa auf. Bolormaa war beeindruckt. Niemand lebt allein in der Mongolei. »Ein Ger ganz für mich allein – dafür würde ich sogar eine Stadtwohnung eintauschen«, sagte sie, während sie sich umschaute und den Kopf schüttelte. Ich servierte meinen Besucherinnen Tee aus der Thermosflasche, die die Köchin gebracht hatte, dann tischte ich den Hammel und die Kartoffeln auf, ohne mir von ihnen helfen zu lassen. Ich gab Bolormaa und Buyanjargal meine beiden Gabeln und aß meine Portion mit dem Messer. Endlich konnte ich ein wenig von der überwältigenden Gastfreundschaft zurückgeben, mit der Bolormaa mich überschüttet hatte. Während Buyanjargal aß, fragte sie mich immer wieder, ob mein Fernseher funktionierte.

»Ja, sicher«, sagte ich achselzuckend.

Sie kontrollierte trotzdem den Stecker und zeigte auf den An/Aus-Schalter. »Hier stellst du ihn an.«

»Ja«, sagte ich grinsend. »Ich weiß.«

Schließlich sprach sie unverblümt aus, was mir in meiner Begriffsstutzigkeit entgangen war – Buyanjargal wollte fernsehen. »Oh, natürlich.« Ich nickte dem jungen Mädchen zu, das daraufhin sofort den Fernseher einschaltete und sich auf den Boden fallen ließ, die Arme um die Knie geschlungen. Fernsehen ist immer noch etwas relativ Neues in Arshaant. Jeder, der mich besuchte, nachdem am Abend der Strom angesprungen war, fragte mich, warum der Fernseher nicht lief. Funktionierte er nicht? Wusste ich nicht, wie man ihn anstellte? Während Bolormaa und ich über mein paradiesisches Leben im eigenen Ger scherzten, starrte Buyanjargal auf den kleinen Schwarzweißbildschirm, der noch interessanter war als eine echte, lebendige Amerikanerin.

Tüvshinjargal tauchte am nächsten Nachmittag wieder auf und konnte es kaum erwarten, mich zu ihrer großen Schwester zu führen. Ich versprach, dass ich nach dem Unterricht zu ihnen kommen würde. »Jetzt – Arbeit – fünf Uhr – zu Hause«, erklärte ich ihr, indem ich die Wörter einfach aneinander reihte, ohne Präpositionen, konjugierte Verben oder Hilfsverben, die einen ganzen Satz daraus gemacht hätten. Aber die Kleine verstand mich, und um fünf Uhr war sie wieder da und hüpfte ungeduldig vor meiner Tür auf und ab. Ich ging über den Hof zur Küche und sagte der Köchin, dass sie mir kein Essen bringen solle, ich würde bei einer Freundin essen (»Heute Abend – kein Essen – Freundin – zu Hause – essen«), dann folgte ich Tüvshinjargal über die Brücke und den Hang hinauf.

Gerlee und ich hatten uns im Grunde genommen nicht viel zu sagen und würden nie enge Freundinnen werden, aber ich hatte ein schlechtes Gewissen, weil sie damals im September so unschön behandelt worden war – und weil ich es zugelassen hatte. Sie war dominant und besitzergreifend, aber sie meinte es gut, und ohne sie wäre ich gar nicht hier gewesen. Wenn sie mich im September nicht eingeladen hätte, noch einen Tag länger zu bleiben, würde ich jetzt, im Oktober, nicht in meinem eigenen Ger auf dem Schulhof leben. Gerlees Haus war von dem fröhlichen Geplapper von drei oder vier kleinen Mädchen erfüllt, die eifrig damit beschäftigt waren, Teig zu kneten, auszurollen und auszustechen. Gerlee war geduldig und hilfsbereit, und es machte den Mädchen sichtlich großen Spaß. Sie folgten ihr bereitwillig und zeigten ihr stolz ihre Arbeit. Hier mit den Kindern erlebte ich Gerlee von einer ganz neuen Seite: Sie war energisch, aber nicht autoritär, belehrend, aber nicht aggressiv – eine Gerlee, die mir sympathisch war und die ich, nicht anders als die kleinen Mädchen, aufrichtig respektierte.

Nach dem Essen begleitete mich ein Freund von Gerlee den Hang hinunter und lallte die ganze Zeit in unverständlichem Russisch auf mich ein. Mein betrunkener Kavalier bestand darauf, mich nach Hause zu bringen. Gerlee hatte ihm vermutlich genaue Instruktionen gegeben. Aber ich wollte nicht nach Hause. Ich wollte Bolormaa Lebewohl sagen, ehe sie morgen früh wegging. Das dunkle Labyrinth der Holzzäune war jedoch immer noch ein Buch mit sieben Siegeln für mich, und wenn ich nicht ganz genau dem Weg folgte, den ich kannte – von meinem Ger zu Buyanjargal –, würde ich wahrscheinlich nie das richtige Tor im richtigen Zaun finden. Wir gingen in den Schulhof. Sein Auftrag war erledigt. Er fragte nach dem Schlüssel zu meinem Ger.

»Ich gehe nicht nach Hause«, sagte ich. Wir standen direkt vor meiner Tür.

»Schlüssel.«

»Nein. Ich gehe zu einer Freundin.«

»Ich wohne da drüben«, lallte er und bekräftigte diesen unmotivierten Kommentar mit einer vagen Handbewegung ins Dunkel hinein.

»Das ist schön. Gute Nacht.«

»Schlüssel?«

»Nein.«

»Ich komme mit Ihnen.« Es war das Angebot eines Kavaliers, der mir in dunkler Nacht seinen Schutz antrug, das Angebot eines Gentlemans, der mich, wenn es sein musste, bis ans Ende der Welt begleiten würde.

»Nein, danke, ich kenne den Weg.«

»Ich wohne da drüben«, wiederholte er. Ein verwirrtes Schweigen folgte, während er ins Dunkel starrte, dann warf er den Kopf wieder zu mir herum. »Gute Nacht.«

»Gute Nacht.« Ich drehte mich um und stieß mit dem Schulleiter zusammen, der mit seinem kleinen Sohn im Schlepptau auf dem Weg zum Klohäuschen war.

»Wohin gehen Sie?«, fragte er. Alle fragten mich, wo ich hinwollte. Jeder, der mich aus dem Schulhof gehen sah, rief: »Wo geht's hin?« Wenn ich die Brücke überquerte: »Wohin?« Wenn ich den Hang hinaufstieg, um jemanden zu besuchen: »Wohin?«

»Nur spazieren«, rief ich dann zurück, oder »dort hinüber«. Wenn ich sagte »zum Laden«, löste ich damit einen Schwall von besorgten Fragen aus, was ich denn alles brauche. Wenn ich »zu Gerlee« sagte, hatte ich sofort einen Begleiter an meiner Seite. Aber was ich auch antwortete, alle wussten immer genau, wo ich gewesen war. »Ah, Sie waren also gestern Abend bei Gerlee zum Essen?«, hieß es dann. Oder: »Ah, Sie waren heute Morgen im Laden, nicht wahr? Was haben Sie denn gebraucht? Haben Sie gefunden, was Sie brauchen? Ist alles in Ordnung?«

»Ich gehe zu einer Freundin«, antwortete ich dem Schulleiter.

Mein angetrunkener Begleiter sagte etwas auf Mongolisch zu ihm.

»Sie haben Ihren Schlüssel liegen lassen?«, fragte der Schulleiter und drehte sich noch einmal zu mir um.

»Nein!« Es war wie bei dem beliebten Partyspiel »Stille Post«, nur dass die Botschaft auch ohne Flüstern völlig entstellt und unverständlich ankam. »Ich habe meinen Schlüssel, ich will nur nicht nach Hause.«

»Brauchen Sie Hilfe?«

»Nein, ich kenne den Weg.«

»Haben Sie keine Angst?«

»Nein.«

»Ich komme mit Ihnen.«

»Nein, wirklich, das ist nicht nötig. Wirklich nicht.«

Sie ließen mich gehen, kopfschüttelnd, und schauten mir den ganzen Weg über nach.

Buyanjargals Zuhause war das getreue Abbild einer amerikanischen Vorstadt-Idylle. Sie lag mit ihrem kleinen Bruder auf dem Boden und spielte »Jack« (amerikanisches Kinderspiel, bei dem Gegenstände hin- und hergeworfen werden, während man einen Ball hüpfen lässt, Anm. d. Ü.), wenn auch ohne Aluminiumsterne und ohne Gummiball. Stattdessen spielten die Kinder mit Tierknochen und einer Kette. Ihre Mutter bereitete derweil den Tee auf dem Ofen zu und nähte Flicken auf eine abgewetzte Hose. Ihr Vater saß daneben und rauchte sinnend seine Pfeife. Der Fernseher lief in voller Lautstärke, aber der Bildschirm flimmerte nur, und das Gerät sah aus, als sei es in den Fünfzigerjahren von den Sowjets ausrangiert worden. Bolormaa saß an ihren Abrechnungen über einem Notizbuch, in das sie alle ihre Transaktionen eintrug.

Als der zehnjährige Battur genug vom »Jack« hatte und mich fragte, ob ich eine Partie Schach mit ihm spielen wolle, ließ seine Mutter ihre Arbeit fallen und kochte mir ein Essen, von dem ich wusste, dass ich es nicht ablehnen konnte, auch wenn ich noch so satt war. Ich hatte seit Jahren nicht mehr Schach gespielt und war nie eine besonders gute Spielerin gewesen. Es dauerte nicht lange, bis mir das Schachmatt drohte, aber dann machte ich plötzlich auch ein paar gute Züge, Battur leistete sich ein paar Schnitzer, und ich konnte seinen König in die Ecke drängen. Obwohl er verloren hatte, wollte er noch einmal spielen. Er hatte bald nur noch seine Königin und ein paar Bauern, ich hingegen noch meine Königin, einen Turm und einen Springer, und ich wunderte mich, wie gelassen der Zehnjährige seine sichere Niederlage hinnahm, als er mich plötzlich schachmatt setzte. Ohne im Mindesten zu triumphieren, strahlte Battur mich mit seinem unwiderstehlichen Lächeln über das Brett hinweg an. Erst jetzt dämmerte es mir, dass man ihn vielleicht ermahnt hatte, den Gast das erste Spiel gewinnen zu lassen. Ich schlug ihn jedenfalls nie wieder.

Der Unterricht in der Schule war leicht. Bei den Lehrern – ich unterrichtete Agvantseren, seine Tochter Bayarjargal und Enkhtuya – war es komplizierter. Ich war der Meinung, dass sie am meisten von mir profitieren würden, wenn ich ihnen die Gelegenheit gab, amerikanisches Englisch zu hören und zu praktizieren, weshalb ich einfach ein Gespräch in Gang zu bringen versuchte. Aber ich hätte es besser wissen müssen; ich brauchte nur an meine französischen Konversationskurse zu Hause zu denken. »Einfach reden«, das war leichter gesagt als getan. Wenn ich Englisch mit Enkhtuya redete, antwortete sie auf Russisch, oder wenn sie mich nicht verstanden hatte, schaute sie Agvantseren an und wartete darauf, dass er ihr meine Worte übersetzte. Bayarjargal verkroch sich still in ihrer Bank; sie genierte sich in Gegenwart ihres redseligen Vaters, war aber zugleich von dem Wunsch erfüllt, ihm zu zeigen, was sie konnte. Die Frauen lernten Englisch, weil es praktisch war und weil es ihnen beruflich weiterhelfen würde. Agvantseren hingegen lernte Englisch aus reinem Wissensdurst. Er war Autodidakt, hatte sich sein Englisch von A bis Z selber beigebracht. Er lernte, weil es ihm Spaß machte. Und er war gut. »Ich will nur Zeitung lesen und Radio hören können, aber die Mädchen möchten Englisch unterrichten, deshalb sollten Sie sich auf das konzentrieren, was sie brauchen werden«, sagte er und riss sofort das Gespräch an sich, mit einem Lerneifer, den er zweifellos bereits als Schüler und Student an den Tag gelegt hatte.

»Was machen Sie gestern Abend?«, fragte er mich; er wusste besser als ich, wie man eine Unterrichtsstunde in Gang bringt. »Was *haben* Sie gestern Abend *gemacht*?«, korrigierte ich ihn.

»Was haben Sie gestern Abend gemacht?«

»Gestern Abend habe ich gegessen und viele Besucher empfangen. Was haben Sie gestern Abend gemacht?«

»Gestern Abend ... esse ich?«

»*Habe* ich *gegessen*. Heute esse ich. Gestern habe ich gegessen.«

»Gegessen. Gestern habe ich gegessen und fernsehen.«

»Fern*ge*sehen.«

»Enkhtuya, was hast du gestern Abend gemacht?«, fragte ich.

143

»Gestern Abend habe ich … gegessen und ferngesehen«, plapperte sie Agvantserens Satz nach, obwohl sie keinen Fernseher zu Hause hatte.

»Wer hat das Essen gekocht?«, fragte ich. Sie blinzelte und drehte sich zu Agvantseren um.

»Kochen«, sagte ich schnell, bevor sie eine Übersetzung von ihm geliefert bekam. Ich mimte Schneiden und Rühren.

»Ich«, flüsterte sie zögernd.

»Du hast das Essen gekocht?«

Sie nickte.

»Wer hat das Essen gekocht?«

»Ich?«

»Ich habe das Essen gekocht.«

»Ja.«

»Ich habe das Essen gekocht. Sag den ganzen Satz.«

»Oh. Ja. Ich habe das Essen gekocht.«

»Bayarjargal, was machst du heute Abend?«

»Heute Abend … werde? ich das Essen kochen und fernsehen.«

Es war Sonntagmorgen, der einzige Tag, an dem ich keinen Unterricht geben musste. Ich riss die Tür auf, um die frühlingshaft warme Sonne hereinzulassen, und machte mich daran, meine Wohnkugel zu putzen. Der Alltag in einem Ger ist straff durchorganisiert. Ich gab mir Mühe, dieselbe penible Ordnungsliebe an den Tag zu legen, die das Leben auf so engem Raum überhaupt erst erträglich macht. Außer in den drei großen Städten gab es nirgends Mülltonnen in der Mongolei, weil es keinen Müll gab, weil es keine Verpackungen gab. Nur die importierten chinesischen Süßigkeiten waren abgepackt. Die Mongolen warfen die Hüllen achtlos in die unberührte Steppe, obwohl sie doch so stolz auf die Unverdorbenheit und Reinheit ihres Landes waren. Sie konnten sich noch nicht vorstellen, wie aus ein paar harmlosen Wachspapierhüllen die stinkenden Müllberge der Industrieländer anwachsen konnten. Teeblätter wurden einfach ausgespuckt und Zigarettenkippen am Abend vor den Ofen geworfen, aber am nächsten Morgen wurde alles zusammengefegt und ins Feuer gekippt. Das Geschirr wurde abgewaschen, die Betten schnell in Sitzgelegenheiten zurückverwandelt.

Ich war gerade mit Fegen beschäftigt, als der Hausmeister auftauchte, wie er es mehrmals am Tag machte, um nach mir zu sehen. Ich hatte an diesem Morgen noch nicht meine übliche Thermoskanne Tee geliefert bekommen, und so servierte ich ihm Kamillen-Pfefferminz-Tee, mit zwei Teebeuteln aus Seattle zubereitet. »Amerikanischer Tee«, sagte ich lachend, als er höflich daran nippte. Es schmeckte für ihn genauso wenig nach Tee wie für mich anfangs das salzige mongolische Gebräu, das man mir vorsetzte. Ein paar Stunden später kam er wieder, um mir zu sagen, dass das Mittagessen fertig sei. Am anderen Ende des Hofs, in der Schulkantine, lagen die wolligen schwarzen Beine des Tieres, das mittlerweile im Kochtopf brodelte, im Küchenflur herum. Drinnen verschlang ein riesiger Ofen dicke Holzscheite, während das Essen der Schüler in meterbreiten *togoos* kochte. Wir setzten uns hinter den Ofen an einen kleinen Tisch. Mir wurde ein Schälchen Tee in die Hand gedrückt. Der Tee war ohne Salz gekocht worden.

Der Hausmeister und die Köchin starrten mich erwartungsvoll an.

»Kein Salz?«, fragte ich.

»Kein Salz«, bestätigten sie und nickten stolz. »Wie Ihr amerikanischer Tee. Ist es gut so?«

Mongolischer Tee ohne Salz ist bitteres, gefärbtes Wasser. Sie nippten an ihren Schalen, und ihre Gesichter verrieten mir, dass sie es genauso scheußlich fanden wie ich. Wenn ich jetzt höflich war und sagte, dass es gut schmeckte, würde ich einen ganzen Monat lang diese fade braune Brühe trinken müssen. »Amerikanischer Tee mit Salz ist schlecht«, sagte ich. »Mongolischer Tee mit Salz ist gut. Ich mag mongolischen Tee. Ich mag mongolischen Tee mit Salz. Mongolischer Tee ohne Salz ist schlecht«, betonte ich noch einmal, und es gelang mir, meine Erklärung in beinahe grammatikalisch korrektem Mongolisch abzugeben. Wir schauten einander an. Die Köchin griff in eine Tüte und packte eine Faust voll Salz. Grinsend und schwungvoll schleuderte sie es in den dampfenden Teekessel, dann brachen wir alle in Gelächter aus. Wir kippten einmütig unsere Teeschalen aus und füllten sie mit dem würzigen Salzgebräu.

Nach dem Mittagessen ging ich spazieren. Ich folgte dem Fluss aus dem Dorf hinaus und fand einen Pfad, der über den Kamm der blassgrünen Hügel führte. Einige Gers lagen verstreut am Flussufer. Ein Kind und eine gebückte alte Frau gingen von einem Fellzelt ins andere. Yaks grasten auf den Hängen. Irgendwo bellte ein Hund. Ich stieg einen kleinen Felsausläufer hinauf und schaute auf Arshaant hinunter. Agvantseren behauptete, das Dorf habe 3000 Einwohner. Ich zählte ungefähr 200 Behausungen; selbst wenn man fünf oder sechs Personen pro Haushalt rechnete, kam ich auf höchstens 1200 Einwohner.

Plötzlich schallten laute »Erika«-Rufe vom Tal unten herauf. Vier kleine Gestalten kamen den Fluss heraufgerannt, wild mit den Armen fuchtelnd und meinen Namen rufend. Eine der Gestalten schwenkte ihre rote Jacke wie eine Flagge. Ich winkte zurück und setzte mich hin, um auf sie zu warten. Die Mädchen platschten durch den Fluss und stürzten geradewegs den Hang herauf. Buyanjargal, Tüvshinjargal und zwei ihrer Freundinnen ließen sich keuchend und lachend um mich herum ins Gras fallen. Sie zogen ihre durchgeweichten Schuhe von den Füßen, wrangen ihre Socken aus, dann gingen wir zusammen den Pfad entlang. Die Elfjährigen stritten sich, wer von ihnen auf dem schmalen Weg meine Hand halten durfte. Der Pfad wurde breiter, aber Buyanjargal ging so dicht neben mir, dass unsere Schultern aneinander streiften.

Amerikaner stehen einen Meter auseinander, wenn sie sich unterhalten, und reden mit lauter Stimme. Sie umarmen sich zwar zur Begrüßung und zum Abschied, aber sie achten auch sorgfältig darauf, dass sie in einer Fahrkarten-Schlange nicht mit einem Fremden in Berührung kommen. In der Mongolei hingegen ist man ständig auf Tuchfühlung mit anderen. Die Leute stoßen und drängeln und drücken sich aneinander. Aber ausgesprochene Zärtlichkeiten sind selten. Nur ein oder zweimal habe ich erlebt, dass sich eine warme Wange zur Begrüßung oder zum Abschied an meine schmiegte. Amerikanische Kinder haben ein eigenes Zimmer mit Fernseher, Computer und Telefon. Mongolische Familien leben in einem einzigen Raum zusammen und schlafen alle in einem Bett. Eine Privatsphäre im westlichen Sinn gibt es nicht. Wann immer ich mein Tagebuch aufschlug, zog es mir jemand unter meinem Füllhalter weg, um darin zu blättern. Eines Abends hatte mir Bolormaa Karten und Briefe ihres Geliebten in Russland gezeigt. Ich hatte über die Bilder auf den Karten gelächelt und ihr die Briefe zurückgegeben, ohne sie zu lesen. Bolormaa hatte den Kopf geschüttelt und darauf bestanden, dass ich lesen sollte, was ihr Geliebter geschrieben hatte. Als Buyanjargal jetzt in einem Kauderwelsch aus Russisch und Mongolisch auf mich einschnatterte, ihr Gesicht so dicht an meinem, dass ich ihren Atem in meinem Ohr spüren konnte, kämpfte ich gegen meine amerikanischen Berührungsängste an, fühlte mich aber regelrecht bedrängt in dem weiten, luftigen Tal. In Buyanjargals Augen funkelte das Verlangen die Welt zu kosten. Sie war intelligent und wissensdurstig. Aber sie war auch eine fordernde, besitzergreifende kleine Wichtigtuerin, die unbedingt ihren Kopf durchsetzen wollte. So wie ich selber in dem Alter.

Wir tranken aus einer klaren, kalten Quelle und ließen uns auf eine idyllische Wiese fallen, unter einem Himmel, der keinen Smog kannte. Als das Tageslicht zu schwinden begann, kehrten wir ins Dorf zurück. Die Kinder sangen beim Gehen. Buyanjargal blieb stehen, um ein Gedicht vorzutragen. Dann führten mir die Mädchen alle zusammen einen mongolischen Tanz vor. In ihren nassen Schuhen und Socken, vom milden Abendlicht dieses Tales beschienen, das sich in Jahrhunderten nicht verändert hatte, tanzten und sangen die Kinder auf der steinigen, staubigen Straße. Das hier war eine Welt, in der kleine Mädchen am Sonntagnachmittag einfach in der Gegend herumstreunen konnten, ohne dass man ihnen vorher tausendmal einschärfen musste, sich auf der Straße nur ja in Acht zu nehmen. Vielleicht war es gar kein so schlechter Tausch, ohne sanitäre Anlagen, dafür aber ohne Angst zu leben.

»Thirteen!«

Ich entwickelte rasch einen ganz neuen Respekt gegenüber dem Lehrerberuf, seit ich am eigenen Leib erfahren hatte, wie viel Kraft das Unterrichten kostet. Wenn ich zwei Klassen hintereinander unterrichtet hatte, war ich völlig ausgelaugt.

»Eins.« Ich hielt meinen Finger hoch. »Zwei.«

»Eins«, wiederholten die Schüler in einem holprigen Chor. »Zwei. Drei. Vier …«

Ich hielt acht Finger hoch und zeigte auf Baasanjavs Sohn.

»Acht«, quiekte jemand von der anderen Seite des Raums.

»Acht«, echote der kleine Junge und grinste mich an. Baasanjavs Sohn Batbar und Buyanjargals Bruder Battur waren liebenswerte Zehnjährige mit schelmisch funkelnden Augen. »Sie wissen noch gar nicht, was Lernen heißt«, gab Baasanjav zu, »aber es wird ihnen gut tun, wenn sie mit dabei sind.« Also saßen sie mit in der Klasse, und ich bemühte mich, sie in den Unterricht mit einzubeziehen. Ich schaute zu Enkhjargal hinüber und legte einen Finger an meine Lippen, dann stellte ich mich vor Nomonjargal, einen intelligenten Zwölfjährigen mit einem schmalen Gesicht und einem verschmitzten Lächeln, und hielt vier Finger in die Höhe. Nomonjargal, der allmählich ins aufmüpfige Alter kam, spielte sich auf. Er tat so, als ob ihn das alles nichts anginge, und lachte überlaut, gab aber die richtige Antwort. »Vier«, bellte er.

»2 + 3«, schrieb ich an die Tafel und zeigte auf Bat-Ölzii.

»Fünf.«

»Sehr gut.«

»8 − 2 =«

148

»Sechs!«, quiekte es wieder aus der Ecke. Enkhjargals Eifer war fast nicht zu bremsen. Nur wenn sie sich ganz besonders anstrengte, brachte sie genug Disziplin auf, um ihre Antworten für sich zu behalten.

Die Schüler der Gruppen II und III, die ein paar Jahre älter und entsprechend weiter waren, kamen schneller voran als Gruppe I. Sie lernten in null Komma nix die Zahlen von eins bis zehn und machten dann mühelos bis zwanzig weiter. Ich hatte viele hundert Stunden Anfängerunterricht mitgemacht, aber noch nie als Lehrerin. Ich entwickelte meine Unterrichtsmethoden Schritt für Schritt und anhand der Erfahrungen, die ich machte. Ich ließ die Plus- und Minuszeichen an der Tafel stehen und zeigte beim Sprechen darauf, aber ich schrieb keine Zahlen mehr. Ich wollte, dass die Kinder gezwungen waren, auf das zu hören, was ich sagte. Ich wollte, dass die fremden Laute in ihren Köpfen lebendig wurden.

»Zwölf plus eins ist…«

Tsengüünjargal hob die Hand, riss sie aber gleich wieder herunter, als ihr bewusst wurde, was sie sich da eingebrockt hatte. Bis wir zu »dreiunddreißig« kamen, war »thirteen« das schwierigste, unaussprechlichste Wort für die Kinder. Ich packte meine Zunge mit den Fingern: »th-th-th.« Fünfzehn Kinder brachen in Gelächter aus. Sie wussten nicht, wo sie hinschauen sollten. Ihre Lehrerin hielt sich die Zunge und blies durch die Zähne. So etwas gehörte sich nicht für einen Lehrer. Aber ich stand hier vor den klügsten, schnellsten Schülern des Dorfs. Sie wanden sich und wurden rot, doch dann stürzten sie sich mit Feuereifer auf die Aufgabe. Sie packten ihre Zungen: »Th-th-th. Th-th-th.«

»Thteen.«

»Thriteen.«

»Thirteen.«

Wäre ich von Ulan Bator mit dem Fahrrad nach Süden gefahren, statt im Flugzeug nach Westen zu reisen, dann wäre ich fast schon in China gewesen. Doch wenn ich mir diese Kinder ansah, wurde mir bewusst, dass keine durchgezogene Linie der Welt mir jemals so viel Genugtuung verschaffen konnte wie die unverdorbene Lebendigkeit dieser jungen Gesichter, als sie jetzt triumphierend ihr »Thirteen« hinausbrüllten. Ich spürte das Vertrauen und die Begeisterung in den schwarzen Augen wie den Herzschlag eines Vogels in meiner Hand, eines kräftigen Vogeljungen, das fest daran glaubte, ich könne ihm das Fliegen beibringen. Ich lauschte auf den Chor ihrer Stimmen, die jetzt eifrig und mühelos bis zwanzig zählten. Ich konnte es kaum fassen, dass ich an diesem magischen Ort gelandet war.

Das Morgenlicht schimmerte in einem zarten, durchsichtigen Korallenrot, als ich den Schulhof überquerte. Das Dorf, das sich still in sein Tal schmiegte, sah aus, als schlafe es noch, wären da nicht die dünnen Rauchfahnen gewesen, die sich aus den Schornsteinen emporringelten. Ich brauchte nur den Ofen anzufeuern, bevor ich zum Klohäuschen hinüberstapfte, dann würde der scharfe Eishauch aus meinem Ger verschwunden sein, wenn ich zurückkam. Ich warf eine Scheibe Brot zum Toasten auf den Ofen, dann legte ich ein bisschen Öröm obendrauf, das wie ein großes Stück Butter tief in das Brot hineinschmolz. Ich hatte meine Morgenrituale lieben gelernt. Die kurze Stunde vor Sonnenaufgang war die einzige Zeit, in der ich garantiert ungestört war. Ich schenkte mir eine Tasse salzigen Tee ein und schrieb oder bereitete meine Unterrichtsstunden vor, bis der erste unvermeidliche Besucher offiziell meinen Tag einläutete.

Die Tür ging einen Spaltbreit auf. »Hello«, sagte ich. »Sain baina uu? Hello.«

»Chello«, brachte einer von ihnen hervor. Der Rest der Gruppe brach in hysterisches Gelächter aus.

»Sain, sain.« Ich nickte nachdrücklich. »Good. Good. Hello.«

»Gello!«, platzte ein anderer heraus. »Gello!«

Eine Gruppe von acht- bis zehnjährigen Jungen hatte mich »entdeckt« und platzte jeden Morgen auf dem Weg zum Unterricht bei mir herein. Einer von ihnen, »der Frosch«, wie ich ihn insgeheim nannte, ein kleiner Junge in einer dunkelblauen Kordhose und mit

150

hervorquellenden Augen, führte sich auf, als ob er bei mir zu Hause wäre. Er setzte sich mit stolz geblähter Brust auf mein Bett, während die anderen ihn ehrfürchtig anstarrten. »*Hello*«, sagte er. »*Hello, hello, hello. Hello, hello.*« Ein anderer, den ich »Bully« nannte, ein großer, stämmiger Kerl, stand immer ganz vorne in der Gruppe und bellte Sätze in einer selbst erfundenen, gutturalen Sprache. Da ich seine Muttersprache nicht beherrschte und er mich ebenfalls nicht verstand, hatte er eine andere Sprachebene erfunden, auf der wir uns treffen konnten.

Schließlich war da noch Erdenedalai, ein kluger Neunjähriger, der lila angezogen war. Er kam zuerst mit der Gruppe, später allein. Er stand in der Tür, nicht schüchtern oder ängstlich, nur höflich, bis ich auf einen Stuhl oder einen Tisch zeigte. Dann setzte er sich mir gegenüber, ganz still, mit klugen, klaren Augen, und zeigte auf verschiedene Gegenstände im Ger. Ein knappes Nicken war die Antwort, wenn ich ihm nacheinander die englischen Namen sagte. Er versuchte nie, die englischen Laute zu wiederholen, sondern sprach mir sorgfältig den Namen des betreffenden Gegenstands auf Mongolisch vor und korrigierte dann geduldig meine Aussprache. Im Gegensatz zu Bully hatte Erdenedalai sofort begriffen, dass unsere beiden Sprachen kompatibel waren, dass wir, wenn wir einander die Schlüssel dazu lieferten, die Bedeutung der fremden Laute entziffern konnten. Er redete langsam und sorgfältig, wobei er mich genau beobachtete und jedes Wort, auf das ich mit ratlosem Stirnrunzeln reagierte, sofort wiederholte, zeichnete oder überdeutlich mimte.

Eines Tages kam der eigenwillige kleine Junge, um mir zu erzählen, dass ein Lastwagen in der Stadt sei, der Äpfel für fünfzig Tögrög das Stück verkaufte. Er trat ein, setzte sich an den Tisch, und mit unseren wenigen gemeinsamen Wörtern erklärte er alles, was ich wissen musste. Bis ich hinkam, waren die Äpfel allerdings ausverkauft, aber ich nahm die Gelegenheit wahr, um in der Hauptstraße einkaufen zu gehen. Normalerweise hasse ich Einkaufen. Ein Nachmittag in einem Kaufhaus ist für mich kein Vergnügen. In Ars-

151

haant allerdings wurde mir das Ladendurchstöbern schnell zur Gewohnheit und ein netter Zeitvertreib dazu. In einem Land, in dem die Versorgungslage bestenfalls prekär ist, kauft man, was man bekommen kann, und nicht, was man gerade braucht. Da es nur wenige Läden gibt und die Vorräte ziemlich unberechenbar sind, lohnt es sich, in jede offene Tür einzutreten. Außerdem stöberte ich gern in den Ladenregalen, weil es eine der wenigen Ablenkungen war, die es in dem verschlafenen Dorf gab. Mein Vorrat an Kerzen und Streichhölzern wurde langsam knapp. Je kürzer die Tage, desto länger wurden die Stunden zwischen Sonnenuntergang und sieben Uhr, der Zeit, zu der der Strom normalerweise angestellt wurde. Im ersten Laden, der hauptsächlich Mathematikbücher auf billigem Papier und Kohlköpfe vorrätig hatte, erspähte ich einen großen Jutesack mit pudrigen weißen Knollen, die etwa so groß und knotig wie Ingwerwurzeln waren.

»Was ist das?«, fragte ich.

Die Ladenbesitzerin erklärte es mir. Ihre Antwort war ein Schwall von unverständlichen Lauten.

»Zum Essen?«, fragte ich.

Sie lachte und reichte mir eine Knolle. Sie schmeckte so ähnlich wie eine in Puderzucker gewälzte getrocknete Feige. Es war eine Frucht. Ich kaufte ein halbes Kilo. Aber Kerzen oder Streichhölzer hatte sie nicht. Im nächsten Laden stand auf einem Regal unter mehreren Ballen farbenprächtigen Deel-Stoffs ein großer Karton mit weißen Kerzen. Ich kannte das Wort für Kerze. Ich wusste sogar das Wort für Streichhölzer, aber es gab keine Streichhölzer. Der einzige andere Laden, der an diesem Tag offen hatte, lag versteckt in der Ecke eines verlassenen Fabrikhofs. Auf seinen dunklen Regalen waren drei oder vier Blechtöpfe und -pfannen zur Schau gestellt, ein Kessel, ein Dutzend Flaschen mit importiertem Whiskey, ein Sack Kartoffeln und ein kleiner Haufen Streichholzschachteln.

Auf dem Heimweg von diesem überraschend erfolgreichen Einkaufsbummel schaute ich bei den Nachbarn rein und fragte, ob sie mir eine Axt borgen könnten. Mein Stapel Anfeuerholz war fast aufgebraucht. Der kleine Sohn der Nachbarn war allein zu Hause, aber ich kannte das Wort für »Axt«. Er zeigte mir die Stelle, wo sie an der Wand lehnte. Dann zeigte er mir seinen neuen Hund, einen süßen Welpen, der mir prompt nach Hause nachlief. Ich hatte kaum meinen ersten Hieb geführt, als der Vater des kleinen Jungen bei mir auftauchte. Ich weiß nicht, was ihn mehr aufregte, die Axt in meinen Händen oder der kleine Hund in meinem Ger. Jedenfalls beförderte er das arme Tier mit einem Fußtritt hinaus, nahm die Axt und hackte in Sekundenschnelle einen dicken Holzprügel klein. Es sollte Wochen dauern, bis er mir glaubte, dass ich in der Lage war, selber Holz zu spalten. Kaum eine Stunde später tauchte Agvantseren bei mir auf. Neuigkeiten verbreiteten sich wie ein Lauffeuer in diesem Dorf. Er wisse, dass Europäer ganz vernarrt in Hunde seien, fing er an, aber der kleine Welpe sei vielleicht schmutzig oder krank, und er rate mir dringend, ihn nicht in mein Ger hineinzulassen. Soweit ich sehen konnte, war das kleine, pummelige Hundemädchen jedoch kerngesund, weshalb ich sie weiterhin zu mir hereinließ und ihr das Hammelfett zu fressen gab, das ich sonst mit schlechtem Gewissen in den Ofen warf, denn ich wusste, dass alle anderen im Dorf sich die Finger danach lecken würden.

An einem stürmischen Tag mit wild dahinjagenden grauen Wolken wirbelte der Wind ganze Staubsäulen durch das Dorf, das so leer gefegt war, als ob die Leute vor einer Schießerei in ihre Häuser geflüchtet seien. Drei Reiter trotteten Seite an Seite eine leere Straße entlang, schattenhafte Gestalten in einer braunen Wolke. Nur die Steppenläufer fehlten noch. Gerlee kam an diesem Abend mit ein paar Freunden im Schlepptau vorbei. »Im Club ist heute ein Tanz«, sagte sie. »Möchtest du mit uns kommen?« Keine Straßenlampe erleuchtete uns den Weg. Der Mond war hinter Wolken verborgen. Daher verließen wir uns auf unser Gedächtnis und orientierten uns in der Dunkelheit an dem Echo anderer Stimmen. In Mäntel und Schals gehüllt, standen die Leute dicht gedrängt an der Wand eines engen Holzsaals. Zwei Öfen bullerten vergeblich gegen die eisige

Kälte an. Die Jungen gingen auf die Mädchen zu, ohne ihnen in die Augen zu sehen, und streckten eine Hand aus. Starr aneinander vorbeiblickend, tanzten die Paare, bis das Lied zu Ende war, dann stürzten sie getrennt zur Wand zurück.

Nach einer Weile legte der Mann, der die wenigen, zerkratzten Kassetten unter sich hatte, eine elektronische Madonna-Imitation ein. Ein paar junge Männer um die zwanzig – darunter zwei mit der unvermeidlichen Kunstlederjacke und dem großspurigen Gehabe, das sie sich bei einem Besuch in der Stadt abgeschaut hatten – stampften in hartem Rhythmus dazu, so dass der ganze Fußboden wackelte. Tanzen kannten sie vielleicht vom Fernsehen, hatten aber bestimmt nicht oft die Gelegenheit, sich selber zu produzieren. Ich stellte mich in ihren Kreis in die Mitte des Saals. Gerlee, die es kaum fassen konnte, dass ich die walzerartigen mongolischen Tänze nicht kannte, schaute mit großen Augen zu. Ich konnte nicht Holz hacken. Ich konnte keine Kuh melken. Aber tanzen konnte ich, soweit sie es beurteilen konnte. Hinterher schaute sie mich mit neu erwachtem Respekt an und schüttelte den Kopf: »Das könnte ich nie.«

An manchen Tagen war das Unterrichten geradezu spannend. Eines Nachmittags beschloss ich den Unterricht nach draußen zu verlegen. Gruppe II folgte mir in den Hof hinaus. »Das hier ist ein Baum«, sagte ich und ließ meine Hand über einen dünnen, verkümmerten Stamm am Rand des Schulhofs hinuntergleiten. »Was ist das?«

»Das hier ist ein Baum«, kam eine Stimme aus den hinteren Reihen.

Ich ging zu Otgontuya hinüber und zeigte auf die kahlen Äste. »Das dort ist ein Baum. Was ist das?«

»Das dort ist ein Baum«, sagte sie und grinste triumphierend.

Ich zog sie die zwei Schritte zu dem Baum hinüber, legte ihre Hand auf den Stamm und ging weg. »Was ist das?«

Sie blinzelte angestrengt. »Das hier ist ein Baum.«

»Ja, sehr gut.«

Weiße Flocken segelten jetzt vom Himmel herunter. »Was ist das hier?« Enkhtsetseg streckte eine Hand aus, und der weiße Flausch in ihrer Hand verwandelte sich in Wasser.

»Das hier ist Schnee.«

»Was ist das dort?«, fragte ein anderer Schüler und zeigte auf ein Pferd jenseits des Hofs.

»Was ist…«

»Was ist… das dort?«

»Das dort ist ein Pferd. Was ist das?«

»Das dort ist ein Pferd.«

Plötzlich grapschte und zeigte die ganze Rasselbande auf alles, was in Sichtweite war. »Was ist das hier? Was ist das dort?« Kuh, Schule, Stein, Zaun, Schaf. Auf lange Sicht würden die wenigsten von ihnen mehr als ein paar der neuen Wörter behalten, und ihre Begeisterung rührte größtenteils von der Sensation her, dass ein Lehrer mit der Klasse ins Freie gegangen war. Aber trotzdem hatte ich das Gefühl, dass sie etwas begriffen hatten, so wie Helen Keller*, als sie plötzlich erkannte, dass die Symbole, die in ihre Handfläche gezeichnet wurden, etwas *bedeuteten*, dass sie damit die Gegenstände und Gefühle in der Welt um sie herum benennen konnte. Es war der entscheidende Augenblick beim Erlernen einer Sprache: wenn das neue Wort plötzlich auf einen Gegenstand passt und nicht einfach nur dem alten Wort übergestülpt wird. Englisch war auf einmal keine bloße Schulaufgabe mehr, keine Übersetzung aus dem Mongolischen, sondern eine ganz neue und eigene Art, die Welt zu interpretieren.

Es schneite immer heftiger. Wir gingen zurück in mein Ger. Chuluunbaatar, ein drahtiger, schlaksiger Fünfzehnjähriger, der sich regelrecht wand vor Verlegenheit, ob er nun die richtige Antwort wusste oder nicht, brachte rasch ein Feuer in Gang, während wir »Bett, Tisch, Streichholz, Ofen, Kerze« lernten. Otgontuya packte

---

* Helen Keller, blinde und taubstumme amerikanische Schriftstellerin, gest. 1968 (Anm. d. Red.)

den Ärmel ihres Deels: »Was ist das hier?« »Ein Deel«, erwiderte ich lachend. »Es gibt keine Deels in Amerika.« Das Holz knackte und knisterte im Ofen. Die Augen der Schüler leuchteten in dem trüben Licht und fröhliches Gelächter erfüllte meine Fellkugel. Ich mimte Pferde. Ich mimte Kühe und Schafe. Die Kinder lachten, tobten und lernten und blieben länger, als ihre Schulstunde gedauert hätte. Ich kam zu spät zum Lehrerunterricht.

»Waren Sie schon in Ulan Bator?«

»Ja, ich war schon in Ulan Bator.«

»Waren Sie schon in Moskau?«

»Nein, ich war noch nie in Moskau.«

»Hast du schon mal einen Hamburger gegessen?«

Enkhtuya starrte mich einen Augenblick verständnislos an, dann schaute sie prompt zu Agvantseren hinüber.

»Weißt du, was ein Hamburger ist?«, fragte ich rasch.

»Nein?« Sie schüttelte nervös den Kopf, als ob sie damit etwas Falsches gesagt haben könnte. Es gibt unzählige Menschen auf der Welt, die noch nie etwas von einem Hamburger gehört haben, obwohl mir persönlich nicht viele begegnet sind. »Den ganzen Satz«, sagte ich. Und es machte mich unendlich glücklich, als ich sie sagen hörte: »Ich weiß nicht, was ein Hamburger ist.«

Bis der Unterricht zu Ende war, war alles tief verschneit. Die Lehrer machten sich Sorgen, dass es mir in meinem Ger zu kalt sein würde, und schließlich lud mich Enkhtuya zu sich nach Hause ein. Ihre Mutter war in Mörön. Ihr Vater saß auf einem niedrigen Hocker und reinigte sein Gewehr, während Enkhtuya Buuz zubereitete und meine Hilfe kategorisch ablehnte. Der Rücken des alten Mannes war gebeugt, und seine runzligen Finger zitterten leicht beim Arbeiten, aber er war noch immer ein großer, kraftvoller Mann. Er wollte am nächsten Morgen auf die Wildschweinjagd gehen. Ein belustigtes Lächeln trat in seine klaren Augen, als ich mich unbeholfen auf Mongolisch zu verständigen versuchte, und als ich seine Tochter zwang, im Gegenzug einen Satz auf Englisch zu riskieren, strahlte er regelrecht.

Enkhtuya hatte, vielleicht um ihr rollendes mongolisches »r« abzumildern, die schlechte Angewohnheit angenommen, ihren Unterkiefer nach der Seite zu verziehen, wenn sie Englisch redete, wodurch ihre Aussprache undeutlich und falsch klang. Nach dem Abendessen setzte ich sie vor einen Spiegel, damit sie es selber sehen konnte. Ich machte ihr mein weiches amerikanisches »r« vor. Ich zeigte ihr, dass mein Unterkiefer in einer Linie mit dem Oberkiefer blieb. »Are.« Sie versuchte mich nachzuahmen. »Car.« Sie versuchte es noch einmal. »Parade.« Ihr Kinn driftete nach links ab. »Flower.« Wir fingen an zu kichern. »Horse.« Wir kicherten weiter. »Married.« Enkhtuya wälzte sich vor Lachen auf dem Boden, ihre verkrampfte Haltung hatte sich mit dem unwillkürlichen Verschieben des Kiefers gelöst. Wir saßen lachend vor dem Spiegel und übten und übten, bis sie endlich, das Kinn zwischen den Händen haltend, einen ganzen Schwall von klaren, weichen »rs« zu Stande brachte. »The car and the horse are in the parade…«

Wir lachten immer noch, als ein paar Freunde zum Dominospielen hereinschneiten. Ich hatte als Kind ein Dominospiel besessen, aber nie etwas anderes damit gemacht, als die Steine in Reih und Glied aufzustellen und dann umzuwerfen. Ich hatte das Spiel nie richtig gespielt. Alle zeigten mir bereitwillig, welchen Stein ich verschieben durfte und welchen nicht, aber niemand erklärte mir die Regeln, und meine Gastgeber waren auch nicht besonders geduldig mit mir, wenn ich zögerte oder überlegte. Das war nur scheinbar ein Widerspruch, etwas, das ich auch im Zusammenhang mit Greene beobachtet hatte: Alle zeigten sich immer sehr besorgt um das Fahrrad und nahmen es nachts oft mit ins Haus herein, aber niemand ging besonders sorgsam damit um. Die Leute zerrten und stocherten an allem, was sich bewegte oder so aussah, als könne es sich bewegen. Ich verstand einfach nicht, dass materielle Güter, die hier so teuer und so schwer zu beschaffen waren, nicht mit größerer Sorgfalt behandelt wurden. Aber in der Mongolei kann man nichts gebrauchen, das verhätschelt und umsorgt werden muss. Hier muss jeder einstecken, was das Leben ihm austeilt. Die Menschen müssen so robust und ausdauernd sein wie ihre Tiere und ihre Besitztümer. Solange ich nicht spielen lernte, würde ich eben verlieren.

Enkthuyas Vater stand lange vor Tagesanbruch auf. Ich studierte sein verschrumpeltes, ledriges Gesicht, als er Tee im Kerzenschein trank, und döste wieder ein, bevor ich ihn hinausgehen hörte. Ich habe nie einen kränklichen oder bettlägerigen Menschen in der Mongolei gesehen. Starben sie alle ganz plötzlich und ohne Übergang – zwar gebeugt und runzlig, aber noch kräftig und rüstig? Ich dachte an meine eigene Großmutter, die jahrelang krank und gebrechlich in einem Pflegeheim gelegen hatte, und fragte, ob das auch in der Mongolei bei alten Menschen so sei. »Oh, ja«, versicherte Enkhtuya, »viele alte Menschen liegen tagelang im Bett, bevor sie sterben.«

Tüvshinjargal berührte mit ihrer Stirn den Stein des kleinen weißen Tempels. Wie Katya jenseits der Grenze im Norden war das kleine mongolische Mädchen mit den vom Wind geröteten Wangen und den dünnen Zöpfen gerade rechtzeitig geboren, um ohne die Ängste und Verbote eines totalitären Staates aufzuwachsen. Ich war auf dem Weg zu Agvantseren gewesen, um mir etwas zu lesen von ihm zu borgen. Aber der Himmel war leuchtend blau, der Schnee zum großen Teil geschmolzen, ein idealer Tag zum Wandern, und so machte ich einen Umweg. Hinter Gerlees Behausung war ein weißer Fleck zu erkennen, und aus Neugier lenkte ich meine Schritte in diese Richtung. Als ich an Gerlees Hof vorüberging, kam Tüvshinjargal herausgerannt und begleitete mich. Wir waren zusammen den Hügel hinaufgewandert. Ich gab ihr einen Tögrög-Schein, den sie unter einen Stein schob, bevor sie dreimal um das Gebäude herumging, ein Ritual, das Kinder in ihrem Alter nie als Verbrechen anzusehen gelernt hatten.

Dann drängte mich Tüvshinjargal, mit ihr nach Hause zu kommen. Nachdem ich die unvermeidliche Schale rasch zubereiteten Guriltai Shuls getrunken hatte, stand ich auf, um zu gehen. Gerlee begleitete mich. So wie man in Amerika Essengäste die Einfahrt hinunter bis zu ihrem Wagen bringt, ging sie ein kleines Stück mit mir die Straße entlang. »Wohin gehst du?«, fragte sie mich verwirrt, als ich Anstalten machte, den Hügel hinaufzusteigen. Ich war immer noch auf dem Weg zu Agvantseren, aber mehr noch als das Buch lockte mich der Aufstieg auf den Felsenkamm über uns, weil ich ein bisschen ins Schwitzen kommen und meine eingerosteten Muskeln trainieren wollte. Ich aß zweimal am Tag Hammel und ging selten weiter als über den Schulhof oder zu Gerlee oder zu Enkhtuya hinauf (wo ich noch mehr Hammelfleisch verdrückte), und das war fast genauso strapaziös für meinen Körper, der mittlerweile an tägliches Radfahren gewöhnt war. So wie einst das Radfahren, als ich noch völlig untrainiert war und mich höchstens bis zum Auto bewegte, um in den Buchladen zu fahren. Es war ein Gefühl, als ob sich jeder einzelne Muskel in meinem Körper in Brei verwandelte. Ich konnte Gerlee erklären, wohin ich gehen wollte. Ich konnte es ihr zeigen. Aber ich konnte ihr niemals begreiflich machen, warum.

»Ich weiß nicht«, erwiderte ich, weil ich nicht wusste, was auf Mongolisch »ein paar Schritte gehen, mich umschauen, mir ein bisschen Bewegung verschaffen« heißt. Ich konnte nicht einmal sagen »ach, ist nicht wichtig, ich will nur ein bisschen gehen.«

»Wohin?«, wiederholte sie laut, weil sie mein »Ich weiß nicht« als »Ich verstehe nicht« interpretiert hatte.

Ich hätte ihr sagen können, dass ich zu Agvantseren wollte, aber dann hätte sie darauf bestanden, mir den kürzesten Weg durchs Dorf zu zeigen, und ich würde immer noch dastehen, den Kopf schütteln und ihr nicht nachgehen, sondern weiter den Berg hinaufstapfen, ohne dass ich es ihr erklären konnte.

»Ich gehe dorthin«, sagte ich. »Ich kann alleine gehen.«

Sie schaute in die Richtung, in die ich zeigte. Dort war nichts. Felsen und Gras. Ein paar Schneeflecken. Sie drehte sich wieder zu mir um und runzelte frustriert die Stirn. Sie wollte helfen. Ich musste doch irgendwohin gehen. Nach irgendetwas Ausschau halten. Aber sie kam nicht dahinter, wohin oder was und wie sie mir helfen

konnte. Dass man bloß zum Vergnügen spazieren gehen oder draußen sein will, um den blauen Himmel und die frische Luft zu genießen, ist eine absurde Vorstellung in einem Land, in dem die Menschen oft tagelang bei Wind und Wetter in der Steppe umherzie-
hen und ihre Schafe oder Rinder zusammentreiben müssen. Gerlee
schaute mir mit ratlosen Augen nach, als ich in Richtung Felsenkamm davonging. Sie wusste, dass sie mich nie verstehen würde.

Als ich oben auf dem Felsvorsprung angekommen war, nach Atem
ringend und mit einem gesunden Schweißfilm bedeckt, hockte ich
mich auf einen Stein. Hinter mir dehnte sich das nächste Tal bis zum
Horizont aus wie ein unbekanntes Land, das dem Meer zustrebt. Vor
mir lag »mein« Dorf. Das Tal, das noch vor wenigen Wochen gold-
grün geschimmert hatte, war jetzt ein Flickenteppich aus Weiß und
Braun, Erde und Schnee. Ich ging auf der anderen Seite des Hügels
wieder hinunter, folgte einem undeutlichen Pfad in das Zäune-La-
byrinth und stieß das Holztor zu Agvantserens Hof auf. Bayarjargal stillte ihre Tochter (irgendwo hatte es für kurze Zeit auch einen
Ehemann gegeben). Ein dicker Wollpulli, den sie gerade fertig ge-
strickt hatte, lag auf dem Hocker neben ihr. Mehrere jüngere Geschwister lernten oder lasen. Agvantseren war nicht zu Hause. Er
war ins *khödöö* gegangen, um seine Frau zu besuchen. Ich wusste,
dass er zehn Kinder hatte. Ich wusste auch, dass Bayarjargal etwa in
der Mitte war, aber dass Tsengüünjargal und Nomonjargal auch zur
Familie gehörten, war mir neu. Kein Wunder, dass sie zu meinen
klügsten Schülern zählten. Als ich die Tür aufmachte und eintrat,
hörte Bayarjargal sofort mit dem Stillen auf. Die Kinder ließen ihre
Hausaufgaben liegen und servierten Tee und frisches Öröm. Ich bat
sie, nicht für mich zu kochen.

Sie schaute mich betroffen an. »Warum nicht?«

»Ich habe schon gegessen.«

»Wir können doch Buuz machen.«

»Nein, ich habe wirklich keinen Hunger.«

»Aber dann wenigstens Buuz mit Tee.« In Tee gekochte Buuz
waren kleiner, machten aber nicht weniger Arbeit. Ich wollte nicht,

dass sie sich die ganze Mühe machten. Ich war nicht hungrig. Aber Bayarjargal war ganz außer sich. Verwirrung zeichnete sich in ihren Augen ab. Echte Verzweiflung. Sie wusste nicht, was sie tun sollte. Das war nicht richtig. Es war nicht richtig, dass sie mir nichts zu essen vorsetzten. Sie schaute ihre jüngeren Geschwister an. Die Geschwister wechselten betroffene Blicke miteinander, dann schauten sie wieder mich an. Tsengüünjargals Hand blieb auf halbem Weg zum Mehl in der Luft hängen. Auch sie wussten, was sich gehört, wenn man einen Besucher empfängt.

»Also gut«, gab ich nach. »Buuz mit Tee.«

Bayarjargal atmete auf. Die Kinder machten sich an die Arbeit, schnippelten, rollten den Teig aus, drückten die Teigränder zusammen. Bayarjargal holte ihr Fotoalbum hervor, und ich setzte mich hin und blätterte die Seiten mit den steifen Atelierfotos durch, den Bildern vom Pionierlager und den Urlaubsfotos vom Roten Meer, bis die Buuz fertig waren. Ich lernte allmählich, wie die Dinge hier abzulaufen hatten. Und ich lernte, mich danach zu verhalten.

»So kiss me and smile for me«

Im Schulgebäude herrschte eine Kälte, die mir bis in die Knochen drang, so dass ich das Gefühl hatte, nie wieder warm zu werden. Draußen war es milder, wo die Sonne auf dem Schnee tanzte und die Kälte unter einem wolkenlosen saphirblauen Himmel ihren Eishauch verlor. Agvantseren sagte, die Heizkörper würden irgendwann angestellt werden, aber es war noch nicht richtig Winter und Heizen war sehr teuer. In dem eisigen Klassenzimmer versuchte ich die Kinder mit dem lateinischen Alphabet vertraut zu machen. Ich schrieb 26 Buchstaben an die Tafel und lehrte sie den »Alphabet Song«. Ich schrieb alle Wörter, die sie kannten, an die Tafel, Buchstaben für Buchstaben, und sprach sie laut aus beim Schreiben.

Gruppe I war inzwischen die reinste Rasselbande. Die Klasse kam zu schnell voran, so dass Batbar und Battur nicht mitkamen, und ich war nicht mehr neu und faszinierend genug, um die beiden in Schach zu halten, so wie anfangs, als sie still und mit großen Augen im Unterricht gesessen hatten. Sie tobten durchs ganze Zimmer, lachten und tuschelten und schauten Zustimmung heischend zu Nomonjargal, der ihnen auch prompt den Rücken stärkte. Der ältere Junge langweilte sich in dem Unterricht, für den sie noch zu klein waren, und so vergnügte er sich damit, sie bei ihren Streichen anzufeuern. Ich wiederum war nicht erfahren genug, um entweder einen Unterricht zu machen, der auf drei verschiedene Lernstufen gleichzeitig zugeschnitten war, oder eine feste Disziplin aufrechtzuerhalten, ohne allzu hart durchgreifen zu müssen. Die drei blödelten nach Herzenslust herum und lenkten die ganze Klasse ab, außer Enkhjargal, die mich stumm mit ihren großen, klugen Augen anschaute, während ich immer gereizter wurde.

Enkhjargal war die beste Schülerin im Dorf. Sie verdiente es, dass ich mein Bestes gab, aber da meine Aufmerksamkeit ständig von den Lausejungen in Anspruch genommen war, konnte ich sie bei weitem nicht so ermuntern und fördern, wie ich es gerne getan hätte. »Sie könnte leicht in Gruppe III mitkommen«, sagte ich mir – und hatte damit die Lösung gefunden. Nach dem Unterricht erklärte ich Enkhjargal und Nomonjargal, dass sie in Gruppe II aufrücken würden. Wenn Nomonjargal sich ein bisschen Mühe geben würde, könnte er ebenfalls im Unterricht mitkommen. Die Herausforderung würde ihm nur gut tun. Und tatsächlich war nicht mehr viel von seiner Großspurigkeit zu merken, als er plötzlich der kleine Junge in einer Gruppe älterer Mädchen war. Ohne ihren Anführer wurden die Jungen in Gruppe I sofort viel ruhiger.

Gruppe III war ebenfalls übermütig geworden, als die Ehrfurcht vor der amerikanischen Lehrerin allmählich nachließ und der Unterricht zur Alltagsroutine wurde. Ihre Streiche waren zwar harmlos und ich rief mir zudem in Erinnerung, dass keiner von ihnen Englisch lernen musste – sie waren zum Vergnügen hier. Aber nach einer besonders chaotischen Stunde, in der ich auf das laute Geschnatter mit scharfem Abkanzeln reagiert hatte, fragte ich mich, ob ich es noch so weit bringen würde, dass sie mich am Ende hassten. Am nächsten Tag jedoch konzentrierten sie sich, passten auf und saugten das neue Wissen auf wie Wüstenpflanzen den Regen in einem Gewitterschauer.

»Ich bin aus Amerika. Woher bist du?«

»Ich bin aus der Mongolei.«

»Ist sie aus China?«

»Nein, sie ist aus der Mongolei.«

»Ist er aus Russland?«

»Nein, er ist aus der Mongolei.«

»Woher bin ich?«

»Du ist … bist … aus Amerika.«

»Ja, ich komme aus Amerika.« Ich lachte und zeichnete eine Strichfiguren-Familie an die Tafel. »Das bin ich. Das ist mein Vater. Das ist meine Mutter. Vater, Mutter, Schwester, Bruder. Das ist meine Familie. Ich habe eine Schwester und keine Brüder. Wie viele Brüder und Schwestern habt ihr?« Ich zeichnete ein paar Tiere an die Tafel. »Das ist eine Kuh. Das ist ein Pferd. Meine Familie zu Hause hat keine Kühe, keine Pferde und keine Yaks. Wie viele Yaks habt ihr zu Hause?«

Es schneite wieder, sanft und stetig. Die Flocken fielen durch das *tonoo* herein und landeten zischend auf dem Ofen. Bevor ich ins Bett ging, schob ich mehrere große Holzscheite so in den Ofen, dass sie die Nacht über langsam vor sich hin glimmen würden. Am Morgen war das Tal in makelloses, pudriges Weiß gehüllt. Der Schnee vor meiner Tür reichte mir bis zu den Waden. In den Plumpsklos draußen versanken meine Knöchel in Schneewehen. Diesmal blieb der Schnee liegen. Sarantsetseg, die 23-jährige Schulsekretärin, hatte mich zum Essen zu sich nach Hause eingeladen. Sie hatte ein lautes, unbekümmertes Lachen und Augen, die vor Witz und Ironie nur so blitzten. Ihre schelmisch gekräuselten Lippen waren knallrot geschminkt, wie man es niemals an Enkhtuya oder Bayarjargal sah. Sie wirkte viel zu temperamentvoll und eigenwillig, um lange in dem stillen Dorf auszuharren. An jenem Abend schaute sie bei mir herein, um mich zu fragen, ob ich immer noch vorhatte, zu ihnen heraufzukommen, obwohl so viel Schnee lag.

»Du kannst bei uns übernachten«, bot sie mir an.

»Soll ich meinen Schlafsack mitbringen?«

»Natürlich kannst du deinen Schlafsack mitbringen.«

Ich hatte gelernt, wie unterschiedlich die Annahmen sein können, von denen wir ausgehen. Wenn ich eine Frage stellte, das wusste ich inzwischen, konnte es sein, dass sie ganz anders aufgefasst wurde, als sie gemeint war. Ich hatte mir angewöhnt die Dinge klar und deutlich auszusprechen. »Ich will ihn nur mitbringen, wenn nicht genug Decken für alle da sind.«

Sarantsetseg lachte mich aus. »Wir haben massenhaft Decken für Unmengen von Gästen. Du musst deinen Schlafsack nicht mitbringen.« Ich packte meine Zahnbürste ein und wir stiegen zusammen den Hügel hinauf. »Mein Vater«, kicherte sie, »hat gefragt, ob du in einem mongolischen Bett schläfst oder ob du meinst, dass es schmutzig ist. Er hat gefragt, was du zum Abendessen isst. Er hat gefragt, ob du keine Angst hast vor so einer großen Familie.«

Sarantsetseg war die Älteste von fünf Kindern – zwei Mädchen, drei Jungen, der jüngste zwölf oder dreizehn. Nach den Maßstäben, mit denen ich aufgewachsen war, hätten sieben Personen in einem einzigen Raum den Gipfel der Armut bedeutet, aber während meiner Reise durch die Mongolei hatte ich mir immer wieder die Frage gestellt, was Armut eigentlich bedeutet. Das heimelige Ger von Sarantsetsegs Familie war mit schönen Teppichen ausgelegt und mit kunstvoll bemalten Truhen möbliert, die Kinder waren rund und wohlgenährt und quicklebendig, die gegenseitige Liebe und Achtung in der Familie spürbar. Es war sicher kein leichtes Leben, aber es war kein armes Leben.

Nur einmal, in einem einsamen Ger am Straßenrand südlich von Arshaant, wo ich angehalten hatte, um nach dem Weg zu fragen, hatte ich wirkliche Armut erlebt, eine Armut, bei der es ums nackte Überleben ging. Vier barfüßige Kinder, zu einem Knäuel zusammengedrängt, hatten zugesehen, wie ihre Mutter mit mir redete und mich ins Zelt einlud. Auf ihre Gesichter trat kein Lächeln. Keine Neugier lag in ihren leeren, starrenden Augen. Auch die Augen der Mutter waren erloschen wie die eines geprügelten Tieres, dessen Existenz darauf reduziert ist, mechanisch einen Fuß vor den anderen zu setzen in der sinnlosen, endlosen, trostlosen Routine der Tage und Stunden. Meine Versuche ein Gespräch in Gang zu bringen, den Kindern ein Lächeln zu entlocken, erlahmten in dem dämmrigen, schmutzigen Ger. Es war keine Angst zu spüren, nur die Apathie der Armut, der Vergeblichkeit, eine blinde, lustlose Resignation. Selbst die Energie Fragen zu stellen, war verpufft. Sie waren die ersten und einzigen Mongolen, die ich je in einer so trostlosen Verfassung antraf. Doch so arm sie auch sein mochten, so wenig sie auch verstanden oder sich dafür interessierten, wer ich war und warum ich hier war, teilten sie dennoch bereitwillig mit mir, was sie hatten. Als ich ging, reichte mir die Frau fünf lange Stangen trockenes, geschmackloses Aaruul, das schon mit Schimmel gesprenkelt war. Ich gab ihr einen Kohlkopf. Den Kindern schenkte ich eine große Hand voll Süßigkeiten. Sie nickten ernst – selbst Süßigkeiten konnten diesen ausgemergelten jungen Gesichtern kein Lächeln entlocken.

Sarantsetseg gab mir einen hohen Stuhl im westlichen Stil. Meine Knie waren auf gleicher Höhe mit dem traditionellen, niedrigen Tisch. Ich setzte mich auf einen niedrigen Hocker um, was auf den Gesichtern von Sarantsetsegs Eltern ein leises Lächeln der Zustimmung hervorrief. Sarantsetseg sagte mir, ich könne meine Schuhe ausziehen. Ich machte mich daran sie aufzuschnüren, in der Annahme, dass sie mir auf nette Art zu verstehen geben wollte, dass sie schmutzig waren. »Du findest es wahrscheinlich komisch, dass wir im Haus drinnen unsere Schuhe anbehalten«, entschuldigte sie sich. »Aber in der Mongolei ist man so viel im Freien draußen, dass es sich nicht lohnt immer die Schuhe auszuziehen, weil man sie ja doch gleich wieder anziehen muss.« Und ich dachte, ich hätte dazugelernt! Das einzige fremde Land, das Sarantsetseg jemals besucht hatte, war Russland, wo jeder seine Schuhe vor der Tür draußen lässt. Ich lachte. Und schnürte meine Schuhe wieder zu. »In Amerika zieht man auch nicht immer seine Schuhe aus, wenn man ins Haus geht. Es ist ganz normal für mich sie anzulassen.«

Jedes Mal, wenn ich in eine Familie kam, schrumpfte die Dorfwelt weiter zusammen: Sarantsetsegs Schwester entpuppte sich als Sarantuya von Gruppe III. Und der Cousin, der ihr half, den Teig für *khuushuur* zu kneten, war Orgoltsetseg, ein aufgeweckter Wildfang aus Gruppe I. Sarantsetsegs Vater, ein robuster Mann mit einem Körper wie eine stämmige Eiche und blitzenden Augen, fragte, ob ich Schach spielen wolle. Wir setzten uns auf den Boden, das Schachbrett zwischen uns. Er warnte mich, wann immer ich im Begriff war einen schlechten Zug zu machen, zeigte mir einen besseren und schlug mich mühelos zweimal rasch hintereinander. Als das *khuushuur* fertig war, reichte Orgoltsetseg uns eine Schale voll, und Sarantsetsegs Vater und ich aßen über dem Schachbrett und spielten weiter.

Trotz all des rituellen Essens ringsum – dem Tee und *tavgiin idee*, dem feierlich herumgereichten Airag und Arkhi, den riesigen Nahrungsmengen, die dem Gast vorgesetzt wurden –, verlief die eigentliche Mahlzeit gänzlich unzeremoniell. Es gab kein allgemeines Beisammensein, kein Warten, bis alle bedient waren. Essen war eine reine Notwendigkeit. Es war nicht zum Genießen da. Man musste es hinunterschlingen, solange es heiß war. Ich wusste, dass es ein großer Abend für die Familie war, mit dem ausländischen Gast im Haus, und es kam mir ziemlich seltsam vor, beim Schachspielen zu essen anstatt in geselliger Runde mit den anderen Familienmitgliedern. Aber es gab keinen Esstisch, um den man sich hätte versammeln können, kein Schlafzimmer im oberen Stock, in das man die Kinder hätte hinaufschicken können. Ein halbes Dutzend Menschen, die in einem einzigen Raum zusammenleben, dürften kaum unter einem Mangel an Gemeinsamkeit leiden. Wir aßen, wir spielten, ich verlor. Und das Zusammensein kam später, als wir um den Fernseher saßen und die äußerst populäre mexikanische Soap Opera »Simply Maria« anschauten. Die Serie, die von Moskau ausgestrahlt wurde, war ins Russische übertragen, wobei man das Spanische in der Übersetzung noch durchhörte. Während die reichen Mexikaner sich elegant durch die Melodramen ihrer Luxuswelt bewegten, schaute mich Sarantsetseg an und schüttelte den Kopf.

»Du bist eine sehr einfache Frau, nicht wahr?«

Ich wusste nicht so recht, was sie meinte.

»Weil du in einem Ger wohnst und mit einem Fahrrad reist.«

Ich erhaschte ihre Blicke, die zwischen dem Fernseher und meinen dicken Kleidern und Alltagszöpfen hin- und herwanderten. »Du meinst, im Vergleich zu Maria?«

»Wenn du an so ein Leben gewöhnt bist, dann musst du eine sehr einfache Natur sein, dass du in einem Ger wohnen kannst.«

»Ich lebe nicht so. Ich habe ein Zimmer, keine Dienstboten, ich ziehe mich nie so schön an wie sie …« Den Unterschied begreiflich zu machen ist nicht leicht. So wie es für mich unerheblich ist, ob man zwei oder drei Billionen Dollar besitzt, konnte Sarantsetseg keinen nennenswerten Unterschied zwischen meinem Toyota Hatchback und Marias Mercedes sehen. Und da alles relativ ist, kam die Ausstattung meines bescheidenen Apartments in Seattle vielleicht wirklich näher an Marias Luxusvilla heran als an Sarantsetsegs Ger.

»Und du bist klein für eine Amerikanerin.«

»Wirklich? Nein, eigentlich nicht.« Ich schaute auf den Bildschirm. Keiner der Darsteller sah besonders groß aus. »Ich bin nicht groß, aber auch nicht klein – so ungefähr mittelgroß.«

»Nein, bist du nicht«, sagte Sarantsetseg und schüttelte entschieden den Kopf. »Du bist klein für eine Amerikanerin. Ich habe Basketball im Fernsehen gesehen. Es ist ein lustiges Spiel. Charles Barkley mag ich am liebsten.«

Die Herbstferien hatten begonnen. Die meisten Kinder, deren Familien im *khödöö* lebten, waren schon fort. Ich fragte Agvantseren, wie ich es in den Ferien mit dem Essen halten sollte.

»Die Köchin kommt und kocht Ihr Essen«, verkündete er.

»Nein, das will ich nicht«, sagte ich. »Sie hat auch Ferien. Ich brauche bloß ein paar Lebensmittel und ein paar Kochutensilien, dann kann ich selber kochen.«

»Aber du kannst doch gar nicht kochen«, sagte Enkhtuya.

»Ich bin keine große Kochkünstlerin, aber zu Hause koche ich auch für mich selber.«

»Nicht auf einem Feuer«, wandte Bayarjargal ein.

»Nein, aber ich koche auf einem Feuer, wenn ich zelten gehe.« Ich erntete nur verständnislose Blicke. Und dann versuchte ich diesen Menschen, die tagein, tagaus in Zelten lebten und auf einem offenen Feuer kochten, den Begriff »Zelten« zu erklären. »Das ist, wenn wir einfach so zum Spaß in die Wildnis gehen und in einem Zelt schlafen und über einem Lagerfeuer kochen.« Es kam mir jetzt selber ziemlich absurd vor. »Ich lebe allein«, versuchte ich es noch einmal. »Und ich esse nicht die ganze Zeit im Restaurant. Ich koche mir mein Essen selber.«

»Aber in Amerika ist alles Essen fix und fertig. Man taut es bloß auf oder so.«

Ich gab zu, dass man tatsächlich von Tiefkühlgerichten leben konnte, die es in bunten Verpackungen und auf Plastiktellern eingeschweißt zu kaufen gab, erklärte ihnen aber, dass man auch frisches Gemüse und Fleisch bekommen konnte (Letzteres allerdings tot, haarlos und säuberlich tranchiert), das man selber zubereiten musste. Am Ende war es mir offenbar gelungen, sie davon zu überzeugen, dass ich nicht gänzlich ahnungslos war. Enkhtuya nahm mich in die Küche mit und gab mir ein Hackmesser, ein Schneidebrett, einen großen Topf, Salz, Tee, Kartoffeln, Rüben, Kohl und ein Stück Hammel. Wir warfen das Fleisch in einen kleinen Topf und brachten es in die unbeheizte Hütte meines Nachbarn, die auch als Kühlschrank diente. Auf einem rostigen Blechfass neben diversen anderen wolligen Tierteilen schob sie ein Ziegenbein beiseite, um Platz für den Topf zu schaffen. Dann lud mich Agvantseren zu sich nach Hause zum Essen ein. Sie glaubten immer noch nicht, dass ich kochen konnte.

In Agvantserens Ger gab es einen Kühlschrank. Darin war Geschirr, Silberbesteck und Mehl gestapelt. Ich hatte ähnliche Kühl-/ Geschirrschränke in vielen Behausungen gesehen und fand das Ganze völlig unbegreiflich. Wer brachte es fertig, Kühlschränke an Leute zu verkaufen, die wenig oder gar keinen Strom hatten? Wussten sie nicht, wozu ein Kühlschrank gut war? Während eines halben Dutzends Russlandreisen im letzten Jahrzehnt hatte ich die dramatischen Veränderungen in dieser Zeit mitverfolgen können, aber in der Mongolei ging ich automatisch davon aus, dass die Dinge schon immer so waren, wie ich sie jetzt erlebte. »Nein«, erklärte Agvantseren. »Vor zwei Jahren war noch alles anders.« Das Hotel war in Betrieb gewesen. Die öffentlichen Bäder waren regelmäßig geöffnet. Es hatte sogar Zucker in den Läden gegeben. Mehl war ohne Lebensmittelkarten verkauft worden. Arshaant hatte rund um die Uhr Strom gehabt, und die Kühlschränke waren als Kühlschränke benützt worden.

»Vielleicht wird es ja wieder besser«, sagte Agvantseren abschließend, mit einem Blick zu Bayarjargal, die mit Kochen beschäftigt war. Sie brachte kaum ein Wort über die Lippen, wenn ihr Vater in der Nähe war. Sie sagte den ganzen Abend keine drei Sätze, sondern kochte nur, während er mit mir redete. Agvantseren war ein sanfter Tyrann, der sich selber eine gute Bildung angeeignet hatte, zu einer Zeit und an einem Ort, als dies nicht einfach gewesen war, und er wollte das Beste für seine Kinder. »Vielleicht«, sagte er grinsend, »werden sie eines Tages sogar nach Amerika kommen.« Es klang so, als wollte er sagen: »Vielleicht werde ich eines Tages noch ein Picknick auf dem Mond machen.«

»Ja, vielleicht wird es hier einmal besser werden«, wiederholte er mit einem Achselzucken, das nicht besonders hoffnungsvoll war, aber auch ohne Bitterkeit. Die Russen der Neunzigerjahre haben schwer an der Demütigung zu tragen, dass sie siebzig Jahre lang von ihren eigenen Leuten belogen wurden. Die Mongolen hatten sich viel leichter von der jüngeren Geschichte freigemacht. Sie hatten die vergangenen Jahrzehnte abgestreift wie eine alte Haut. Es war eine fremde Haut, nicht ihre eigene; sie hatten sie hinter sich gelassen, und das machte ihnen nur wenig zu schaffen. Die Geschichte, die sie in sich trugen, war eine stolze Erinnerung an glorreiche Zeiten.

Dennoch, die Mongolen lebten noch immer im Schatten des großen Nachbarn im Norden, und die Ereignisse in Russland machten die Leute nervös. Revolutionsgerüchte und Bilder von Panzern in den Straßen Moskaus wirkten beunruhigend in den südlichen Steppen. Obwohl die Mongolei in jüngster Zeit in der Lage gewesen war, ihren Horizont durch den Handel bestimmter Güter mit China zu erweitern, blieb die Wirtschaft des Landes eng mit Russland verflochten. Wir sprachen darüber, wie wichtig es war, dass die Mongolei sich von ihren beiden riesigen Nachbarn unabhängig machte.

Ich erwähnte den Pulli, den ich Bayarjargal hatte stricken sehen, und erklärte ihr lang und breit, wie sie daraus ein Geschäft machen konnte. Ich erzählte ihr, wie gut sich solche Pullis oder Socken und Handschuhe in derselben Strickart an Touristen in Ulan Bator verkaufen ließen. Sie musste lächeln bei dem Gedanken, aber ich wünschte mir, sie würde ihn in die Tat umsetzen. Wenn das Land sich weiterhin von seinem traditionellen autarken Nomadenleben entfernte und stattdessen auf den Fortschritt in Gestalt von Fernsehen, Motorfahrzeugen und Chicago-Bull-T-Shirts setzte, würde es einen Weg finden müssen, die Importwirtschaft zu stärken, ohne dabei völlig auszubluten.

Anfang des zwölften Jahrhunderts unterhielt die Mongolei ein riesiges Netzwerk von über 700 Klöstern. Gut ein Drittel der männlichen Bewohner des Landes waren Mönche oder Klosterschüler. Auch wenn diese Klöster nicht gerade ein Bollwerk der Heiligkeit waren – Trunksucht, Unzucht und Machtmissbrauch waren an der Tagesordnung –, blieb die Bevölkerung ihrem Glauben unerschütterlich treu, einem Glauben, der die Ära des Kommunismus jedoch nicht überleben sollte. Die religiöse Verfolgung nahm ab 1930 drastisch zu und gipfelte schließlich in Säuberungen, die zwei Jahre andauerten; zehntausende Mönche wurden über das Land versprengt oder verschwanden spurlos. Die zahlreichen Klöster wurden auf vier armselige Komplexe reduziert, von denen nur Gandan Khiid in Ulan Bator als Ort der Religionsausübung weitergeführt werden durfte, und das auch nur rein nominell.

Die Mönche waren jedoch nicht sang- und klanglos verschwunden. C. R. Bawden schreibt in »The Modern History of Mongolia«, dass 1932 in einem Kloster namens Bandid Gegeen »hunderte Lamas zwangsweise säkularisiert und vierhundert an einem einzigen Tag aus dem Lamakloster vertrieben wurden.... Die hiesigen Behörden ... kränkten das gemeine Volk ebenso wie die Lamas, indem sie Kultobjekte entweihten, Einbände von den Büchern mit den heiligen Schriften herunterrissen und die Bücher selbst verbrannten;

indem sie heilige Reliquien aus ihrer Fassung brachen, den Orakel-lama vor den Augen des Volkes seiner rituellen Gewänder und seines Helmes beraubten, und dergleichen mehr…«

Diese Blasphemien führten zu einem großen Aufstand gegen die Partei und zur Bildung einer Rebellenregierung in Bandid Gegeen und waren letztlich mitverantwortlich für den Ausbruch des Bürgerkriegs in der westlichen Mongolei. Auf lange Sicht jedoch konnten sich die Mönche nicht gegen die Kommunisten behaupten, die von der Sowjetunion unterstützt wurden. 1938 war der Kampf vorüber. In den nächsten fünfzig Jahren konnten sich die Kommunisten als Sieger aufspielen. Doch als die Religion 1990 wieder legalisiert wurde, strömten die Leute in Massen zu ihrem Glauben und ihrer Religionsausübung zurück. Die wenigen Klöster, die noch standen, blühten wieder zu Gotteshäusern auf, und überall im Land schossen jetzt neue Klöster empor, die rasch eine neue Generation von Gläubigen anzogen.

Am Ortsrand von Arshaant, gleich hinter dem letzten Haus, stand ein kleines Ger hinter einem geschnitzten Zaun. Im Hof war eine Gebetsmühle zu sehen. Ein Trampelpfad zog sich um einen Baum herum, der mit bunten Bändern und kleinen Tögrög-Scheinen geschmückt war. Im Ger drinnen waberte Weihrauch durch die Luft. Von dem runden Himmelsloch oben wehten ebenfalls Bänder herunter. Buddhas und Kerzen waren unter einem Poster des Dalai Lama aufgestellt. Zwei Mönche saßen in der Rundung des Gers und murmelten ihre Gebete vor sich hin. Ein jugendlicher Novize schürte das Feuer. Eine einsame amerikanische Besucherin schlüpfte in eine niedrige Bank und hielt ihre Hände in die Wärme. Der älteste Mönch lächelte sie an und schlug auf seinen Gong. Draußen, verborgen in dem langen Steppengras, lagen die grauen Fundamente von Bandid Gegeen.

Die Tage vergingen wie im Flug. Ich wachte Punkt acht Uhr auf. Ich kochte salzigen Tee mit frischer Yakmilch. In der Ferienwoche waren die Englischstunden auf den Morgen verlegt worden, und alle

172

drei Gruppen kamen jeden Tag zusammen. Der Unterricht dauerte von zehn bis eins, drei Stunden am Stück. Um halb drei begann dann der Lehrerunterricht. Die Nachmittage gingen mit den kleinen Alltagsgeschäften dahin: Wasser vom Fluss holen, ein zunehmend schwieriges Unterfangen, da das Eis am Flussufer immer dicker wurde, Tee kochen, Geschirr abwaschen, den Unterricht für den nächsten Tag vorbereiten, Essen kochen, Feuerholz hacken. Mein Nachbar traute mir jetzt zu, dass ich mit der Axt umgehen konnte. Zumindest ließ er es mich machen.

Als ich eines Morgens in mein Klassenzimmer kam, war es warm. Die Heizkörper waren angestellt worden. Wir konnten jetzt nicht mehr unseren Atem sehen. Die Kinder und ich mussten während der Stunde nicht mehr die Hände in den Ärmeln vergraben und mit den Füßen stampfen, um uns warm zu halten. In Gruppe II schrieb ich einen kleinen Text über mich selber an die Tafel. »Mein Name ist Erika. Ich bin achtundzwanzig Jahre alt. Ich komme aus Amerika. Ich habe eine Schwester und keinen Bruder. Meine Familie hat keine Kühe und Schafe.« Die Kinder schrieben die Sätze in ihre Schulhefte ab. Wir lasen den Abschnitt gemeinsam, dann erklärte ich ihnen, dass sie den Text auf sich selbst umschreiben sollten. Was diese Kinder in wenigen Wochen gelernt hatten, war erstaunlich. Wenn ich daran dachte, wie lange ich in meinem ersten Russischjahr am College gebraucht hatte, um mir das neue Alphabet einzuprägen, wenn ich an die Informationsflut dachte, mit der ich sie täglich überschwemmte, dann war es einfach unglaublich, wie viel sie aufgenommen hatten. Tsengüünjargal und Enkhjargal waren als Erste fertig. Tsengüünjargal saß seufzend in ihrer Ecke und flüsterte vor sich hin, damit auch jeder wusste, dass sie fertig war. Enkhjargal schrieb weiter und fügte ein paar eigene Sätze hinzu.

In Gruppe III stellte ich fest, dass Buyanjargal und Delgersüren bereits ihren eigenen Text schrieben, als alle anderen noch damit beschäftigt waren, meinen abzuschreiben. Eine Schülerin aus Gruppe II hatte ihnen gesagt, welche Übung wir machen würden. Ich ließ die Schüler meinen Text abschreiben, weil es eine Übung war, die sie brauchten: Sie mussten die neuen Buchstaben schreiben lernen, sie mussten jedes neue Wort als getrennte Einheit kennen lernen. Meine Lehrer in Südkalifornien hatten mir oft genug eingetrichtert, dass eine solche Vorübung durchaus ihren Sinn hatte.

Dann merkte ich, dass die beiden Mädchen nicht nur die halbe Aufgabe übersprungen hatten. Buyanjargal hatte Otgontuyas Heft auf ihrem Schoß. Sie schrieb Otgontuyas Text ab, anstatt einen eigenen aufzusetzen. Buyanjargal war ein wunderbares Mädchen. Ich liebte ihre Energie und ihren Eifer. In ihrer Familie fühlte ich mich wie zu Hause. Aber ich kannte auch ihre Spielchen, und diesmal fand ich es nicht komisch. Ich griff hinunter, packte Otgontuyas Heft und ging weg. Als alle fertig waren, bat ich der Reihe nach alle Schüler ihren Aufsatz vorzulesen. Ich schaute den Mädchen beim Lesen über die Schulter, verbesserte ihre Aussprache und korrigierte die Rechtschreibung. Ich ließ weder Buyanjargal noch Delgersüren ihren Text vorlesen. Buyanjargal hielt mir ihr Heft hin. Ich zuckte mit den Schultern und schüttelte den Kopf. Ich sagte ihr, es interessiere mich nicht, weil es nicht ihre eigene Arbeit sei. Was sie getan hatten, war kein Betrug im eigentlichen Sinn (schließlich war es ein freiwilliger Unterricht, der nicht benotet wurde), das war mir natürlich klar. Es ging darum, dass sie meinten, sie könnten die einzelnen Schritte überspringen, solange sie nur das Ergebnis hatten; dass sie sich vordrängen wollten, dass sie angeben wollten. Ich kannte das von mir selber.

Am nächsten Tag begann ich den Unterricht, indem ich kurze Dialoge an die Tafel schrieb.

»Was ist das?«

»Das ist ein Füller.«

»Wie viele Füller hast du?«

»Ich habe drei Füller. Was ist das?«

»Das ist ein Buch.«

»Wie viele Bücher hast du?«

»Ich habe ein Buch.«

Der Schulleiter hatte mich gebeten, vor meiner Abreise eine öf-

174

fentliche Prüfung zu veranstalten, damit die Schüler zeigen konnten, was sie gelernt hatten. Ich hatte vorgeschlagen, statt einer Prüfung eine kleine Aufführung zu machen.

»Ist er aus Russland?«
»Nein, er ist aus der Mongolei. Ist sie aus Amerika?«
»Nein, sie ist aus Russland.«
»Wie heißt sie?«
»Sie heißt Masha.«
»Haben sie Hunger?«
»Nein, sie haben Durst.«

Ich rief Buyanjargal und Myagmarsüren zu mir nach vorne und gab Buyanjargal meine Handschuhe, die Wollmütze mit den Ohrenklappen, die ich jede Nacht im Bett anhatte, und eine Seattle-Mariners-Baseballmütze.

Nach dem Zwischenfall mit Otgontuyas Schulheft am Vortag war mir Buyanjargal nach Hause gefolgt. Ich hatte eine Weile gebraucht, bis ich den Ausdruck in ihrem Gesicht erkannt hatte: Sie war fünfzehn und sie hatte Ärger in der Schule bekommen. Da

Enkhjargal mit meiner Baseballmütze aus Seattle

175

wurde mir plötzlich bewusst, dass ich die Autoritätsperson war. Buyanjargal konnte nicht wissen, wie ernst die Lage tatsächlich war, wie wütend ich auf sie war, und hätte am liebsten alles ungeschehen gemacht. Dennoch wahrte sie ihren natürlichen Stolz, indem sie mich herausfordernd nach Otgontuyas Heft fragte. Ich hatte kein Interesse daran die Mädchen zu bestrafen; ich wusste, ihr eigener Kummer war »Strafe« genug für sie. Aber ich wollte es ihnen auch nicht zu leicht machen. Ich weigerte mich Otgontuyas Heft herauszurücken und sagte, ich würde es Otgontuya selber geben. Ich sagte es mit einem Lächeln, ohne ihr die kalte Schulter zu zeigen, wie ich es mir im Unterricht erlaubt hatte. Offenbar respektierte sie meinen Standpunkt. Sie begriff, dass ich enttäuscht von ihrem Verhalten war, dass aber der Zwischenfall keine weiteren Folgen haben würde.

Als sie sich jetzt vor der ganzen Klasse produzieren sollten, kicherten Buyanjargal und Myagmarsüren und wurden rot. Projekttage und Requisiten im Unterricht waren in der Grundschule in Südkalifornien für mich selbstverständlich gewesen, aber für die Kinder hier war das alles neu. Solche Lernmethoden waren sie nicht gewöhnt. Doch ihre Augen funkelten und ein breites Grinsen zog sich über ihre roten Gesichter. Buyanjargal genoss sichtlich jede Sekunde.

»Hallo. Wie geht's dir?«

»Gut, danke. Und dir?«

»Mir ist kalt. Wie viele Mützen und Handschuhe hast du?«

»Ich habe zwei Mützen und vier Handschuhe.« (*Gib einem anderen Schüler eine Mütze und zwei Handschuhe.*)

»Danke.«

»Bitte.«

Hinterher sagte ich auf Englisch: »Bitte lernt diese Dialoge zu Hause auswendig für unsere Abschlussvorstellung am Donnerstag, den 11.« Auf Mongolisch zeigte ich auf die Dialoge an der Tafel, sagte »zu Hause«, bedeckte meine Augen, leierte ein paar Zeilen herunter und sagte »Donnerstag«. Lautes Geschnatter ertönte im Zimmer, als sie begriffen, was ich gesagt hatte – sie sollten vor der ganzen Schule eine Aufführung in Englisch machen!

Steppenlandschaft an der Abzweigung nach Erdenet: Fünf Jungen nehmen Greene und mich genauer unter die Lupe.

Baasanjav (Zweite von rechts in der hinteren Reihe) und ihre Großfamilie.

Zwei Mitglieder von Lkhamsürens Familie.

Eine Schülerin lernt die alte Schrift.

Ein kleiner Junge und ein Fohlen von Lkhamsürens Familie.

Im Ger einer wohlhabenden Familie in der Provinz Archangai.

Vor einem der wenigen
Läden von Arshaant.

Mit Sarantsetseg vor
meinem Ger.

Ein Murmeltierjäger mit seinem Motorrad.

Rechts: Die Große Mauer: Geschichtsträchtig, lebendig, ewig und eindrucksvoll – die Schlange aus uraltem Backstein übertraf all meine Erwartungen.

Die Menschenmenge, die bei jedem Halt in China wie aus dem Nichts auftaucht.

Landschaft nördlich von Lenshuijiang.

Peking.

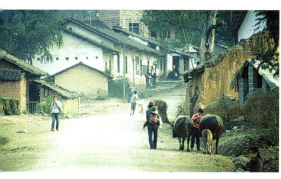

Eine Dorfstraße in der Nähe von Yangshuo.

Arbeit in den Reisfeldern an der Nationalstraße 1 südlich von Hanoi.

Hanoi bereitet sich auf das Tet-Fest vor.

Noch 1545 Kilometer. Das einzige Straßenschild auf meinem Weg, das nicht in Ho-Chi-Minh-Stadt umgeändert worden war.

Mittagessen bei einer Familie in Cat Ba. Als allmählich ein herzlicherer Kontakt entstand, wünschte ich mir, ich hätte mehr Zeit für Vietnam.

Bich Dong. Ein Reich aus dunklem Wasser, das so schlickig ist, dass man es als flüssigen Vetter der Erde bezeichnen könnte.

Leben auf dem Wasser nördlich von Huë.

Ein Lied würde dem Ganzen natürlich noch mehr Schwung verleihen, aber mein armseliges Repertoire hatte mir bisher einen Strich durch die Rechnung gemacht. Dann fiel mir endlich eine der wenigen Strophen ein, die ich auswendig konnte (auch die Melodie brachte ich so ungefähr zusammen) und die perfekt zu diesem Anlass passte. Ich ließ also die Schüler von Gruppe II und Gruppe III »Leaving on a Jet Plane« von John Denver singen.

> So kiss me and smile for me,
> Tell me that you'll wait for me,
> Hold me like you'll never let me go.
> Because I'm leaving on a jet plane,
> Don't know when I'll be back again,
> Oh, babe, I hate to go.

Ein »Jet« war zwar nicht im Spiel, aber ich würde abreisen und hatte keine Ahnung, wann ich wiederkommen würde. Die Kinder würden jedenfalls keine Kinder mehr sein, wenn ich sie das nächste Mal sah. Viele waren vielleicht schon Eltern, andere in alle Winde verstreut. Ich würde zurückkommen, so viel stand fest. Aber die meisten von ihnen würde ich nie wieder sehen.

In der letzten kurzen Unterrichtswoche übten wir jeweils zu Beginn und am Ende der Stunde unser Lied ein. Wenn ich dann an meinem Pult lehnte und in die arglosen, unverdorbenen jungen Gesichter schaute – »Don't know when I'll be back again« –, brach es mir fast das Herz, dass ich sie bald verlassen würde – »Oh, babe, I hate to go«.

Buyanjargal schaute auf mein Gemüse und schüttelte den Kopf. Sie griff nach dem Messer: »Kleiner, du musst es viel kleiner schneiden.« Ich hatte weder Broccoli noch Shitake-Pilze noch rote Paprika, sondern nur Rüben, Kohl und Kartoffeln, aber ich wollte trotzdem eine Gemüsepfanne zubereiten. »Nein«, sagte ich zu ihr und hielt mein Messer fest, »es muss nicht kleiner geschnitten werden.« In

Buyanjargals Welt war Gemüse kein richtiges Essen. Es war bestenfalls Beilage. Überall in ihrem riesigen Land wurde es in winzig kleine Stücke geschnippelt. »Ich weiß, du hast noch nie gesehen, dass man Gemüse in so große Stücke zerteilt«, fügte ich hinzu, »aber man kann es auch so kochen, glaub mir.«

Sie war schon am Vortag hereingeschneit, als ich gerade mein Essen zubereitet hatte, und da hatte sie etwas zu sehen bekommen, das noch viel sensationeller war als die riesigen Gemüsestücke: ein Päckchen gefriergetrockneter Chilis, das in einen kleinen Topf mit kochendem Wasser geworfen wurde. Ich war ganz wild auf das Instant-Zeug (das ich über den Ozean geschleppt hatte, weil es in der Mongolei angeblich nichts zu essen gab), denn Lebensmittel gab es hier zwar genug, aber ohne jede Abwechslung, ohne jede Würze. Ich warnte Buyanjargal, dass ihr das Chili wahrscheinlich nicht schmecken würde. Ich schlug das Wort »scharf« nach. Ich sagte ihr, dass sie ihre Portion nicht aufessen müsse. Dann gab ich ihr eine kleine Schale, so wie Lkhamsüren es einst bei mir gemacht hatte, weil sie überzeugt war, dass ich Guriltai Shul nicht mögen würde. Buyanjargal schnupperte daran und schaute ein wenig zweifelnd zu mir auf. Dann schob sie einen Löffel voll in den Mund. Ihre Augen weiteten sich und sie griff nach dem Brot, das ich bereithielt. Den Mund voller Brot und mit entsetzt hochgezogenen Augenbrauen, starrte sie mich an. Und das sollte gut sein? Sie würgte tapfer die halbe Schale hinunter, bevor sie sich geschlagen gab. Am Ende warf sie verzweifelt die Hände in die Höhe und schüttelte den Kopf über mich und mein abstruses Essen.

Am Abend, als ich mich gerade hingesetzt hatte, um den Unterricht für den nächsten Tag vorzubereiten, stürzten Buyanjargals kleine Brüder zur Tür herein. Buyanjargal hatte ihrer Mutter von meinem unerträglich scharfen Essen aus der seltsamen Packung erzählt. Und natürlich hatte sie ihr auch von meinen riesigen Gemüsebrocken berichtet. Ihre Mutter, die daraufhin überzeugt war, dass ich am Verhungern sein müsse, hatte unverzüglich die beiden Jungen geschickt, um mich zu retten. »Du sollst zu uns nach Hause kommen«, piepsten sie. Ich war zugleich entnervt und gerührt. Ich legte meine Hefte weg und ging mit ihnen. Ihr Vater spielte Karten mit ein paar Freunden, als ich hereinkam, und ihre Mutter rubbelte Kleider auf einem grob gezimmerten Waschbrett. Sie hatte mich eindeutig nicht erwartet. Wie sich herausstellte, hatte Battur lediglich Schach mit mir spielen wollen, und Buyanjargal wollte, dass ich ein Foto von der Familie machte.

Sobald es sich herumgesprochen hatte, dass ich eine Kamera besaß, drängten die Kinder in mein Ger und wollten, dass ich Fotos von ihnen und ihren Freunden machte. Auch Leute, die ich gar nicht kannte, sprachen mich an: »Hallo, würden Sie ein Foto von mir machen?« Jede Familie wollte in den unterschiedlichsten Gruppierungen posieren. Inzwischen war ich so weit, dass ich sagte: »Es tut mir Leid, ich habe nicht genug Filme. Ich kann nur ein Foto von allen zusammen machen.« Oder: »Nein, es ist jetzt nicht hell genug.« Während Battur meinen König matt setzte, diskutierte ich mit Buyanjargal über das Problem, dass sie morgens in der Schule war, ich am Nachmittag Unterricht hatte und es abends nicht mehr hell genug sein würde. Schließlich einigten wir uns, dass ich morgen früh wiederkommen sollte, nach Sonnenaufgang, aber bevor sie zur Schule gingen. Mein armseliges Mongolisch hatte Fortschritte gemacht. Ich hatte ein ganzes Gespräch bestritten, in dem keine einzige der Sieben Fragen aufgetaucht war. Nachdem dieser Punkt geklärt war und ich pflichtschuldig verloren hatte, sagte ich Gute Nacht und ging nach Hause. Der Himmel war ein lupenreiner schwarzer Kristall. Ich schlenderte langsam durch das Mondlicht, das so hell vom Schnee reflektiert wurde als gebe es keine Nacht. Als ich gesagt hatte, dass ich nicht hungrig war, hatte Buyanjargals Mutter nicht darauf bestanden mich mit Essen voll zu stopfen. Und sie hatte mich zum ersten Mal die drei Minuten zu mir allein nach Hause gehen lassen. Jetzt, wo die Leute in Arshaant mich allmählich akzeptierten und nicht mehr nur als ausländischen Gast behandelten, reiste ich wieder ab.

Becky grinst und breitet ihre Karten auf dem Tisch aus. Royal Flush. Schlägt meine drei Könige. Hinter der Glasfront glüht die Sonne über der Skyline von Seattle. Höchste Zeit, die Frühstückspfannkuchen zu machen und nach Hause ins Bett zu gehen. Gerade als Becky das Häufchen Münzen über den Tisch schieben wollte, weckte mich der Lärm der Kinder auf, die kreischend und johlend vor meinem Ger herumrannten. Die Ferien waren vorüber. Ein Stück blasser Morgenhimmel zeichnete sich in dem kreisrunden Loch des *tonoo* über mir ab. Mein Wassereimer war von einer dicken Eisschicht bedeckt. Ich zog den braunen Cordsamt-Deel an, den Enkhtuya mir geliehen hatte, und schob ein paar Holzscheite in meinen Ofen.

Es hatte Zeiten gegeben, als ich ernsthaft überlegt hatte, ob ich das ursprüngliche Angebot annehmen und ein ganzes Jahr lang hier bleiben sollte. Aber nachdem mein Unbewusstes sich bereits heimwärts wandte und von nächtelangen Pokerspielen und Sonnenaufgängen über dem Puget-Sund träumte, war es wohl an der Zeit weiterzuziehen. Saigon wartete nach wie vor dort draußen. Ich musste zu Ende führen, was ich begonnen hatte. Ich war einen Monat lang in Arshaant gewesen. Ich hatte in der Mongolei gelebt, mochte es noch so kurz gewesen sein, war jeden Tag im selben Bett aufgewacht, hatte jeden Tag mit denselben Leuten zu tun gehabt, Beziehungen geknüpft, anstatt nur Schnappschüsse mitzunehmen. Ein Monat ist nicht sehr lang, aber es ist länger als ein Tag. Dass ich mein Holz selber hackte und allein nach Hause ging, bedeutete, dass ich zumindest ein kleines bisschen dazugehörte. Und dieses Zugehörigkeitsgefühl war unendlich viel tröstlicher, wenn auch weniger spektakulär als die ganze Aufmerksamkeit und Fürsorge, die mir zuteil wurden, wenn ich am Abend ankam und am nächsten Morgen wieder aufbrach. Der Monat in Arshaant hatte mir gezeigt, was es bedeutete sich ein Leben zu schaffen anstatt davor zu fliehen. Und doch, trotz der tiefen Befriedigung, die ich aus diesem Dasein zog, musste ich weiterziehen, ehe es zur Alltagsroutine erstarrte. Irgendwo in meinem Hinterkopf lebte die *Wanderlust* wieder auf.

Weiterziehen war allerdings leichter gesagt als getan. Es kamen nicht viele Fahrzeuge durch Arshaant, und wenn es wieder schneite, konnte es sein, dass bis zum Frühjahr gar keines mehr auftauchte. Ein kleines Flugzeug bediente in mehr oder weniger regelmäßigen Abständen die Strecke Mörön-Arshaant-Erdenet, und von Erdenet gab es einen Nachtzug nach Ulan Bator. Der Flugplan hing vom Wetter ab, von der Benzinversorgung und dem Zustand des Flugzeugs, aber im Prinzip sollte es am Freitag, den 12. November kommen. Agvantseren hatte mich auf die Passagierliste im Postamt gesetzt, aber bis Dienstag war mein Name der einzige geblieben. Wenn nicht genügend Passagiere zusammenkamen, würde der Flug ausfallen. Agvantseren erklärte mir das alles, dann stellte er die unvermeidliche Frage: »Was passiert, wenn Sie später abreisen?« Mein Visum lief am 20. November ab, der Zug nach China fuhr nur zweimal die Woche, und ich hatte keine Ahnung, wie brenzlig es für mich werden konnte, wenn ich in Ulan Bator mit einem abgelaufenen Visum ertappt wurde. Aber das hier war die Mongolei. Ich lachte und zuckte mit den Schultern – ich würde abreisen, wann ich konnte.

Unsere Vorführung am elften November war auf drei Uhr nachmittags festgesetzt. Um ein Uhr kamen wir zur Generalprobe zusammen. Ich war enttäuscht, als sich herausstellte, dass mehrere Kinder die Dialoge, die ich ihnen zugewiesen hatte, nicht auswendig konnten. Und ich war noch viel enttäuschter, als ich kurz vor drei in die Aula hinausspähte und dort nur ein halbes Dutzend Schüler herumlungerten. Einige der Mädchen zogen ihre dunkelbraunen Schuluniformen mit den weißen Rüschenschürzen an, und wir übten weiter. Gegen drei Uhr dreißig trudelten allmählich die Leute ein. Als schließlich Agvantseren auftauchte und uns sagte, dass wir jetzt anfangen könnten, war es vier Uhr, der blaugrüne Saal war gedrängt voll, und alle konnten ihren Text. Gruppe I eröffnete die Aufführung mit dem »Alphabet Song«, dann traten sie paarweise vor, um ihre Dialoge vorzutragen.

»Hallo, wie heißt du?«

»Ich heiße Battur.«

»Wie geht es dir?«

»Mir geht es gut. Wie alt bist du?«

»Ich bin zehn.«

Kaum jemand im Publikum verstand auch nur ein einziges Wort Englisch, aber jedes Schülerpaar wurde samt allen Pannen mit begeistertem Applaus belohnt. Jetzt trugen Gruppe II und III ihre Dialoge vor, und zum Abschluss sangen sie »Leaving on a Jet Plane«. Sie gaben ihr Bestes, und ihr Eifer griff mir ans Herz, zumal sie die Melodie wunderbarerweise annähernd richtig wiedergaben. Hinterher überreichte mir der Schulleiter ein Würdigungsschreiben mit den schönen Kringeln und Schnörkeln der altmongolischen Schrift. Agvantseren kam als Nächster zu mir und übergab mir mehrere selbst gemachte Umschläge mit Tögrög-Scheinen, die die Schüler und Lehrer gesammelt hatten. Schließlich trat Enkhjargal vor, um mir einen kleinen Vogel aus Horn zu überreichen, den ihr Vater geschnitzt hatte. Dann legte jemand die Popmusik-Kassette ein, die im Club gespielt worden war. »Wir haben gehört, dass Sie sehr gut tanzen«, sagte Agvantseren. »Würden Sie jetzt auch für uns tanzen?« Also tanzte ich. Zu den zwei Songs auf der Kassette, die immer wieder von neuem abgespielt wurde. Ein paar der mutigeren Schüler machten mit, während der Rest der Schule nur dastand, zuschaute und klatschte.

Am Abend stieg ich zu Enkhjargals Haus auf den Hügel hinauf. Ihre Mutter, die ich noch nie gesehen hatte, machte schnell *tos* und braute Tee auf russische Art mit Milch und Zucker. Ich hatte Enkhjargal noch nie so still erlebt wie an jenem Abend, als sie hinter mir im Schatten saß. Die Mariners-Baseballmütze, die wir als Requisite im Unterricht benützt hatten, war ein seltsames Geschenk für ein Mädchen, aber Enkhjargals Augen wurden so groß wie Untertassen, als ich sie ihr hinhielt. Sie nahm sie mit ineinander gelegten Händen und hielt sie in ihrem Schoß wie einen kostbaren Schatz. Als ich zu meinem Ger zurückging, wirkten die unzähligen funkelnden Sterne über dem Dorf greifbar nahe. Die Milchstraße mit ihrem flimmernden Glanz zog sich über den Himmel wie eine Kieselspur in einem Bach.

Am Morgen war der Himmel düster grau. Ich machte ein Feuer. Der Schnee rieselte herunter. Um zehn sagte man mir im Postamt, dass genügend Passagiere für einen Flug beisammen seien, aber jetzt mache das Wetter Probleme; kommen Sie um zwölf Uhr wieder, dann können wir Ihnen sagen, ob das Flugzeug geht oder nicht. Ich ging zu Buyanjargal, um Lebewohl zu sagen. Mittags hieß es auf dem Postamt, dass ich um zwei wiederkommen solle. Es lagen jetzt mehrere Zentimeter Schnee auf dem Boden und es schneite weiter. Meine Tür ging auf. Enkhjargals Eltern huschten geduckt herein. Als ich den Tee servierte, wurde mir bewusst, dass mir das mongolische Ritual bereits in Fleisch und Blut übergegangen war – der Tee war so selbstverständlich wie ein »Hallo, wie geht es Ihnen?« Ebenso die Gewohnheit, niemals nachzufragen, warum jemand gekommen war. Der Besuch war da, also hieß man ihn willkommen und setzte ihm Tee vor. Wenn es einen bestimmten Grund für den Besuch gab, würde ich ihn schon noch erfahren.

Ich hatte ihrer Tochter eine Baseballmütze geschenkt, die man in jedem Supermarkt gratis bekommt – eine winzige Geste der Anerkennung und Ermutigung für meine klügste und eifrigste Schülerin. Jetzt waren sie gekommen, um mir eine kleine Kostbarkeit zu bringen, ein Erbstück, das seit Generationen vom Vater auf den Sohn übergegangen war. Ich konnte nicht ablehnen, konnte nicht sagen, dass es zu viel war, als sie mir den kleinen *ochir* überreichten. Der *ochir*, ein traditionelles Gebetsutensil der tibetischen Lamas, ist ein Messinggussstück aus palindromischen Bögen, die die Fähigkeit zu echtem Mitleiden symbolisieren. Ich konnte das Geschenk nur stumm und mit ineinander gelegten Händen entgegennehmen, wobei ich die Augen wahrscheinlich noch weiter aufriss als ihre Tochter gestern Abend, als ich ihr die läppische Baseballmütze gegeben hatte.

Um zwei Uhr wirbelte der Schnee immer noch herunter. Auf dem Postamt hieß es, dass ich morgen noch einmal fragen solle. Ich machte mit meiner Abschiedsrunde weiter – bei Gerlee, bei Sarant-setseg, bei Agvantseren. Guriltai Shul wurde geschlürft, Geschenke spontan aus Schubladen und Taschen hervorgeholt. Sie versprachen, dass sie mir schreiben würden, und ich versprach, dass ich wiederkommen würde. Draußen lugten ein paar Sterne zwischen der aufreißenden Wolkendecke hervor. Der Wind blies immer noch.

Als ich am 13. November um sieben Uhr morgens hinausspähte, war der sternenübersäte Himmel klar. Um acht Uhr dreißig ging ich in hellem Sonnenlicht und frostklirrender Luft zum Postamt. Diesmal hieß es, ich möge um zehn Uhr noch einmal nachfragen. Kurz nach zehn kam Agvantseren in einem leuchtend blauen Deel mit einer orangefarbenen Schärpe. Es war das erste Mal, dass ich ihn nicht in einem Anzug sah. Er war gerade auf der Post gewesen und richtete mir aus, dass ich um ein Uhr wiederkommen möge. Um ein Uhr war die Post geschlossen. Um ein Uhr fünfundvierzig hieß es, das Flugzeug würde um zwei Uhr fünfzehn in Mörön starten. Um zwei Uhr fünfzehn gingen wir zu einem verschneiten Feld am Rand des Dorfes, wo an einem Zaunpfosten ein Luftsack aufgehängt war. Kurz nach drei näherte sich von einer Hügelschneise ein kleines röhrendes Flugzeug und landete in einer Wolke von Schnee. Eine Horde Kinder stob auseinander, lief hinter dem Zwölfsitzer her und schwärmte unter seinen Flügeln herum, als das Flugzeug wendete und zurückrollte. Baasanjav steckte mir zwei kleine Tafeln Schokolade in die Tasche, und schon im nächsten Moment schrumpfte Arshaant zu einem winzigen Punkt in der Ferne zusammen und bald zu einer bloßen Erinnerung.

Teil III
Die Reise durch das Reich der Mitte
Eine Verfolgungsfahrt mit dem Rad

Radfahrer südlich von Pingyao

Reise
durch eine Tuschezeichnung

Mir graute vor dem Bahnhof von Peking. Selbst um fünf Uhr morgens würde er von den dichten, wimmelnden Massen der bevölkerungsreichsten Nation der Erde verstopft sein. Ich war auf stoßende, drängelnde Menschenknäuel und einen aufdringlichen Mob gefasst. Meine Sachen würde ich niemals alle in einem Anlauf aus dem Zug herausbekommen. Greene passte auf keinen Fall durch den engen Flur. Ich musste sie irgendwie auf den Bahnsteig hinaushieven und dort stehen lassen, von unzähligen neugierigen, stochernden Fingern betatscht. Dann musste ich mich durch den Strom der entgegenkommenden Fahrgäste in den Zug zurückkämpfen, um die Satteltaschen zu holen. Schließlich musste ich Greene, umringt von stochernden, neugierigen, fragenden Menschen, die ich nicht verstand, da ich kein Wort Chinesisch konnte, wieder aufladen, mich in eine völlig unbekannte Stadt hinausarbeiten und dabei auch noch so tun, als hätte ich die Dinge im Griff.

Nach drei Monaten in der Mongolei hatte ich mich dort allmählich zu Hause gefühlt. Ich wusste, wie alles funktionierte, was ich zu erwarten hatte. Als der Zug jetzt nach vierzigstündiger Fahrt in Peking einfuhr, war ich erneut mit dem Unbekannten konfrontiert. Ich hatte vier Wochen lang ein gemächliches, geregeltes Dorfleben geführt. Jetzt war es, als müsste ich noch einmal von vorne anfangen. Das vertraute mulmige Gefühl und die Aufregung ließen mein Herz schneller schlagen, während ich einen ordentlichen Stapel bildete – zwei Vorderradtaschen, zwei Hinterradtaschen, die wie eine Satteltasche miteinander verbunden waren, ein eng zusammengeschnürtes Bündel aus Schlafsack, Schlafmatte und Zelt – und in Gedanken ausknobelte, wie ich die Sachen am schnellsten aufsammeln konnte. Ich übte. Ich baute den Stapel um. Ich übte wieder. Der Zug rollte in den Bahnhof ein. Ich schob Greene in den Flur hinaus. Bald tauchte der Bahnsteig an der Seite auf, kalt, trüb und beinahe leer. Nur ein paar verstreute Gestalten standen schläfrig bereit, um ankommende Mitreisende zu begrüßen. Ich trug Greene die Stufen hinunter auf den Bahnsteig, drehte mich um und wollte schon in den Zug zurückstürzen, da hörte ich meinen Namen rufen. Die vietnamesischen Studenten, die mit mir im Abteil gesessen hatten, lehnten direkt hinter mir aus dem Fenster und reichten mir mein ganzes Gepäck herunter. Niemand würdigte mich auch nur eines Blickes, als ich Greene wieder auflud und auf den Ausgang zusteuerte.

Die breiten Boulevards lagen im blassen Dämmerlicht und waren fast leer. Der Strohbesen eines Straßenkehrers scharrte am Gehsteig entlang. Eine einsame Gestalt vollführte im Zeitlupentempo ihre Tai-Chi-Übungen. Ein einsames gelbes Taxi sauste die Straße hinunter. Das Pflaster war stellenweise mit Eis bedeckt. Ich radelte los, zögernd zuerst, und umfuhr sorgfältig die weißen Glatteisstellen. Und dann lag er plötzlich vor mir – der Platz, der als blutiges Schlachtfeld in mein Bewusstsein getreten war und der für mich unauslöschlich mit dem Bild eines dünnen Mannes verknüpft ist, der sich einem Panzer entgegenstellt. Ich wandte mich nach Süden, weg von dem riesigen Gesicht Mao Zedongs, das über die Steinfliesen des 40 Hektar großen Tiananmen-Platzes hinausblickte. In den Straßen wurde es jetzt lebendig. Ladenbesitzer machten ihre Geschäfte auf, stellten Verkaufstische mit leuchtend bunten Stoffen und frischem Gemüse aus. Dampf stieg von den Suppenküchen am Straßenrand auf, wo die Leute ihr Frühstück aus riesigen Schalen schlürften. Und rings um mich her Männer, Frauen und Kinder auf Fahrrädern.

Ich fand das weitläufige Hotel, in dem alle Rucksacktouristen abstiegen, und richtete mich in einem Zimmer mit zwei anderen Frauen ein. Unser Fenster ging auf einen Autobahndamm hinaus, der fünf ineinander verschlungene kreisförmige Narben aufwies – dort, wo man sorgfältig angepflanzte Blumenrabatten herausgerissen hatte, nachdem die Olympischen Spiele 2000 gerade an Sydney gegangen waren. Die Autobahn, die gedrängte Großstadtskyline erschien mir, die ich an Fellzelte und Blockhütten gewöhnt war, ein wahrhaft seltsamer Anblick, als sei ich mitten in Manhattan gelandet.

Es war bereits eine Woche vergangen, seit ich von Arshaant wegflog war, nur um bei der Ankunft in Erdenet feststellen zu müssen, dass es keine Verkehrsmittel vom Flughafen in die Stadt gab. Unsere kleine Gruppe hatte sich folglich zu Fuß auf den Weg gemacht und die verschneiten Hügel überquert, doch als wir am Bahnhof ankamen, war der Zug längst fort. Wir hatten die Nacht in der Wohnung eines Bekannten meiner Mitreisenden verbracht und am folgenden Abend den Nachtzug nach Ulan Bator erreicht. Nach vier Tagen in der Stadt und zwei weiteren Nächten im Zug war ich schließlich in Peking gelandet, 1500 Kilometer Luftlinie von meinem Ger auf dem Schulhof in Arshaant entfernt.

Im Hotelzimmer drehte ich Greene um und prüfte das Hinterrad. Es eierte wie ein schlecht geworfenes Frisbee. Ich hatte Angst, dass die Felge verbogen sein könnte, für die ich hier in China niemals ein Ersatzteil bekommen würde, und zog mein treues Handbuch zu Rate. So stellte ich fest, dass es in meiner Tasche ein Werkzeug namens »Speichenschlüssel« gab, mit dem man die »Spannung ausglich«, indem man zu eng sitzende Speichen lockerte und lose anzog, bis das Rad wieder rund lief.

Als Greene nach einigen Stunden justiert, gesäubert und startbereit war, schloss ich sie im Zimmer ein und machte mich auf, um Peking zu Fuß zu erkunden. Fünf Monate später würde ich auf dem Weg nach Norden in die chinesische Hauptstadt zurückfliegen. Verglichen mit der Hitze, dem Lärm und dem Chaos von Saigon und Hongkong würde mir Peking trostlos und öde erscheinen, aber als ich von Ulan Bator kam, war die Stadt für mich eine lebendige, pulsierende Metropole, auf deren Straßen und Gehsteigen sich atemberaubend bunte Ströme von Rädern, Bussen und Fußgängern entlangwälzten.

Obwohl mir klar war, dass die bröckelnden Backsteinmauern in der Realität niemals mit den spektakulären Fotos und meinen eigenen Fantasien mithalten konnten – der Mythos, dass die Große Mauer als einziges Menschenwerk vom Mond aus sichtbar ist –, schloss ich mich einer Busladung Touristen an, die zur Besichtigung hinfuhren. Die Barriere aus gestampftem Lehm war vor über 2000 Jahren begonnen worden. In den folgenden Jahrhunderten (und auf Kosten unzähliger Menschenleben) wuchs die Mauer weiter und wurde als äußerst effiziente militärische Schnellstraße benützt, die aber die Armeen des Kublai Khan nicht aufzuhalten vermochte. Wir folgten einem Weg vom Parkplatz an den Verkaufsständen vorbei, von denen bei diesem eisigen Wetter außerhalb der Touristensaison nur wenige geöffnet hatten, dann stiegen wir einen bewaldeten Hang bis oben auf die Mauer hinauf. Schnee lag in schattigen Nischen. Unregelmäßige Treppen führten zu kleinen Türmen hinauf und hinunter, dann zum nächsten und übernächsten, so weit das Auge reichte, über die Senken und Kämme der braunen Winterhügel hinweg, bis in die Unendlichkeit. Und jeder der Besucher ertappte sich irgendwann dabei, dass er den Blick von der Mauer abwandte, in den blassen Himmel hinaufschaute, nach dem Mond suchte und sich das Undenkbare vorzustellen versuchte. Die gewaltige Schlange aus uraltem Backstein fühlte sich lebendig an, unzerstörbar und eindrucksvoller, als ich es mir jemals hätte träumen lassen.

In der nächsten Woche, während ich mir die Zahlen von eins bis zehn einzuprägen versuchte, indem ich in den zahlreichen Straßenküchen Pekings um das schmackhafte, reichhaltige Essen feilschte – heiße Yams, dampfende Nudelsuppen, knusprige, crêpeartige Gerichte –, entdeckte ich, wie nützlich das An-den-Fingern-Abzählen sein kann. Selbst bei einheimischen Kunden ergänzten die Verkäufer die gesprochenen Preise mit Fingerbewegungen, die der amerikanischen Zeichensprache ähnelten. Ich gewöhnte mir an, ebenso selbstverständlich auf Fingerbewegungen zu achten wie ich auf die Worte hörte. Ich lernte auch mit den Fingern zu feilschen, was ich auf jeden Fall besser beherrschte als das bisschen Mandarin, an dem ich mir fast die Zunge zerbrach.

Ich lernte einen britischen Dichter von der Isle of Guernsey kennen. Wir gingen zusammen ins Kino – Kungfu-Kämpfe in Technicolor und im Zeitraffer, in denen die Frauen ebenso hart im Nehmen waren wie die Männer. Hinterher wagten wir uns zum ersten Mal in ein rein chinesischsprachiges Restaurant, wo wir blindlings auf die Schnörkel und Striche auf der Speisekarte zeigten, ohne zu wissen, was wir bestellt hatten, bis die Gerichte vor uns standen.

Ich gewöhnte mich allmählich an die beiden chinesischen Währungen, den RMB und den FEC. Der RMB (den ich bald, wie es hier üblich war, *kuai* statt *yuan* nannte, so wie man in Amerika »buck« statt »dollar« sagt) war die echte chinesische Währung; der FEC war die Währung, die die Bank an Ausländer vergab. Da er gegen Dollars eingewechselt werden konnte, hielt der FEC, obwohl er theoretisch den gleichen Wert hatte wie der RMB, einen florierenden Schwarzmarkt am Leben; man konnte ihn auf der Straße zu einem äußerst günstigen Kurs umtauschen.

Ich lernte auch bald den häufigsten und gefürchtetsten chinesischen Satz, die beiden Wörter, die unter Reisenden geradezu legendär geworden sind: *mei you.* Es bedeutet wörtlich »nicht haben« und ist die Verneinung auf die Frage *You mei you…?* (»Haben Sie…?« Oder: »Gibt es…?«)

»Haben Sie heißes Wasser?« »*Mei you!*«

»Gibt es hier ein Hotel?« »*Mei you!*«

»Gibt es eine asphaltierte Straße?« »*Mei you!*«

Die bejahende Antwort war einfach »*You*«, aber die Antwort, auf die ich mich einzustellen lernte, war »*Mei you*«.

Ich holte mein postlagerndes neues Erste-Hilfe-Set und einen Stapel kostbarer Briefe bei American Express ab. Botschaften von zu Hause verursachen mir seltsamerweise kein Heimweh, sondern bewirken eher, dass ich mich in einer neuen, unvertrauten Stadt heimischer fühle. Vielleicht weil ich mir dann nicht mehr so unwirklich vorkam. In einem der zahllosen Billigrestaurants, die die Straße um das Hotel herum säumten, saß ich stundenlang über einem Teller Teigklößchen, die ich unwillkürlich Buuz nannte, die aber *jiaozi* hießen, und schrieb Band II meines Briefs nach Hause. Zwanzig- bis dreißigjährige Amerikaner, Europäer und Australier saßen um mich herum und erfüllten den Raum mit lautem Gelächter und ihren Reisegeschichten.

Hier lernte ich einen bärtigen Typen aus Chicago namens Kirk kennen. Wir aßen Nudeln, tranken Bier, wanderten zusammen durch die Straßen und eines Nachts gab ich ihm eine Massage, bis meine Zimmergenossinnen zurückkamen. Als ich am 30. November Greene belud und aus dem Hotel hinausschob, kam Kirk heraus, um uns nachzuwinken. Er wollte mit einem Freund erst nach Norden, dann Richtung Süden via Xi'an nach Yangshuo reisen. Ich müsse nur schnell genug fahren, frotzelte er, dann würde ich sie einholen. »Wir können die Terracotta-Krieger in Xi'an miteinander besichtigen«, sagte er lachend. Es war ein Lachen, das mir noch die nächsten sieben Wochen und 2700 Kilometer in den Ohren klingen sollte.

Es ist anstrengend genug, wenn man die Sprache um einen herum nicht beherrscht: Das Geschnatter im Hintergrund wird eher als Lärm wahrgenommen und nicht als Gesprächsfetzen; Einkaufen ist eine zähe, schwierige und heikle Angelegenheit; eine Speisekarte ist ein unverständlicher Buchstabensalat. Was man als echter Analphabet erlebt, ist jedoch weitaus schlimmer. Ich hielt an einer Kreuzung an und starrte ratlos auf den Wegweiser. Sie waren sehr hübsch, all diese Punkte und Schleifen und Spitzen, diese präzisen, fließenden Linien und eleganten Striche. Aber leider ergaben sie keinen Sinn. Ich schaute sie an, doch sie fügten sich nicht zu einer Sprache zusammen.

Ich hatte versucht, mich in südwestlicher Richtung zu halten, aber meine Karten konnten sich nicht darüber einigen, was in dem Chaos der wuchernden Vorortsiedlungen Pekings wo zu finden war. Ich hatte eine Karte von China in Pinyin, der Standard-Transkription chinesischer Zeichen in das lateinische Alphabet, und einen in Provinzen aufgeteilten Atlas in chinesischen Zeichen. Der Atlas erwies sich rasch als nützlicher als die Karte. Kaum eine Stunde Fahrt von der Hauptstadt entfernt war Pinyin von den Straßenschildern verschwunden, und meine hoffnungslosen Versuche, die Transkriptionen auf der Karte auszusprechen, stießen auf verständnislose, ungläubige Blicke. Mit dem Atlas konnte ich, auch wenn ich keinen einzigen Kringel oder Strich zu entziffern vermochte, die Straße bestimmen, indem ich das Ganze von der nächst größeren Stadt nach hinten aufrollte – der nächste Ort in größer gedruckten Kringeln und Strichen (in diesem Fall Taiyuan, 400 Kilometer Luftlinie südwestlich von Peking).

Ich hatte meistens keine Ahnung, wie die nächste Stadt oder das nächste Dorf hießen. Wenn ich anhielt, um nach dem Weg zu fragen, zeigte ich einfach auf eine Zeichenfolge, die ich auf der betreffenden Seite umkringelt hatte, und folgte dem Nicken oder Kopfschütteln oder dem deutenden Finger. Natürlich kam es auch vor, dass keiner da war, den ich fragen konnte. Dann stand ich an der Kreuzung, schaute zum Straßenschild hinauf, dann wieder in den Atlas, dann wieder hinauf, dann wieder in den Atlas, und suchte nach übereinstimmenden Zeichenfolgen. »Drei Zeichen, das zweite Zeichen ist ein Dreieck ohne Basis über drei parallelen Strichen …« Es ging langsam (alles ging langsam), aber es funktionierte. In den nächsten zwei Monaten machte ich große Fortschritte in dieser Kunst, obwohl die beiden einzigen Schriftzeichen, die ich mir jemals einzuprägen vermochte, nichts mit Straßenschildern zu tun hatten.

Nach stundenlangem Strampeln auf staubigen, steinigen, verkehrsreichen Straßen kam ich an eine Weggabelung. Es war halb vier, die nächste Stadt auf der Karte war dreißig Kilometer entfernt, und es war Ende November in Nordchina; spätestens um fünf Uhr würde es dunkel sein. Es war dumm von mir, die kurvige, eisige Gebirgsstraße hinaufzufahren. Aber da stand ich nun mit langem Gesicht in einer Umgebung außerhalb des Einzugsgebiets von Peking. Der Verkehr, der Lärm, der Schmutz waren abrupt der Stille der Berge gewichen. Ein endloser Horizont aus zackigen Scherenschnitt-Bergen verlor sich in einem stillen, rosigen Dunst. Ich dachte daran, wie ich einmal in Frankreich im Heu gelegen und in den grenzenlosen Erntehimmel über mir geschaut hatte. Oder einmal in einem Zug mein Gesicht ans Fenster gedrückt hatte, während ich durch das grüngoldene Sonnenlicht den Rhein entlangbrauste. Damals war mir aufgegangen, dass Monet und die deutschen Romantiker sich nicht ausgedacht hatten, was auf ihren Bildern zu sehen war. Jetzt stellte ich fest, dass die chinesischen Künstler ihre Motive ebenfalls nicht erfunden hatten. Ich radelte in eine Tuschezeichnung auf Reispapier hinein. Meine Reise durch China hatte begonnen.

Dreißig Kilometer bis zur nächsten Stadt auf der Karte. Ich war noch keine dreißig Kilometer gefahren, als eine Gruppe von niedrigen Steinhäusern neben der Straße auftauchte. Ein junger Mann mit dem schicksalsergebenen Ausdruck eines ewigen Studenten sah mich ein paar Minuten später ratlos vor einem zweistöckigen, barackenähnlichen Gebäude stehen und herumrätseln, ob das hier vielleicht das hiesige *lüguan* war. Mein Sprachführer listete drei verschiedene Wörter in aufsteigender Kategorie für »Hotel« auf: *lüshè*, *lüguan* und *binguan*. *Binguans* waren teure, mit Teppichen und fließend warmem Wasser ausgestattete Etablissements, die es nur in größeren Städten gab und die FEC verlangten. *Lüguans* deckten die mittlere Kategorie ab, während *lüshè* offenbar besagte, dass man einfach eine Unterkunft für die Nacht suchte, ohne irgendwelche Ansprüche zu stellen. *Lüshè* war also der geeignetste Ausdruck, wenn man in kleinen Dörfern nach einer Bleibe fragte.

Leider brachte ich nie eine einigermaßen verständliche Aussprache von *lüshè* zu Stande und musste meistens auf *lüguan* zurückgreifen, das mir besser über die Lippen ging. Der junge Mann nickte und führte mich zur Hotelmanagerin. Sie reichte mir ein Formular. Name, Adresse, Passnummer, wo ich herkam, wo ich hinwollte. Die üblichen Informationen vermutlich. Ich wusste es nicht. Ich konnte nichts auf dem Blatt vor mir entziffern. Ich wusste nicht, wo ich unterschreiben sollte. Die Frau tippte mit ihrem Zeigefinger auf einen Leerraum auf dem Formular und gab mir einen Stift. Ich schrieb meinen Namen sorgfältig in Druckbuchstaben. Sie starrte darauf und runzelte die Stirn. Offenbar dachte sie, dass ich unfähig sei, meinen Namen zu schreiben. Ich holte meinen Sprachführer hervor und fand das Wort »Adresse«. Sie nickte und zeigte auf einen anderen Leerraum. Ich schlug das Wort »amerikanisch« nach. Etwas wie ein Lächeln huschte über ihr Gesicht und sie nahm das Formular und trug es selber ein. Ich zeigte auf meine Passnummer. Sie nickte, trug sie in das Formular ein und kam zu dem Schluss, dass sie es damit gut sein lassen konnte. Sie schob das Papier in eine Schublade, stand auf und führte mich den Flur hinunter in eine Betonzelle mit einem zugigen Fenster und einer Thermosflasche heißem Wasser auf dem Tisch; unter dem Bett waren ein Paar Zehenriemensandalen aus Plastik und eine Plastikwanne versteckt.

»*Chi fan ma?*«, fragte sie. Ich schüttelte hilflos den Kopf und reichte ihr den Sprachführer. Sie schlug »Speisesaal«, dann »Abendessen« nach und zog fragend die Augenbrauen hoch. Ich nickte heftig. *Chi fan* war ein Ausdruck, der mir nur zu vertraut werden sollte. Die beiden Wörter, die eigentlich »Reis essen« heißen, verwandelten sich mit dem Zusatz *ma* in eine Frage, die ungefähr »Sind Sie hungrig?« oder »Kann ich etwas zu essen haben?« bedeutete.

Mit jeder Sprache, die man lernt, fällt einem die nächste etwas leichter, was nicht nur auf die erweiterte etymologische Basis zurückzuführen ist, sondern auf den größeren sprachlichen Bezugsrahmen. In der Mongolei hatte ich Wochen gebraucht, um zu begreifen, dass Fragen nicht durch eine bestimmte Wortfolge oder Intonation gebildet wurden, sondern durch das Hinzufügen eines einzigen Wortes – entweder *uu* oder *ve* – am Ende des Satzes. Als ich jedoch nach China kam und las, dass man eine Frage bildet, indem man am Ende das Wort *ma* hinzufügt, ergab die einst so verwirrende Konstruktion sofort einen Sinn.

Mit der Zeit entdeckte ich zu meiner Verblüffung, wie einfach die Grundlagen der chinesischen Grammatik waren: keine Verbkonjugationen, keine Tempi, keine Substantivdeklinationen. Darüber hinaus ließen sich die kurzen chinesischen Vokal-Konsonanten-Silben viel leichter lernen als die endlosen Konsonantenketten des Mongolischen. Das einzige Problem für meine unmusikalischen Ohren war die Tatsache, dass das Chinesische eine tonale Sprache ist. Ich konnte einfach nicht die vier verschiedenen Tonlagen heraushören, ge-

195

schweige denn wiedergeben, die das Wort *chi* – »essen« – in »Teich«, »eine Längeneinheit, die etwa 1/3 Meter entspricht« oder »die Farbe Rot« verwandelte, und das Wort *fan* – »gekochter Reis« – in »Segel«, »gewöhnlich« oder »umdrehen.« Wann immer ich in ein Restaurant ging und etwas zu essen verlangte, musste ich darauf gefasst sein, dass ich in Wahrheit »ein rotes Segel« oder »einen gewöhnlichen Teich« bestellte oder womöglich verkündete: »Hallo – die Längeneinheit von 1/3 Meter hat sich soeben umgedreht.«

Der junge Mann hatte diskret beim Empfang gewartet. Jetzt sagte mir die Hotelmanagerin, ich solle ihm folgen. Wir gingen über die Straße. Er stieß eine schwere, wattierte Decke beiseite, die vor einem Eingang hing. In dem Raum standen ein kleiner Holztisch, zwei Stühle und ein Bett. Ein Restaurant, so stellte ich bald fest, war oft nur ein normaler Wohnraum mit einem Tisch und Bewohnern, die bereit waren, für andere zu kochen. Eine junge Frau sprang auf, als ich hereinkam, und winkte uns an den Tisch. Sie servierte uns undichte Gläser mit lauwarmem, bitterem Tee und verschwand in die Küche. Nach einer Weile kehrte sie mit einer riesigen Keramikschüssel mit einem dampfenden Eintopf zurück. Kaninchenfleisch dümpelte zwischen Kaninchenknochen herum, ein Kaninchenauge starrte mich aus einem Kaninchenschädel an. Sie schauten mir beim Essen zu. Sie lächelten mich an. Sie lachten über die Chili-Tränen in meinen Augen, als mir das köstliche Schmorgericht die Kehle hinunterbrannte.

Ich reichte ihnen meinen Atlas. Sie brüteten über dem Buch, so fasziniert von den Karten wie die meisten Mongolen es gewesen waren und ebenso unfähig mir zu sagen, auf welcher Seite wir waren. Bevor ich von Peking aufgebrochen war, hatte ich Greenes Lenker neu ausgerichtet und zu heftig daran gezerrt, so dass die Kabel des Kilometerzählers gerissen waren; meine notdürftige Reparatur hatte nicht gehalten. Jetzt wusste ich nicht nur nicht, wo ich war, sondern ich wusste auch nicht, wie weit ich gefahren war.

Wenn man sich in China verirrt, ist das beängstigender, als wenn man in der Mongolei vom Weg abkommt. Verglichen mit den sonnenhellen Ebenen, in denen das »Verirrtsein« jederzeit mit einer Kehrtwendung über die offene Steppe korrigiert werden kann (und wo es ohnehin spirituell unerheblich ist, ob man nun so ganz genau weiß, wo man sich befindet), kommt einem das Reich der Mitte wie ein dunkles Geheimnis vor, dessen unergründliche Tiefen einen Menschen mit Haut und Haar verschlingen können. Voluminöse Maiskörbe quollen über die Ziegeldächer. Gebündeltes Getreide säumte die Felswände dunstiger Bergdörfer. Die Welt war eine Palette von Gelb- und Grautönen. Stein und Mais und wintertote braune Bäume. Im Freien draußen versammelten sich Männer um Billardtische, deren grüne Filzrechtecke einen grellen Farbkontrast zu der blassen Landschaft bildeten. Kinder spielten Tauziehen, kreischend und lachend, wälzten sich um die Steinwände herum, kamen beim Billardtisch schlitternd zum Halten, und nachdem feststand, wer der Gewinner war, stürzten sie wieder davon.

Mein Kilometerzähler tickte vor sich hin (dank der Hilfe des jungen Mannes im Hotel vom Tag zuvor); das Plastik war weggebrannt, die Drahtenden zusammengezwirbelt und mit Isolierband fixiert.

Männer spielen im Freien Billard

Ich wusste, dass ich zwanzig Kilometer gefahren war, dreißig, vierzig, aber ich wusste immer noch nicht, wo ich war. Ein Straßenschild kündigte an, dass Peking linker Hand lag, wo es doch rechts hätte sein müssen. Ich fuhr laut Karte Richtung Süden, nach meinem Kompass jedoch westwärts, und der Weg wand sich unerbittlich in die Berge hinauf. Die Straße überquerte jetzt die Eisenbahngleise tief unten. Ich hielt an und starrte auf die scharfen schwarzen Linien, die sich in ihrem unerschütterlichen linearen Vorwärtsdrang in einen Tunnel stürzten. In einem Reiseführer, der mir in Peking in die Finger geraten war, hatte ich gelesen, dass die Fahrt bis Xi'an zweiundzwanzig Stunden dauerte. Zweiundzwanzig Stunden mit dem Zug. Wie viele würden es mit dem Fahrrad auf der kurvenreichen Bergstraße sein? Ich trank einen großen Schluck Wasser und fuhr weiter den Hügel hinauf.

Als ich auf der anderen Seite des Passes eine Abwärtskurve mit dreißig Stundenkilometern genommen hatte, rollte ich auf einen langen, schmalen Eisstreifen. Ich versuchte das Gleichgewicht zu halten. Fuhr ich geradeaus weiter, konnte mir nichts passieren, aber die Richtung führte schnurstracks auf den Berghang zu. Ich musste irgendwie der Straßenbiegung folgen. Greenes Reifen glitten lautlos unter mir weg. Wie in einem Comic hingen mein Fahrrad und ich parallel zum Straßenpflaster in der Luft. Dann plumpsten wir hinunter, wobei Greenes Taschen zuerst auftrafen. Dann mein linkes Knie, meine linke Hüfte, mein linker Ellbogen. Mein Hals wurde brutal herumgerissen. Das Krachen des Helms, der auf dem Asphalt aufprallte, hallte in meinem Kopf wider.

Eine schwere Gehirnerschütterung hätte mich vermutlich nicht umgebracht, aber vielleicht daran gehindert, aufzuspringen und Greene an den Straßenrand zu zerren, bevor das kleine weiße Auto um die Ecke gefegt kam. Benommen, mit bebender Brust, wild klopfendem Herzen und dröhnendem Schädel griff ich nach oben und berührte dankbar meinen Helm. Bis zum heutigen Tag bin ich überzeugt, dass er mir das Leben gerettet hat. Ich schaute über das Tal. Die verschiedenen Brauntöne verschwammen mir eine Sekunde lang vor den Augen, bis sie sich wieder zu winterstarren Feldern fügten. Ich schaute auf meinen Kilometerzähler hinunter. Die Ziffern lagen vor mir, klar und unerschütterlich. Ich bewegte den Kopf, streckte Arme und Beine aus, untersuchte Greene und rückte die Lenkstange gerade. Wir waren okay. Wir waren beide okay. Es war alles okay. Ich konnte weiterfahren, als ob nichts passiert sei. Ich rollte zurück auf die Straße und schlitterte sofort quer hinüber in den nächsten Felshang. Danach stolperte ich über den Asphalt zurück und setzte mich hin. Ich blieb lange sitzen, bis ich es ein zweites Mal versuchte.

Als ich ins Tal hinunterfuhr, verbreiterte sich die Straße und mündete in einen stark befahrenen Kreisverkehr. Ein steinerner Wegweiser war in Pinyin und mit chinesischen Zeichen beschriftet: Yixian. Yixian war auf meiner Karte! Ich zeigte den Atlas der Männerschar, die zusammengelaufen war, sobald ich angehalten hatte. Ich zeigte auf das nächste Dorf.

»Xiling«, lasen sie. »Zweiundzwanzig Kilometer«, sagten ihre Finger.

»*Lüguan you mei you?* – Gibt es dort ein Hotel?«

»*You, you*«, bestätigten einige der Männer und nickten.

Es gab sicher auch ein Hotel in Yixian, aber zu Beginn meiner Reise war ich etwas eingeschüchtert von der Unübersichtlichkeit der größeren Orte. Später schreckte ich eher vor dem Abenteuer der Dörfer zurück und zog die relative Anonymität der weltofferneren Städte vor.

Der Hotelmanager in Xiling war ein gut aussehender Typ mit Lederjacke, der sich Ting nannte – oder jedenfalls hörte es sich für mich so an. Nach fast drei Monaten in der Mongolei war ich endlich in der Lage gewesen, mongolische Namen zu verstehen. Jetzt musste ich wieder bei null anfangen. Ting ließ mich von der Empfangsdame durch ein leeres, gewölbeähnliches Restaurant in ein gemütliches Hinterzimmer führen. Die Empfangsfrau setzte sich mir gegenüber, und bald kamen die Teller angerollt: weiße, mehlige Pilze; grünes Blattgemüse; Schweinefleisch und Karotten; Reis und

Tee. Wir nahmen uns Stäbchen aus dem Krug auf dem Tisch und machten uns über das Essen her. An einem zweiten Tisch saßen ein halbes Dutzend Männer beim Essen und beobachteten uns. Einer von ihnen, ein junger Soldat, nahm eine Flasche grünen Bambuslikör vom Tisch, kam durch den Saal und schenkte jeder von uns einen Schluck davon ein. Dann noch einen und noch einen. Er konnte ein bisschen Englisch, machte aber nicht den Versuch, die Wörter auszusprechen. Stattdessen schrieb er seine Fragen auf eine Serviette, die er mir über den Tisch hinüberreichte. Als ich laut antwortete, schüttelte er nur den Kopf und gab mir den Stift.

Für mich ist das Spannende an einer Sprache der Augenblick, wenn ich einem Fremden ins Gesicht sehe und mit ihm kommuniziere. Es macht mir Spaß, bei der Verständigung mit anderen Menschen neue und unvertraute Lautfolgen, oft auch eine neue Logik unmittelbar umzusetzen. Grammatik ist ein nützliches Werkzeug, aber es war nie meine Stärke, in einem Klassenzimmer zu sitzen und Deklinationen auswendig zu lernen. Die Sprache ist etwas zutiefst Lebendiges. Für mich lebt eine neue Sprache auf der Zunge und in den Augen, nicht auf einem Blatt Papier. In China ist das Gegenteil der Fall: Sehr oft war Englisch eine schriftliche Angelegenheit, aus einem Buch erlernt, selten gehört und noch seltener gesprochen.

Ich schrieb die Worte »Ich komme aus Amerika« in säuberlichen Druckbuchstaben nieder und reichte die Serviette über den Tisch zurück. Der junge Soldat las es, grinste und nickte, und dann nahm er seinen Stift, um die nächste Frage aufzusetzen. Diese Dichotomie zwischen geschriebener und gesprochener Sprache faszinierte mich stets aufs Neue, wo auch immer sie mir im Land begegnete. Wenn die Leute sahen, dass ich sie nicht verstanden hatte, griffen sie oft zur Feder und reichten mir ein Stück Papier, das mit Zeichen voll gekritzelt war. Ich starrte dann hilflos auf das Papier und fragte mich, wie sie nur glauben konnten, ich könne geschriebenes Chinesisch verstehen, nachdem ich nicht einmal das gesprochene Wort verstand. Schließlich prägte ich mir »Ich kann nicht lesen« auf Chinesisch ein – einen Satz, von dem ich nie geglaubt hatte, dass ich ihn jemals würde lernen müssen. Ich hatte gut die Hälfte des Landes durchquert, ehe mir klar wurde, dass die einzelnen Dialekte in China oft bis zur Unverständlichkeit voneinander abweichen, dass aber die geschriebene Sprache überall dieselbe ist. So werden Filme, die in Peking gedreht wurden, für Zuschauer in Hongkong mit Untertiteln versehen, und vice versa. Nachdem ich das alles wusste, leuchtete es mir natürlich ein, warum die Leute so selbstverständlich annahmen, ich müsse lesen können, was ich nicht verstand.

In Xiling behielt ich nachts meine Ohrenklappenmütze an und schlief in meinem Schlafsack unter zwei schweren Steppdecken; es war so kalt, dass ich meinen Atem sehen konnte. Am Morgen war mein Hals auf der rechten Seite so steif, dass ich mich weder aufsetzen noch meinen Kopf heben konnte, um aus dem Fenster zu schauen. Ich musste mich auf den Bauch wälzen und über die Knie hochkommen, so dass mein Kopf der Wirbelsäule folgen konnte. Ich konnte die starken Prellungen an meiner ganzen rechten Seite spüren, machte mir aber nicht die Mühe, mich aus den ganzen Kleiderschichten herauszuschälen, um mir die Bescherung näher anzusehen. Der Dunst vom Vortag hatte sich aufgelöst und ein schönes Zypressental freigegeben, das von zackigen Gipfeln gesäumt war. Ziegeldächer und geschwungene Häusergiebel zeichneten sich vor dem leuchtend blauen Himmel ab. Ich hatte die Nacht einen Steinwurf entfernt von den Westlichen Qing-Gräbern verbracht, wo Kaiser Yongzheng (der von 1723–1736 herrschte) und mehrere seiner Nachfolger zusammen mit einem Gefolge von Höflingen, Ehefrauen und Konkubinen begraben liegen. Der Platz hinter dem Hotel war mit Souvenir-Läden und Kiosken gesäumt, die zum größten Teil den Winter über geschlossen waren.

»Sie hauen dich immer übers Ohr. Sie sehen einen Weißen, und alles, was sie wollen, ist dein Geld. Sie knöpfen dir immer zehnmal so viel ab, wie es in Wahrheit kostet. Du musst um alles feilschen. Es ist ein ewiger Kampf.« Das waren die Geschichten, die ich in den Touristen-Cafés in Peking gehört hatte. Und sie trafen auch durchaus zu, wenn man das »immer« weglässt. Auf jeden Chinesen, der mir den fünffachen Preis für ein Bier oder eine Mahlzeit berechnete, kam ein anderer, der mich überhaupt nichts zahlen ließ. Ich hatte Greene in eine Betonzelle in Xiling gerollt, ohne zu fragen, wie viel das Zimmer kostete. Ich hatte nicht gefragt, wie viel das Essen kostete. Ich hatte nicht nach dem Preis für den heißen Reis-Porridge, das kalte Tofu und das eingelegte Gemüse gefragt, das Ting und ich zum Frühstück aßen. Das Geld selber ist nicht so wichtig, sondern der bittere Nachgeschmack, der zurückbleibt, wenn man sich übervorteilt fühlt. Ich wusste, dass ich keine coole, mit allen Wassern gewaschene Reisende war. Ich war nicht wie Daniel. Ich gab mich geschlagen, bezahlte den horrenden Preis und fuhr weiter, frustriert, wütend und verletzt. Die Angst vor einer solchen Niederlage spukte mir im Hinterkopf herum, als ich mit Ting und der Empfangsfrau durch die Hallen und Schutzwallanlagen wanderte, dann einen langen Geisterweg unter den wachsamen steinernen Augen geschnitzter Tierfiguren entlang.

Als ich aufbruchbereit war, reichte Ting mir eine Rechnung für das Abendessen. Acht Kuai, ungefähr ein Dollar. Ich fragte nach dem Zimmer und dem Frühstück. Er schüttelte den Kopf und griff nach dem Sprachführer. Er suchte die Worte »Fremder« und »Freund« heraus. Dann zeigte er auf das Wort »Mittagessen« und schaute mich an.

Ich schüttelte den Kopf.

Er suchte das Wort »spät« und mimte eine kurvenreiche Gebirgsstraße. »Laiyuan – 110 Kilometer.«

»Fahren Sie morgen«, sagte die Empfangsfrau.

»Ja«, soufflierte eine leise Stimme in meinem Kopf, »bleib da, erkunde das Dorf jenseits der Hauptstraße; du hast es nicht eilig, der Sinn der Reise liegt nicht in den Kilometern, die du auf der Karte abhaken kannst. Du wirst Kirk in Xi'an sowieso nicht einholen.«

»Nein«, sagte ich laut. »Ich fahre heute.«

Meine Erinnerungen an Nordchina sind gleichbedeutend mit Beton und Frost, mit der eisigen Kälte, die mir bis in die Knochen drang, sobald ich zu radeln aufhörte, mit Zementböden und Wänden, die jede Hoffnung auf Wärme zunichte machten, mit Kohleöfen und schwachen Heizkörpern, die vergeblich gegen die Kälte ankämpften. Die Straße, die Tings gemimter Beschreibung haargenau entsprach, wand sich in scharfen Kehren steil in die rauen Winterberge hinauf. Mitten in einer dieser Kehren lag ein blauer Lastwagen knapp unter dem Straßenrand auf dem Rücken. Seine dicken schwarzen Reifen ragten hilflos in den Himmel. Es war der einzige Farbfleck auf den frostig braunen Hängen. Ich stellte mich in die Pedale, und meine Arme und Schultern arbeiteten ebenso angestrengt wie meine Beine, so dass ich in der frischen, eisigen Luft ins Schwitzen kam. Langsam keuchte ich den Pass hinauf zum nächsten Dorf. Dort schlief ich beim Heulen eines bitteren Windes ein und träumte von Graupelhagel, Regen und Schnee.

Aber bei Tagesanbruch herrschte lediglich eine Eiseskälte unter einem azurblauen Himmel. Ein Fluss wand sich durch das Hochplateau, das von fernen Bergsilhouetten gesäumt war. Den ganzen Tag über musste ich alle paar Kilometer anhalten und auf- und abspringen, um meine eisigen Zehen aufzuwärmen. Das Sonnenlicht war bar jeder Wärme. Ich wollte etwas trinken, aber in meinen Flaschen war das Wasser zu Eis gefroren.

Als ich am Nachmittag in Laiyuan ankam, reichte mir die Frau von der Rezeption im Hotel ein Anmeldeformular. »Name?«, sagte ich, nachdem ich das Wort nachgeschlagen hatte. »Name«, sagte sie. »Wo?«, sagte ich. »Name«, sagte sie, zeigte darauf, und ich unterschrieb. Sie schaute auf das Blatt Papier, das ich ihr zurückreichte, und schüttelte den Kopf. Sie wollte etwas, das sie lesen konnte. Ich hielt ihr meinen Pass hin. »Name«, sagte ich und deutete darauf, aber die simplen Buchstabenfolgen sagten ihr auch nicht mehr als mir die komplizierteren Zeichen auf dem Anmeldeformular.

Unter dem halben Dutzend Männer, die sich um uns versammelt hatten, wurden jetzt diverse Lösungsvorschläge laut. Schließlich sah es so aus, als hätte das Geschnatter zu einer Lösung geführt. Einer der Männer nahm das Telefon von der Theke, wählte, erklärte die Situation und reichte mir triumphierend den Hörer. Eine Stimme am anderen Ende sagte: »Hallo, wie ist Ihr Name?«, lauschte meiner sorgfältig artikulierten Antwort und wechselte dann wieder auf Chinesisch über, nachdem ihr Englisch-Repertoire offensichtlich erschöpft war. Schließlich sagte ich den versammelten Männern meinen Namen so lange vor, bis sie eine phonetische Umschreibung dafür gefunden hatten, die die Rezeptionistin in ihr Formular eintragen konnte.

Einer der Männer führte mich in die unvermeidliche Betonzelle, in der ich die Nacht verbringen würde. Er schaufelte Kohlen in einen kleinen Ofen und stellte einen großen Eisenkessel mit Wasser darauf. Wieder waren ein paar Plastiksandalen und eine Waschwanne säuberlich unter dem Bett aufgereiht. Da mir der bloße Gedanke an kaltes Wasser auf meiner Haut Schauer über den Rücken jagte, hatte ich mir seit meinem Aufbruch von Peking nicht einmal mehr das Gesicht gewaschen. Doch als das Wasser heiß war, goss ich es in die Plastikwanne, zog meine Schuhe und Socken aus und genoss es, wie mir die Wärme in die Knochen drang. Ich wäre am liebsten mit dem ganzen Körper in die wohlige Wärme der kleinen Plastikwanne eingetaucht, aber das Wasser würde nicht lange so heiß bleiben. Lass den linken Fuß drin; nimm den rechten Fuß raus, stell ihn ja nicht auf den eisigen Betonboden, reib ihn trocken; zieh eine Socke, einen Schuh an; nimm den linken Fuß raus, bevor das Wasser kalt wird.

Ich schnürte gerade meine Schuhe zu, als die Empfangsfrau hereinmarschierte, gefolgt von einem jungen Mann mit strengem Gesichtsausdruck. In China wurde auch nicht immer angeklopft. Der junge Mann nickte mir zu und tippte auf seine Brusttasche. Er war nicht in Uniform, aber er wollte meinen Pass sehen. Sofort spukten mir die Geschichten von endlosen Polizeischikanen, Erpressungsversuchen und geschlossenen Städten im Kopf herum. »Die Polizei sagt dir, du kannst nicht bleiben, wo du bist, dann sagen sie dir, du kannst nicht hingehen, wo du willst, und schließlich heißt es, du kannst nicht dorthin zurück, wo du hergekommen bist.«

Mein Pass war unter mehreren Kleidungsschichten an meiner Taille festgeschnallt, doch ich hatte den genialen Tipp eines Reiseführers befolgt und trug zusätzlich einen abgelaufenen Pass bei mir – es war der, den ich vorher der Empfangsfrau gezeigt hatte. Den reichte ich nun dem jungen Mann. Er konnte den großen roten Stempel mit der Aufschrift »Ungültig« nicht lesen. Er wusste nicht, dass ein amerikanischer Pass normalerweise nicht mit zwei säuberlich eingestanzten Löchern auf dem Einband ausgestellt wird. Ich hielt den Atem an, als er neugierig die Seiten durchblätterte. Er wusste auch nicht, wie es zweifellos bei der Polizei und der Rezeption eines Hotels in einer größeren Stadt der Fall gewesen wäre, dass er nach einem chinesischen Visum schauen musste. Er gab mir den Pass zurück, nickte höflich und ging. Ich war also doch eine mit allen Wassern gewaschene Reisende! Ich hatte ihn ausgetrickst und er war drauf reingefallen. Man stelle sich nur vor, was passiert wäre, wenn ich ihm meinen richtigen Pass gegeben hätte, dachte ich grinsend. Er hätte neugierig die Seiten durchgeblättert und mir den Pass zurückgegeben; dann hätte er höflich genickt und wäre gegangen …

Als ich mich auf der Suche nach etwas Essbarem auf die Straße begab, bauten die Händler bereits ihre Stände ab. Jemand schob einen schweren, wattierten Türbehang beiseite; durch den Spalt konnte ich mehrere Tische sehen. Fünf Männer drängten sich um einen bulligen Kohleofen. Ich konnte mich nicht verständlich machen: »Was haben Sie?«, wiederholte ich mehrmals (ein ziemlich sinnloses Unterfangen, da ich die Antwort ja sowieso nicht verstanden hätte), dann zeigte ich blindlings auf eine Folge von Strichen und Kringeln auf der Schiefertafel, auf der die Speisen aufgelistet waren, und ging zu den Männern am Ofen hinüber.

Bald stellte die Kellnerin einen Teller mit Tofu in einer braunen Sauce auf einen der Holztische an der Wand. Die schwache Wärme reichte nicht bis dorthin. Ich holte meinen Teller an den Ofen, woraufhin alle in Gelächter ausbrachen. Einer der Männer griff herüber und nahm mir den Teller aus der Hand, dann ging er zum Tisch zurück und setzte sich zum Essen hin. Meine Bestellung kam ein paar Minuten später, ein Teller mit etwas Paniertem und Frittiertem, ebenfalls braun. Die Kellnerin drückte es mir einfach in die Hand.

Es war gut, was immer es auch sein mochte, aber der nächste Gast bekam einen großen Teller grüne Bohnen. Ich war nicht mehr in der Mongolei. Ich würde das Wort für »Gemüse« lernen müssen.

Die Dämmerung brach rasch über der kurvigen Straße herein. Eine kleine Ansammlung von Steinhäusern duckte sich unter die braunen und verschneiten Hügel. Ich fragte, ob es ein Hotel gebe. Ich rechnete nicht damit, dass ich hier eines finden würde. Der junge Mann zögerte, dann bedeutete er mir, dass ich ihm folgen solle. Er führte mich über einen kleinen Steinhof, auf dem Mais und Chili gelb und rot über den Boden krochen, und dann durch einen dunklen Torweg. Alle hatten gesagt, dass so etwas ausgeschlossen sei. Doch ich war in einem ländlichen chinesischen Haushalt gelandet.

Es war kein sehr fröhlicher Ort. Die drei Räume, in denen die Familie des jungen Mannes hauste, waren nichts als trostlos leere Zellen, ohne jeden Schmuck. Der Hauptraum war ein Laden. Unter einer einzigen nackten Glühbirne waren hier Kekse und Cracker, Süßigkeiten und Schuhe, Kleider und Dosenfrüchte, Bratöl und Haarbänder kunterbunt in die düsteren Regale gestopft. Einen der beiden kleineren Räume bewohnten der junge Mann und sein vierjähriger Sohn, den anderen die Eltern. Die Mutter war stämmig, runzlig und wortkarg. Der Vater war größer, wirkte aber eingeschrumpft durch die zittrigen Bewegungen seines Körpers, der nicht mehr ohne weiteres seinem Willen gehorchte. Der junge Mann war das Abbild seines Vaters, wie er einst ausgesehen haben musste – ruhige, neugierige Augen schauten aus einem regelmäßigen, breitflächigen Gesicht in die Welt. Er gab mir heißes Wasser zu trinken. Seine Mutter brachte eine kleine Schale grünes Gemüse und eine tiefe Schale Reis. Die Wärme des Essens breitete sich langsam von meiner Zunge bis in den Magen aus, aber alle im Raum hatten Atemwölkchen vor dem Mund; auch ich zog die ganze Zeit meine Handschuhe nicht aus.

Ich sagte mir, dass meine Gastgeber mehrere Monate im Jahr in diesen unbeheizten Räumen lebten und es ihnen nie richtig warm wurde, außer wenn sie im Bett lagen. Ich dachte an mein Ger und sehnte mich nach der Behaglichkeit der alten Fellkugel, die so fröhlich war, verglichen mit diesem bitterkalten, modernen Zement. Und irgendwo in einer anderen Welt, sagte ich mir, gibt es Wohnzimmer mit Teppichböden und Zentralheizung und fließend warmes Wasser. Es war fünf Monate her, seit ich Seattle verlassen hatte. Inzwischen erschien mir dieses Leben so unwirklich wie eine Erinnerung an ferne Zeiten. Das Unglaublichste daran ist jedoch, dachte ich, während ich zu den vier Menschen aufschaute, die mir beim Essen zusahen, dass ich eines Tages ganz leicht und mühelos in diese andere Zeit, in dieses andere, bequeme Leben zurückkehren würde.

Hier und jetzt war ich jedoch in das Haus dieser Menschen eingeladen worden. Sie gaben mir zu essen. Sie würden mir ein Bett für die Nacht geben. Und doch waren sie sichtlich befremdet von mir, als sie so dasaßen, unfähig, mit mir zu kommunizieren. Ich war ebenfalls frustriert. Die Tür war offen, aber ich sprach kein Chinesisch. Ich konnte mich notfalls durch die Sieben Fragen durchstottern, aber das war auch alles – wie vertraulich kann ein Kontakt sein, wenn man auf einen Sprachführer angewiesen ist? Wir konnten weder über Politik noch über Träume reden. Ich konnte ihnen nichts über meine amerikanische Kindheit in einer von Zitrusbäumen gesäumten Wohnanlage erzählen. Sie konnten mir nichts über das Leben während der Großen Kulturrevolution erzählen. Vielleicht hatten sie sogar eine glückliche Erinnerung, eine lustige Geschichte aus dieser Zeit, die in meinen Büchern als von Chaos, Terror und Hunger beherrscht beschrieben wurde. Ich würde es nie erfahren.

Die Mutter stellte mir eine Frage, die ich nicht verstand. Ich hielt ihr den Sprachführer hin, aber sie wehrte ab. Ich wollte ihr zeigen, dass auf den Seiten chinesische Zeichen waren. Sie schob das Buch wieder weg. Ich hatte etwas Falsches gemacht, wusste aber nicht, was. Schließlich zeigte sie auf ihren Sohn. Zeigte auf das Buch in meiner Hand und dann wieder auf ihren Sohn. Und plötzlich verstand ich. Sie konnte genauso wenig Chinesisch lesen wie ich.

Ich saß auf dem Rand des *kang*, einer erhöhten Plattform, die gut ein Drittel des Raums einnahm. Meine Gastgeber standen zu viert an der Wand, der kleine Junge an seine Großmutter geschmiegt. Sie schauten mir beim Essen zu. Der junge Mann fragte, ob es Reis in Amerika gebe. »Ja«, sagte ich, »aber wir essen ihn nicht mit Stäbchen.«

»Oh«, sagte er und nickte seinem Vater wissend und mir verständnisinnig zu, dann mimte er: »Sie essen mit den Fingern!«

Bevor wir ins Bett gingen, führte mich die Mutter zur Toilette. Auf der anderen Straßenseite, hinter einer niedrigen Steinmauer, lagen drei Holzprügel über einer offenen Grube. Wir benützten nacheinander dieses Klo. Es gab keinen Verkehr. Es gab keine Straßenlaternen. Die Schlucht ragte zu beiden Seiten steil über uns auf. Die Luft war eisig, der schmale Streifen Himmel über uns voller Sterne. Als wir wieder im Haus waren, rollte meine Gastgeberin zwei Matten und vier schwere wattierte Decken auf dem *kang* aus. Ihr Mann würde sich zu seinem Sohn und Enkel legen, und sie würde mit mir in einem Bett schlafen. Splitternackt schlüpfte sie neben mir unter die Decke und hustete sich die Seele aus dem Leib, was nach so vielen Wintern in kohlebeheizten Räumen kein Wunder war.

Die Sieben Fragen waren dieselben wie in der Mongolei, aber in China kam eine achte dazu. Wenn die Leute erfahren hatten, wie alt ich war, wo ich hinwollte und dass ich nicht verheiratet war, schauten sie Greene an und fragten: »Wie viel hat Ihr Fahrrad gekostet?« In der Mongolei war Greene eine Außerirdische gewesen. In China war sie die Variation eines gängigen Themas. In der Mongolei war Greene so fremdartig, so widersinnig gewesen, dass die Leute sie kaum beachtet hatten. In China dagegen war sie ein Araber, ein Vollblut, exotisch zwar, aber vertraut. Sie ergab einen Sinn. Sie gehörte hierher.

Es soll Mongolen geben, die nicht reiten können, aber es gibt vermutlich keinen einzigen Chinesen ab vier Jahren, der nicht Rad fahren kann. Fahrräder – meist alt, schwarz und scheinbar unverwüstlich – gehören genauso selbstverständlich in den chinesischen Alltag wie elektrische Lichtschalter in das Leben eines Amerikaners, so allgegenwärtig, dass man sie gar nicht mehr wahrnimmt. Jeder fährt Fahrrad. Freunde fahren zusammen: einer auf dem Sattel, der andere in den Pedalen stehend; einer auf dem Sattel, einer in den Pedalen, einer auf dem Gepäckträger hinten; einer auf dem Sattel, einer in den Pedalen, einer auf dem Gepäckträger und ein vierter, der auf den Lenkern balanciert. Ganze Familien fahren zusammen: Ein junger Mann tritt in die Pedale, und seine Frau fährt seitlich auf dem Gepäckträger mit, ihr Kind auf dem Schoß. Lebende Hühner baumeln kopfüber von Lenkstangen. Schweine quieken aus ovalen Flechtkörben heraus, die auf dem Gepäckträger festgeschnallt sind. Hoch aufgestapelte leere Körbe wanken zu beiden Seiten eines Radfahrers, der wie ein Hochseilartist mit einer Balancierstange wirkt. Alte Männer surren vorbei, die Beine reglos auf den Pedalen, dafür treibt ein Motor ihre wackligen Räder an. Junge Männer klammern sich hinten an einem Lastwagen fest und sausen mühelos die Straße entlang. Kinder erledigen Einkäufe für ihre Eltern oder veranstalten Wettrennen miteinander; die Größeren sausen über das Pflaster; die Jüngeren, denen der Sattel des väterlichen Fahrrads viel zu hoch ist, hängen über dem Lenker und bringen irgendwie das Kunststück fertig, sich durch die Stange durchzubiegen, um an die Pedale zu kommen.

Jetzt radelte ich nicht mehr allein durch eine grenzenlose Landschaft, sondern über Wege, die mir einst vielleicht obskur und mysteriös erschienen wären, sich nun jedoch auf einmal als präzise und eindeutig erwiesen. Ich schaute nicht mehr neidvoll hinter vorbeigaloppierenden Pferden her, sondern benutzte Straßen, die mir früher widersprüchlich und holprig vorgekommen wären, die aber jetzt einfach nur *asphaltiert* waren. Denn mittlerweile war für mich jede asphaltierte Straße eine gute Straße. Umgeben von surrenden Fahrradreifen strampelte ich durch die kurzen Wintertage, als eine Radfahrerin unter vielen.

Als ich nach dem sesshaften Monat in Arshaant von Peking aufgebrochen war, fehlte mir die Kondition völlig. Ich musste mich auf meinem 21-Gänge-Luxusrad elend abstrampeln, um mit den chinesischen Radlern und ihren verbeulten, alten, gangschaltungslosen Klappergestellen mitzuhalten. So kam es, dass ich mit einer jungen Frau »Bockspringen« spielte. Bergab sauste mein schwer beladenes Rad an ihr vorüber; auf den ebenen Strecken zwischen den Hügeln tauchte sie langsam wieder in meinem Augenwinkel auf, um dann gelassen an mir vorbeizuziehen; bergauf musste sie absteigen, während ich herunterschaltete und weiterradelte. Ich redete mir ein, dass sie nicht den ganzen Tag gefahren war und nicht so viel Gewicht mit sich schleppte wie ich. Aber der junge Mann, der mit einer Zigarette im Mundwinkel lässig neben mir herrollte und mich fragte, wohin ich wollte und wie viel mein Fahrrad gekostet hatte, hatte drei Kisten auf seinem Gepäckträger festgeschnallt, so groß wie mittlere Fernsehgeräte.

Als ich vom Taihang-Gebirge in das lange, flache Tal des Fen-Flusses hinabfuhr, wurden die pittoresken Steindörfer von Städten abgelöst, die wie riesige Gewerbegebiets-Baustellen aussahen. Eselskarren, Pferdekarren, Fahrräder, tuckernde Kohlenlaster, klapprige Busse und hin und wieder ein Audi 5000 verstopften die Straßen. Das Surren von Greenes Reifen ging im Hupen und Dröhnen der Lautsprecher unter. Die Lastwagen hupten: »Hier bin ich.« Sie hupten: »Hallo.« Sie hupten: »Ich überhole dich, mach dass du verdammt noch mal aus dem Weg kommst!« Die Lautsprecher plärrten über das Gehupe hinweg, manchmal eine kreischende, pedantische Stimme, manchmal eine Kaufhaus-Version von »Auld Lang Syne«. Die wenigen Privatautos waren fast immer teure, neue Modelle, die ich mir zu Hause niemals hätte leisten können. Ein glänzender silberner Jeep Cherokee zischte an einem Bauern vorbei, der mit tief gebeugtem Rücken einen voll beladenen hölzernen Kohlekarren hinter sich her schleppte. Der Anblick versetzte mir einen Stich, wie der Zusammenprall zweier Welten. Aber als ich einen Augenblick später an dem alten Bauern vorbeiradelte, hatte ich kaum einen Blick für ihn übrig. Ich dachte an den Jeep, stellte mir vor, wie es wäre drinzusitzen, sauber, warm und bequem, die Füße auf dem Armaturenbrett, von einer Musikkassette berieselt.

210

Ich radelte nach Fanshi hinein, eine Stadt, die bereits wie alle anderen aussah. Während ich mich in einer Betonzelle einrichtete, deren Kohleofen etwas mehr Wärme verströmte als die Öfen anderer Betonzellen, schickte der Hotelmanager ein Kind los, um seinen Neffen zu holen, der hier anscheinend der Englischlehrer war. »Kann ich Ihnen helfen?«, fragte der Neffe und schaute über den Raum hinweg zwischen seinem Onkel und mir hin und her. Seine langen Finger flatterten nervös in seinem Schoß, und sein Bücherenglisch war nur schwer zu verstehen.

»Helfen? Wobei?«, dachte ich, bis mir aufging, dass er eigentlich nur sagen wollte: »Ist alles in Ordnung? Brauchen Sie noch etwas?«

Ich brauchte in der Tat etwas. »Könnten Sie bitte meinen Namen auf Chinesisch schreiben?«

Ich schrieb ihn in Englisch auf, damit er ihn sehen konnte. Ich sprach ihn immer wieder vor. Onkel und Neffe dachten sich daraufhin gemeinsam eine Folge von chinesischen Zeichen aus, die der Neffe sorgfältig auf die Innenseite meines Sprachführer-Buchdeckels schrieb. »Eh-lika Wahm-bu-lahn«, las er mir vor. Ähnlich genug für ein Anmeldeformular. Die Sieben Fragen waren bereits gestellt und beantwortet worden. Jetzt kam die achte: »Was hat Ihr Fahrrad gekostet?«

»Ich weiß nicht«, erwiderte ich und tischte ihm meine übliche Lüge auf, die ich in Chinesisch zu sagen gelernt hatte, »meine Mutter hat es mir geschenkt.« Die Wahrheit wäre sinnlos gewesen. Die Wahrheit war: »Mehr, als Sie in drei Jahren verdienen.«

Als er etwas mehr Vertrauen in seine Englischkenntnisse geschöpft hatte, gab der junge Lehrer seiner Neugier nach. Auf einmal kamen Fragen über Fragen. »Sind Sie reich? Haben Sie ein Auto?« Er übersetzte für seinen Onkel, der stolz auf einem Hocker thronte und unseren Wortwechsel mitverfolgte wie ein Tennismatch. »Was arbeitet Ihr Vater? Warum fahren Sie mit dem Rad in China herum?«

Ja, warum eigentlich?

Warum mit dem Rad? Weil ein Fahrrad Freiheit bedeutet; ein Fahrrad bedeutet Unabhängigkeit; ein Fahrrad bedeutet Selbstgenügsamkeit. Weil man, wenn man mit dem Fahrrad reist, nicht die Möglichkeit hat, sich über seine Umgebung hinwegzusetzen oder die hässlichen Seiten zu beschönigen. Weil man mit dem Fahrrad an Orten landet, von denen man gar nicht wusste, dass man sie besuchen wollte, und Dinge zu sehen bekommt, die man nicht sehen wollte. Man kann sie sich nicht herauspicken, indem man bestimmt: »Ich nehme den Zug hier, ich steige dort aus dem Bus aus.« Die Dinge, die ich erleben wollte, begegneten mir nur, wenn ich sie nicht plante, und was ich finden wollte, fand ich nur, wenn ich nicht danach suchte – Dinge, die meiner Natur widerstrebten, die ich nicht auf eine Liste setzen und der Reihe nach abhaken konnte. Es waren die Momente, Bilder und Kontakte, die einem ganz unerwartet irgendwo zwischendurch begegnen.

Warum radelte ich durch China? Weil es auf dem Weg lag. Weil es zwischen Punkt A und Punkt Z auf meiner Karte lag. Die banalsten Antworten waren auch die zutreffendsten: Ich radelte durch China, weil es da war. Oder zumindest war es ursprünglich so gewesen. Als ich in den Zug in Ulan Bator gestiegen war, ging es mir in erster Linie darum, in die Tat umzusetzen, was ich mir vorgenommen hatte. Ich wollte meine täglichen Erlebnisse neu und frisch erhalten, wollte es mir nicht zu bequem machen, wollte immer wieder in die reinigenden, heilenden Kräfte des Unbekannten eintauchen. Und so war ich jetzt ganz auf China eingestimmt, auch wenn gelegentlich Saigon wie eine Fata Morgana in der Ferne aufschimmerte, auch wenn in meinem Hinterkopf die Vorstellung lauerte, Kirk in Xi'an wieder zu sehen. Und die Tage, Stunden und Minuten waren von der Faszination und Herausforderung der neuen Wörter und Bräuche erfüllt, von den kleinen Erfolgserlebnissen, die sich einstellten, als ich mich auf die neue Lebensweise einließ, als ich lernte, die kalte Asche aus dem Ofen zu kehren und frische Kohlen nachzulegen, nachdem der Lehrer und sein Onkel Gute Nacht gesagt hatten, als ich meine Füße in einer Plastikwanne wusch, als ich in ein Restaurant auf der anderen Straßenseite ging und eine große Gemüseplatte bestellte.

Höllenschnee

Jeder Zentimeter der Klostermauer von Shuanglin war mit bemalten Lehmskulpturen zugepflastert. Die steinernen Säle wurden geradezu lebendig unter dem Blick dieser unzähligen Figurinen, die überwiegend aus der Song- und Yüan-Dynastie des Mittelalters stammten. Große wie kleine standen mehrfach übereinander geschichtet da. Tausend Augen starrten mich aus einer Vergangenheit an, die ferner als der Mond war. Ich war hundert Kilometer südlich von Taiyuan, wo ich eine heiße Dusche genommen, lange ausgeschlafen, meine Socken gewaschen und meinen Vater angerufen hatte (von einem Gehsteig-Kiosk, mit seiner Calling Card). Der nächste Ort in groß gedruckten Kringeln und Strichen auf meinem Atlas war Xi'an, über 500 Kilometer Luftlinie südwestlich liegend. Vor den Klostertoren saß ein unscheinbarer, gebrechlicher Mann in seiner Rikscha und wartete auf mich. Er war halb so groß und doppelt so alt wie ich. Er hatte mich hierher gefahren und war eine Stunde lang stramm in die Pedale getreten. Jetzt wartete er, und wenn ich genug davon hatte, Tourist zu spielen, würde er mich nach Pingyao zurückradeln, wo er mich vor einer Stunde aufgelesen hatte, als ich gerade eine Schale heiße, süße Frühstückssuppe schlürfte.

Auf der Kreuzung vor dem Hotel hatte ein Getriebe geherrscht wie auf einem Großstadtbahnhof am Vorabend eines Feiertags. Auf den Straßen wimmelte es von Menschen in wattierten Winterkleidern. Obstverkäufer, Rikschafahrer und Nudelköche säumten die Gehsteige. »Ja«, sagte ich, als ein hagerer alter Mann auf seine Rikscha zeigte und mich fragte, ob ich »nach dem Frühstück« zum Kloster gefahren werden wolle. Er nickte und blieb dicht hinter mir, um nur ja nicht die Fahrt an einen anderen Rikscha-Mann zu verlieren. Die zwei Teigzöpfe, die ich zu meiner Suppe bestellt hatte, dümpelten in einem Wok mit heißem Öl herum. Ich stellte mir vor, wie köstlich sie in Zimt und Zucker gewälzt schmecken würden, und nahm mir vor, einen Zimt- und Zucker-Vorrat mitzunehmen, wenn ich das nächste Mal nach China kommen würde. Jetzt zeigte ich darauf, dann auf den Rikschafahrer, und fragte ihn, ob er einen davon haben wolle. Der Mann mit der eingesunkenen Brust unter den gebeugten, knochigen Schultern schüttelte den Kopf. Ich hatte ihm etwas Gutes tun wollen. Ich hatte höflich sein wollen. Aber mein Angebot war leer und sinnlos.

Ich wusste inzwischen, dass es sich nicht gehörte Essstäbchen aus der Schale hervorschauen zu lassen, sich selber Tee einzuschenken oder seine Fußsohlen zu zeigen. Ich hatte gelernt, dass Knochen und andere Essensabfälle auf den Boden geworfen, aber nie auf den Teller zurückgelegt werden dürfen. Ich hatte gelernt, dass man nicht »Komm her« sagt, indem man die Handfläche nach oben dreht und den Zeigefinger krümmt, sondern indem man die Handfläche nach unten kehrt und mit allen vier Fingern winkt. Aber ich hatte noch nicht gelernt, dass jedes Essensangebot mindestens zweimal abgelehnt werden muss, bevor man es annehmen darf. Ich hätte ihn noch einmal fragen müssen, dann noch einmal, und erst wenn er nach dem dritten Mal nein gesagt hätte, hätte ich ihn beim Wort nehmen dürfen. Erst dann wäre der Höflichkeit Genüge getan gewesen. Aber das wusste ich noch nicht. Und so zuckte ich mit den Schultern, als er den Kopf schüttelte, und wandte mich wieder meinem Essen zu, während er dastand, mir beim Essen zusah und darauf wartete, dass ich ihn noch einmal fragen würde.

Südlich von Pingyao fuhr ich durch Kohlelandschaften mit qualmenden Schornsteinen und wuchtigen, Feuer speienden Schloten, mit schwarzgesichtigen Männern, die sich nicht auf eine heiße Dusche am Ende des Tages freuen konnten, und Frauen, die rußige Kohlebrocken am Straßenrand stibitzten. Ich teilte ein Bett mit zwei kleinen Kindern und ihrer Mutter in einem Haus, das die ganze

Nacht von vorbeifahrenden Kohlezügen erschüttert wurde. Am nächsten Morgen kam ich endlich wieder in stilles Bergland, das Gesicht noch grau vom Kohlenstaub, die Augen mit einem dicken schwarzen Rand gesäumt, der tagelang nicht abging.

Am Nachmittag verspeiste ich wieder ein Paar Teigzöpfe. Diesmal waren sie kalt, Überreste vom Frühstück oder vom Vortag. Sie riefen keine Zimt-und-Zucker-Fantasien in mir hervor, aber sie waren ein Vorwand, um einen Augenblick der eisigen Luft und der steilen, nur abschnittsweise asphaltierten Straße zu entgehen. Die Hügel waren nackt und kahl. Die Häuseransammlungen, die gelegentlich auftauchten, waren braun und gedrungen, fast ununterscheidbar von der Landschaft. Als ich Greene an eine Ladenfront lehnte und über die Schulter blickte, sah ich keinen Menschen, erhaschte kein Lebenszeichen, keine Bewegung. Ein Billardtisch stand in einer Seitenstraße, neben einer Tür, deren leuchtend bunter wattierter Patchwork-Vorhang als einzige Farbfleck in der reglosen, sepiabraunen Szenerie leuchtete. Der Laden drinnen war leer, abgesehen von der Frau, die hinter der Theke stand.

Bevor ich den zweiten Zopf auch nur zur Hälfte aufgegessen hatte, drängte die Menge, die zusammengelaufen war, so rücksichtslos zur Tür herein, dass mein hölzerner Stuhl mit der geraden Lehne nach vorne kippte. »Stehen Sie auf«, bedeutete mir jemand und stupste mich mit dem Finger an. Dutzende Menschen drängten sich in dem Raum zusammen, und die hinteren wollten mich auch sehen. »*Waiguo ren, waiguo ren* (»Ausländerin, Ausländerin«), wurde als Erklärung den zahllosen Leuten zugerufen, die noch auf der Straße standen und nicht mehr in den Laden hineinpassten. Ich hätte nie gedacht, dass ich so faszinierend sein könnte, doch solche Menschentrauben bildeten sich regelmäßig wie aus dem Nichts um mich – Leute, die auf mysteriöse Weise angelockt wurden, die Augen brennend vor Neugier und laut schnatternd vor Aufregung. Anfangs war ich ziemlich eingeschüchtert von diesem Massenansturm, doch die Aufmerksamkeit schmeichelte mir, auch wenn ich wusste, dass sie nicht mir persönlich galt. Ich spielte bereitwillig meine Rolle mit: Fragen beantworten, mich bemühen, verständliches Chinesisch zu sprechen, über Witze lachen, die ich nicht verstand.

Außerdem lernte ich langsam, dass ich zurückstarren konnte, dass ich die Gesichter in der Menge ebenso studieren konnte wie sie mich – und ich war von den Dorfbewohnern genauso fasziniert wie sie von mir. Wenn ich sie so vor mir sah – ein Meer von schwarzen Haaren und Augen, in Wintermäntel eingemummt, die Mädchen in Rot- und Rosatönen, die Jungen in Blau- und Brauntönen –, hatte ich keine Ahnung, wer sie waren, oder, abgesehen von den rein äußerlichen, materiellen Aspekten ihrer Existenz, wie sie lebten. Ich hielt die Augen offen. Was ich zu sehen bekam, war ein ewig gleicher, stumpfsinniger Alltagstrott von Aufwachen, Arbeiten und Schlafen. Aber ohne Sprache, ohne Vorgeschichte, ohne Kontakte, die tiefer gingen als der Austausch von Geld und Essen, gab es natürlich vieles, was ich nicht sah.

Ich beobachtete sie, wie sie mich beobachteten, die Kinder, die Großeltern, den Doktor des Ortes, während ihr Geschnatter um mich herum brandete; die Laute wurden zwar allmählich vertrauter, die Worte waren jedoch immer noch bedeutungslos. Ich fragte mich, was *sie* wohl sehen mochten. Redeten sie über mich, wenn ich weg war, oder faszinierte ich sie nur, solange ich live vor ihnen stand? Erzählten sie ihren Freunden von mir? Und wenn ja, was erzählten sie ihnen – was ich aß, wie Greene aussah, was ich sagen konnte und was nicht? Würde jemals ein Kind meinetwegen den Entschluss fassen Englisch zu studieren oder mit dem Fahrrad durch China zu fahren? Es war ein Gedanke, der mir gefiel. Ich wollte daran glauben, dass es mir gelingen würde, mit meinem kurzen Auftauchen in ihrer Welt einen Eindruck zu hinterlassen oder vielleicht den Keim einer Idee. Ich hegte die Hoffnung, dass ich nicht nur etwas mitnehmen, sondern auch etwas dalassen würde.

Lautsprecher plärrten um sieben Uhr morgens los, als es noch stockdunkel war. Ich fragte mich einen Augenblick, ob es sich um Nachrichten oder Dichtung oder politische Ermahnungen handelte, die hier gesendet wurden, bevor ich mich herumwälzte und meinen Kopf unter dem Kissen vergrub. Ich war in Daning, einer großen Stadt in den Lülian-Bergen. In Luftlinie gemessen, ist Daning nur etwa fünfundzwanzig Kilometer vom Gelben Fluss entfernt, der auf diesem Breitengrad geradewegs nach Süden fließt und die östliche Grenze zur Shanxi-Provinz bildet. Die nächsten zwei Tage würden mich nach Süden durch die Berge führen, steil bergauf und bergab durch Lössschluchten, und dann ostwärts über den Fluss und in die benachbarte Shaanxi-Provinz.

»Steh jetzt lieber auf«, ermahnte ich mich.

»Nein, bleib hier und schau dir den Ort an«, widersprach ich mir. »Du siehst nie etwas außer deinem Hotelzimmer und den Straßen, über die du fährst.«

»Du musst früh aufbrechen«, drängte ich wieder, »du hast heute anstrengende Bergstraßen vor dir.« Und Kirk ist vielleicht schon in Xi'an, fügte die Stimme in meinem Hinterkopf hinzu. Ich hörte, wie die Tür aufging, hörte das Mädchen hereinkommen, um meine leere Thermoskanne mitzunehmen und eine neue mit heißem Wasser bereitzustellen. Ich rührte mich nicht. Ich lag sauber und behaglich in meinem teuren Fünf-Dollar-Hotelzimmer. Als ich am vorigen Abend angekommen war, hatte ich gefragt, ob es warmes Wasser gebe. »*You*«, hatte das Zimmermädchen gesagt. Aber als ich die Hähne aufdrehte, kam nur kaltes heraus. Ich stürmte den Flur hinunter.

»*Re shui* – heißes Wasser?«, fragte ich.

»*You*«, sagte sie und etwas von »acht«.

»*Re shi mei you*«, sagte ich in meinem atonalen Chinesisch.

»*You you*«, bestätigte sie noch einmal und sagte wieder etwas von »acht«.

Acht Kuai. Natürlich. Heißes Wasser wurde extra berechnet. Typisch. Na gut, wenn schon. Und für acht Kuai bekomme ich jetzt sofort heißes Wasser?, erkundigte ich mich.

Sie schüttelte den Kopf. »Jetzt *mei you*.« Noch typischer. Für acht Kuai bekam ich heißes Wasser, aber es gab kein heißes Wasser. Ich gab es auf, stürmte in mein Zimmer zurück und kroch unter die Decken. Eine Stunde später erwachte ich vom Geräusch eines tosenden Wasserfalls. Ich stürzte ins Badezimmer. Dampf quoll aus der Badewanne. Jetzt ging mir ein Licht auf – natürlich, »acht Uhr«! Das Wasser wurde um acht Uhr angestellt, hatte sie gesagt, nicht »für acht Kuai«. Ich ließ mich in die wohlige Wärme gleiten.

»Du kannst morgen in die Berge hinauffahren«, sagte ich mir, als ich endlich aufstand und nach draußen ging, um mir etwas zum Frühstück zu suchen. Die Sonne war aufgegangen, die morgendlichen Straßen bereits geschäftig, und mehrere Standbesitzer verkauften Essen, das ich noch nie gesehen hatte. Ich liebe das bescheidene kleine Abenteuer, das unbekanntes Essen für mich bedeutet. Wenn ich etwas nicht kenne, kaufe ich es meistens. Aber noch während ich die gebratenen Kartoffeltäschchen und eine Schale voll stärkehaltiger weißer Kugeln in zuckrigem Wasser zu mir nahm, war ich in Gedanken bereits wieder auf der Straße, und ich brach sofort nach dem Frühstück auf. Über dem Band eines kalten, grünen Flusses stieg die Straße sanft an und fiel wieder ab. Am frühen Nachmittag hatte ich Jixian erreicht, dessen breite, staubige Straßen mit Läden, Restaurants und Billardtischen gesäumt waren.

Von hier aus waren die Höhenlinien auf der Karte erschreckend zahlreich und dicht zusammengedrängt. Xiangning war dreißig Kilometer entfernt, aber mir blieben noch über drei Stunden, bis es dunkel wurde. Ich kaufte Erdnüsse und Mandarinen, schaute auf meinen Kompass und fragte nach dem Weg. Der Erdnussverkäufer zeigte über den Fluss. Wegbeschreibungen in China waren immer so einfach, nichts als eine summarische Empfehlung, »in diese Richtung« zu gehen. Doch nein, halt: Er gab mir ausführliche Instruktionen, die aber leider nur unverständliche Hintergrundgeräusche zu seinem deutenden Finger waren, den ich als Einziges verstehen konnte. Ich folgte seinem Finger und bog links von der Hauptstraße ab. Der Asphalt hörte auf. Eine steinige, von steilen Felswänden begrenzte Bergstraße führte direkt in den Himmel hinauf. Dreißig Minuten und einen Kilometer später war ich hoch oben auf dem

Löss-Plateau. Das Land, das sich bis zum Horizont ausdehnte, war von tiefen, gewundenen Schluchten durchzogen, die mich an die Wüstengebiete des amerikanischen Südwestens erinnerten. Aber das hier war kein Nationalpark. In die nackten Felshänge waren Türen und Fenster eingelassen. In diesen Wänden lebten Menschen, die ihre Häuser direkt in den Fels gebaut hatten und die dieser majestätischen, unwirtlichen Landschaft irgendwie genug zum Überleben abtrotzten: Jedes noch so winzige Fleckchen Land war sorgfältig bepflanzt, die sauberen Reihen hatten gerade zu sprießen begonnen.

Dann kam wieder Asphalt, der sich jedoch bald in nichts auflöste, um für ein paar Kilometer erneut aufzutauchen, bis er schließlich ganz verschwand. Die Straße führte in kleine Senken und wand sich über scharfe Steigungen. Während ich Greene schob und zwischen den Steinen und dem Staub nach einem sicheren Halt suchte, betete ich bald nur noch, dass die nächste Biegung die letzte sein möge. Aber hinter jeder Biegung kam eine weitere Steigung, über die ich Greene schieben musste. Als die Sonne den Rand der zackigen Felsen berührte, tauchte ein einsamer Jäger auf der Straße auf, eine schlanke braune Gestalt mit einem langen Gewehr über der Schulter. »Xiangning?«, fragte ich. »Fünfzehn Kilometer«, erwiderte er nickend, dann tauchte er wieder in dem spärlichen Wald unter, gerade als die Straße den Berg hinaufschoss, in einem so steilen Winkel, dass sie eine gute Skiabfahrt abgegeben hätte. Als sie ein letztes Mal zu einem flachen Plateau anstieg, war das Tageslicht nur noch graue Erinnerung. Trügerische Eisstellen lauerten in den Schatten. Ich konnte die Umrisse von ein paar Häusern ausmachen und irgendwo ein schwach erleuchtetes Fenster, aber das hier war nicht die Mongolei: Ich konnte nicht einfach eine Tür aufmachen und fragen, ob ich die Nacht über dableiben könne. Endlich führte die Straße bergab.

Ich fuhr blindlings weiter und orientierte mich an den milchig trüben Säulen weiß gestrichener Baumstämme, die den ansonsten unsichtbaren Straßenrand markierten. Daneben stürzte der Hang

400 Meter in eine schwarze Schlucht. Ich schnallte meinen Scheinwerfer an, aber weil sich eine Schraube gelockert hatte, sackte er immer wieder ab und beleuchtete nur Greenes Lenkstange, so dass ich noch blinder war als vorher. Xiangning lag irgendwo da unten in der Dunkelheit, aber bisher war noch nichts davon zu sehen. Ich stellte mir vor, ich sei in Europa, stellte mir die Lichter eines Alpendorfs vor, die einladend in der Dunkelheit schimmerten. Hier war nichts als ein bodenloser, schwarzer Abgrund. Fahrräder und Karren ratterten bergauf, aber sie wussten, wohin sie fuhren, wussten, dass in der Dunkelheit ein Zuhause auf sie wartete. Ich fuhr weiter bergab ins Unbekannte.

Fluchend und wimmernd rollte ich in die Nacht hinunter. Hin und wieder blieb mir fast das Herz stehen, wenn ich merkte, dass Greenes Reifen auf Eis gerieten. Jedes bisschen Licht oder Leben war wie losgelöst von der Realität, wie im Nichts schwebend. Schwer beladene Holzlaster dröhnten den Berg herauf, und ihre grellen Scheinwerfer zwangen mich, anzuhalten, wenn ich nicht Gefahr laufen wollte, eine Kurve um ein paar fatale Zentimeter zu verfehlen. Andere Lastwagen donnerten bergab, drohten auszubrechen, wenn der Fuß des Fahrers mit voller Wucht auf ihre quietschenden Bremsen trat. Im Licht ihrer Scheinwerfer konnte ich zumindest den Winkel der nächsten Kurve erkennen, während ich ein Stoßgebet zum Himmel schickte, dass der Fahrer das Aufblitzen meines Rücklichts sehen möge. Ich versuchte Greene zu schieben, weil ich mir ausmalte, dass ich einfach loslassen könnte, wenn einer ihrer Reifen über die Böschung rutschte, aber der Hang war so steil, dass ich ihr Gewicht nicht halten konnte. Ich stieg wieder auf, beide Hände um die Bremsen geklammert, bis die Kälte des Metalls mir durch die Handschuhe in die Knochen drang; ich hielt den rechten Fuß auf dem Pedal, um im Gleichgewicht zu bleiben, während ich den linken Fuß auf der Straße nachschleifte, und so kämpfte ich darum, Greene unter Kontrolle zu behalten.

Dann funkelten plötzlich in der Dunkelheit die Lichter der Stadt auf. Weit, weit unten. Ich hatte noch einen langen Weg vor mir. Die

Zeit war ausgelöscht, ich hatte kein Gefühl dafür, ob Minuten oder Stunden verstrichen, kein Gefühl für die Realität. Nichts existierte außer der Straße, auf der ich langsam Kurve um Kurve in die Dunkelheit hinunterrollte, unterbrochen von Schrecksekunden, wenn ein Reifen über einen Stein rutschte oder ein Lastwagen vorbeidröhnte. Ich wusste, dass die Straße mich irgendwann aufs Pflaster spucken würde und dass die Schrecken des Berges schnell vergessen sein würden, wenn ich erst auf ebener Strecke war, mit der Aussicht, ab acht Uhr heißes Wasser zu bekommen. Aber eine endlose Stunde lang war die Realität nichts als das Dunkel zwischen mir und der nächsten Kurve, der leere Raum zwischen mir und dem tiefen Abgrund. Die Lichter, die dort unten blinkten, waren so fern und illusorisch wie ein Picknick auf dem Mond.

Wenn ich wieder in Seattle bin, wird mich eine andere Variante der Sieben Fragen erwarten. Vielleicht etwas weniger vorhersehbar als die Fragen, mit denen ich in Asien konfrontiert war, aber nur ein bisschen. 1. Warum die Mongolei? 2. Mit wie viel Leuten warst du unterwegs? 3. Warst du je ernsthaft in Gefahr? 4. War es dir nicht zu einsam? 5. Wie lange hast du für die ganze Strecke gebraucht? 6. Wie viele Kilometer bist du gefahren? 7. »Das könnte ich nie!«

»Doch, natürlich«, werde ich antworten, und das ist nicht nur eine höfliche Lüge. »Der einzige Unterschied zwischen dir und mir besteht darin, dass ich das Projekt in die Tat umgesetzt habe, dass ich mir eine Route ausgedacht habe und ins Flugzeug gestiegen bin. Sobald ich erst mal dort war, habe ich nichts gemacht, was du nicht auch könntest.« Ich weiß, was die Leute hören, wenn ich »von Irkutsk nach Saigon« sage. Ich weiß, dass sie an die achttausend Kilometer mit dem Fahrrad denken, während diese Zahl für mich immer abstrakt bleiben wird. Die Linien auf meiner Karte mögen durchgezogen sein, aber für mich sind sie nach wie vor ein Amalgam aus unzähligen kleinen Punkten. Wenn du mittendrin steckst, denkst du nicht an die vielen Kilometer, die du noch vor dir hast; dich interessiert nur, wie du auf den nächsten Berg hinaufkommst. Man radelt nicht von Russland nach Vietnam. Man radelt zweiundsechzig Kilometer von Xiangning nach Heijn, eine raue, steinige Strecke unter einem bedrohlichen Himmel.

Ich war immer noch in den fantastischen, terrassierten Felswänden, radelte bergauf und bergab – abwärts kaum schneller als aufwärts –, die Hände um die Bremsen geklammert, die Augen auf den Staub und das Eis auf der Straße geheftet, als immer öfter schwere Kohlenlaster an mir vorbeidonnerten. Ich näherte mich einem Dorf, wie ich bald merkte, einem Bergarbeiterdorf, das sich in ein abgelegenes Gebirgstal schmiegte.

Es war der trostloseste, stickigste Ort, den ich je erlebt habe. Kohlenstaub wirbelte durch die Luft, so undurchdringlich wie ein Ascheblizzard. Schwarze Kohlenstaubdünen lagerten sich wie Ausgeburten eines Albtraumstrands am Straßenrand ab. In den Winkeln türmten sich schwarze Verwehungen auf, ein giftiger Höllenschnee. Winzige Türen wölbten sich unter kunstvoll behauenen Steinbögen, deren einst leuchtende Farbe völlig zerfressen war. Männer mit Pickel und Schaufel, die Seite an Seite schufteten, drehten ihre schwarzen Gesichter herum und lächelten, so dass die weißen Zähne durch den Kohlengrus schimmerten, der so dick wie Erbsensuppe an ihrer Haut haftete. Eine rote Steppjacke leuchtete hoffnungslos in dieser gespenstischen Schattenwelt auf, dann bog sie um eine Ecke und verschwand. Irgendwo in der Ferne gab die Sonne ihr Bestes, aber es gelang ihr nicht, diese ewige Dämmerung zu durchdringen. Eine Schlange von schwer beladenen Kohlenlastern kroch mühsam durch die verstopften Straßen. Zwei Kinder, die auf dem Heimweg von der Schule waren, gingen lachend nebenher; ihre Köpfe reichten kaum bis zu den wuchtigen, mahlenden Reifen, ihre pinkfarbenen Rucksäcke und hellbraunen Gesichter waren schwarz verrußt. Mit schmierigen grauen Fingern führte ein kleines Mädchen einen einst grünen Apfel an den Mund. Der Biss leuchtete einen Augenblick strahlend weiß, bevor er zu einem giftigen Ascheton verblasste. Hatte das kleine Mädchen jemals einen Apfel gegessen, der nicht von der Luft verdreckt war? Hatte sie je in sauberen Laken geschlafen?

Hatte sie je einen blauen Himmel gesehen, je einen Atemzug getan, der ihre Lungen nicht mit tödlicher Schwärze füllte?

Ich konnte nicht atmen. Ich spürte, wie die Panik in meiner Kehle aufstieg. Ich war wieder die zehnjährige Asthmatikerin, die auf drei Kissen aufgestützt im Bett lag und sich bei jedem Atemzug aufrichten musste. Hoch beim Einatmen, dann beim Ausatmen langsam in die Kissen zurück, dann wieder auf, jeder Atemzug war laut, keuchend und hart erkämpft. Die Luft ging nicht tief in meine Lunge, aber es reichte; ich wusste, dass es reichte. Solange ich die Sache im Griff hatte, solange ich nicht aus dem Rhythmus kam, konnte mir nichts passieren. Ich hatte keine Angst, damals, in meinem Bett, vor so vielen Jahren. Aber hier, fast zwanzig Jahre später, in einem gottverlassenen Dorf in China, war ich kurz davor, in Panik auszubrechen. Ich saß in der Falle. Es gab keine Luft. Ich wollte schreien. Ich wollte in die Pedale treten, so fest und so lange ich nur konnte, bis ich dieser Hölle entronnen war. Aber es war unmöglich hier rasch durchzukommen. Es war kein Platz zwischen den wuchtigen Reifen der Kohlenlaster und den harten Wänden der Zement-Stein-Häuser, um nennenswert beschleunigen zu können.

Dann erspähte ich eine andere Straße, die sich durch das Tal wand. Ich erinnerte mich nicht an eine Abzweigung, aber vielleicht hatte es eine gegeben. Vielleicht war ich hier falsch. Ein alter Mann saß neben einem zerbrochenen Karren, einen Haufen Werkzeug auf dem Boden aufgetürmt. »Ni hao – hallo«, sagte ich. »Ni hao.« Klick. Die hagere, zerknitterte Gestalt kauerte unter einem schäbigen, armeegrünen Mantel und versuchte eine Zigarette anzuzünden. Ich griff hinunter und tippte ihm auf die Schulter. Er drehte den Kopf herum. Uralte Augen schauten mich an, starrten aus dem kohleverschmierten Gesicht eines jungen Burschen heraus. »Heijn?«, fragte ich. Er nickte nur, eine apathische Kopfbewegung, mit der er bestätigte, dass ich auf dem richtigen Weg war, dann tauchte er wieder unter seinen Mantel und das Feuerzeug klickte erneut. Die Lastwagen krochen weiter vorwärts, Kühler an Heck, und ich kroch neben ihnen her.

Es wird nicht ewig so gehen. Es kann nicht ewig so gehen. Es wird aufhören. Es wird irgendwann vorbei sein. Ich wusste es, so wie ich es damals gewusst hatte, als ich zehn Jahre alt war. Ich musste nur ruhig bleiben, das war alles; ich musste nur weiter in die Pedale treten, langsam, rhythmisch, dann würde ich entkommen und wieder atmen können. Es dauerte weniger als dreißig Minuten, die zwei oder drei Kilometer durch diesen Ort. Aber während ich dort gefangen war, kam es mir wie eine Ewigkeit vor. Und ich kam durch, indem ich – langsam, langsam – einen Atemzug nach dem anderen machte, eine Pedalumdrehung nach der anderen.

Ich überquerte den Gelben Fluss, radelte über dicke Eisschollen, die in der schmutzig braunen Strömung trudelten; der Fluss war so ungeheuer breit, dass das gegenüberliegende Ufer sich im Dunst verlor. Ich war jetzt nur noch zweihundert Kilometer von Xi'an entfernt. Es gab keine Heizkörper oder Kohleöfen mehr in den Hotels – nur Ventilatoren an der Decke, weil dieses Land im Sommer sehr heiß war. Den ganzen Tag über hatte mich die Landschaft an Mexiko erinnert. Die rötlich orange Erde sah heiß und sonnenverbrannt aus. Große, wütende Hunde kläfften am Ende ihrer Leine vor kleinen roten Lehmhäusern. Am Straßenrand saßen Bauern und verkauften Äpfel, so rot und orange wie die Erde. Aber sie saßen nicht schlaff in der Hitze zurückgelehnt, sondern eng zusammengekauert in der stillen, bitteren Kälte. Die rote Erde war frosthart, sogar die kläffenden Hunde hatten Atemwölkchen vor dem Maul. Ich hatte noch einen Vormittag Achterbahnfahrt durch Löss-Schluchten vor mir, dann würde ich auf ebener Strecke in die große Stadt fahren, wo ich vielleicht – aber nur vielleicht – einen Mann namens Kirk treffen würde, mit dem ich mich ein paar Tage lang als Touristin und auf andere Weise vergnügen konnte. Ich machte mir eine Tasse Tee, schleuderte meine Schuhe von mir und sank in einen bequemen Lehnsessel, die Füße auf dem Bett.

Klopf. Der Hotelwächter stand in der Tür. Sein Sohn wollte mich kennen lernen. Als mein begrenztes Chinesisch-Repertoire restlos erschöpft war, wünschten sie mir eine Gute Nacht und gingen. Ich schälte ein paar Erdnüsse. Klopf. Eines der Zimmermädchen kam mit einer Freundin herein. Sie setzten sich so dicht zu mir, dass sich unsere Nasen fast berührten, boxten mich bei jedem Satz gegen die Schulter und spuckten von Zeit zu Zeit einen riesigen Speichelbatzen auf den Boden, während wir die Sieben Fragen durchexerzierten. Schließlich gingen sie wieder. Ich schälte eine Mandarine. Klopf. Der Hotelwächter stand in devoter Haltung einen Schritt hinter einem Polizisten, der mir ein Blatt Papier mit der Überschrift »Anmeldeformular für zeitweiligen Aufenthalt von Ausländern« in Englisch und Chinesisch unter die Nase hielt. Ich setzte ihnen Tee vor. Ich zeigte dem Beamten meinen Pass. Den echten. Er blätterte darin, wusste offenbar, welche Seite er aufschlagen musste, um etwas zu finden, das er lesen konnte. Er prüfte das Visum, wünschte mir einen angenehmen Aufenthalt und ging.

Klopf. »Guten Abend«, sprach mich ein junger Mann mit einer Nickelbrille und einem langen blauen Mantel aufgeregt in Englisch an. Neben ihm stand ein kleinerer Mann in einem identischen Mantel. »Der Stadtrat möchte Sie gern kennen lernen. Sie haben uns gebeten, mit Ihnen zu reden. Wir unterrichten Englisch an der Schule.«

»Wann möchten sie mich sehen?«

»Jetzt gleich.«

Ich war ungewaschen, verschwitzt und müde. Ich wollte schon nein sagen, als mir plötzlich klar wurde, dass diese Einladung auf die Passkontrolle des Polizisten hin erfolgt war.

»Wo?«

»Unten.«

Sie führten mich zu einem kleinen Büro hinunter, in dem eine würdevolle Frau und ein halbes Dutzend gut gekleidete Männer zwischen fünfzig und sechzig versammelt waren. »Bitte setzen Sie sich«, wandte sich einer der Stadträte mit Hilfe der stockenden Übersetzung der beiden Lehrer an mich. Ich stählte mich innerlich für die Konfrontation, die Erpressungsversuche, den Bescheid, dass ich kein Recht hatte hier zu sein, oder nicht dorthin fahren durfte, wo ich hinwollte. »Tee?«, fragte der Mann. »Woher kommen Sie? Wohin wollen Sie?« Er stellte einen anderen Mann als Kreisvorsitzenden vor. »Wir möchten Sie in der Provinz Heyang willkommen heißen. Brauchen Sie etwas? Gibt es vielleicht Probleme? Können wir Ihnen irgendwie helfen?«

Das war es also. Das gefürchtete Verhör. Die brutalen, einschüchternden chinesischen Behörden. Ich musste mir das Lachen verbeißen.

»Würden Sie mit uns frühstücken?«, war die nächste Frage. »Sie müssen wahrscheinlich früh aufbrechen. Passt Ihnen sieben Uhr morgens? Und könnten wir vielleicht nach dem Frühstück ein Gruppenfoto machen? Haben Sie eine Kamera? Kommen Sie heute Abend mit zum Tanzen?«

Neben dem Hotel war ein großer, schwach erleuchteter Saal. Eine verspiegelte Discokugel hing von der Decke. Bilder von dunstigen Meeresufern flackerten über einen großen Video-Bildschirm und aus den Boxen dröhnte schrille, seichte Popmusik. Verglichen mit den schicken Blusen, den dezent geschminkten Lippen und den sauberen Schuhen der Tänzerinnen sah ich in meinem bauschigen Fleece-Shirt und mit meinen zerzausten Zöpfen schäbig und plump aus. Mehrere Stadträte forderten mich zum Tanzen auf, aber ihre Zehen wurden so malträtiert, dass sie nie ein ganzes Lied über durchhielten. Die Lehrer, die von der Gesellschaft, in der sie sich plötzlich wiederfanden, ganz eingeschüchtert wirkten, kaum dass sie aus Ehrfurcht vor diesen politisch einflussreichen Männern zu atmen wagten, tanzten nicht. Schließlich nahm sich der Kreisvorsitzende, ein befehlsgewohnter Mann, meines unmusikalischen Körpers an und führte mich so energisch, dass ich ihm tatsächlich folgen konnte und ein ganzes Lied hindurch seinen Zehen fernblieb. Nachdem er seinen Auftrag erfüllt hatte, gab er mir mit fester Stimme zu verstehen, dass ich jetzt müde sein müsse, und schickte mich ins Bett.

Kirk hatte keine Botschaft im »Victory Hotel«, der Backpacker-Zentrale von Xi'an, hinterlegt. Die Zimmer waren Betonzellen und die

Gemeinschaftsduschen im Flur unten funktionierten nur drei Stunden pro Nacht. Die geradezu manische Versessenheit aufs Feilschen, Schnäppchen machen und ein paar Cents sparen, die viele Rucksacktouristen auf Schritt und Tritt begleitet, drohte auch auf mich überzugreifen. Sie rührt zwar von dem löblichen Wunsch her, eine Reise jenseits der geebneten Wege von Luxushotels, klimatisierten Bussen und englischsprachigen Speisekarten zu machen, führt aber zu einer kleinkarierten Schäbigkeit, die dem Geist einer Reise genauso abträglich ist, wie wenn man sich in der sterilen Welt einer Fünf-Sterne-Tour einschließt. Ein Essen im besten Restaurant Pekings ist eine ebenso legitime Art, China kennen zu lernen, wie wenn man mit einer analphabetischen chinesischen Großmutter auf einem Zement-*kang* unter einer schmutzigen Steppdecke liegt. Ich glaube zwar auch, dass das Leben der Großmutter ein wahrheitsgetreueres Bild von China vermittelt, weil es das Leben der großen Mehrheit widerspiegelt, aber beides sind gültige Puzzleteile eines großen Ganzen.

Mit ihrer fixen Idee, dass nur das Billigste das Echte sei, schränkten die Backpacker ihren Horizont genauso ein wie die anspruchsvolleren Fünf-Sterne-Touristen. Was zunächst dem Bedürfnis entsprungen war, Land und Leute hautnah kennen zu lernen, war mittlerweile zum Selbstzweck verkommen. Das Mittel war zum Ziel geworden. Während man mehr Bier in sich hineinschüttete, als ein Einheimischer sich jemals leisten konnte, wurde die billigste Schale Nudeln zur Eroberung, mit der man vor anderen Backpackern herumprahlte, und nicht mehr ein unwichtiger Nebeneffekt der Tatsache, dass man in einem Lokal gelandet war, in dem man am Alltagsleben des Landes teilhaben durfte. Je weniger man ausgab, desto besser war man gereist. Aber dieses »besser« war eher quantitativ als qualitativ. Nicht das Abenteuer zählte, sondern das Pekuniäre.

Im billigsten Hotel zu wohnen zeugt nicht unbedingt von einer noblen Gesinnung. Ich würde Xi'an keinen Deut besser kennen lernen, indem ich in einer Betonzelle schlief. Ich konnte mir ein bisschen Komfort leisten. Im »Jiefang Hotel« passte Greene problemlos in den Aufzug. Ich bekam ein Zimmer mit Teppichboden, einem internationalen Telefonanschluss, einem Thermostat, heißem Wasser rund um die Uhr und MTV.

Ich bewegte mich tagelang nicht aus diesem Zimmer heraus. In der Mongolei war ich auch schmutzig gewesen, aber es war Erde, ein sauberer Schmutz, und nicht schmieriges Kohlengift, Ruß und Abgase. Ich gab meine schwere Fleece-Kleidung in die Hotelwäscherei und nahm alles andere mit mir in die Badewanne – Handschuhe, Stoffbeutel, Taschen, Schuhe. Ich weiß nicht, wie viele Wannen voll dampfendem Wasser ölig und schmierig schwarz wurden. Das Shampoo lief grau und ohne Schaum zu bilden über meine Brust hinunter. Drei Stunden später füllte ich die Wanne ein letztes Mal und aalte mich genüsslich in dem klaren, heißen Wasser, umgeben von meinen tropfenden Besitztümern. Dann kroch ich nackt und wohlig warm zwischen wunderbar saubere Laken.

Vielleicht würde ich Kirk weiter südlich finden. Vielleicht würden sich unsere Wege in Yangshuo kreuzen. Aber das war mehrere Wochen und über 1500 Kilometer weit weg. Im Augenblick war ich rundum glücklich, wenn ich im Bett liegen und lesen konnte, wenn ich Greene putzen oder nackt vor dem Spiegel stehen und auf meinen Körper starren konnte. Es waren vier Monate her, seit ich meine letzte Periode bekommen hatte. Ich wusste, dass bei Frauen, die regelmäßigen körperlichen Strapazen ausgesetzt sind, oft die Regel ausbleibt. Ich wusste, dass ich nicht schwanger war. Doch dieses Wissen nützte nichts. Ich war ganz sicher, dass mein Bauch aufgebläht war, dass er auf eine abartige, kranke Weise anschwoll. Und diese komischen Knoten und Huppel in meinem Unterbauch waren früher auch nicht da gewesen. Mir fehlte nichts, aber trotzdem brachte ich den Gedanken nicht aus dem Kopf, dass ich eine grässliche Krebsgeschwulst in mir trug oder wider besseres Wissen ein Kind in mir heranwuchs. Trotzdem, wann immer ich mit dem Gedanken spielte, zu einem Arzt zu gehen, kam ich auf zwei mögliche Ergebnisse: 1. Es ist nichts, oder 2. du stirbst. Wenn 1. zutraf, gab es keinen Grund, zum Arzt zu gehen; wenn es 2. war, würde der Arzt mir sagen, dass ich nach Amerika zurückfliegen sollte. Ich wollte nicht nach Amerika zurück, also entschied ich mich für Lösung 3: nichts tun und mir weiter Sorgen machen. Den Kopf in den Sand stecken. Hartnäckig daran glauben, dass man etwas nur lange genug ignorieren muss, damit es weggeht, dass man unsichtbar wird, wenn man die Augen zumacht.

Nach und nach machte ich kleine Erkundungsgänge in die Welt, aber ich blieb nie lange weg und atmete jedes Mal erleichtert auf, wenn ich wieder in meinem Zimmer war. Eines Tages, als mir Visionen von einer Mahagoni-Bar, einem Wodka Tonic und der BBC im Kopf herumspukten, ging ich auf die Suche nach dem »Hyatt Hotel«, wo ich mich zu einem Eisbecher und »USA Today« in einem rüschigen, pinkfarbenen Café niederließ. Das Hotelpersonal trug kleine rote Elfenkostüme. Eine Endlos-Kassette in der Lobby spielte »Stille Nacht« und »Little Drummer Boy« und Dolly Parton sang etwas von »Hard Candy Christmas«. Es war der zwanzigste Dezember, und ich wollte die Feiertage über nicht in Xi'an herumsitzen. Auf der Straße, an Orten, wo man noch nie etwas von Weihnachten gehört hatte, würde ich mich nicht einsam fühlen, aber hier, mitten unter den vertrauten weihnachtlichen Klängen und Symbolen, erfasste mich plötzlich ein wildes Heimweh nach den Gerüchen und Aromen des fünfundzwanzigsten Dezembers in Amerika.

Doch wenn ich morgens aufwachte, drehte ich die Heizung auf und ging ins Bett zurück, versteckte mich vor dem Licht, wollte mich nicht aus meinen gemütlichen Decken herausreißen lassen, nichts von dem ganzen himmlischen Komfort aufgeben, nur um wieder auf die kalte Straße zu gehen. Ich hatte Angst, dass ich im Begriff war mich zu drücken und nicht wirklich weiterfahren wollte – auch wenn ich auf gar keinen Fall das Risiko eingehen wollte, vom Arzt nach Hause geschickt zu werden. Erst im Nachhinein gestand ich mir ein, dass ich zum ersten Mal seit fünf Monaten an einem Ort war, an dem meine Privatsphäre nicht verletzt wurde, wo ich sicher sein konnte, dass nicht jeden Moment die Tür aufgehen und jemand hereinspazieren würde, um mir beim Zähneputzen zuzuschauen.

»Ihr Fahrrad
braucht einen Pass«

Ich war ungefähr 1300 Kilometer gefahren, seit ich von Peking aufgebrochen war und mich nach Süden und Westen gewandt hatte. Jetzt würde ich durch den Zipfel der Henan-Provinz nach Osten zurückfahren, dann gerade nach Süden abbiegen, durch Hubei und Hunan und dann in die Guangxi-Provinz, durch die Stadt Yangshuo und weiter zur vietnamesischen Grenze. Ich hatte noch über 2000 Kilometer vor mir, aber Xi'an war für mich wie Halbzeit. Es war die touristischste Stadt zwischen Peking und Guilin. Auf der Karte kam sie mir wie das Ende von China und der Beginn des Südens vor. Ich verließ Xi'an am 24. Dezember, als bereits Frühling in der Luft lag. Für ein paar Stunden an diesem Nachmittag streifte ich meine Goretex-Windjacke ab, zum ersten Mal seit über drei Monaten.

Als die Stadt der ländlichen Stille wich, ragten die zerklüfteten östlichen Ausläufer des Qin-Ling-Gebirges vor mir auf. Die Straße stieg beharrlich in den frischen, immergrünen Wald auf. Hin und wieder tauchten ein paar Steinhäuser zwischen den Bäumen auf. Auf den Straßen spielten Kinder mit selbst gemachten Kreiseln und langen, plumpen Peitschen. Sie wickelten das Schnur- oder Lederstück um den Kreisel, dann lösten sie die Peitsche mit einem geschickten Herumschnellen des Handgelenks, und der Kreisel sauste herum wie ein Derwisch. Eine alte o-beinige Frau schlurfte langsam an ihnen vorbei; ihr Körper wackelte auf ihren winzigen Füßchen. Das Einbinden der Füße war offiziell 1912 verboten worden, aber kleine Füße hatten jahrhundertelang als Schönheitsideal gegolten und waren unabdingbar für eine erfolgreiche Heirat in den höheren Gesellschaftsschichten gewesen. Man hatte den kleinen Mädchen die Zehen gebrochen und unter den Fußballen zusammengeschnürt, damit die Füße nicht weiter wachsen konnten, so dass die Besitzerin ihr Leben lang zu mühseligem Humpeln verdammt war. Die alte Frau schlurfte langsam und mit schmerzverzerrtem Gesicht vorwärts, bis sie einen Holzstuhl neben einer anderen alten Frau erreichte, die dort saß und strickte. Blitzende Nadeln klickten in ihren geschickten Händen, während sie ihre winzigen Füßchen in der Sonne wärmte.

Das Leben hatte sich nach draußen verlagert. Ganze Familien saßen auf der Türschwelle und aßen zu Mittag, verschlangen Nudeln aus großen Schalen. Junge Mädchen kauerten über Plastikwannen und wuschen sich ihre langen schwarzen Haare. Wäschestücke lagen über Hecken und Sträuchern zum Trocknen ausgebreitet, so dass es aussah, als wüchsen kleine Hemdchen und Socken aus den Pflanzen. Große schwarze Schweine streunten frei herum. Katzen und Hunde waren an Stricken oder Ketten angebunden. Gelber Mais und rote Chilis hingen zum Trocknen von den Dachgiebeln und den Zweigen der winterkahlen Bäume.

Ich verbrachte Heiligabend damit, auf einem Backsteinboden nach der Musik aus einem riesigen Kassettenrekorder zu tanzen, und wünschte mir, ich könnte den Jungen und Mädchen, die krampfhaft meine Bewegungen nachzuahmen versuchten, begreiflich machen, dass es keine Regeln gab, keine bestimmte Schrittfolge, keinen wirklichen Tanz. Wie üblich hatte sich ein Menschenknäuel um mich gebildet. Die Leute schauten zu, wie ich eine Schale Nudeln mit Ei, stark mit Chili gewürzt, schlürfte, dann hatte mich jemand gefragt, ob ich ihnen zeigen könne, wie man »Disco tanzt«. Der Himmel draußen war klar, der Mond ging auf, und Orion würde bald tief unten über den Berggipfeln jagen. Die Türen waren jetzt nicht mehr mit wattierten Decken gegen die Kälte verhängt. Bisweilen erhaschte man einen Blick auf das Leben drüben auf der anderen Straßenseite hinter den erleuchteten Fenstern, von denen viele mit dem Widerschein eines flackernden Schwarzweißfernsehers erfüllt waren. Ich war nur neunzig Kilometer südlich von Xi'an, aber bereits Welten von warmen Wannenbädern und MTV entfernt.

Als ich am Weihnachtsmorgen aufwachte, schaute ich mich in dem ungeheizten Zimmer mit dem Backsteinboden und der Holzdecke um und lächelte beim Anblick der Kornsäcke, die bis zu den Dachgiebeln aufgestapelt waren. Ich sehnte mich nicht nach den Hyatt-Kellnerinnen, die als Engel und Helferinnen des Weihnachtsmanns verkleidet waren. Ich wünschte mir nicht, ich wäre in Seattle unter einem geschmückten Weihnachtsbaum, wo einem der Duft eines im Ofen schmurgelnden Gänsebratens in die Nase strömte. Ich war froh, dass ich hier war und wieder fähig, mein Abenteuer zu genießen.

Es gab keine bedrohlichen Eisstellen mehr auf der Straße, keine Haarnadelkurven. Während ich Greene über den glatten Asphalt sausen ließ, nahm ich die vorüberfliegende Landschaft in mich auf. Über mir wölbte sich der Himmel in einem frischen, makellosen Blau. Das nördliche Braun wich zunehmend jungem Grün, die zackigen Berge gingen in runde Hügel über, die in weite, bewirtschaftete Ebenen ausliefen. Bald sah man die zerklüfteten Gipfel nur noch als Umrisse am fernen Horizont. Bambusgehölze bildeten Farbklecks in der Landschaft. Ein mageres Fohlen zog einen riesigen Berg Heu die Straße herauf, so hoch aufgetürmt, dass die Räder des Karrens unter der wuchtigen Ladung kaum zu sehen waren. Frauen, die an einem Fluss kauerten, walkten Kleidungsstücke in dem wirbelnden Wasser. Männer mit Ochsen brachen den fruchtbaren Boden auf und schoben schwere Pflüge durch die frischen Furchen.

Ich hielt an, um Greene vor einem niedrigen Backsteinbau zu fotografieren, dessen beide Eingänge jeweils ein einziges, säuberlich gemaltes chinesisches Schriftzeichen zierte. Ich hatte endlich gelernt Chinesisch zu lesen: Das Zeichen mit den gekreuzten Beinen bedeutete »Frauen«; das Zeichen mit den offen herunterbaumelnden Beinen bedeutete »Männer«. Es waren die einzigen Schriftzeichen, die ich mir einzuprägen vermochte, aber manchmal sind es

232

Greene vor einer öffentlichen Toilette

solche Kleinigkeiten, die einem das Gefühl geben, in einem neuen Land zu Hause zu sein. Wenn es jetzt zwei Eingänge in einer Dorftoilette gab und diese Eingänge beschriftet waren, wusste ich, welchen ich nehmen musste.

In dem Moment, als ich das Foto knipste, rollte ein Radfahrer an mir vorbei. Er bremste und starrte mich an, entrüstet, weil ihn eine Fremde mit der Linse eingefangen hatte. Als er sein Rad wendete und zurückkam, war ich schon auf eine Schimpfkanonade gefasst und legte mir die Erklärung zurecht, dass ich ja nur die Toilette fotografiert hatte. Aber wie sollte ich ihm das begreiflich machen? Der Mann winkte mich zu sich auf die andere Seite hinüber und ging in die Hocke. Er sah nicht besonders aufgebracht aus, also folgte ich seinem Beispiel. In seinen Händen hielt er behutsam eine schmuddelige, abgenützte Plastiktüte, die zu einem flachen Rechteck zusammengelegt war. Ich schaute zu, wie er sorgfältig die Tüte auseinander faltete und als Erstes seine Ausweispapiere herauszog und dann einen Luftpost-Umschlag, den er mir vorsichtig in die Hand gab. Der Brief war in Deutschland aufgegeben worden. Seine Augen blickten mich erwartungsvoll an, während er aufgeregt auf mich einschnatterte. Ich fing das Wort *fanyi* (»übersetzen«) auf.

Ich öffnete den Umschlag. Der Brief enthielt einen einzelnen Papierbogen und ein Foto von zwei chinesischen Jungen mit ihrer Mutter. Zum Glück war es eine sehr einfache Nachricht auf Englisch: »Vielen Dank und Grüße an Sie und Ihre Familie. Herzliche Grüße, Jürgen Schmidt.« Mit Hilfe des Sprachführers war ich in der Lage, die Botschaft zu übersetzen. Der Mann nickte und zeigte fragend auf die Unterschrift. »Jürgen Schmidt«, sagte ich und schaute das Wort für »Name« nach. Dann zeigte er auf den Briefkopf oben. »Lübeck, 5. Dez. 1993.« Ich schlug das chinesische Wort für »Datum« und »Stadt« nach. Hatte er den Brief die ganze Zeit mit sich herumgetragen, nur für den Fall, dass ihm jemand begegnete, der ihn übersetzen konnte? Während ich zuschaute, wie er den Brief sorgfältig wieder einpackte, fragte ich mich, ob er ihn weiter mit sich herumschleppen würde, obwohl er ja nun wusste, was darin stand.

Die Welt versank jetzt nicht mehr vor sechs Uhr in Dunkelheit. Solange es hell war, wollte ich weiterfahren. So radelte ich, zwanghaft wie ich nun einmal war, gegen vier oder fünf Uhr in einen Ort hinein und am anderen Ende wieder hinaus. Dann war das Tageslicht verschwunden und ich befand mich im Niemandsland. Ich war noch eine gute Stunde von einem Bett entfernt und verfluchte meine Dummheit und Sturheit, hielt mir vor Augen, wie leichtsinnig ich gewesen war, und schwor mir, dass ich es nie wieder sein würde. Und dann machte ich es wieder. Aber jetzt hing ein leuchtender Vollmond am Himmel, die Berge lagen hinter mir, und in dem hellen Mondlicht, das über die gerade, asphaltierte Straße flutete, hatte die Nacht nichts Unheimliches mehr. Statt mich zu fürchten, war ich wie berauscht von der Bewegung. Es gab nichts als meinen Körper, der ohne jede Ablenkung im Schutz der Dunkelheit funktionierte. Es war ein Gefühl, wie ich es kein einziges Mal gehabt hatte, seit ich von Irkutsk aufgebrochen war, ein Gefühl, das ich von den sonnigen Sommerstraßen in Südfrankreich vor so vielen Jahren kannte. Das selbstvergessene Dahinfliegen auf einem Fahrrad, wenn die Beine wie Kolben arbeiten, die Reifen schwerelos über das Land sausen, Rad fahren um des Radfahrens willen, weil es sich so gut anfühlt – der salzige Schweiß, der mir von der Stirn tropfte, das tiefe, rhythmische Atmen, die Muskeln, die sich streckten, zusammenzogen, das alles war die pure Daseinsfreude, reinigend und herrlich. Die Nacht war lau und friedlich. Am liebsten wäre ich ewig so weitergefahren.

Das Kernland des eigentlichen China, die Provinz Hubei, wird oft auch die Reisschüssel der Nation genannt. Der wichtigste Hafen für Baumwolle und Reis dieser Region ist Shashi, eine Stadt mit hektischen, von lautem Gehupe erfüllten bunten Boulevards voller Leuchtreklamen. Ich hatte gerade »Söhne und Liebhaber« gelesen und wollte es an Agvantseren zurückschicken. (Die Auswahl fremdsprachiger Buchläden, auf die ich mich in jeder größeren Stadt gierig stürzte, war ziemlich begrenzt. Während ich durch China radelte, las ich »Schwester Carrie«, »Bildnis einer Dame« und besagtes »Söhne und Liebhaber«.) Ich kaufte einen hübschen blauen Umschlag, schrieb säuberlich das chinesische Schriftzeichen für die Mongolei ab und brachte es zur Post. Die Schalterbeamtin schob es mir mit einer Erklärung zurück, mit der ich nichts anfangen konnte. Da sagte über meine Schulter eine Männerstimme auf Englisch: »Sie müssen einen anderen Umschlag nehmen.«

Der junge Mann trug dunkelblaue Jeans und eine Jeansjacke über einem dicken braunen Pulli. »Sie sagt, Sie müssen ins Kaufhaus gehen und den richtigen Umschlag kaufen.«

»Wo ist das Kaufhaus?«

»Ich gebe erst meinen Brief auf, dann gehen wir zusammen ins Kaufhaus. Ich darf Ihnen doch helfen, ja?«

»Ja, gerne, danke.«

Er gab seinen Brief auf, klärte mit der Schalterbeamtin, welche Art Umschlag ich brauchte, stellte sich als Setto vor und führte mich über die Straße zum Kaufhaus. Er fragte nach dem richtigen Stockwerk, dann folgte er den Hängeplakaten durch den schwach erleuchteten Raum zur richtigen Verkaufstheke. Das Leben ist so viel leichter, wenn man lesen kann. Ich wäre sicherlich zwanzig Minuten in den Gängen herumgeirrt, bis ich endlich im dritten Stock gelandet wäre. Dank Settos Hilfe hatte ich im Nu ein einfaches braunes Packpapier und Tesafilm erstanden. Er schrieb »Mongolei« unter die Adresse und diesmal nahm die Frau das Paket anstandslos entgegen.

Ich lud Setto zum Frühstück ein. Wir gingen zu einem Nudelstand an den Ufern des Jangtsekiang. Es ist unglaublich spannend, wenn man etwas zum ersten Mal sieht, das ein Leben lang immer nur ein Wort oder vielleicht ein Foto war. Die Mona Lisa, der Kreml, der Jangtse. Hier, 150 Kilometer südlich der berühmten Drei Schluchten, war der breite, träge dahinfließende Strom grau und industrieverseucht, ästhetisch enttäuschend, aber dennoch, es war der Jangtsekiang live. Setto war achtundzwanzig Jahre alt und hatte gerade sein erstes Examen als Bauingenieur absolviert. Nach dem Frühstück gingen wir zu seiner Frau Nan-Nan, einer Buchhalterin und temperamentvollen Person mit einem dröhnenden, ansteckenden Lachen. Nan-Nan und Setto wollten am Nachmittag wegfahren und einen Neujahrsbesuch in der Fischzucht machen, in der Settos Vater arbeitete. Sie luden mich ein, mit ihnen zu kommen.

Wir ließen Greene in ihrer winzigen Betonzelle, dann stiegen wir zu dritt in einen Bus, der uns aus der Stadt hinausbrachte. Wir stiegen mehrmals um, und nachdem wir noch 15 Minuten einer Schotterpiste gefolgt waren, kamen wir schließlich an einen niedrigen Betonbau neben einem künstlichen, rechteckigen Teich. Settos Vater, ein großer, kahl rasierter Mann, war Buddhist, seine kleine, stämmige Mutter hingegen Atheistin. Sie hatten schon vor mehreren Jahren der Hektik und dem Getriebe von Shashi den Rücken gekehrt und einen ruhigeren Job auf dem Land angenommen. Ihr Zuhause bestand aus vier winzigen, ineinander übergehenden Zimmern, deren Betonwände von Holztüren durchbrochen waren. Hölzerne Dachbalken stützten ein rundes Ziegeldach ab, das an manchen Stellen so große Risse hatte, dass der graue Himmel durchschimmerte.

Niedrige Stühle waren über das ganze Haus verteilt, auf einer Kommode stand ein Farbfernseher. Drei der Räume waren mit Doppelbetten ausgestattet; im vierten Raum befand sich die Küche. Gedörrter Fisch hing an den Wänden. Hühner pickten in der Einfriedung neben dem Haus. Settos Vater warf ein Netz in den künstlichen Teich und fing einen großen, silbernen Fisch. Es war schon kalt; die Temperatur fiel mit der untergehenden Sonne merklich ab.

Das Abendessen, das auf einem kleinen Tisch im Hauptraum serviert wurde, bestand aus acht verschiedenen Gerichten auf getrennten Platten: geröstete Erdnüsse, Fisch, Huhn, scharf gewürzte Bohnen, grünes Blattgemüse, hart gekochte Eier, Tofu und ein zweiter Fisch. Setto trank nicht. Seine achtzehnjährige Schwester Ming, die über die Ferien von der Schule nach Hause gekommen war, setzte ihrem Vater und mir kleine Gläser mit einem klaren Alkohol vor. Sie füllte alle Reisschalen ringsum, außer meiner. Dann machten wir uns mit gezückten Essstäbchen über das Festmahl her, wobei alle ihre Schalen unter das Essen hielten, das vom Tisch in den Mund wanderte. Ich liebte den frischen Reis in China und verschlang mit Begeisterung bei jeder Gelegenheit große Mengen davon. Ich verstand zuerst nicht, warum Ming meine Reisschale nicht gefüllt hatte, wollte aber nicht fragen. Als ich dann nach dreimaligem Zuprosten jeden weiteren Alkohol ablehnte, sprang Ming auf und füllte meine Schale mit Reis. Reis galt üblicherweise als Sattmacher, als armseliges Zeug, das lediglich den Magen füllen und beschäftigt halten sollte, und nicht als eine Speise im eigentlichen Sinn.

Das Waschen am Abend lief beinahe wie ein Ritual ab. Setto füllte Wannen mit heißem Wasser für mich und Nan-Nan. Zuerst wuschen wir uns Gesicht und Hände, dann schüttete Setto die Wannen aus und füllte sie aus einem dampfenden Kessel neu, damit wir uns die Füße waschen konnten. Sauber und wohlig warm gesellten wir uns zu den anderen, die vor dem Fernseher saßen und schrille Disco-Pop-Videos anschauten. Nach einer halben Stunde zog Nan-Nan eine Schicht Kleider aus und kroch unter die Decken des Doppelbetts. Ich folgte ihrem Beispiel und der Rest der Familie nahm den

Fernseher mit ins andere Zimmer hinüber, während Nan-Nan und ich bereits in den Schlaf drifteten, Kopf an Fuß unter der Steppdecke liegend. Am nächsten Morgen, als wir uns die Haare bürsteten, die Zähne putzten und uns Gesicht und Hände draußen in der frostigen, feuchten Luft wuschen, drang die Sonne als makellos runde, orangerote Scheibe durch den Dunst hindurch, der am Horizont hing. Am Nachmittag wanderten wir an den Deichen zwischen zahllosen rechteckigen Fischteichen umher und schauten den Fischern zu, die in ihren langen, niedrigen Ruderbooten vom See zurückkehrten. Wir saßen in der Wintersonne und redeten. Settos Englischkenntnisse machten die Verständigung leicht. Er sagte, er hasse die Kommunisten.

»Darfst du das sagen, ohne dass du Angst haben musst?«, fragte ich ein bisschen überrascht.

»Ja, natürlich.«

»Und wie war das vor zehn Jahren?«

Er schüttelte den Kopf. »Vor zehn Jahren konnte man so was nur hinter vorgehaltener Hand sagen, nur im Flüsterton.«

»Was erzählt man den Studenten heute über Mao?« In Russland hieß diese Frage, auf Stalin bezogen: »Welche Wahrheiten werden jetzt ausgesprochen, die vor zehn Jahren noch geleugnet wurden?«

»Oh, ich liebe Mao«, antwortete Setto. »Er war ein sehr guter Mann.«

Ich wandte ein: »Aber… machen die Politiker heute nicht das, was er gewollt hat?«

»Nein«, erwiderte Setto energisch. »Ganz und gar nicht. Überall nur Korruption. Und 1989 haben sie viele, viele Studenten umgebracht. Sie sagen uns, was wir tun sollen, aber sie selber halten sich nicht daran. Wir hassen sie.«

Ming schlug ihm auf den Arm. »Er ist sehr böse.« Sie lächelte mich an, war aber sichtlich schockiert über die Aufmüpfigkeit ihres Bruders.

Wir kamen jetzt auf Filme zu sprechen. »Die amerikanischen Filme sind alle gewalttätig«, bemerkte Ming.

»Nein«, sagte ich, »nicht alle. Aber leider werden nur solche Filme exportiert.«

»Warum macht eure Regierung das?«, erkundigte sich Setto.

»Das hat nichts mit der Regierung zu tun«, erklärte ich. »Es geht um Geld. Bei uns wird alles exportiert, was sich gut verkauft.«

Am nächsten Morgen, als ich draußen stand und meine Haare bürstete, schoben sich Wolken über die blasse Sonne und färbten den Himmel düster bleigrau. Plötzlich bekam ich heftige Krämpfe ziemlich weit oben unter meinen Rippenbögen. Meine Muskeln, die jetzt wieder an das tägliche Radfahren gewöhnt waren, hatten sich durch den Bewegungsmangel der letzten Tage völlig verspannt. Ich legte mich auf den Boden, streckte mich und dehnte mein Rückgrat, bis es knackte. Setto bot mir an meine Schultern zu massieren, womit er vermutlich gegen alle Regeln verstieß, die Körperkontakt zwischen Männern und Frauen untersagten. Nan-Nan schien es jedoch nichts auszumachen. Unter seinen knetenden Fingern lösten sich die verkrampften Stellen schnell in Wohlbehagen auf. Settos Vater war zweimal fort gewesen, um Wasser in zwei Holzeimern zu holen, die an einer Stange über seinen geraden, starken Schultern hingen. Jetzt war Setto an der Reihe. Nan-Nan und ich begleiteten ihn. Als er auf dem Rückweg anhielt, um Atem zu schöpfen, nahm ich die Stange auf meine Schultern. Nan-Nan und Setto lachten, als ich mich aufrichtete und ein paar Meter ging, dann drängten sie mich die Stange abzusetzen, sie sei zu schwer. Die Eimer waren tatsächlich schwer, aber die körperliche Anstrengung wärmte mich auf. Ich trug die Stange den ganzen Weg bis nach Hause, wo ich die Eimer erleichtert und mit einem dumpfen Aufprall absetzte, völlig außer Atem, aber wohlig warm.

Zum ersten Mal in China war ich bei Menschen, von denen ich das Gefühl hatte, dass sie echte Freunde sein könnten und nicht nur flüchtige Bekanntschaften. Wir spielten Blackjack und Poker, mit Sonnenblumenkernen als Einsatz, und unser Gelächter hallte weithin über das graubraune Wasser. Settos Vater füllte eine Hand voll Kohlen in einen Wok, der in einen Holzuntersatz eingelassen war.

Sobald die Kohlen rot glühten, nahm er den Wok mit hinein, und wir versammelten uns um den kleinen Ofen und genossen die wohlige Wärme. Nan-Nan wollte wissen, ob in Amerika jedes x-beliebige Buch veröffentlicht werden durfte. Ob es eine Pinyin-Schrift für Englisch gebe? Ob es staatliche Unternehmen gebe? Ob ich einen Freund hätte? Ob ich vorhätte zu heiraten? Warum nicht?

»Warum sollte ich?«, fragte ich zurück.

»Damit du Kinder haben kannst«, sagte sie.

»Ich will keine Kinder.«

»Nicht einmal eines?«

»Nein. Du etwa?«

Ming kicherte. Nan-Nan wurde feuerrot. Das war ja fast so, als würden wir über Sex reden. Nan-Nan nickte energisch.

»Wie viele?«, fragte ich.

Noch 1949 hatte Mao Zedong auf Bevölkerungswachstum gesetzt, in dem Glauben, dass das Land dank der überlegenen kommunistischen Produktionsweise und der gerechten Verteilung des Wohlstands eine unbegrenzte Anzahl von Menschen ernähren könne. Mitte der Fünfzigerjahre hatte sich die offizielle Parteilinie jedoch drastisch geändert. Sterilisation, bestimmte Formen der Abtreibung und die Einfuhr von Verhütungsmitteln wurden legalisiert. In den 1970er-Jahren wurden gezielte Anstrengungen unternommen, um das rasante Bevölkerungswachstum einzudämmen. Jetzt wurden spätere Heiraten propagiert, längere Babypausen und weniger Kinder. 1979 gab die Partei offiziell die Parole »nur ein Kind pro Familie« aus. Besonders in den ländlichen Gebieten Chinas stieß die Ein-Kind-Kampagne auf erhebliche Widerstände, und in den frühen 80er-Jahren führte der enorme politische Druck, mit dem dieses Ziel durchgesetzt wurde, zu Zwangsabtreibungen und weiblichem Kindsmord. Heute weichen die Familienplanungsgesetze in den einzelnen Regionen stark voneinander ab, wobei die Ein-Kind-Politik in den Städten weiterhin streng eingehalten wird, während in ländlichen Gebieten bei Paaren, deren Erstgeborenes ein Mädchen ist, meistens eine zweite Schwangerschaft geduldet wird. Es ist eine entsetzliche Vorstellung, dass den Eheleuten auf diese Weise ihr legitimer Kinderwunsch versagt blieb, aber andererseits lässt sich nicht bestreiten, dass es drastischer Maßnahmen bedurfte, um das Problem der Überbevölkerung in China in den Griff zu bekommen.

»Eins«, antwortete Setto entschlossen. »Nur eins. Das Gesetz verlangt, dass man sich nach dem ersten Baby sterilisieren lässt.«

Ich fragte nicht, wer von ihnen sich sterilisieren lassen würde. Das Durchtrennen des Eileiters und die Spirale stellen nach wie vor die häufigste Form der Empfängnisverhütung in China dar, während Vasektomien weit hinten an dritter Stelle kommen. Setto erklärte mir, dass in China jetzt viele Mädchen Sex vor der Ehe hätten. Er fragte mich, ob das in Amerika auch so sei.

»Ja«, sagte ich, »bei uns leben viele Paare zusammen, obwohl sie nicht verheiratet sind.«

»Und du? Lebst du mit deinem Freund zusammen?« Diesmal war es Nan-Nan, die ihn für diese Unverfrorenheit heftig in die Rippen stieß, obwohl sie sichtlich darauf brannte meine Antwort zu hören. Die Wahrheit war, dass ich keinen festen Partner hatte, nur eine gute Freundschaft mit gelegentlichen Abschweifungen ins Sexuelle. Aber ich hatte mir angewöhnt zu sagen, ja, ich habe einen Freund. Es war so viel einfacher und rief so viel weniger Verwirrung und Mitleid hervor, als wenn ich zugab, dass ich achtundzwanzig war und ganz ohne Mann. Diesen Freund hatte ich im Sinn, als ich jetzt auf die restlichen Fragen antwortete: »Nein, wir haben jeder eine eigene Wohnung.« Selbst Setto wagte es nicht die Frage zu stellen, die ihm sicherlich auf der Zunge brannte. »Aber ihr schlaft doch miteinander?«

An unserem letzten Nachmittag bei Settos Eltern gingen Setto, Nan-Nan, Ming und ich die zwanzig Minuten zu einem winzigen Dorf, wo Setto ein Paket »Totenpapier« kaufte, wie er es nannte. Sein Vater erwartete uns auf halbem Weg. Wir folgten ihm zum Uferdamm hinunter. Settos Großmutter väterlicherseits war vor drei Jahren gestorben. Ihr Grab, ein nicht weiter gekennzeichneter

241

Ein Straßenhändler in der Provinz Hubei verkauft Hundefleisch

Erdbuckel, war längst mit Gras überwuchert. Setto löste die brüchigen beigen Seiten, die das Geld und die Totengaben symbolisierten, die einst einem Verstorbenen ins Grab mitgegeben worden waren, und legte sie in kleinen Häufchen unter der gewölbten Erde ab. Dann zündete er ein Streichholz an. Die ganze Familie kniete der Reihe nach nieder und berührte mit der Stirn dreimal den Boden. Blaue und orange Flämmchen flammten auf der trockenen, kalten Erde auf und ein paar von den Blättern wurden vom Wind erfasst und in den Himmel hinaufgewirbelt.

Von Shashi nahm ich eine Fähre über den Jangtsekiang und trat meine Reise durch die Hubei-Provinz an. Setto hatte mir vorgeschlagen mit ihm im Bus den Fluss hinaufzufahren, um von dort die Drei Schluchten zu erkunden, bevor sie gestaut wurden. Aber ich hatte wieder einmal meinem zwanghaften Vorwärtsdrang nachgegeben, der absurden Vorstellung, dass die zurückgelegten Kilometer gleichbedeutend mit Leistung waren, und nicht zuletzt der magischen Anziehungskraft, die ein mittlerweile beinahe imaginärer

Liebhaber auf mich ausübte. Diese Entscheidung bereue ich bis heute.

Das Sonnenlicht glitzerte in den Schuppen silbriger kleiner Fische, die in den staubigen Märkten am Straßenrand auslagen oder an Fahrradlenkern baumelten, um zu Hause im Wok zu landen. Kurze, stämmige Palmen ließen ihre Blätter gen Himmel wehen. Das Klicken von Mah-Jongg-Steinen hallte weithin in der frischen Luft. Ich hörte es schon um mehrere Ecken herum, lange bevor ich die Männer sah, die um einen niedrigen Tisch versammelt und völlig in ihr Spiel vertieft waren.

Die Straße wand sich durch Zuckerrohrfelder. Männer, Frauen und Kinder arbeiteten zwischen den Stängeln, wo sie Rohre schnitten und bündelten. Dicke schwarze Rauchfahnen und tanzende orangerote Flammensäulen stiegen über den abgeernteten Feldern auf. Die Zuckerrohrstängel standen in Wigwam-Formation am Straßenrand, daneben hockten Händler auf kleinen Holzschemeln, was mich an die Beeren-Verkäufer im Staat Washington erinnerte. Die Leute kauten beim Radfahren, kauten beim Gehen, hockten auf der Erde und kauten, so dass ihnen die klebrige, süße Flüssigkeit am Kinn heruntertropfte. Ich hasse Zuckerrohr, obwohl ich sonst ganz wild auf Süßes bin. Der pure, flüssige Zucker jagt mir Schauer über den Rücken, so wie staubtrockene Meringen oder kratzende Nägel auf einer Schiefertafel.

Ich hielt zum Mittagessen in einem winzigen Restaurant im Freien an. Gesichter reckten sich neugierig in der Menge hinten, und die Leute stießen und drängelten die weiter vorne Sitzenden so erbarmungslos, dass der Tisch unter meinen Nudeln selten auf allen vier Beinen stand. Der exotische Charme, den diese ungeteilte Aufmerksamkeit anfangs für mich gehabt hatte, war mittlerweile verblasst. Ich konnte mich nicht zum Essen setzen, ohne von mindestens einem Dutzend Leuten umringt zu sein, und es schmeichelte mir längst nicht mehr, dass so viele Blicke auf mich gerichtet waren. Ich fühlte mich nur noch bedrängt und entnervt. Ich redete jetzt manchmal laut in die leere Luft hinein: »Nein, das hier ist nicht der

243

richtige Laden«, so als ob ich nicht allein wäre, als ob noch jemand dabei wäre, in der Hoffnung, dass ich auf diese Weise die starrenden Augen ablenken und in Schach halten konnte. Ich hatte gelernt beim Radfahren zu essen und so den Stress in der Menge zu umgehen, aber selbst wenn ich nur eine Tüte Erdnüsse kaufte, liefen die Leute zusammen, um mich anzustarren, mit Fingern auf mich zu zeigen und zu kichern. Diese tägliche Erfahrung war allmählich zum unausweichlichen Spießrutenlaufen geworden, und mein erbärmliches Chinesisch machte das Ganze nur noch schlimmer.

Eine Frau ermunterte mich zu essen, dann redete sie mir laut ins Gesicht und erwartete offenbar, dass ich ihr mit meinem Mund voller Nudeln Rede und Antwort stehen sollte. Ich hatte die ewig gleichen Fragen in den letzten fünf Wochen tausendmal beantwortet. Doch es nützte nicht viel, wenn ich mir vor Augen führte, dass die Szenen, die sich für mich im Lauf der Tage endlos wiederholten, für meine Frager jedes Mal neu und aufregend waren. Als der Tisch vornüberkippte und meine Suppe bis an den Rand der Schale schwappte, machte eine andere Frau Witze, die von der Menge mit brüllendem Gelächter quittiert wurden, während ich nur verständnislos lächeln konnte. Ich lachte nicht mehr laut. Das Gelächter, das ich nicht verstand, klang mir jetzt beleidigend und aggressiv in den Ohren, nicht mehr neugierig und liebenswert. Die Menschen, die mich so rücksichtslos umringten, faszinierten mich nicht länger. Ich fühlte mich einfach fremd: anders, komisch, falsch, nicht dazugehörig, zum Objekt herabgewürdigt. Mir war zumute, als hätte ich meinen Einsatz vergessen, als hätte ich nie ein Drehbuch in die Hand bekommen, als sei ich im falschen Spiel aufgewacht.

Schließlich stand ich auf und bahnte mir einen Weg zu Greene zurück, indem ich ungeniert die Leute beiseite stieß. Das war auch etwas, was ich in China sehr schnell gelernt hatte, schon als ich in Peking zum ersten Mal in einen Bus gestiegen war: schieben und stoßen. Nicht leise antippen oder seitwärts zwischen den Leuten durchschlüpfen, sondern die Hand auf den Rücken eines Fremden legen und ihn einfach aus dem Weg schieben. Greene war von einer

244

Das Publikum

Schar Männer umringt, die fasziniert ihre Ventilkappen abmontierten. Sie hatten hemmungslos an den Gangschaltungs- und Bremshebeln herumgezerrt und -gestoßen. Überdehnte Kabel hingen schlaff herunter. Der Sitz saß platt auf dem Oberrohr. Ein Mann ließ geschäftig ein Pedal herumsausen und befingerte die Pedalriemen. Ein anderer drückte die Bremsen zusammen und fuhr mit dem Finger über das zusammengezwickte Kabel.

Während ich Greene wieder in Ordnung brachte, war ich von einem Sperrfeuer unverständlicher Laute umgeben, einer Kakophonie, die ich nicht in Worte umzuwandeln vermochte. Ich liebe das Puzzlespiel, das eine Sprache für mich bedeutet, liebe es, die einzelnen Teile zusammenzufügen, ein ganzes Bild daraus zu machen. Die Sprache ist eine Brücke, eine Verbindung, die ich sonst nur zu gern herstelle, aber jetzt war ich auf dem besten Weg eine unüberwindliche Barriere daraus zu machen, eine Waffe. Wenn andere Radfahrer neben mir herradelten, machte ich mir nicht mehr die Mühe ihre Worte zu erraten. Sie wollten ein freundliches Gespräch mit mir führen, doch ich hörte nur unverständliche Laute, die end-

245

los wiederholt wurden, lauter und lauter, bis ich wutentbrannt zurückfauchte, immer wieder, immer lauter: »*Bu dong, wo bu dong!*« (»Ich verstehe nicht, ich verstehe nicht.«) Ich schleuderte ihnen *bu dong* entgegen wie eine Abwehrrakete: Lasst mich in Ruhe, ich weiß nicht, was ihr von mir wollt! Ich kochte vor Wut, nicht auf die Leute, sondern auf den Wortschwall, der über mich hinwegschwappte, ohne einen Sinn zu ergeben, auf meine Unfähigkeit einen Kontakt herzustellen.

Die Straßen wurden jetzt merklich eben, glatt, betriebsam, grau und laut und führten durch gesichtslose Wohnsiedlungen, die unweigerlich gerade im Bau oder bereits wieder am Abbröckeln waren. Staub und Lastwagenabgase drangen mir in Mund und Augen. Der pausenlose Ansturm des hupenden, kreischenden, quietschenden Verkehrs, das ohrenbetäubende Schreien und Fluchen zerrte an meinen Nerven, auch die Sprache um mich herum war nichts als Lärm. Mein Kopf dröhnte. Ich wollte nur noch Stille. Ich wollte entweder ein wirkliches Gespräch führen oder überhaupt nicht reden. Ich wollte eine echte Begegnung mit jemandem, dem ich beim Abendessen in die Augen sehen konnte, oder die Einsamkeit – einfach nur in Ruhe gelassen werden.

Mein Pass, das kleine blaue Buch – mein Rettungsanker, meine Immunität, meine Identität – war mir entrissen worden. Ich war im Hotel in Chengde gewesen und hatte mit der Frau von der Rezeption wegen meiner Kaution verhandelt, die sie mir nicht herausgeben wollte, als plötzlich eine hübsche Frau in mittlerem Alter zur Tür hereinkam, geradewegs auf mich zusteuerte und »Passport« sagte. Der theoretische Vorteil eines zweiten Passes bestand darin, dass ich ihn notfalls einfach verloren geben konnte. Doch jemand, der tatsächlich die Absicht hatte mich festzunehmen, würde kaum auf einen solchen Trick hereinfallen. Während die Polizistin sorgfältig Seite für Seite prüfte, wurde mir klar, dass sie wusste, wo sie nach meinem chinesischen Visum suchen musste. Die Empfangsdame, die man offensichtlich angewiesen hatte mich hinzuhalten, bis die Polizei kommen würde, hatte mir meine Sachen ausgehändigt, sobald die Polizistin auftauchte, und war dann verschwunden. Jetzt kehrte sie mit einem anderen Gast zurück, der ein bisschen Englisch sprach. Ich hatte meine Lektion in Asien gelernt: Wenn man etwas haben will, muss man einfach zupacken, und so streckte ich die Hand aus und entriss der Beamtin meinen alten Pass. Während wir zu dritt den Flur entlang auf mein Zimmer gingen, steckte ich ihn schnell in die Tasche und fummelte den richtigen aus dem Geldgürtel hervor. (Der praktische Vorteil eines zweiten Passes bestand darin, dass ich ihn rasch zur Hand hatte und nicht vor aller Augen unter meinen Kleidern und in meinem Geldgürtel herumwühlen musste.) Ich servierte meinen beiden Begleitern Tee. Die Polizistin verlangte erneut meinen Pass. »Visum«, sagte sie. Ich reichte ihr den Pass, auf der Seite mit dem chinesischen Visum aufgeschlagen, so als ob es dort die ganze Zeit gewartet hätte. »Wohin wollen Sie?«, fragte sie.

»Guilin.«

»Woher sind Sie gekommen?«

»Bejing und Xi'an.«

»Woher ist Ihr Fahrrad?«

»Aus Amerika.«

»Wo ist der Pass für das Fahrrad?«

Ich kann nicht behaupten, dass mir das alles geradezu Spaß gemacht hätte – Macht ist immer einschüchternd –, aber als mein Blick auf den Mann fiel, der mir notgedrungen als Dolmetscher diente, merkte ich, dass er, der unbeteiligte Dritte, noch viel nervöser war als ich und weit mehr Angst vor der Staatsgewalt hatte, die diese Frau verkörperte.

»Ich habe keinen Pass für mein Rad.«

»Ihr Fahrrad aus Amerika braucht einen Pass«, beharrte die Polizistin.

»Aber als ich in China eingereist bin, hat niemand irgendwelche Papiere von mir verlangt!«

»Würden Sie bitte mit mir kommen? Da sind noch ein paar Fragen, die Sie mir beantworten müssen«, sagte die Polizistin und steckte den Pass in ihre Tasche.

Greene und ich folgten ihrem alten schwarzen Fahrrad durch den Stadtverkehr wie eine Kuh mit einem Ring durch die Nase, und meine Augen klebten förmlich an der Tasche, die in ihrem Fahrradkorb herumhüpfte. Sie bog durch ein Eisentor in einen großen Hof mit Kopfsteinpflaster ein. »Einreise- und Ausreiseformalitäten«, stand auf dem Schild an ihrer Bürotür. Sie hieß mich warten und verschwand. Ich tigerte nervös zwischen der Türschwelle und dem strengen Metallpult hin und her, auf dem ein Schwarzweißfoto der Polizistin in einer mit Orden und Medaillen geschmückten Jacke stand.

Ich malte mir aus, was sie schlimmstenfalls mit mir anstellen konnte: mich zu einer lächerlichen Geldbuße verurteilen, mich in einen Zug nach Peking setzen, mir Greene wegnehmen. Ich dachte an den Stadtrat in der Provinz Heyang, bei dem ich ähnliche Befürchtungen gehabt hatte, der aber nichts anderes gewollt hatte als mit mir zu tanzen und zu frühstücken und sich mit mir fotografieren zu lassen. Diese Frau wollte nicht mit mir tanzen. Mein Verstand sagte mir natürlich, dass ich nichts zu befürchten hatte – sie würde mich nicht ins Gefängnis werfen, sie konnte mich nicht als Volksfeind anprangern oder meinen Kindern eine höhere Schulbildung verweigern –, aber in diesem Moment war für mich die Aussicht, in einen Zug nach Peking gesetzt zu werden, nicht weniger katastrophal.

Auch wenn ich mich noch so frei durch China bewegt und die häufigen Polizeibesuche und Passkontrollen keinerlei Folgen gehabt hatten, war China dennoch ein Land der geschlossenen Städte, von einer obskuren, mächtigen, unberechenbaren Bürokratie beherrscht. Ich dachte an den Dolmetscher im Hotel, an die Angst in seinem Gesicht, wie sein Körper sich versteift hatte und seine Augen leer geworden waren, ein Anblick, der Erinnerungen an die Sowjetunion in mir wachrief.

Ich dachte an die Situation am Ortsrand von Dengxian, wo ein halbes Dutzend Männer und Frauen in Uniform, die aber mehr wie Pfadfinder aussahen, aus einem Wachhaus gestürmt kamen, um mich aufzuhalten. Ihr Anführer hatte mich gefragt: »Wohin wollen Sie?« Bevor ich überhaupt den Mund aufmachen konnte, hatte er die Frage bereits für mich beantwortet: »Nach Xiangfan?« Xiangfan war siebzig Kilometer entfernt, und es war bereits früher Nachmittag, aber ich sagte »Ja« und schaute ihm in die Augen, um ihm zu zeigen, dass ich ihn verstanden hatte. »Biegen Sie nach ein paar Kilometern links ab«, sagte er. »Und fahren Sie auf keinen Fall nach Dengxian hinein.« Dann lächelten sie alle, reckten den Daumen in die Höhe und ließen mich durch. Und so neugierig ich auch war, riskierte ich es natürlich nicht, nach Dengxian zu fahren.

Dann fiel mir etwas anderes ein, das ich gleich südlich von Xi'an gesehen hatte, nicht lange nachdem ich mit dem Stadtrat der Heyang-Provinz getanzt hatte. Auf einem schmutzigen Platz unterhalb der Straße war eine Menschenmenge versammelt und hörte einem Mann zu, der auf einer provisorischen Bühne stand und in ein Mikrofon sprach. Ich hielt an, um zuzusehen, und fragte mich, ob es wohl eine politische Versammlung war. Ich wünschte mir, ich würde Chinesisch verstehen. Dann sah ich den zweiten Mann: Er stand mit gesenktem Kopf da, die Hände hinter dem Rücken verkrampft, als ob er auf den Gang zur Guillotine wartete. »Ach, wie nett«, dachte ich. »Ein bisschen Provinztheater für das Volk, von der Regierung subventioniert.« Ich wollte schon nach meiner Kamera greifen, als ich plötzlich merkte, dass dies kein Theater war. Von einer Guillotine war natürlich nichts zu sehen, aber die öffentliche Verurteilung war kein harmloser Spaß. Ich hatte schnell meine Fahrradtasche wieder zugemacht, aus Angst, dass ich unversehens in diese Geschichte hineingeraten könnte, dass man mich der unerlaubten Einmischung oder Spionage bezichtigen würde oder Schlimmeres – und wie sollte ich diese Anklagen entkräften? »Nein, bitte glauben Sie mir, ich bin nur eine harmlose Radfahrerin. Ich dachte, es sei ein Theaterstück, ein Spiel.«

Es war kein Spiel. Während ich in die blasse Wintersonne starrte,

249

wütend auf die Frau, die mir meinen Tag verdorben hatte, rief ich mir in Erinnerung, dass es nicht die richtige Art und Weise war, einer Amtsperson in China mit Zorn zu begegnen. Und immer wieder ermahnte ich mich, dass dies kein Spaß war – ich hatte es bereits vor zehn Jahren in Moskau erfahren, als ich beobachtet hatte, wie ein älteres Ehepaar auf das Foto ihres Sohnes in einer ausländischen Zeitung starrte. Nein, es war kein Spiel, und wenn, dann eines mit ziemlich realen Folgen.

Die Polizistin kam mit einem Stapel Formulare für eine »befristete Aufenthaltserlaubnis« zurück, in Begleitung ihres Vorgesetzten, einem Mann mit intelligenten Augen, der ein bisschen Englisch konnte. Ich zwang mich, ruhig und höflich zu bleiben. Ich sagte mir, dass dies eben auch zu meinem China-Abenteuer gehöre, jeder Chinareisende bringt schließlich eine Polizeistory mit. Und so ging ich mit dem Vorgesetzten der Polizistin die Fragen auf dem Formular durch und zog meinen Atlas hervor, um ihm zu zeigen, wohin ich fahren wollte – so liebenswürdig und beiläufig, als plauderten wir in einem Café miteinander.

»Ich muss meinen Vorgesetzten fragen«, sagte er. »Wegen der *not open area*, für die Sie eine Genehmigung brauchen.«

»Ist Chengde nicht offen?«

»Chengde ist offen. Aber Anhua nicht.«

»Ich will nicht nach Anhua. Sehen Sie«, sagte ich und fuhr erneut meine Route auf der Karte nach, den Straßen folgend, die nach Südwesten und nicht nach Südosten abgingen. »Anhua ist hier. Ich will dorthin fahren, in Richtung Lenshuijiang. Nicht nach Anhua.«

»Ich muss meinen Vorgesetzten fragen«, wiederholte der Mann und ging fort, um sich mit seinem Chef zu beraten. Ein zweiter Mann war während der Prozedur hereingeschlendert. Jetzt zog die Polizistin ein kleines rotes Buch aus ihrer Schreibtischschublade und zeigte eifrig auf verschiedene Paragraphen, die sie laut vorlas, um zu beweisen, dass sie Recht hatte. Ich konnte nur die Worte »amerikanisch« und »Fahrrad« aus ihrem schnellen, aufgeregten Geschnatter heraushören. Keiner der beiden Männer schien jedoch die Dinge so ernst zu nehmen wie sie. Ihr Vorgesetzter kam zurück, reichte mir meinen Pass, sagte, sein Chef heiße mich in der Provinz Hunan willkommen und wünsche mir eine gute Weiterreise nach Lenshuijiang. Ich spürte buchstäblich das verärgerte Stirnrunzeln der Polizistin in meinem Rücken, als ich ihm dankte. Beim Hinausgehen hörte ich noch, wie sie mit schriller Stimme ihr Missfallen zum Ausdruck brachte. Mein Pass steckte wohl verwahrt in meiner Tasche; Greene, so schien es, brauchte jetzt keinen mehr.

Eng umschlungen

Ich radelte jetzt wieder durch ein China, wie es in meiner Fantasie existierte. Ich folgte einem Fluss, der an manchen Stellen zu aquamarinblauen Seen aufgestaut war. Wie in einer Gravur auf altem Porzellan arbeiteten Fischer in schmalen Holzbooten lautlos im Schatten von Hügeln, die unter ihrem immergrünen Bewuchs stark zerklüftet waren. Verschwunden die Gewerbegebiete – nur saftiges grünes Land und Menschen bei der Arbeit, überall. Sie bebauten hier ihre Felder nicht anders, als sie es seit Jahrhunderten gewohnt waren. Dennoch war der Kapitalismus, unter welchem Namen auch immer, auf dem Vormarsch. In jeder noch so winzigen Ansiedlung waren einige Häuser in kleine Geschäfte umgewandelt worden: Läden, Restaurants, Friseure, Hotels. Manchmal konnte man den Eindruck bekommen, als sei jedes zweite Gebäude ein *lüguan*.

»Gibt es ein Hotel hier?«, fragte ich eine Frau mit einem Pferdeschwanz, die neben ihrem Ofen am Straßenrand kochte.

Sie nickte neugierig und gab keine weiteren Auskünfte.

»Wo ist das Hotel?«

Jetzt schaute sie mich an, als ob ich nicht ganz richtig im Kopf wäre. »Wo ist das Hotel?«, wiederholte ich, formte ein Kissen mit meinen Händen, weil meine schlechte Aussprache immer noch zu vielen Missverständnissen führte. Sie hob einen Zeigefinger und zeigte auf das zweistöckige Betongebäude direkt hinter ihr. »Na und? Woher zum Teufel soll ich das wissen?«, grummelte ich in mich hinein. »Es sieht genauso aus wie alle anderen Häuser hier.« Sie ließ ihren Wok im Stich, um mich hinaufzuführen, an den großen roten Zeichen vorbei, die vorne auf dem Gebäude prangten – meterhohe Schriftzeichen, die zweifellos »Hotel« bedeuteten. Es ist ein echter Stress, als Analphabet durch die Welt zu gehen.

Manchmal hingegen war weit und breit kein Hotel zu finden. Ich hielt an einer Abzweigung an. Nach meiner Karte mussten beide Straßen nach Lenshuijiang führen. Die eine Route sah erheblich kürzer aus als die andere, aber die Kilometerzahl war natürlich weniger aussagekräftig als viele andere Dinge, nach denen ich immer noch nicht zu fragen gelernt hatte. Ich kannte das Wort für »Straße« (*lu*), das Wort für »asphaltiert« jedoch nicht. Ich lächelte in die Menge, griff auf den Boden hinunter, tätschelte den Asphalt und fragte: »Lu (patsch-patsch-patsch) *you mei you*?« Schweigen. Rundum verständnislos starrende Augen. Dann plötzlich schallendes Gelächter, als einem der Männer ein Licht aufging. »*You, you!*«, nickte er. »*Pu li quing you.*«

»*Pu li qing?*«, wiederholte ich und tätschelte die Straße, so wie einst Helen Keller mit ihren Händen im Wasser herumgepatscht hatte, und versuchte die Laute »*pu… li… qing*« mit dem rauen Asphalt an meiner Handfläche in Verbindung zu bringen, um sie für künftige Fälle im Gedächtnis zu speichern.

»*Pu li qing*«, wiederholte er nachdrücklich. »*Pu li qing you.*«

Ich hatte längst gelernt, auch der eindeutigsten Information mit Skepsis zu begegnen, nicht nur, weil es so viel Raum für Missverständnisse gab, sondern weil selbst die einfachsten Wörter interpretationsbedürftig waren. Ich hatte keine Ahnung, was er unter »asphaltiert« verstand oder was »*pu li qing*« tatsächlich bedeutete. Aber diesmal war die Straße, die sich durch ein flaches, bewirtschaftetes Tal und grünende Felder wand – zumindest an meinen gegenwärtigen Standards gemessen –, eindeutig asphaltiert. Am frühen Nachmittag ging es allmählich in die umliegenden Hügel hinauf.

Als ich das erste Mal anhielt, um zu fragen, ob es irgendwo in der Nähe einen Ort gab, in dem man übernachten konnte, umringten mich zwar ein halbes Dutzend Leute auf der Erdstraße und fragten: »*Pa bu pa?*« (»Haben Sie keine Angst?«) Aber niemand hatte mir ein Bett anzubieten. Die Straße stieg weiter an. So weit das Auge reichte war jeder Zentimeter Land terrassiert und bepflanzt: das steil abfallende Tal, das schon in der Dämmerung lag, ebenso wie die Hügel, auf denen lang gezogene Spätnachmittagsschatten lagen. Trampelpfade durch die Felder verbanden die verstreut liegenden Häuser miteinander. Ich fuhr weiter, in der festen Überzeugung, dass ich bald in ein Dorf kommen würde. Stattdessen schwand das Tageslicht ebenso wie der Asphalt dahin. Da hüpfte eine Laterne auf der Straße vor mir auf und ab. »*Lüguan you mei you?*« »*Mei you*«, sagte der Mann lachend.

Als Nächstes kam ich zu einem einsamen Haus, durch dessen offene Tür Licht schimmerte. Drinnen kniete ein kleiner Junge auf dem Boden und spaltete ein Stück Holz. »*Ni hao*«, rief ich von der Türschwelle aus. Der Junge blickte auf, quietschte erschrocken und rannte kreischend ins angrenzende Zimmer. Im nächsten Moment tauchte seine Mutter auf und brüllte lauthals auf mich ein. Es lag mehr Angst als Zorn in ihrem Gesicht. »Es tut mir Leid, es tut mir Leid«, rief ich auf Englisch, wich zurück und riss mir den Helm vom Kopf, damit sie sehen konnte, dass ich eine Frau war, und in der Hoffnung, dass sie sich beruhigen würde, wenn sie meine Stimme hörte. Doch die Frau hörte nicht auf zu schreien und fuchtelte mit den Armen. »*Bu dong, bu dong*«, stotterte ich, drehte mich um und rannte die Steintreppen hinunter.

Ich fühlte mich allmählich sehr verloren und einsam auf der dunklen Bergstraße. Ein paar Kilometer weiter – ich hatte inzwischen meinen Scheinwerfer an – traf ich endlich auf drei Männer, die im Licht einer Taschenlampe einen Traktor reparierten. »*Lüguan you mei you?*«

»*You, you*«, nickte einer von ihnen und stand auf, um mich die Straße hinunter zu einem großen, weitläufigen Gebäude zu führen. Dort löste sich mein Verlorenheitsgefühl unverzüglich in Wohlgefallen auf. Eine Frau hockte an ihrem Wok und kochte. Der Fernseher lief und übertrug eine britische Nachrichtensendung in chinesischer Synchronisierung. Ich starrte auf die Bilder und fragte mich,

254

was in der Welt vorging. Die Familie brachte Greene herein, dann versammelten wir uns zu acht oder zehnt zum Abendessen um einen kleinen Holztisch. Später folgte ich einem jungen Mädchen eine Holztreppe hinauf in ihr Zimmer. Fleischstreifen hingen an der Decke, aber die rauen Holzbalken und feuchten Backsteinwände, die vom Kerzenlicht beschienen waren, verliehen dem kargen Raum eine geradezu fröhliche Wärme, verglichen mit dem üblichen, düsteren Beton unter einer nackten Glühbirne. Das Mädchen füllte zwei Becher mit Wasser und wir stellten uns Seite an Seite auf die Galerie draußen und putzten uns die Zähne. Das Mädchen war Friseuse, und wir vereinbarten, dass sie mir am nächsten Morgen die Haare schneiden sollte, was dringend nötig war.

Ich hatte es jetzt nicht mehr so eilig, Yangshuo zu erreichen. So blieb nur die absurde Tatsache, dass ich einer flüchtigen Zufallsbegegnung durch ganz China nachjagte. Ich hatte mich sinnlos in etwas hineingesteigert, ein Nichts zu einer Affäre aufgebauscht, die niemals existiert hatte. Ich hatte keine Nachricht im »Victory« vorgefunden, weil Kirk mich vermutlich längst vergessen hatte, als er nach Xi'an gekommen war. Doch als das Mädchen jetzt die Kerze ausblies, als wir Fuß an Kopf unter einer Steppdecke lagen und ich die Wärme eines anderen Körpers spürte, erwachte von neuem die Sehnsucht nach Kirk in mir und der Wunsch, meine Hand über die Haut seines nackten Rückens gleiten zu lassen und mich eng an seinen Körper zu schmiegen.

»Fahren Sie heute noch nicht weg«, drängten mich das Mädchen und ihre Familie am nächsten Morgen. »Fahren Sie morgen.« Dichter Nebel lag über den Reisterrassen, die sich am Hügel hinaufzogen. Eine ockerfarbene Brücke wölbte sich über einen Bach. Es gab keinen Verkehr auf der Schotterstraße. Ich stellte mir einen gemütlichen Tag mit Spazierengehen, Tagebuch-Schreiben und Haareschneiden vor. Aber das war eine Illusion. Ich würde ihnen niemals erklären können, warum ich spazieren gehen wollte. Die Schar der Dorfbewohner, die sich versammelt hatten, um mir beim Frühstücken zuzusehen, würde mir auf Schritt und Tritt hinterhertrotten.

Sie würden jedes Wort mitverfolgen, das ich in mein Tagebuch schrieb. Und außerdem hatte ich ein Rendezvous in Yangshuo.

Auf meinem Weg Richtung Süden begleitete mich das Gezwitscher im Grün verborgener Vögel. Überall rieselten kleine Bäche von den steilen Hängen herab und ihr Tröpfeln, Plätschern und Murmeln verschmolz mit den Vogelstimmen. Gewaltige Felsformationen ragten aus dem Nichts auf, um gleich wieder im Nebel zu verschwinden. Ich hätte mich nicht gewundert, wenn plötzlich ein brüllender Dinosaurier über mich hergefallen oder hoch oben auf einem Hügel ein tapferer Ritter auf einem weißen Ross dahergesprengt wäre. Ich genoss die Stille: keine schrillen Stimmen, kein Hupen, nur dunstig grünes, beackertes und bepflanztes Land hinter Zäunen aus Reisig und Grasflechten. In dieser Ruhe schöpfte ich Kraft, um die nächste Mahlzeit mit Publikum über mich ergehen lassen zu können.

Auf den tausend Kilometern, die ich seit Xi'an gefahren war, hatte die Chili-Menge in der Nudelsuppe mit jeder Umdrehung der Pedale um ein Vielfaches zugenommen. »Möchten Sie Chili?«, fragte jeder Koch unweigerlich und hielt mir fragend einen Löffel mit dem heimtückischen roten Pulver unter die Nase. »Yi ding dian«, ein kleines bisschen, sagte ich dann und hielt den Daumennagel meiner rechten Hand an meinen kleinen Finger, eine Geste, die ungefähr unserem ausgestreckten Daumen und Zeigefinger entspricht. Je weiter man am kleinen Finger hinauffährt, desto weniger Chili möchte man haben. Eigentlich mag ich scharf gewürztes Essen. In fast alles, was ich zu Hause koche, streue ich rote Chilikrümel. Aber hier, in den südlichen Breiten der Provinz Hunan, hielt ich meinen Daumennagel ganz oben an den kleinen Finger und quiekte in den höchsten Tönen, um dem Koch begreiflich zu machen, dass ich wirklich nur »ein winziges bisschen« haben wollte. Trotzdem war die Suppe noch so scharf, dass mir die Tränen kamen.

Ich aß Suppe. Ich aß Nudeln. Ich aß Reis. Ich aß Teigbällchen und Tofu und Gemüse, weil ich die Wörter dafür kannte. Ich aß, was immer der Koch mir vorzusetzen geruhte, ohne Fragen zu stellen, wobei mir vieles rätselhaft blieb, aber nichts je schlecht war. Von Zeit zu Zeit war sogar etwas außergewöhnlich Gutes darunter. Eines Tages, mitten im Nirgendwo, in einem unscheinbaren Beton-Restaurant, das sich in nichts von allen anderen Beton-Restaurants unterschied, führte mich eine Frau mit einem Haarschnitt, den man nicht gerade als schmeichelnd bezeichnen konnte, in die Küche und ließ mich zeigen, was ich haben wollte. Ich hatte Lust auf eine bunte Gemüsepfanne. Ich deutete auf alle Gemüsesorten: Kohl, Tomaten, Karotten, Tofu und rote Paprika. Innerhalb von Minuten hatte sie drei Gerichte zusammengebrutzelt: Karotten und Paprika, Tofu und Kohl und eine Schale mit Ei, Tomaten und Spinatsuppe. Es war genug für drei Leute. Und es war eine der besten Mahlzeiten, die ich je gegessen habe – mit großer Sorgfalt zubereitet und äußerst delikat gewürzt.

Fast niemand, dem ich in China begegnet bin, entsprach auch nur entfernt dem westlichen Bild vom zurückhaltenden, stillen Asiaten. Meine beste Freundin in der fünften, sechsten und siebten Klasse, Lisa Yang, passte viel eher in dieses Bild. Sie war fleißig und brav. Sie verstand das Chinesisch, das ihre Eltern zu Hause sprachen, aber ich hörte sie nie ein einziges Wort Chinesisch sprechen. Sie bekam supergute Noten und machte in der Klasse nie den Mund auf. Ich war auch eine Musterschülerin, der Liebling der Lehrer, aber im Vergleich zu ihr war ich der reinste Rüpel. In China redeten die Frauen in voller Lautstärke, boxten mich gegen den Arm, wenn sie etwas von mir wollten, und lachten mir laut ins Gesicht.

Als ich Greene einmal eine steinige Zickzackstraße in der rasch einbrechenden Dunkelheit hinaufschob, kam mir eine Frau in strahlend weißen Gummistiefeln entgegen. Die Frau schenkte mir keine Beachtung, bis ein Lastwagen vorbeifuhr und mein Fahrrad, meine Radtaschen und mein westliches Gesicht beleuchtete. Eine Sekunde später stand sie vor mir, nur wenige Zentimeter von meinem Gesicht entfernt, und fragte mit ohrenbetäubend schriller und lauter Stimme, wohin ich wollte.

»Ziyuan«, sagte ich. Es war der Name der nächsten Stadt auf meiner Karte.

»Weit«, kreischte sie, »gefährlich. Schlafen Sie bei mir zu Hause.« Ob sich das Immigrantenleben wirklich so niederdrückend und dämpfend auf den Charakter auswirkt, selbst über mehrere Generationen hinweg?, fragte ich mich, als sie meinen Arm packte und mich den Felshang hinunter zu einer Gruppe von Holzhäusern zerrte, die sich am Fuß einer Haarnadelkurve zusammendrängten. Ich konnte in der Dunkelheit nicht weiter als bis zum Straßenrand sehen, aber sie wusste, wo die Häuser waren, wo ihre Freunde lebten, und während wir zusammen durch den Ort gingen, rief sie jedem lauthals zu, was ihr gerade auf dem Hügel oben begegnet war – eine Amerikanerin mit einem Fahrrad!

Die Nachbarn versammelten sich auf ihrer Betonveranda und ich konnte heraushören, dass sie jedem Neuankömmling die Geschichte erzählte, wie sie mich gefunden hatte. Offenbar hatte sie sich gefragt, ob die Gestalt im Dunkeln ein Mann oder eine Frau war, bis die Scheinwerfer meine Zöpfe beleuchtet hatten. Und wenn sie zu der Stelle kam, wie sie mich gewarnt hatte, dass es gefährlich sei, dass es hier Banditen gebe, packte sie ihren Pferdeschwanz und riss ihn heftig zurück, um mir zu zeigen, was sie meinte. Aus der Dunkelheit drang das Grunzen von Schweinen, die im Stroh herumschnüffelten; ein Bach schwappte sanft gegen Steine und Felsbrocken. Als die Kälte der Nacht sich im Tal ausbreitete, ging meine Gastgeberin mit mir ins Haus. Wir setzten uns um ein Kohlenbecken und knabberten Sonnenblumenkerne im flackernden Licht des Fernsehers, ehe wir zusammen ins Bett krochen.

Am nächsten Morgen nahm sie mich auf eine Besuchsrunde mit. Gleich unten an der Straße, in einem dunklen, rauchigen Haus, dessen Boden aus gestampfter Erde bestand, schürte eine wunderschöne Frau ein Feuer. Im wabernden Lichtschein sah sie aus wie eine Prinzessin, die sich in die Wildnis verirrt hatte. Der Bach neben dem Haus staute sich an einer Stelle zu einem Felsenbecken, in dem große Fische träge in der Strömung dümpelten. Der dreieckige Hof war mit Palmstroh und Reisig überdacht. Bambusstangen bildeten eine wacklige Brücke über den Teich, von der aus man die Fische fangen konnte. Ein leichtes, dunstiges Nieseln erfüllte die Luft. Die ganze Szene hätte mehr in ein tropisches Inselparadies gepasst als in diese feuchten, kalten Berge.

»Möchten Sie Fisch?«, fragte meine Gastgeberin und riss mich heftig am Ärmel.

Ich wusste nicht, ob wir Frühstückseinkäufe machten oder ob sie mich mit einem Bündel Fisch an Greenes Lenkstange auf den Weg schicken wollte. »Ich mag Fisch«, sagte ich.

»Teuer«, sagte sie. »Acht Kuai.«

»Ich habe so viel«, sagte ich. Acht Kuai erschien mir ziemlich billig für einen ganzen Fisch. Daraufhin balancierte ein junger Mann über die Bambusstangen, wobei er seine nackten braunen Zehen geschickt in die Rundungen des Holzes einhakte, und schnappte sich einen großen Fisch aus dem Wasser. Als er wieder auf dem Trockenen war, reichte er ihn einer alten Frau, die den Haken einer Waage durch die Kiemen des Fischs bohrte, um ihn zu wiegen. Dann schlang sie ein dickes Schilfrohr durch seine Kiemen und sein Maul und schnürte einen Henkel daraus. Der junge Mann wandte sich jetzt an mich: »Vierundvierzig Kuai«, sagte er.

Es war ein großer Fisch, aber vierundvierzig Kuai war ein Wucherpreis. Ich dachte zuerst, ich hätte ihn vielleicht falsch verstanden. Die Aussprache war hier anders als im Norden. »Tsch« hatte sich zu »ts« verschärft, und »sch« war allmählich in ein zischenderes »ss« übergegangen. Zu »vier« und »zehn« hatte man in Peking *si* und *shi* gesagt. Hier konnte ich die beiden Laute nicht mehr zuverlässig unterscheiden. Ich war wieder auf das Fingerzählen angewiesen, um vierundvierzig (*si shi*) und vierzehn (*shi si*) zu unterscheiden. »*Shi si?*«, fragte ich. Aber seine Finger zeigten mir an, dass ich ihn richtig verstanden hatte. »*Si shi.*« Ich machte ein erstauntes Gesicht. Dann fragte ich mich, ob Fisch vielleicht ein Luxusartikel war und ich die Leute in Verlegenheit bringen würde, indem ich sagte, dass er zu teuer sei.

259

Ich löschte schnell das Erstaunen von meinem Gesicht, denn mir wurde plötzlich klar, dass acht Kuai der Preis pro *jin* war, was ungefähr einem halben Kilo entsprich. Es war ein absurd hoher Preis, dessen war ich mir sicher, aber sie hatten mir die Möglichkeit gegeben abzulehnen (oder zu feilschen). Trotzdem war ich mit ihrem Preis einverstanden gewesen. Ich sagte mir, dass es nur fünf Dollar waren, dass fünf Dollar keine Rolle spielten und dass ein solcher Fisch in Seattle gut dreißig gekostet hätte. Doch als wir anschließend nach Hause gingen, schrie meine Gastgeberin, den Arm um meine Taille geschlungen und den Fisch in einer Hand herumwedelnd, jedem Vorüberkommenden und jedem Nachbarn, der auf seiner Veranda saß oder seine Schweine fütterte, entgegen: »*Si shi kuai*!« Das Gelächter darauf hallte hinter mir die Straße hoch, so dass ich mir ausgenützt und dumm vorkam und allmählich immer wütender wurde. Ich hätte jederzeit alle zum Frühstück eingeladen, aber ich hatte keine Lust den Narren zu spielen.

Und doch bin ich nach wie vor überzeugt, dass es kein niederträchtiger Betrug war. Es war nur ein Experiment. Vielleicht hatte die Schwester des Schwagers des Chefs irgendeines Onkels gesagt, sie habe vom Bruder der Freundin ihrer Cousine, der einmal in Peking gewesen war, gehört, man könne einem Ausländer für die einfachsten Dinge die unglaublichsten Wucherpreise abverlangen und diese Fremden seien so reich, dass sie alles bezahlen würden. Jetzt testeten sie diese Behauptung. Ihre Freundlichkeit war echt, auch wenn es mir noch so widersinnig vorkam. Der Preis für den Fisch stand auf einem anderen Blatt und hatte damit nichts zu tun. Oder mit der Tatsache, dass meine Gastgeberin hundert Kuai verlangte, als sie Greene und mich nach dem Frühstück die Straße hinunterbegleitete. Ich gab ihr zehn. Sie nickte und sagte Lebewohl. Zwei Minuten später kam sie hinter mir hergerannt und gab mir die zehn Kuai zurück. »*Bu you*« – ich will das nicht.

»Okay«, sagte ich überrascht. »Danke.«

»Gehen Sie nicht weg«, sagte sie. »Bleiben Sie heute Nacht. Gehen Sie morgen.«

»Nein, ich fahre heute.«

Sie blieb stehen und sagte noch einmal »Auf Wiedersehen«. Ich legte meine Hand auf mein Herz und dankte ihr. Ein paar Minuten später kam sie wieder den Hügel heraufgerannt. »Hundert Kuai«, sagte sie und schrieb mit dem Finger auf ihre offene Handfläche. Wahrscheinlich hatten ihre Nachbarn sie aufgehetzt, es noch einmal zu probieren.

Ich schüttelte den Kopf. »Zehn Kuai.«

»Achtzig«, sagte sie und schrieb in ihre Hand.

»Zehn.«

»Fünfzig«, sagte sie.

Ich gab ihr den Zehn-Kuai-Schein zurück.

»Fünfzig«, schrieb sie.

Ich hatte keine Vorstellung gehabt, was der Fisch kosten durfte, aber ich wusste genau, was man für eine Übernachtung im gemeinsamen Bett verlangen konnte. Zehn Kuai waren mehr als genug. Ihr erschien es jedoch ungerecht, dass ihre Nachbarn so viel verdient hatten und sie nicht. Ich wollte ihr sagen, dass sie sich den Profit für den Fisch mit den anderen teilen solle, um ihr zu verstehen zu geben, dass ich die Transaktion durchschaut hatte, aber dafür sprach ich nicht genug Chinesisch. Ich setzte meinen Weg fort und sie kehrte nach Hause zurück.

Ich radelte verbissen. Einen nassen, nebligen Berg hinauf, einen nassen, nebligen Berg hinunter. Rauer Asphalt wuchs aus der Erde hervor und wand sich an einem Fluss entlang bis zu einer unbeschilderten Kreuzung. Dann den nächsten unbewohnten, mit Nadelbäumen bewachsenen Berg hinauf, immer weiter aufwärts, und dann über den Pass und dreißig Kilometer bergab, den ganzen Weg bis zur Hauptstraße nach Guilin. Am nächsten Morgen sauste ich in einem leichten Regen dahin. Die Straße war eben, asphaltiert und bequem, bis plötzlich ein Abschnitt kam, der aufgerissen, voller Löcher und sehr anstrengend war. Schwere Baumaschinen bearbeiteten die Erde, wühlten und rissen sie auf, bis dicker, blutroter

Schlamm hervorquoll, der Greenes Reifen voll spritzte und von vorüberdonnernden Lastwagen derart in alle Himmelsrichtungen geschleudert wurde, dass das Zeug direkt vom Himmel herunterzuregnen schien. Bis ich den Ortsrand von Guilin erreichte, war ich schon über und über mit klebriger roter Erde verschmiert. Ich hielt vor einem Wasserhahn an einem Gehsteig. Eine hilfsbereite Menge schüttete ganze Eimer voll Wasser über mich, Greene und die Taschen, die nur nicht wasserdicht waren. Am Ende kam ich etwas weniger schlammig, aber umso nasser im Hotel an.

In einem schattigen Winkel der Empfangshalle saßen zwei Europäer, zwei Deutsche, beide blond, gut gebaut und wie aus dem Ei gepellt. Sie standen auf und erboten sich ritterlich, Greene für mich die Treppe hinaufzutragen. Ich hielt beim Etagenportier an, um meinen Schlüssel gegen eine Kaution von 20 Kuai entgegenzunehmen, und lud Jens und Ulf in mein Zimmer ein, damit sie sich ihre schlammverschmierten Hände waschen konnten.

»Warum hinterlegst du deine Schlüsselkaution in FEC?«, fragten sie mich.

»Wieso? Was macht das für einen Unterschied? Ich bekomme doch das Geld zurück, wenn ich den Schlüssel abgebe.«

»Aber warum hast du FEC?«, fragten sie weiter. In den Städten und Dörfern hatte niemand je von FEC gehört, aber in den größeren Touristenorten hatten die Hotels kein Interesse an schnöden RMB. Wollten mir die beiden geschniegelten Jungs jetzt auch mit dem nervtötenden Geschwätz kommen, »du kannst sie jederzeit auf RMB runterhandeln, wenn du nicht den großkotzigen Touristen rauskehrst«?

»Weißt du denn nicht, dass es keine FEC mehr gibt?«, fragte Ulf. »Seit dem ersten Januar. Die Währung gibt's nicht mehr. Wenn du zur Bank gehst, um Dollars umzutauschen, geben sie dir RMB.«

Auf der ebenen Sechzig-Kilometer-Strecke am nächsten Tag passierte etwas Neues und Verstörendes: Kinder warfen Sachen nach mir – Kieselsteine, Orangenschalen, einen toten Vogel. Es war ein Vorgeschmack auf die touristenverseuchte Nationalstraße 1: Die

Verachtung und Häme, die aus der Vertrautheit entstehen, wenn diese noch nicht in die Gleichgültigkeit des Alltäglichen abgesunken ist. Yangshuo, das geduckt unter Karstbuckeln liegt, ist das beliebteste Backpacker-Paradies Chinas, das alternative Gegenstück zu Guilin. Mit Ausnahme von Berlin habe ich noch nie eine so streng geteilte Stadt gesehen. Drei Straßen waren mit Cafés und Souvenirläden im westlichen Stil gesäumt. Einen kurzen Block davon entfernt lag das chinesische Dorf, wo eine Schale Nudeln weniger als einen Kuai kostete und kaum weiße Gesichter zu sehen waren. Ich lief prompt Jens und Ulf über den Weg, die am vorigen Tag angekommen waren, und ging mit ihnen in ein Café, wo es Müsli, Joghurt und Schokoladen-Shakes gab, wo Jazz aus dem Kassettenrekorder tönte und Tischdecken auf den Tischen lagen.

Greg, ein Felskletterer aus Seattle, und seine russische Frau Larissa reisten mit einer 26-jährigen holländischen Globetrotterin namens Barbara sowie mit Trevor zusammen, einem atemberaubend schönen, schwarzen Engländer. (Und ich hatte von Anstarren geredet!) Andy aus Manchester war fast zwei Monate in Yangshuo gewesen, sein schwammiger Körper war aufgedunsen vom vielen Bier, und er hielt seine Zigarette in drei zitternden, schlaffen Fingern, als ob er noch nie vorher geraucht hätte. Landis aus Las Vegas lernte Kampfsportarten und steckte dauernd mit dem 21-jährigen Ping zusammen, dem Betreiber des Mei-You-Cafés, das sein mittelmäßiges Essen mit guter Musik und einer entspannten Atmosphäre wettmachte – ein Ambiente, das zu stundenlangem Kaffeetrinken und Schreiben verführte.

Ich verfasste Band III meines Briefs nach Hause. Es war himmlisch, so ganz unbeobachtet und ohne Publikum dasitzen zu können, eine Flasche Bier zu trinken und ausführliche, fließende Gespräche zu führen, anstatt eine Schale Nudeln zu schlürfen und in einer sprachlichen Sackgasse zu landen, sobald die Sieben Fragen abgehakt waren. Jens und Ulf liehen sich Fahrräder aus, und wir erkundeten zusammen die Umgebung, wo überall Kinder hinter uns herbrüllten: »Hallo, hallo, hallo, hallo!« Dann durchwanderten Jens und ich ein stilles Tal. Nachdem Jens eine Weile herumgestottert hatte – mühsam nach Worten ringend, voller Angst, dass er mich beleidigen könnte, scheu und jung wie er war –, gestand er mir, ich sei die erste Frau, die er »for her way, not her looks« lieben gelernt habe (wegen ihrer sympathischen Art, nicht ihrem Aussehen).

Niemand hatte Kirk gesehen, und ich begriff selber nicht mehr, warum ich so darauf versessen gewesen war ihn zu finden, warum ich wie eine Verrückte durch China gerast war, auf der Suche nach einem Mann, den ich kaum kannte. Trotzdem schaute ich jeden Tag im Hotelregister nach seinem Namen. Ich wohnte in einem der Dutzend Billighotels in der Innenstadt; er hätte in jedem davon absteigen können. Falls er nicht schon weitergefahren war. Oder Yangshuo überhaupt ausgelassen hatte. Morgen fahre ich weiter, sagte ich mir jeden Abend. Aber dann fand ich jedes Mal eine neue Ausrede, doch noch einen Tag zu bleiben. Es waren faule Tage, ausgefüllt mit Essen und Trinken, Karten spielen und dem Austausch von Reisegeschichten. Nachrichten von einem Erdbeben in Los Angeles, so schlimm, dass ganze Highways eingestürzt waren, sickerten durch. Jemand hatte gehört, dass es dreißig Tote gegeben habe; ein anderer sprach von 2000 Toten. Und dann, eines Nachmittags, stand Kirks Name im Anmelderegister. Er wohnte im Zimmer nebenan. Ich klopfte, aber es kam keine Antwort. Ich klebte eine Nachricht an die Tür. Ich teilte ihm mit, dass er mich im »Mei-You« antreffen könne.

Ich wählte einen Tisch ganz hinten und tat so, als sei ich in ein Buch vertieft. Aber sobald die Tür aufging, fuhr mein Kopf hoch. Ich sagte mir, dass ich mir nichts erhoffen durfte. Ich hielt mir vor, dass wir alles in allem nur zwei oder drei Nachmittage in Peking miteinander verbracht hatten. Je länger ich wartete und je mehr ich darüber nachdachte, desto absurder erschien es mir. Ich hatte den Mann noch nicht einmal geküsst. Ich hatte eine Beziehung erfunden, die gar nicht existierte. Er würde sich bestimmt nicht mehr an mich erinnern. Dann kam er zur Tür herein.

Als ich am nächsten Morgen neben ihm aufwachte, war mein erster Gedanke: Wenn ich mir doch mehr Zeit gelassen hätte auf mei-

264

ner Fahrt nach Süden; wäre ich doch nur den Jangtse hinuntergefahren und hätte mir die Haare schneiden lassen! Meine wilde Sehnsucht, ihn wieder zu finden, war offenbar in einer Nacht gestillt worden. Ich ertappte mich dabei, dass ich träge vor mich hin sinnierte: »Heute könnte ich abreisen.« Und das, nachdem ich ihm zwei Monate lang nachgejagt war und eine ganze Woche wie eine Besessene auf ihn gewartet hatte! Doch als wir miteinander gefrühstückt hatten, verwandelte sich mein Hunger in etwas anderes, und ich fuhr auch an diesem Tag nicht weiter. Auch nicht am nächsten. Vier Tage und vier Nächte blieben wir zusammen. Hautnah, meine Hand auf seinem Knie, während wir ein Bier im »Mei-You« schlürften. Und wir redeten. Keine großartigen, herzerschütternden, weltbewegenden Gespräche, sondern einfache, nette Plaudereien unter vier Augen.

Von Yangshuo aus wollte Kirk nach Hongkong reisen und dann weiter nach Nepal. Soll ich Saigon sausen lassen, fragte ich mich, und stattdessen mit Kirk trekken gehen? Es lag ein gewisser ästhetischer Reiz in der Vorstellung, meine Pläne spontan aufzugeben und mit einem Mann in ein Land zu flüchten, an das ich nicht einmal im Traum gedacht hatte. Das Problem war nur, dass ich immer noch lieber nach Saigon radeln wollte als im Himalaja zu wandern. Selbst wenn Kirk mich gefragt hätte, ob ich mitkommen wolle, was nicht der Fall war. Und so wurde es bald Zeit für uns weiterzuziehen. Wie sollte ich Abschied von ihm nehmen? Was war das nun eigentlich? Wie viel, wie wenig? Ein Scherz, ein Händedruck, eine schnelle, verlegene Umarmung, und ich schleppte mich auf die Straße hinaus, zwang mich Kilometer zu machen, ohne die geringste Lust auf Vietnam, auf das Abenteuer, die Entdeckung – ich wollte nur noch umkehren und zurückradeln, in den Kreis der Menschen zurück, bei denen ich mich geborgen und aufgehoben fühlte und die meinen Namen richtig aussprechen konnten.

»Because I'm still in love with you, I want to see you dance again«, schrie ich lauthals in den Wind, nach einem Song von Neil Young, der tausendmal auf Pings knisternder Kassette gespielt worden war. Die chinesische Landschaft zog gleichmütig an mir vorüber, völlig ungerührt von meinem Liebesleid. Dabei war ich gar nicht wirklich in Kirk verliebt. Die schmerzliche Sehnsucht galt nicht einem bestimmten Mann. Es war vielmehr die Sehnsucht nach dem Komfort und der Geborgenheit einer kleinen Welt, in der ich eine fest umrissene Identität besaß. Es war der Wunsch dazuzugehören, zu zweit zu sein – ein Paar zu sein, mit allem Drum und Dran, dem ganzen gesellschaftlichen Prestige, das seltsamerweise damit verbunden ist.

»War es Ihnen nicht zu einsam?«, fragten die Leute. Aber auf der Straße oder allein in einer kalten Betonzelle war ich nie einsam. Ich habe mich manchmal gelangweilt. Oder war müde. Frustriert. Aber nicht einsam. Die Einsamkeit flog mich durch den Kontakt mit anderen Fremden an, mit westlichen Dingen, mit Kellnerinnen in kitschigen roten Elfenkostümen, mit Männern, die *mich* anschauten und *mich* meinten, für die ich nicht nur eine x-beliebige, komisch aussehende weiße Frau war. Meine Sehnsucht und mein Frust müssen sich in reine körperliche Energie umgewandelt haben, denn ehe ich mich versah, war ich hundert Kilometer und eine ganze Welt von Yangshuo entfernt. Niemand sprach auch nur ein Wort Englisch. Alle waren ratlos, was man ins Hotelregister eintragen sollte. Am Morgen gab es keinen Joghurt zum Frühstück, keinen Orangensaft, keinen Toast, nur eine Schale scharf gewürzter Nudeln an einem kniehohen Holztisch. Ich war wieder in China, und das nagende Einsamkeitsgefühl war bereits verschwunden.

Die Hundert-Kilometer-Tage, die einst ein Ding der Unmöglichkeit für mich gewesen waren, flutschten mir jetzt nur so aus den Beinen. Ich hatte nur noch fünfhundert Kilometer bis zur vietnamesischen Grenze vor mir und der Asphalt flog unter Greenes Reifen dahin wie Kalenderseiten in einem alten Film. Ein Bild, eine Vorstellung, eine Herausforderung hatte sich erfüllt, die eigentlich gar keine gewesen war, sondern nur ein beiläufig hingeworfener Satz: »Wenn du schnell genug fährst, sehen wir uns vielleicht in Xi'an oder

Yangshuo wieder.« Jetzt jagte ich nicht mehr quer durch China einem Mann hinterher, einer Beziehung, die kaum existiert hatte; nein, jetzt reiste ich schnell, weil die Geschichte, die ich mir zweitausend Kilometer lang erzählt hatte, zu einem Ende gekommen war und es nichts mehr zu tun gab als weiterzufahren.

In Nanning wollten mir die kleinen Hotels kein Zimmer geben, sondern schickten mich unter vielen Entschuldigungen in ein protziges Hochhaus-Etablissement für Reiche und Ausländer. Im vorigen August, als das amerikanische Theater-Ensemble Wladiwostok verlassen hatte, hatte ich versprochen, dass ich den Direktor im Januar anrufen würde. In der Zwischenzeit wollte er die nötigen Mittel auftreiben, um nach Wladiwostok zurückzukehren und ein Stück mit russischen Schauspielern zu inszenieren. Jetzt dröhnte seine Stimme über die internationale Telefonverbindung aus dem Hörer: »Ich habe das Geld! Im April fangen wir in Wladiwostok mit den Proben an! Sehen wir uns dort?«

»Ja, klar. Super. Bis dann.« Ich legte auf und blieb im Dunkeln liegen. Ich war mir gar nicht sicher, ob es wirklich so toll war. Es war jetzt Ende Januar. Was, wenn ich nun weiterfahren wollte: von Saigon nach Kambodscha, dann nach Thailand, dann …? Wenn ich meinen Drang davonzulaufen noch nicht ausgetobt hatte? Wenn ich nach Russland zurückkehrte, war ich schon halb in den Vereinigten Staaten, und wohin sollte ich dann gehen? Während ich meine Kilometer in China abgestrampelt hatte, hatte ich nicht viel an Seattle oder an mein missglücktes Theaterleben gedacht. Darin liegt ja auch der Sinn des Weglaufens: die Distanz zu gewinnen, welche die Gefühle verblassen lässt und die Dinge ins rechte Licht rückt; die Zeit, die einem Raum zum Aufatmen gibt, zur Neuorientierung. Solange ich auf dem Rad saß, waren meine Bedürfnisse auf ganz einfache, rasch erfüllbare Dinge reduziert: Die Hoffnung, dass die Steigung bald ein Ende nehmen möge, der Asphalt jedoch nicht; dass ein Dorf um die nächste Biegung auftauchen möge, mit weniger als dreißig Leuten, die mir beim Nudelschlürfen zusahen; dass jemand mein armseliges, unmusikalisches Chinesisch verstehen möge, dass ich fähig sein möge, die richtigen Worte aus ihren scharfen Kadenzen herauszuhören. Aber sobald »zu Hause« am Horizont auftauchte, brach alles wieder über mich herein, nur wenig gemildert durch die räumliche und zeitliche Distanz. Ich war noch nicht bereit zurückzukehren.

Die Rezeptionistin im Hotel von Jiucheng sagte, sie hätte kein Zimmer frei, bat mich aber, einen Augenblick zu warten. Ich verstand nicht, warum, war jedoch überzeugt, dass ich nur lange genug hier herumsitzen musste, dann würde ich schon ein Bett bekommen. Bald rollten zwei Männer Anfang zwanzig in den Hof. Hu und Chai tourten mit dem Tandem durch das Land. Sie hexten Greene in ihr Zimmer hinauf, und dort saßen wir nun, grinsten uns an und nahmen der Reihe nach unsere jeweiligen Räder unter die Lupe. Die beiden Jungs waren fast gleich angezogen – rote, wasserdichte Hosen und weite, bauschige blaue Mäntel. Sie trugen die einzigen Fahrradhelme, die ich je in China gesehen habe. Ihr schweres Tandem war mit Wasserflaschen und japanischem Zubehör ausgerüstet. Chai trug ein provokatives T-Shirt mit dem Aufdruck »Testament« über einer Unheil verkündenden, finsteren Gestalt in einem schwarzen Umhang. Aber mit seinem sommersprossigen Gesicht, seinen sanften, ernsten Augen, einer Haut wie Milch und Honig und fein gezeichneten rosa Lippen sah er aus wie ein süßer kleiner Schuljunge. Hu war größer und gesprächiger. Sofort packte er mit dem lässigen Selbstvertrauen eines allseits beliebten College-Athleten sein Schulenglisch aus. An seinem Helm vorne prangte ein rotgoldener Mao-Button.

In ihrem Zimmer standen drei Betten, doch sie waren nur zu zweit. »Kann ich in dem dritten Bett schlafen?«, fragte ich. Inzwischen hatte sich die Empfangsfrau zu uns gesellt; sie lehnte an der Wand und bemühte sich, unserem halb englischen, halb chinesischen Gespräch zu folgen. Die Jungs wechselten einen Blick miteinander und nickten zögernd, aber die Frau schüttelte heftig den Kopf. Ein paar Minuten später hatte ich mein eigenes Zimmer.

Hu klopfte am nächsten Morgen kurz nach sieben Uhr an meine

Tür. Meine beiden neuen Freunde wollten gern eine Runde auf Greene drehen, ich hingegen wollte ihr Tandem ausprobieren. Wir fuhren also los. Über den Hügeln lag ein drückender Himmel. Hu und Chai stürzten abwechselnd voraus und probierten Greenes Gänge und Bremsen aus. Ich hingegen mühte mich ungeschickt, auf den doppelten Pedalen in einen Rhythmus hineinzufinden. Als wir zum Lunch anhielten, wurden drei getrennte Gerichte plus eine Schale dampfender Suppe namentlich bestellt. Wie herrlich, dachte ich, wenn man mehr Wörter kennt als nur »Tofu« und »Gemüse« und »Reis«. Die Felder wurden grüner, die Luft stickiger, wärmer und feuchter, während die Stunden und Kilometer vergingen. Abgesehen vom Mittagessen fuhren wir den ganzen Tag nonstop durch und kamen kurz nach Einbruch der Dunkelheit in Pingxiang an, nur zwanzig Kilometer von der vietnamesischen Grenze entfernt.

Hu fragte, wo ich die Nacht verbringen wolle.

»Irgendwo, wo es billig ist«, antwortete ich, weil ich nicht wollte, dass sie dachten, ich sei an große Luxushotels gewöhnt.

»War das gestern Nacht billig?«, erkundigte er sich.

»Nicht billig, aber auch nicht zu teuer.«

»Wir können nicht im selben Zimmer schlafen«, sagte er.

»Ja«, sagte ich lachend. »Ich weiß. Ich verstehe zwar nicht warum, aber ich weiß es.«

Es sei ganz einfach, erklärte er mir. »*Ni shi waiguo ren*« – weil du Ausländerin bist.

Teil IV
Mit dem Rad durch Vietnam
Ein Zeitsprung

Frühmorgendlicher Fang in Sâm Soon

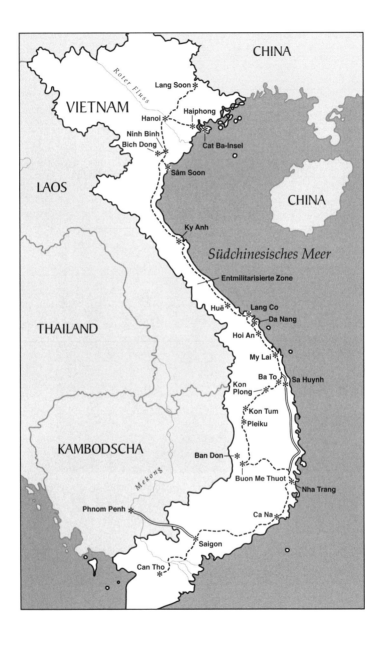

»Hallo, hallo, hallo!«

In den Vereinigten Staaten wird mit dem Wort »Vietnam« ein Krieg assoziiert, nicht ein Land. 15 Jahre Dschungelkampf und Napalmbomben sind alles, was wir mit einer jahrhundertealten Kultur in Verbindung bringen. Als ich die Bücherregale durchstöberte, in denen reihenweise Kriegsbücher standen, erspähte ich schließlich den schlichten, schnörkellosen Titel: »Vietnam und seine Geschichte.« Ich zog den Band heraus, und was musste ich sehen? Ein Coverfoto von Soldaten, die in einem zerstörten Land patrouillierten, und den Untertitel: »Die erste umfassende Darstellung des Vietnamkriegs«. Vietnam – das Wort, das Land – ist unauslöschlich mit jenen Jahren verknüpft, als Amerika seine erste Niederlage erlebte, als es einen Krieg verlor, als es seinen Anspruch auf moralische Integrität einbüßte, als ihm seine Unschuld in einem Sumpf aus Lügen, Blut und zerstörten Illusionen abhanden kam. Der Glanz der Artusburg war für immer getrübt und schließlich hoffnungslos beschmutzt, als die schwarzweiße Weltsicht der jungen Nation in einen unauflöslichen Mischmasch von Grautönen überging.

Ich war neun Jahre alt, als der letzte ruhmlose Hubschrauber vom Dach der Saigoner Botschaft abhob. Mein Vater war zu alt, um noch eingezogen zu werden, und Onkel, Brüder oder Freunde der Familie, die in Vietnam kämpften, besaß ich nicht. Trotzdem überreichte ich meinen Eltern mit drei Jahren zwei kleine Zeichnungen auf Telefonnotizzetteln. »Nie mehr Krieg« nannte ich die erste, »Kein Vietnam mehr« die zweite, als meine Mutter die Buntstiftkritzeleien an die Küchenwand pinnte. Meine kleine Schwester und ich schliefen in lackierten Stockbetten in einem fröhlichen Zimmer mit

273

einem hellblauen Puppenhaus, einer hellgelben Kommode und leuchtend roten Kordsamtvorhängen. Vor dem dreiteiligen Fenster draußen verlief eine niedrige, bambusgesäumte Steinmauer, die unser Haus vom Nachbarhaus trennte. Jahrelang, wenn ich im Dunkeln im oberen Stockbett lag und nicht einschlafen konnte, starrte ich durch diesen Vorhang auf den Bambus und die Steinmauer. Die Realität, die ich vor Augen hatte, wurde von endlosen Reihen marschierender Soldaten mit geschulterten Gewehren überlagert. Es waren amerikanische Soldaten; ich hatte keine Angst, dass sie mir etwas tun würden; aber sie gingen einfach nicht weg.

Jetzt, zwanzig Jahre später, stand ich in einem feinen Nieseldunst an der Grenze von Vietnam, angelockt durch Bilder von leeren Stränden und Gebirgsstämmen, von der Tatsache, dass dieses Land noch nicht seine Einzigartigkeit eingebüßt hatte, dass es noch nicht den Bedürfnissen der Touristen angepasst war, dass es bis vor kurzem noch verboten gewesen war. Und obwohl ich nicht an einer »War Tour« interessiert war (die DMZ – die entmilitarisierte Zone –, die Cu-Chi-Tunnels oder Khe Sanh) und obwohl ich Filme wie »Die durch die Hölle gehen«, »Apocalypse Now« oder »Platoon« nie gesehen hatte, bildeten die Bilder, die in meinem Kopf herumspukten, ein einziges Inferno aus Hubschraubern, Schlamm und Bambuskäfigen.

Unter dem monumentalen Bogen des Freundschaftstors knipsten Hu, Chai und ich Fotos voneinander. Die willkürliche Linie in der Landschaft wirkte wie ein unsichtbares Sieb, das meine beiden Begleiter unerbittlich nach China zurückfilterte, während ich ungehindert die Grenze zu einer anderen Welt passieren durfte. Ich zog mein verdrecktes Seattle-T-Shirt aus und gab es ihnen. Dann winkte ich ihnen ein letztes Mal zu und richtete Greenes Reifen nach Vietnam aus – ein Land, in dem der Krieg mit Amerika nur eine kurze Episode in einer Geschichte nahezu endloser Kämpfe gegen die Invasionsgelüste fremder Mächte gewesen war.

Und wieder einmal stand ich vor der Aufgabe, die Sprache und Sitten eines neuen Landes zu lernen. Wieder schärfte die Herausforderung des Unbekannten meine Wahrnehmung, und ich saugte

Mit Hu und Chai unter dem Freundschaftstor an der
chinesisch-vietnamesischen Grenze

gierig jeden neuen Anblick, jedes neue Geräusch, jeden neuen Geruch in mich ein. Bananenbäume reckten Stauden mit grünen Früchten himmelwärts. Kleine Kinder jagten mir nach, ihre nackten Füße trommelten auf das heiße, nasse Pflaster. Sie streckten ihre Arme aus, um auf Greenes Taschen zu schlagen, und schrien mit ihren hohen, schrillen Stimmchen: »*Lien xo! Lien xo!*« (Sowjet! Sowjet!). »Wisst ihr denn nicht, dass die Sowjets fort sind?«, hätte ich gern zurückgebrüllt, aber dann wurde mir bewusst, dass in ihrer kurzen Erinnerung alle großen, blassgesichtigen Fremden Sowjets waren. »Und wann habt ihr je einen Russen auf einem Mountainbike gesehen?«, lachte ich in mich hinein, während mir die richtige Bezeichnung – *Hoa ky*, Amerikanerin – im Hals stecken blieb.

Am Fuß eines lang gestreckten Hügels rollte ich nach Lang Soon hinein. Eine Frau, an der ich vorüberfuhr, rief mir »Hotel, Hotel!« zu. Sie nannte Dollarpreise und sprach ein Englisch, das mich an mein Chinesisch erinnerte: Ich beherrschte fließend ein paar Sätze, die man brauchte, um ein Zimmer zu mieten, aber darüber hinaus war keinerlei Verständigung möglich.

In den schlammigen Marktstraßen hinter dem Hotel wimmelte es vor winzigen Gestalten, die über Holzplanken, die in der verschlammten Erde steckten, von einem Händler zum anderen liefen. Eckige Plastikplanen waren waagrecht in grotesk schiefen Winkeln aufgehängt. Im Schatten darunter hockten reihenweise Frauen neben Flechtkörben mit Eiern, Bananen und Gummilatschen. Dazwischen ließen Kinder rosa Knallkörper hochgehen, die das Getöse des Markts mit lautem Geknatter untermalten, wobei zwar viel Qualm, aber keinerlei Feuerwerk zu sehen war.

Ich entdeckte ein Café, schaute in meinen Sprachführer und bestellte *ca phe sua*. Eine dicke Schliere gezuckerter Kondensmilch drehte sich in dem Glas mit dem starken, schwarzen Kaffee. Das braune Gebräu und die knusprig-goldenen Brötchen, die auf der Theke des luftigen, hellblauen Raums aufgetürmt waren, verströmten die Gerüche und Aromen Frankreichs. Aber draußen gingen keine Gummiplantagen-Besitzer in weißen Anzügen mehr durch die Straßen wie einst während der französischen Kolonialherrschaft. Heute gehörte die markanteste Kleidung der Volksgruppe der Thai-Frauen, deren Indigo-Tops und Kopfbedeckungen aus schwarzem Samt lange vor den weißen Anzügen da gewesen waren und auch noch lange nach ihnen da sein würden.

Ein ausgemergelter alter Mann mit runzliger Lederhaut setzte sich neben mich und starrte mich durchdringend an. Seine Augenwinkel legten sich in kleine Fältchen, als er die französischen Worte artikulierte: »D'où venez-vous?« (Woher kommen Sie?) Die einfachste aller Fragen. Ich hätte sogar auf Vietnamesisch antworten können. Aber plötzlich zögerte ich das Wort überhaupt auszusprechen, egal in welcher Sprache. Ich starrte ihn, wie mir schien, eine Ewigkeit mit ratlosen Augen an, während ich in Gedanken fieberhaft alle Möglichkeiten, Bilder und Annahmen durchspielte. Er wiederholte sorgfältig seine Frage. In seinen Augen konnte ich lesen, dass er befürchtete seine Aussprache sei so schlecht, dass ich ihn nicht verstehen könne. In der Mongolei und China hatte ich immer mit einem gewissen Stolz geantwortet, denn ich wusste, welch beinahe mythischen Klang das Wort »Amerikanerin« für die Leute dort hatte. Aber das hier war Vietnam. Ich antwortete zögernd, kleinlaut: »Je suis américaine«.

»Américaine?« Er zog die Augenbrauen hoch, und ich wappnete mich schon gegen seinen Zorn, seine Flüche oder gar Schläge. Seine sehnige, schwielige Hand ging in die Höhe, er grinste mich mit seinen wenigen Zahnstummeln breit an, griff herüber und tätschelte mir freundlich die Schulter. »Bienvenue à Vietnam.«

Es gibt mehr Grünschattierungen in Vietnam, als ich jemals für möglich gehalten hätte. Es war, als spielten Erde und Himmel im Zeitlupentempo Fangen: Wie Kinder, die einen Luftballon mit den Fingerspitzen in der Luft halten, schleuderte die Erde das Grün der jungen Reispflanzen gen Himmel, und der Himmel ließ es auf dem warmen Nebel sanft zurücksinken, so dass selbst die Luft grün schimmerte. Winzige Kinder hockten auf massigen Wasserbüffeln, die am Rand der Reisfelder entlangtrotteten – Reisfelder, so hell und schimmernd wie eine smaragdgrüne Fata Morgana. Überall in den nassen Furchen, die bis zum verschwimmenden Horizont reichten, hüpften kegelförmige Strohhüte auf gebückten braunen Rücken auf und ab. Hier versuchten die Menschen wie seit undenklichen Zeiten, der Erde mühsam ihren Lebensunterhalt abzutrotzen. Mitten durch die zeitlosen grünen Felder zog sich ein hektisches Flickenband aus Asphalt- und Schotterstraßen. Fahrräder, Fußgänger und Mopeds, überladene Busse und klapprige Karren, alle hoch aufgetürmt und gestopft voll, drängelten sich den lärmenden, schmalen Streifen der Nationalstraße 1 in Richtung Hanoi entlang. Das schrille, durchdringende Hupen und Pfeifen drang mir durch Mark und Bein. Visionen von tief fliegenden Flugzeugen, die verzweifelt flüchtende Massen unter Beschuss nahmen, spukten mir im Kopf herum.

Ich war am 4. Februar 1994 in Vietnam eingereist, vier Tage nachdem das US-Embargo aufgehoben worden war. Zwei Tage später kam ich in Hanoi an. Die Stadt war immer noch mit Zeitschriften-Covers gepflastert, auf denen die Aufhebung des Embargos angekündigt wurde, aber offensichtlich boomte das Geschäft schon eine ganze Weile. Gut sortierte Abteilungen mit »Teach Yourself English«-Handbüchern füllten die Regale, und weiße Männer in Anzügen eilten die Straße entlang, begleitet von jungen Übersetzerinnen. Ich hatte erwartet, dass Vietnam in materieller Hinsicht einen Schritt hinter China zurück sein würde. Doch bevor die Amerikaner in gekränkter und selbstgerechter Weise dem Land den Rücken gekehrt hatten, waren sie jahrelang in voller militärisch-kultureller Stärke präsent gewesen, und das im Anschluss an die jahrzehntelange französische Kolonialherrschaft. Zwanzig Jahre Wirtschaftsboykott waren nichts im Vergleich zu der jahrhundertelangen Isolation, die China sich selbst auferlegt hatte. Und dass die Vereinten Nationen Vietnam zwanzig Jahre lang die kalte Schulter gezeigt hatten, hieß noch lange nicht, dass andere sich ebenso spröde gezeigt hatten. Auf den Straßen sah man überall Toyotas aus Japan, Kodak-Filme aus Singapur und Coca-Cola aus Thailand.

Vietnam wirkte westlicher, weniger isoliert als China, und doch entsprach es eher meiner Vorstellung vom hektischen, brodelnden Asien. Fahrräder und *xich lo*, die vietnamesischen Fahrradrikschas, schwärmten durch die Straßen. Gehsteige und Höfe waren mit *com-pho*-Buden übersät, den Reis- und Nudelständen, die manchmal aus einem Dutzend Tischen im Schatten einer Plastikmarkise bestanden und manchmal nur aus einer einzigen, kniehohen Bank gegenüber einer Köchin, die mit ihrem Topf voll sprudelndem Wasser auf dem Boden hockte. Das Labyrinth aus farbenfrohen Straßen in der Altstadt besaß historisches Flair, von der Trostlosigkeit kommunistischer Betonblöcke war hier nicht viel zu merken. Ich entdeckte Schmuck, Ornamente und architektonisch gelungene Bauwerke unter dem frischen blauen Himmel.

In den krummen, überfüllten Gassen brodelte es vor Leben, während die Stadt sich für *Tet* rüstete, den Feiertag, der nicht nur das neue Mondjahr, sondern auch den Frühlingsbeginn einleitet. Ausgebeulte Einkaufstaschen waren mit Zutaten für die Feierlichkeiten voll gestopft. Pflaumenblütenzweige, Luftballons und vielfarbige, mit Flittergold verzierte Dekorationen füllten die Straßen um den Hoan-Kiem-See, das spirituelle Zentrum der Stadt. Der Legende nach empfing der adelige Landbesitzer Le Loi, der spätere Kaiser und Begründer der Le-Dynastie, aus diesem Wasser das magische Schwert, mit dem er die chinesischen Unterdrücker aus dem Land vertrieb und sie schließlich 1427 dazu zwang, die Unabhängigkeit Vietnams anzuerkennen. Im Februar 1994 waren keine magischen Schwerter oder Boot fahrende Kaiser auf dem friedlichen See zu sehen. Stattdessen waren die Ufer des undurchsichtigen jadegrünen Wassers mit flanierenden Liebespärchen, Cliquen von Jugendlichen in coolen Jeans und Schwärmen von gravitätischen europäischen Touristen bevölkert.

Vietnam war ein Land, das sich im Tempo der modernen Technologie änderte, das den Zeitsprung vom traditionell bebauten Reisfeld zum Mobiltelefon geschafft hatte. Nicht weit von den Menschenmassen entfernt, die über eine Brücke zu einer kunsthistorischen Inselpagode pilgerten, ragte das Postamt auf, ein Bollwerk der Modernität mit seiner hohen, weißen Fassade. Im Gebäude selber war alles auf dem neuesten Hightech-Stand und man konnte für sieben Dollar pro Minute problemlos nach Amerika telefonieren, während draußen auf der Straße barfüßige, zerlumpte Männer riesige Lasten auf ihren gebeugten Rücken schleppten und weniger als zwanzig Dollar im Monat verdienten.

Ich schickte ein Geburtstags-Fax an meine Mutter in Kalifornien und holte meine postlagernden Briefe ab. Im Postamt wimmelte es von Ausländern, die Briefe abholten, Telefonanrufe tätigten und Faxe sendeten. Die ganze Stadt war voller Ausländer. Die Franzosen waren meistens in gesetzterem Alter und reisten im Minivan, entzückt über die Offenheit und Freundlichkeit der Menschen in ihrer ehemaligen exotischen Kolonie. Die Deutschen, Amerikaner und Australier waren Backpacker um die zwanzig, die sich über das doppelte Preissystem aufregten, weil sie in diesem Land keine Chance hatten, sich als Einheimische auszugeben. So lungerten sie Bier trinkend in ihren Stammcafés herum, redeten über Geld und Visa-Verlängerungstricks, über Geld und Zugfahrkarten, über Geld und billige, noch billigere und die allerbilligsten Hotelzimmer. »Hallo, grüß dich. Woher kommst du und wie viel hast du für deine Fahrkarte bezahlt?« Sie erzählten, wo sie hinwollten, nicht, wo sie gewesen waren. Sie waren so mit Planen beschäftigt, dass sie keine Zeit hatten ihre Reise zu genießen.

Ich war darin auch keine Ausnahme, mit meiner Besessenheit, Kilometer zu machen und den nächsten Punkt auf der Landkarte zu erreichen. Aber ich hatte das Rad als Fortbewegungsmittel gewählt und war folglich gezwungen, meine Aufmerksamkeit auf das zu konzentrieren, was zwischen Punkt A und Punkt B lag. Wenn man mit dem Rad fährt, werden Städte zu Oasen, zu kleinen Zäsuren in der Reise, Erholungspausen vom Leben auf der Straße. In den Städten kam ich in Berührung mit zu Hause und mit anderen Fremden. Ich machte Besorgungen. Ich tankte neue Energie und Begeisterungsfähigkeit.

Dieser Erneuerungsprozess kostete mich immer mehr Zeit, je länger die Reise andauerte. In einem sonnigen kleinen Raum in der Innenstadt, der auf einen begrünten Hof hinausschaute, ging ich praktisch in den Winterschlaf. Mein Körper war erschöpft, brauchte Zeit zur Erholung. Mein Magen war in Aufruhr und darüber hinaus hatte ich eine Augeninfektion. Gelbliche Eiterpickel und -placken bildeten sich an meinen Augenwinkeln und klebten mir über Nacht die Lider zu. Eines Morgens machte ich mir nicht einmal mehr die Mühe aus dem Bett zu kriechen. Ich lag unter dem Moskitonetz und las »Der stille Amerikaner«. Es war ein kurzes Buch. Als ich fertig war und immer noch keine Lust zum Aufstehen hatte, blätterte ich zum Anfang zurück und las das Buch noch einmal. Am Nachmittag hatte ich Blut an meiner Unterwäsche. Im ersten Moment war ich unendlich erleichtert: kein Baby, kein tödlicher Tumor. Aber bald überwog die lästige Seite der Angelegenheit. Ich war sehr froh, dass ich endlich meine Tage bekommen hatte. Und doch: Wenn es nur schon vorbei wäre! Was dann auch bald der Fall war. Ich hatte in acht Monaten ein einziges Mal meine Periode gehabt. Doch sobald ich nach Russland zurückgekehrt war, sobald ich mit dem Radfahren aufhörte, kamen meine Tage wieder so regelmäßig, wie man es sich nur wünschen konnte.

Draußen vor meinem stillen Versteck nahm das Gekrache der Knallkörper von Tag zu Tag zu. Horden von Jugendlichen starteten Überraschungsangriffe aufeinander. Kinder warfen die Knaller blindlings in die Luft und lachten, wenn ahnungslose Erwachsene zusammenschreckten. Gegen Mitternacht am Vorabend von Tet erreichte das Getöse seinen Höhepunkt. Weiße Leuchtfeuer zischten dicht an dicht über den Hoan-Kiem-See und vor lauter Qualm waren die hohen Bäume im Hof des Hotels bald nicht mehr zu sehen. Das Feiern sollte bis tief in die Nacht weitergehen und die Feststimmung tagelang anhalten: Die Stadt wurde ruhig und wirkte wie ausgestorben, die Läden waren geschlossen, die Straßen leer, weil alle Familien zu Hause beisammensaßen.

Eines Nachmittags wanderte ich zum »Hotel Metropole«, setzte mich in das plüschige Café, knabberte ein Mandelhörnchen und las den »International Herald Tribune«. In einem schneereichen Land namens Norwegen trugen Sportler Wettkämpfe bei einer Veranstaltung aus, die sich »Olympische Spiele« nannte. Als ich wieder in meinem eigenen Hotel war, stellte ich Greene auf den Kopf. Weder wusste ich, ob ich die Kette wechseln konnte, ohne den Freilauf und die Kettenräder auszutauschen (für die ich jedoch keine Ersatzteile hatte), noch wie man eine neue Kette aufzieht. Ich hatte nicht einmal Ahnung, ob es überhaupt an der Kette lag, dass Greenes Gänge sich nicht mehr mühelos einstellen ließen. Und so saß ich mit meinem Handbuch auf den besonnten Pflastersteinen, suchte wieder einmal ein Werkzeug heraus, das ich noch nie benutzt hatte, und entfernte die schmierige alte Kette. Sie baumelte gut zweieinhalb Zentimeter länger herunter als die neue. »Wir sind sehr überrascht«, sagten die Männer, die sich um mich versammelt hatten, »dass eine Frau so etwas kann.« Ich grinste und zuckte mit den Schultern, während ich die neue Kette aufzog, als hätte ich nie etwas anderes gemacht.

Der wichtigste Seehafen für das Delta des Roten Flusses und die drittgrößte Stadt Vietnams, Haiphong, liegt sechs Stunden Fahrt auf ebener Strecke von Hanoi entfernt. Eine kurze Fahrt mit der Fähre ostwärts von Haiphong liegt die mystische Meereswelt der Halong-Bucht. Die »Bucht des Herabsteigenden Drachens«, nach einer legendären Kreatur benannt, die beim ungestümen Durchpflügen der Gewässer tiefe Abbrüche verursacht und nur ein paar verstreute Gipfel in ihrem Kielwasser hinterlassen hat, ist eine neblige Halbinsel voller Höhlen, stiller Wasserläufe und dunstiger Segel, bei deren Anblick einem die Drachengeschichten gar nicht mehr so fantastisch erscheinen.

Kleine Holzboote hüpften über die Wellen, als die Fähre am Pier der Insel Cat Ba festmachte. Das Dorf lag verschlafen und ruhig da. Die meisten Läden und Restaurants hatten noch wegen Tet geschlossen. Das weitläufige Regierungshotel war leer, das gemütli-

Vier Jungen auf den Zuggleisen zwischen Hanoi und Haiphong

che neue Mini-Hotel jedoch voll, seine ungefähr sechs Zimmer mit schwedischen, schweizerischen, südafrikanischen, australischen und deutschen Reisenden belegt. Als ich beim Abendessen und Bier am Boden saß und der Hausaffe des Hotels, ein Baby an einer Kette, mit uralten, kummervollen Augen auf uns herabschaute, musste ich mir insgeheim eingestehen, dass meine Enttäuschung, nicht die einzige Fremde auf der Insel zu sein, rein theoretisch war. In Wahrheit war ich erleichtert. Ich hatte Angst in dieses Land vorzudringen. War irgendwie eingeschüchtert.

Auf der kurzen Radfahrt von der Fähre zum Hotel hatten selbst kleinste Kinder, von denen viele darauf abgerichtet waren die Hand auszustrecken und um Geld zu betteln, »Hallo, hallo, hallo!« geschrien und hämisch hinter mir her gelacht. Mein Nervenkostüm war ziemlich zerrüttet. Ich war ungeduldig und intolerant, kämpfte gegen die neue Welt an, anstatt sie in mich aufzunehmen, stieß sie weg, anstatt hineinzuschlüpfen und die Ärgernisse einfach abprallen zu lassen. Und wenn ich nun nicht bis April bleiben wollte?, fragte ich mich, als ich die Treppe zu meinem winzigen Dachzimmer hinaufstieg. Es drängte mich nicht, dieses schrille Land zu erkunden. Wenn ich doch nur langsamer durch China geradelt wäre, dachte ich beim Einschlafen und trauerte wieder einmal der verschenkten Gelegenheit nach, den Jangtse hinunterzufahren.

Am nächsten Morgen brach ich mit einer Gruppe zum Cat Ba-Nationalpark auf, der 1986 mit dem Ziel gegründet worden war, die Flora und Fauna des tropischen immergrünen Urwaldes vor den Verwüstungen durch Wilderei, Abholzung und die ständige Ausweitung des menschlichen Lebensraums zu schützen. Der Führer war nicht gerade versessen darauf uns in den Wald zu führen. Er warnte uns, dass das feuchte Wetter die Blutegel hervorgelockt habe. Er sagte, er könne uns eine der Höhlen zeigen, wo man bei Ausgrabungen auf Steinwerkzeuge und Knochen von über 6000 Jahre alten Zivilisationen gestoßen war, aber er könne uns trotzdem keine Ermäßigung auf die übliche Gebühr geben, die einen Besuch des Regenwalds und der Höhlen mit einschloss. Wir wussten natürlich, dass das ein Trick war: die Touristen mit Geschichten von Blutegeln abschrecken und die halbe Arbeit für denselben Preis machen. Wir bestanden darauf, den Gang durch den Urwald zu machen.

Zwei Stunden lang führte er uns über schlammige Pfade durch dichtes, feuchtes Unterholz. Ich wollte Affen oder Riesenschlangen sehen, aber das Einzige, was wir zu Gesicht bekamen, war eine winzige, hellgrüne Schlange, die unter einem Blatt zusammengerollt war. Als wir wieder im Büro des Wildhüters waren, entdeckte Peter aus der Schweiz als Erster einen Blutegel, der sich an seinem Knöchel festgesaugt hatte. Wir rissen uns die Schuhe und Socken von den Füßen und untersuchten andere verletzliche Körperteile, und mindestens die Hälfte der Gruppe fand die schneckenähnlichen Geschöpfe an ihren Füßen und Knöcheln. Ich hatte Glück: Ich fand nur eine Stelle, aus der das Blut tropfte, der Blutsauger selber war abgefallen.

Bis wir das Dorf wieder erreichten, war das Pendel bei mir umgeschlagen. Ich hatte jetzt aufrichtig genug von dem Touristenpulk. Ich ging spazieren. Ein schmaler, schlammiger Pfad wand sich an den Häusern vorbei, die zwischen der Lagune und den Hügeln ein-

Die Lagune auf der Insel Cat Ba

gequetscht waren. In den Strohhütten mit Lehmböden sangen barfüßige Enthusiasten aus voller Kehle zu Karaoke-Videos, die über die Bildschirme ihrer Farbfernseher flimmerten. Etwa auf halber Höhe eines Pfades, der, wie ich eben erst bemerkt hatte, in einer Sackgasse mündete, stand eine alte Frau, von deren Mund es blutrot heruntertropfte, Lippen und Zahnfleisch waren vom Betelkauen schwarz verfärbt. Die Frau winkte mich in ihr Haus herein. Die jalousienartigen grünen Türen wurden aufgerissen, und mein Blick fiel auf ein halbes Dutzend Sandalen, die vor dem Eingang verstreut lagen. Ich streifte meine großen, plumpen Turnschuhe ab und folgte ihr nach drinnen.

Ein niedriger Tisch und vier schön geschnitzte Stühle aus glattem, dunklen Holz standen auf einem gekachelten Boden. Ein Krabbelkind mit einer flauschigen grünen Mütze und einem gestreiften Pulli brabbelte auf dem Schoß seiner Mutter. Zwei junge Männer in losen Buttondown-Hemden und modisch weiten Gürtelhosen hockten barfuß auf ihren Stühlen. Wir schlürften Tee und quälten uns durch eine holprige Sprachführer-Konversation. Die Küche war ein winziges Feuer, das in einer Steineinfassung auf der anderen Seite der mit Pfützen übersäten Gasse flackerte. Das Mittagessen wurde in Blechtöpfen mit einem Körbchen außenrum serviert, damit die Flechtmatte auf dem Boden nicht angesengt wurde. Gemüse, Kartoffeln, Tintenfisch. Wir saßen auf der Matte, hielten Schalen mit Reis in den Händen und bedienten uns aus den verschiedenen Schüsseln. Als wir allmählich aus der Anonymität herausfanden und ein herzlicherer Kontakt zwischen uns entstand, wünschte ich mir, ich hätte mich von Lang Soon nach Osten gewandt und wäre den Nebenstraßen zur Küste gefolgt, um so der Bequemlichkeit Hanois zu entgehen und das Landesinnere kennen zu lernen. Ich wünschte mir, ich wäre nicht so lange in China geblieben. Ich hätte gern mehr Zeit gehabt, um Vietnam zu erkunden.

Die Steininselchen, die aus dem Südchinesischen Meer hervorgebrochen sind, um die magische Welt der Halong-Bucht zu schaffen, stellen die geografischen Schwestern der Karstlandschaft von Yangshuo dar. Auf dem Festland dahinter, 59 Kilometer von Hanoi entfernt, ragen dieselben eiförmigen Gebilde aus einem ungewissen Reich samtig weicher Erde hervor, die sich vor dem Bug der flachen Felswände teilt, einem Reich dunklen Wassers, so schwer und schlickig, dass man es als flüssigen Vetter der Erde bezeichnen könnte. In Bich Dong, vier Kilometer landeinwärts von der Nationalstraße 1, glitten ein Dutzend Frauen in flachen Ruderbooten aus Schilf und Bambus am Rand eines Parkplatzes dahin, der mit makellosen weißen Minivans übersät war. Ich kaufte ein Ticket und schlüpfte in ein niedriges Boot zu einer Frau namens Thang. Nach vorne gewandt, ruderte sie die Fahrrinne hinauf in ein stilles, atemberaubend grünes Tal, an Menschen und Wasserbüffeln vorbei, die knietief in den Reisfeldern arbeiteten, pflügend, hackend, säend. Thangs Kegelhut war unter ihrem Kinn mit einem leuchtend rosa Band verschnürt. Sie trug eine makellos weiße Bluse, dazu eine blaue Hose mit Bügelfalten. Ihre Haut war samtig glatt und aus ihren Augen leuchtete eine wache Intelligenz.

Wir glitten unter einem natürlichen Steinbogen durch und kamen auf einen schwimmenden Markt. Ein Dutzend Boote stießen im Wellengekräusel gegeneinander. Die sanften Ruderinnen verwandelten sich im Handumdrehen in abgebrühte, mit allen Wassern gewaschene Händlerinnen, die gestickte Tischtücher und Servietten verhökerten. Andere Frauen glitten durch das Schilfwasser heran, um Bier und Cola zu verkaufen. Französische Touristen, die in ihren Booten schaukelten, kauften begierig die kunstvollen Handarbeiten. Thang zuckte resigniert mit den Schultern, als ihre Kolleginnen sie fragten, wie die Geschäfte gingen. »*Di xe dap*« (sie fährt mit dem Fahrrad). Thang schloss daraus, dass ich keine Lust hatte ein Tischtuch in Greenes Taschen mitzuschleppen.

»Wo schlafen Sie?«, fragte sie mich, als wir den Markt hinter uns ließen und durch die grüne, wässrige Welt der Reisfelder und Spitzen der Karstlandschaft weiterfuhren.

»In einem Hotel in Ninh Binh«, sagte ich; das war die Stadt an der Nationalstraße 1, wo ich die vorige Nacht verbracht hatte.

»Wenn Sie wollen, können Sie heute Abend bei mir zu Hause schlafen.« Sie suchte nach einer anderen Verdienstmöglichkeit, nachdem ich offensichtlich kein Tischtuch kaufen würde.

»Wie viel?«

»Und Sie können bei mir zu Abend essen und frühstücken.« Wir schoben den Sprachführer zwischen uns hin und her.

»Wie viel?«

»Wie viel kostet das Hotel?«

Ich hatte ein schlechtes Gewissen, dass sie gar nichts an mir verdient hatte, wenn ich an den mageren Lohn dachte, den die Bootsfrauen – falls überhaupt – außer dem Verkauf ihrer Tischtücher erhielten. Wir einigten uns auf einen Preis. Als wir auf dem Rückweg an ihren Kolleginnen vorbeiglitten, hatte sie ihnen etwas Neues zu verkünden: Ihre Touristin würde bei ihr zu Hause übernachten!

Vom Parkplatz aus folgten wir einem schmalen Pfad zwischen Steinwänden in einen Innenhof aus gestampfter Erde. Zwei Steinstufen führten zu einer offenen Veranda hinauf. Im Innern war das

Haus, das aus einem einzigen Betonraum bestand, einfach und spärlich möbliert, aber man spürte ein Bedürfnis nach Wohnlichkeit und Behaglichkeit, wie man es im utilitaristischen China selten antrifft. Zwei Ecken des Raums waren von breiten Holzbetten in Beschlag genommen. Es waren romantische Betten. Filmbetten. Himmelbetten, mit Moskitonetzen drapiert. In der Mitte standen ein niedriger Tisch und vier geschwungene Holzstühle. Thang stellte mich ihrem hageren Mann und ihren beiden kleinen Söhnen vor, flachnasige, übermütige Jungen mit einem geraden Pony über fein gewölbten Augenbrauen. Der Kleinere, dessen Gesicht bereits skeptischer und erwachsener wirkte als das seines grinsenden älteren Bruders, trug eine blaue Hose, die mit Hosenträgern aus Schnur festgehalten wurde. Das Abendessen bestand aus Schalen mit Grüngemüse, Omelett, harten Eiern und Bananen, alles auf einer großen Silberplatte angerichtet, um die wir barfuß auf einem der Betten saßen. Thang redete mich mit »Madame« an. Ich bat sie, mich »Erika« zu nennen. Sie lächelte und nickte. »Ja, Madame Erika«, sagte sie.

»Nein, einfach nur Erika.« Ich wollte ihr erklären, dass ich mich nicht als ihre Arbeitgeberin betrachtete. Ich war eine Freundin, die bei ihr zu Besuch war. Ich wollte ihr zu verstehen geben, dass eine solche Ehrerbietung in meiner Kultur weder verlangt noch erwartet wurde. Sie lächelte breit und wiederholte: »Ja, Madame Erika.« In Vietnam wird jedem Vornamen eine angemessene Anrede vorangestellt. In ihrer Kultur wäre es unhöflich gewesen, einfach nur »Erika« zu sagen. Das erfuhr ich allerdings erst Tage später aus meinem Sprachführer. Und so sagte ich den ganzen Abend lang einfach nur »Thang« zu ihr.

Nach dem Essen kamen Freunde, Nachbarn und Verwandte, um Tee zu trinken und zu plaudern. Ich lernte an diesem einen Abend mehr Vietnamesisch als in den vorausgegangenen zwei Wochen und beherrschte nun auch endlich die Sieben Fragen, die immer wieder gestellt und beantwortet wurden. Wir saßen ungefähr zu sechst zusammen und mühten uns redlich, ein Gespräch in Gang zu halten, als einer von Thangs Brüdern mich fragte, ob ich mit ihm schlafen wolle. Er stellte die Frage mit seinen Händen, Fingern und Augenbrauen – ohne Schlüpfrigkeit, aber unmissverständlich. Als ich den Kopf schüttelte, tippte mir Thang auf die Schulter und fragte, ob ich lieber einen der anderen Männer haben wolle. »Nein«, sagte ich und schüttelte den Kopf. Ich war verwirrt und verletzt. »Ihr wollt eine Hure. Ihr meint, alle Amerikanerinnen seien Huren«, setzte ich mit Hilfe des Sprachführers zusammen. Aber je mehr ich darüber nachdachte, desto unsicherer war ich, ob dieser Vorwurf, selbst wenn ich ihn einigermaßen verständlich zu äußern vermochte, tatsächlich zutraf. Ihre Frage war offen und geradeheraus. Sie waren nicht auf Huren aus. Sie glaubten offenbar aufrichtig, dass eine Westlerin wie ich auf Sex aus sein müsse, egal mit wem oder wo oder wann. Sie versuchten nur in aller Unschuld mir zu geben, was ich ihrer Meinung nach erwartete, gestand ich mir schließlich zögernd ein. Ich klappte den Sprachführer wieder zu.

Im selben Moment spürte ich eine Hand auf meinem linken Arm, streichelnde Fingerspitzen, die sanft an meinen kurzen, sonnengebleichten Härchen zupften. Eine ältere Frau saß zusammengekauert auf einem Stuhl neben mir. Ich war es mittlerweile gewöhnt, dass chinesische und vietnamesische Frauen, die fasziniert von blasser Haut und Körperhaaren waren, meine Unterarme tätschelten, da sie keine Berührungsängste gegenüber Fremden kannten. Wenn ich zum Beispiel eine Schale Nudeln schlürfte oder nach dem Weg fragte, kam es vor, dass ich plötzlich eine kleine weiche Hand spürte, die meinen Körper erkundete. (Ein starkes Tabu hinderte die Männer daran, mich anzufassen. Sie fragten mich unverblümt, ob ich mit ihnen schlafen wolle, aber keiner erlaubte sich auch nur die harmloseste Berührung.) Ich hatte gelernt, meinerseits mit Streicheln darauf zu reagieren, streckte die Hand aus und ließ meine Fingerspitzen an den zarten, haarlosen Armen und Beinen der Frauen entlanggleiten. Sie schreckten unweigerlich zusammen, starrten mich an, bis ihnen ein Licht aufging und wir alle in Gelächter ausbrachen. Während andere Finger nach meinem Arm griffen und kichernd die seltsame, haarige Haut erkundeten,

289

fragte ich die ältere Frau, ob sie während des Krieges hier in der Gegend gelebt habe.

»Ja«, sagte sie und nickte.

»Haben die Amerikaner das Dorf hier bombardiert?«

»Oh, ja«, sagte sie heftig nickend und mimte mit den Fingern den Bombenhagel.

»Hasst ihr mich denn nicht?« Die Frage brach in Englisch aus mir heraus.

Die Frau wartete geduldig ab, bis ich meinen Satz auf Vietnamesisch zusammengestoppelt hatte. »Nein«, sagte sie und schüttelte verwirrt den Kopf, als sie die Frage endlich verstanden hatte.

Ich starrte sie an. Wie war das möglich?

»Hello, hello, hello«, tönte es um mich herum. Seit das Wort kein Gruß mehr war, sondern eine Attacke, ein einseitiges Spiel, wurde es mir immer verhasster. »Hello whey ah zoo fum?« (Hello, where are you from?), brüllten junge Burschen mir von vorbeizischenden Mopeds zu und warteten auf meine Reaktion, nicht auf eine Antwort. »Hello, hello, hello«, kreischten sie, und eine Antwort mit »Hello« löste nur schallendes Gelächter aus und neue »Hello«-Salven. *»Hello*, woher kommen Sie. *Hello*, wie alt sind Sie? *Hello*, sind Sie verheiratet?«, riefen sie, und bevor ich den Mund aufmachen konnte, gaben sie sich selber die Antwort, indem sie im Chor »yes« johlten. *»Hello, hello, hello«*, brüllten erwachsene Männer, die aus Bustüren heraushingen und unanständige V-Zeichen machten (und das waren weiß Gott keine Victory-Zeichen!) oder mit einer anzüglichen Geste ihre hohlen Hände zusammenlegten, um auf ihre körperlichen Vorzüge hinzuweisen. »Hello, hello, hello«, riefen sie, wenn sie ihre Motorräder abbremsten, um mit einem Finger auf mich zu zeigen, dann auf sich selber, und fragend die Augenbrauen hochzuziehen. Oder manchmal fragten sie unverblümt: »Hey, zoo mee boom-boom?« (Hey, you me boom-boom?) Ich hätte am liebsten zurückgebrüllt: »Ja, klar – jetzt gleich, hier im Reisfeld?«, aber ich hatte Angst, dass sie mich womöglich beim Wort nehmen würden.

200 Kilometer südlich von Hanoi, wo die nördliche Ausbuchtung der Sanduhr, die Vietnam auf der Landkarte bildet, zu einer schmalen Landspirale zusammenläuft, bog ich ostwärts von der Nationalstraße 1 ab und wandte mich in Richtung Pazifischer Ozean. Sâm Soon döste träge in der salzigen Küstenluft, wie jede Strandstadt außerhalb der Saison. Ich fand ein Gästehaus, verspeiste ein köstliches Krabbenessen und ging ins Bett, in der Annahme, dass ich vom leisen Rauschen des nahen Meeres schnell in den Schlaf gelullt würde. Aber zehn Minuten nachdem ich das Licht ausgemacht hatte, klopfte die Polizei an meine Tür. Ich riss die Tür auf. In dem Moment hasste ich Vietnam, hasste ganz Asien, wo man nie in Ruhe gelassen wurde. Die zwei Männer machten Anstalten hereinzukommen, aber ich rührte mich nicht vom Fleck. »Pass?«, sagten sie. Ich nickte und schloss die Tür, um den Pass aus meinem Geldgürtel hervorzuwühlen. Als ich wieder aufmachte, waren die jungen Polizisten im Nebenraum und prüften die Papiere eines vietnamesischen Paares. Die Betreiberin des Gästehauses schaute zu, mit aufgerissenen Augen, die Hände an die Wangen gedrückt. Bei ihrem Gesichtsausdruck blieb ich wie angewurzelt stehen. Ich kannte diesen Blick.

Es ist unmöglich für ein menschliches Wesen, sofern es nicht gerade ein Genie ist (und vielleicht ist ja das die Definition des Genies), die Welt nach anderen Maßstäben zu verstehen oder zu interpretieren als denen der eigenen Erfahrung und des eigenen Wissens. Ein Blinder kann den Unterschied zwischen einem jungen Grashalm und einem Eukalyptus-Blatt nicht anhand der verschiedenen Grüntöne beschreiben, weil es in einer Welt ohne Farbe keine Grünschattierungen gibt. Konsistenz, Form und Geruch sind die Kategorien, nach denen ein Blinder das Gras und das Blatt unterscheidet. So wie ich, als ich 1983 als junges Mädchen auf einer frühwinterlichen Straße in Leningrad von einem alten Mann eine Abfuhr erhielt, diese Zurückweisung als Unhöflichkeit verstand, weil ich noch nicht die Regeln und Gesetze einer Gesellschaft durchschaut hatte, in der die Kommunikation mit einem Fremden ernsthafte Sanktionen nach sich ziehen konnte. Aber einer der großen Vorteile des Reisens ist ein erweiterter Verständnishorizont. Die Auseinandersetzung mit anderen Kulturen kann sich nur positiv auswirken, indem sie dem Reisenden einen breiteren Bezugsrahmen an die Hand gibt. Die Angst in den Augen des alten Mannes, die ich damals, 1983, nicht verstanden hatte, erkannte ich jetzt, im Jahr 1994, auf Anhieb bei dieser Frau mittleren Alters wieder.

Es war das zweite Mal, seit ich nach Vietnam gekommen war, dass ich Anzeichen für eine Bespitzelung gesehen hatte. In Haiphong, auf dem Weg zur Cat Ba-Insel, hatte ich den Abend mit zwei 19-jährigen Jungen verbracht, die unbedingt ihr Englisch anwenden wollten. Wir saßen in tiefen Korbsesseln in einem Straßencafé, das mit einer Kette von bunten Weihnachtslichtern behängt war, schlürften heiße Schokolade und redeten, während irgendwo hinter uns Bruce Springsteen von einer verkratzten Kassette jaulte. Am nächsten Morgen erschienen die Jungen an meiner Tür, um mir den traditionellen Tet-Kuchen zu bringen. Ich hatte sie zu mir hereingebeten, während ich Greene fertig belud, dann waren wir zusammen hinausgegangen und hatten eine Fischsuppe als spätes Frühstück gegessen. Während des Essens waren sie aus irgendeinem Grund sichtlich nervös. Schließlich gaben sie zu, dass der Hotelmanager sie angebrüllt hatte, weil sie in mein Zimmer gegangen waren, das Zimmer eines Ausländers, noch dazu einer Frau. Ihre Blicke schweiften immer wieder zur Straße ab, so als ob sie Angst hätten, dass jeden Moment die Polizei auftauchen könne. Ich hatte beruhigend auf sie eingeredet. Da sie der Hoteldirektion ihren Namen nicht genannt hatten, konnte die Polizei sie auch nicht ausfindig machen, aber das war eindeutig ein schwacher Trost in einem Staat, in dem jedes ungebührliche Benehmen noch immer drastisch bestraft wurde.

Jetzt riefen mir die entsetzten Augen der Hotelmanagerin in Erinnerung, dass ich diese glattgesichtigen Jungen in Uniform ernst nehmen musste, wenn schon nicht um meinetwillen, so doch um ihretwegen. Ich schüttelte meine Wut ab, reichte ihnen den Pass und schlug bereitwillig die Seite mit dem vietnamesischen Visum auf.

Sie schrieben die Personalien ab, dankten mir höflich und schickten mich in mein Zimmer zurück. Aber am nächsten Morgen kurz nach Sonnenaufgang klopfte die Hotelmanagerin an meine Tür. Sie hielt mir einen Zettel hin, auf dem säuberlich in Englisch geschrieben stand: »Die Polizei ist hier und möchte Sie sehen. Bitte kommen Sie. Danke.«

Zwei Männer in Uniform saßen da und tranken Tee mit ihrem Mann. Sie boten mir Tee und Kekse an, und der jüngere der beiden erklärte auf Englisch, dass das Hotel versäumt habe, mich bei der Polizei zu melden. Er sagte, die Beamten, die das Hotel gestern Abend inspiziert hätten, verstünden kein Englisch, und so hätten sie mir nicht die richtigen Fragen stellen können.

Der ältere, offensichtlich der ranghöhere, saß still da und trank seinen Tee. Sie fragten, wo ich herkäme. Sie fragten, wie es mir in Vietnam gefiele. Wo ich sonst noch gewesen sei? Ob sie meinen Pass sehen könnten? Ob ich Schwierigkeiten auf meiner Reise durch Vietnam gehabt hätte? Es dauerte eine volle Stunde, bis sie die Informationen beisammen hatten, die man in zwei Minuten hätte abfragen können, weil das Lächeln und der Tee und die Kekse letztlich wichtiger waren als die Fakten. Wo ich als Nächstes hinwollte? Welches Essen mir in Vietnam am besten schmeckte?

Nachdem ich jetzt gebührend registriert war, wanderte ich zum nebligen Strand hinunter. Pausenlos rollten Wellen an, die aber nicht groß genug waren, um sich zu brechen. Ramponierte Holzboote lagen wie müde Gespenster auf dem trockenen Sand. Ein paar Jungen spielten Fußball, wobei ihnen keine anderen Tore oder Seitenlinien zur Verfügung standen als das Meer. Ich schaute über das graubraune, sandige Wasser zum unsichtbaren Horizont hinüber. Irgendwo dort draußen war die Westküste von Amerika. Vielleicht standen Freunde von mir an jenen fernen Ufern und blickten zu mir herüber, mit nichts als Wasser zwischen uns. Zum ersten Mal seit Monaten verlor sich mein Blick im Grenzenlosen. Ich inhalierte tief, als wollte ich den Frieden dieser weit offenen Wasserausdehnung in meinen Körper einsaugen, aber meine Nerven waren angespannt, denn ich war darauf gefasst, dass jeden Moment eine kreischende, mit Fingern zeigende, lachende Menge aus dem Nichts auftauchen würde.

Ich lief den Strand hinunter und kam an einem Fischerboot vorbei, das seinen Morgenfang ablieferte. Gefiel mir Vietnam wirklich nicht, fragte ich mich, oder war ich nur erschöpft?

Die Sonne drang langsam durch den Nebel. Ich legte mich in den Sand und las friedlich eine halbe Stunde lang, bis ich von einem Schwarm Jungen entdeckt wurde. Sie ließen sich im Kreis um die Fremde nieder. Sie waren Kinder von Sonne und Sand, zierlich und geschmeidig, und jeder Muskel zeichnete sich unter ihren durchgewetzten Kleidern ab. Ihre Englischsätze bewegten sich in einem Vakuum, ohne echtes Verstehen. Sie kannten ein paar Fragen, und vielleicht wollten einige von ihnen wirklich wissen, wie alt ich war oder warum mein Mann nicht bei mir war, aber die meisten wollten nur eine Antwort – wollten meinem Mund die fremden Laute entlocken. Sie plapperten »yes, yes, yes«, aber das hätten sie auch getan, wenn ich ihnen gesagt hätte, dass ich vom Pluto käme. Sie kreischten und lachten so nahe und so laut, dass ich einmal buchstäblich aufschrie und mir die Hände auf die Ohren schlug, was sie natürlich noch mehr zum Lachen brachte. Aber selbst in dem Moment wusste ich, dass sie es nicht wirklich böse meinten. Ich wusste, wenn ich mir die Zeit nehmen, mir die Mühe machen würde, wenn ich ihnen in die Augen sehen und ihre Sprache ein bisschen besser beherrschen würde, dann wäre ich zweifellos in der Lage, mich von einem Alien in ein menschliches Wesen zu verwandeln. Doch leider war ich erschöpft und wollte lieber mein Buch lesen als mit ihnen reden.

Die Jungen in Sâm Soon spielten, so wie Kinder einer Fliege die Flügel ausreißen, spielten mit etwas so Fremdem, das in ihren Augen nichts Menschliches hatte. Ich war im Moment das Unterhaltsamste, was der Strand zu bieten hatte, und sie wollten einfach ihren Spaß. Das war nicht immer der Fall. Als ich am nächsten Tag wieder auf der Nationalstraße 1 war und unter einem bleiernen

Himmel nach Süden sauste, schlug mich ein kleiner Junge, und sein Blick war so wütend und hart wie die Hand, die einen brennenden roten Abdruck auf meinem Unterarm hinterlassen hatte. Ein junges Mädchen zwickte mich in den Arm und kniff dabei so heftig zu, dass es weh tat. Ein ganz kleines Mädchen mit Hass in den kindlichen Augen warf etwas nach mir, als ich vorbeifuhr, etwas, das mich zweifellos treffen sollte. Feindseligkeit wurde nur von Kindern offen zum Ausdruck gebracht, aber sie mussten es ja irgendwo gelernt haben. Doch sie brüllten nach wie vor »Lien xo«, und die Erwachsenen fragten immer noch : »Phap?« (Französin), und so wusste ich, dass die Feindseligkeit und das Hohngelächter nicht anti-amerikanisch waren, wie ich zunächst befürchtet hatte. Zu Hause wurde ich ständig gefragt: »Und wie haben sie reagiert, wenn sie erfahren haben, dass du Amerikanerin bist?« Nein, sie waren ganz allgemein ausländerfeindlich. Ich war eine Außenseiterin, eine Fremde in einer Gesellschaft, die aus reiner Notwehr gezwungen gewesen war, sich nach außen hin abzuschließen.

Zwei Jungen sahen mich eine Stufe heraufkommen und warfen mir blitzschnell ihre leeren Körbe in den Weg. Als ich ins Wanken geriet, packten sie Greenes Gepäckträger, rissen daran und brachten mich zum Stehen. Ich funkelte sie so wütend an, als ich zu ihnen herumwirbelte, dass die kleinen Gestalten vor Schreck erstarrten. Ich kochte vor Zorn. Ich war noch nie gehasst worden, und ich hatte keine andere Antwort darauf als Wut. Ich wollte sie schlagen, wollte sie verletzen, ihre Körbe kaputttrampeln. Doch noch während diese blinde Wut in mir hochkochte, war ich entsetzt über die Angst, die sich in den Gesichtern der Kinder abzeichnete. In ihrer Welt, nach ihrer kurzen Erfahrung war es durchaus möglich oder sogar wahrscheinlich, dass ich zurückschlug. Sie konnten ja nicht wissen, dass ich es niemals übers Herz bringen würde sie zu schlagen. Sie hätten sich totgelacht, dachte ich bitter, und der Anflug von Mitleid verwandelte sich schnell wieder in Zynismus, wenn sie gewusst hätten, wie hilflos ich war.

Am nächsten Tag holten mich zwei Jungen auf Fahrrädern ein, radelten neben mir her und beobachteten mich. Dann streckte plötzlich einer von ihnen die Hand aus und packte Greenes Hinterradtaschen. Es waren Kinder, kleine Jungen, zehn, vielleicht zwölf Jahre alt. Und was machte ich? Ich zahlte mit gleicher Münze zurück, streckte meine Hand aus und stieß ihre Lenkstangen fort, so fest ich konnte. Sie waren gute Radfahrer und stürzten nicht, während ich über die ganze Straße eierte, von meinem eigenen Stoß aus dem Gleichgewicht gebracht. Aber sie ließen mich jetzt tatsächlich in Ruhe. Vielleicht, sagte ich mir bitter, fange ich an, Vietnamesisch zu sprechen.

Am Abend, als ich die steinige Hoteleinfahrt in Ky Anh hinauffuhr, sah ich aus den Augenwinkeln eine kleine Gestalt, die die Steigung hinter mir heraufgetrippelt kam und krähte: »Woher kommen Sie?«

»Amerika«, sagte ich keuchend und dachte: »Wenn du Greene auch nur anrührst, bring ich dich um. Und wenn ich mein ganzes restliches Leben in einem vietnamesischen Gefängnis schmoren muss – ich bring dich um.« Die kleinen Füße kamen näher getappt. Die kleinen Hände griffen herüber. Die kleinen Finger umklammerten Greenes Gepäckträger. Na bitte. Das Kind war so gut wie tot. Ich würde es schlagen. Ich würde von meinem Rad abspringen und ein Kind schlagen – das, wie ich plötzlich merkte, mein Rad den Hang hinaufschob, mich vorwärts schubste, bis Greenes Vorderreifen auf die Betonveranda des Hotels rollte. Als mein Fuß auf dem Boden landete, stand das Mädchen schon vor mir, mit leuchtenden Kinderaugen, und bat mich zu warten, bis sie den Hotelmanager geholt hatte.

Der Hotelmanager zeigte mir eine Betonzelle mit einer feuchten Steppdecke und einer dicken Strohmatte auf jedem der Holzbetten. Das Strahle-Mädchen tauchte prompt vor dem offenen, unverglasten Fenster auf und fragte, ob ich hungrig sei. »*An com*?« Der vietnamesische Ausdruck *an com* bedeutet »Reis essen«, so wie das chinesische *chi fan*.

»Ja«, sagte ich. »Bald. Aber erst Tee.« Ich zeigte auf die Thermosflasche, die Teekanne und die Dose mit den losen Teeblättern, die auf dem Tisch stand, und lud sie zum Teetrinken ein.

»Nein, nein«, sagte sie und schüttelte den Kopf.

»Doch, doch, komm rein, setz dich und trink Tee mit mir«, beharrte ich.

Der tiefe Sessel verschluckte die zierliche Gestalt. Sie war dreizehn, sah aber wie neun aus. Sie war tapfer und sie war klug. Sie erinnerte mich an Bat-Ölzii in Arshaant. Sie erinnerte mich an Enkhjargal. Ihr Kinn war spitz und ausdrucksvoll. Ihre großen Augen blickten mich offen an. Sie sagte mir, ich sei schön. Ich war schmutzig, dick, verschwitzt und erschöpft, mein Gesicht mit den huppeligen rosa Überresten meiner Menstruationspickel gesprenkelt. Ich sagte ihr, *sie* sei schön. »Nein«, sagte sie und schüttelte den Kopf. »Ich nicht schön, du schön. Vietnamesen nicht schön, du schön.« Sie meinte es offenbar ernst, glaubte es wirklich. Als ich an jenem Abend dasaß, konnte ich mir nicht vorstellen, wie das kleine Mädchen dazu gekommen war, so etwas zu denken. Ich sollte die Antwort erst nach weiteren 300 Kilometern erfahren.

Wir tranken unseren Tee, sie zeigte mir, wie man Wasser aus dem Brunnen im Hof schöpfte, damit ich mir das Gesicht waschen konnte, dann führte mich das Strahle-Mädchen den Hang hinunter zum Restaurant ihrer Eltern. Einer der beiden niedrigen Räume war mit einem halben Dutzend Holztische gesäumt; in dem anderen waren die Betten der Familie in dunkle, luftlose Winkel hinter rauchgeschwärzten Töpfen gezwängt, die über einem offenen Feuer hingen. Während die Mutter das Abendessen zubereitete, versuchte ich meine Reise zu erklären. Die Mongolei stand nicht einmal in meinem Sprachführer, also begann ich meinen Bericht mit Peking. Der Vater, ein untersetzter Mann mit einem sanften, pockennarbigen Gesicht, antwortete, dass er fünf Jahre in Südchina studiert habe. »*Ni hui suo putonghua, ma?*« (Sprechen Sie Chinesisch?), fragte ich ihn. »*Duì*«, sagte er nickend. Nachdem ich mich in China zwei Monate lang mit der Sprache herumgequält hatte, stellte ich jetzt absurderweise fest, dass ich mich mühelos in Chinesisch verständigen konnte. Vor drei Wochen hatte ich noch das Gefühl gehabt, ich könnte außer den Sieben Fragen nichts auf Chinesisch sagen; jetzt kam es mir vor, als könnte ich eine ganze Unterhaltung bestreiten. Alles ist relativ. Verglichen mit zehn Sätzen Vietnamesisch waren ein paar hundert Worte Mandarin praktisch fließendes Sprechen.

Ich plapperte glückselig drauflos; er übersetzte für seine Familie; und bei gehäuft vollen Schalen Nudelsuppe mit Rindfleisch wurde aus der Gattung »Ausländer« ein Mensch aus Fleisch und Blut. Sie schauten mich an und sahen keinen monströsen, bleichgesichtigen Alien. Ich schaute sie an und sah keine schrillen, verächtlichen Angreifer. Wir blickten uns in die Augen und sahen einander als das, was wir waren – individuelle menschliche Wesen mit einer Geschichte und einer Zukunft, Tugenden und Eigenheiten, die nichts mit unserer Hautfarbe oder unseren Pässen zu tun hatten. Ich fühlte mich geborgen in der Wärme und Herzlichkeit dieser Familienmahlzeit, und das hämische Gelächter verebbte irgendwo in weiter Ferne.

Bedürfnis
nach Wiedergutmachung

Die Straße spielte Tauziehen mit dem Strand, lief an der Küste entlang, stieg landeinwärts über einen Berg, fiel wieder zum Meer ab, eingehüllt in das Tosen der Brandung. Sand und Dünen stiegen hinter kleinen Ansammlungen von Strohdächern auf, und dahinter war das Rollen des Meeres zu hören. Ich sehnte mich nach einer Nacht im Zelt an einem wunderschönen leeren Strand, aber trotz des friedlichen Abends in Ky Anh wusste ich, dass ich nur in eine dieser trügerisch ruhigen Gassen einbiegen musste, und schon würde ein Schwarm kreischender, mit Fingern zeigender, lachender Kinder über mich herfallen. Und der Anblick, wie ich ein Zelt aufbaute und dann auch noch darin schlief, wäre die größte Sensation, seit die amerikanischen Hubschrauber von einem Saigoner Dach abgehoben hatten.

Ein leichter Nieselregen fiel, und während ich von heißem weißem Sand und grünen Palmwedeln träumte, die vor einem blauen Himmel tanzten, spritzte schmieriges braunes Pfützenwasser von Greenes Reifen zu mir herauf. Die schmale Straße war still, die Landschaft gespenstisch. Mit jedem weiteren Kilometer glich sie noch viel mehr einer Sciencefiction-Filmkulisse als der mit Höllenkratern durchzogene Planet irgendeines durchgeknallten Trickzeichners. Phantombrücken waren nur noch an ihren verwaisten Pfeilern zu erkennen. Unnatürliche Vertiefungen, die randvoll mit Wasser waren, zerschnitten die grüne Erde, Teiche, wo einst Bomben gefallen waren. 25 Tage und 100 Kilometer nachdem ich die chinesische Grenze überquert hatte, radelte ich durch die DMZ, die entmilitarisierte Zone, nach Südvietnam hinein, eine Region, die sich immer noch so stark vom Norden unterscheidet wie Südamerika von den Pazifikstaaten.

Für Touristen, die nur einen einzigen Halt zwischen Saigon und Hanoi einlegen, ist die alte Kaiserstadt Huë der Ort, den sie unweigerlich besichtigen. Wie der Spitzensaum eines Abendkleides, das einst das schönste im Land war, hat Huë die subtile Eleganz vergangener Glanzzeiten bewahrt. Huë, das einst unter den Nguyen-Kaisern (1802–1945) die Hauptstadt Vietnams war, wurde durch die Tet-Offensive von 1968 zerstört, hat aber nie seine Bedeutung als kultureller und intellektueller Mittelpunkt Zentral-Vietnams verloren. Die seidenen *ao dais* der Frauen, fließende Tuniken, die an der Seite geschlitzt sind und über weiten Hosen getragen werden, spiegeln die sanften Schleifen und Strömungen des Parfüm-Flusses wider. Die Männer mit ihrem einen langen rosa Fingernagel harmonierten perfekt mit dem aristokratischen Flair der Straßen, in denen sie saßen und Kaffee tranken. Die Läden mit den traditionellen Kräuter- und Tierarzneien, die in säuberlich beschrifteten Schubladen und Flaschen vom Boden bis zur Decke reichten, sprachen von uraltem Wissen.

Ich checkte in einen geräumigen, hohen Raum im Kolonialstil ein, nahm eine heiße Dusche und hängte meine triefnassen Kleider auf, die in der feuchten Wärme nur langsam trocknen würden. Auf der anderen Seite des Hofs, im Hotel-Restaurant, lief ich einem holländischen Ehepaar über den Weg, das ich in Yangshuo kennen gelernt hatte. Während ich nach Süden geradelt war, waren sie nach Holland zur Beerdigung seines Vaters zurückgeflogen, dann nach Asien zurückgekehrt, um ihre Reise fortzusetzen. Ich traf einen Arzt aus Massachusetts, der seine Reiseführer in einem Buchladen in Seattle gekauft hatte, in dem ich früher einmal gearbeitet hatte. »Sie haben mir gesagt, die Besitzerin sei irgendwo in Vietnam«, meinte er. »Nein«, sagte ich lachend, »soweit ich weiß, ist sie irgendwo in Afrika. Ich bin hier.«

In China hatte ich die Nase über die Touristen gerümpft, die von nichts anderem redeten als vom Geld, der Unehrlichkeit der Einheimischen und ihrem siegreichen Feilschen. In Vietnam stellte ich zu meinem Entsetzen fest, dass meine eigenen »glücklichen« Geschichten auch nur noch um anständige Preise und freundliches Feilschen kreisten. Beim Mittagessen erzählte ich einem australischen Paar in einem Restaurant, das im Reiseführer empfohlen wurde, die Geschichte von einer jungen Frau in einem abgelegenen Lokal, die mir eine Schale Suppe, eine Tomate und zwei Mineralwasser serviert und dann einen Fantasiepreis von 12 000 Dong aus der Luft gezaubert hatte. Ich wusste nicht genau, was die Suppe oder die Tomate kosten durften, aber jedes Fläschen Festi-Cola kostet in Vietnam 1500 Dong. Ich schätzte, dass die Suppe 2000 und die Tomate 500 Dong kosteten. »Suppe«, sagte ich, »3000 dong. Eine Tomate, 1000. Siebentausend – okay?« Die junge Frau grinste und nickte.

Wenn das Handeln in dieser freundlichen, gutwilligen Art ablief, wenn es ein Spiel war, das beide Seiten goutierten, dann war ich auch bereit mehr zu bezahlen als die Einheimischen. Ich war sogar glücklich, wenn ich mehr bezahlte als die Einheimischen. Ein Unterschied von 5000 Dong war ein Unterschied von ungefähr 50 Cent. Und selbst wenn 7000 Dong ein paar tausend mehr waren, als sie dem kleinen Reisbauern an der Straße unten abverlangt hätte, was konnte mir das schon ausmachen? Was konnten mir 25 Cent mehr ausmachen, wenn sie dafür an diesem Abend ihrem Kind etwas zu essen geben konnte, während es in meiner Welt der Preis für eine *Latte Macchiato* war? So gesehen, verlor das selbstgerechte Argument, dass jeder immer denselben Preis bezahlen sollte, viel von seiner moralischen Überzeugungskraft. Wenn es andererseits stimmte, dass die zunehmenden Touristenströme die Händler, Straßenverkäufer und Restaurantbesitzer dazu verführten, regelmäßig doppelt so viel von Fremden zu verlangen wie von ihren Nachbarn, dann bestand die Gefahr, dass die Preise bald für die Einheimischen unerschwinglich sein würden.

Wie bei den meisten Dingen gab es meiner Meinung nach einen akzeptablen Mittelweg. Er lag im Geist des Handelns. Er lag in der

Bereitschaft etwas mehr zu bezahlen, aber nicht unverhältnismäßig mehr. Er lag in dem Bemühen mich nicht jedes Mal persönlich angegriffen und betrogen zu fühlen, wenn man mir nur wegen meiner Hautfarbe etwas mehr abverlangte. Er lag darin mir so schnell wie möglich angemessene Preise einzuprägen, damit ich gezielt feilschen konnte, anstatt mich in eine blinde Wut hineinzusteigern, dass man mir zu viel berechnet hatte. Und schließlich lag dieser Mittelweg in der Einsicht, dass man die Qualität einer Reise nicht umgekehrt proportional zu ihren Kosten beurteilen kann.

Theoretisch war das alles einfach, aber praktisch ziemlich schwierig, weil in Vietnam jede Begegnung vom Geld diktiert wurde. Ich fühlte mich hier nicht so sehr als Person wie als Geldquelle willkommen. Vor allem konnte ich mich beim besten Willen nicht darüber hinwegsetzen, ohne verletzt und wütend über diese Herabwürdigung zum Objekt zu sein. In einem winzigen Dorf südlich von Ky Anh, wo ich eigentlich kein Gästehaus erwartete, hatte ich an einem *com-pho* angehalten und trotzdem gefragt. »*Nha khach* – Hotel?« Die vier Leute in dem Restaurant vervielfachten sich in Sekundenschnelle auf zwanzig und drängten sich um mich und Greene. »*Nha khach?*«, wiederholte ich. Schweigen. Oder vielmehr wurde viel geschnattert, aber nichts davon an mich gewandt.

Dann streckte plötzlich eine alte Frau in der Menge ihre Hand nach mir aus und legte sie flach auf meine linke Brust. Ich war unverblümte Fragen in punkto Sex gewöhnt; ich dachte mir auch nichts mehr dabei, wenn meine Armhaare und meine helle Haut betatscht wurden, aber so hatte mich bisher noch niemand angefasst. »*Con gai*!«, brüllte sie, und bevor ich reagieren konnte, bevor ich ihre Hand wegschlagen konnte, drang es plötzlich zu meinem Gehirn durch, was sie gesagt hatte, und ich fing stattdessen an zu lachen, zupfte an meinen Zöpfen und sagte: »Ja, *con gai*« (Mädchen). Und plötzlich lachte die ganze Menge und zupfte an meinen Haaren, die Frauen tätschelten meine Brust und riefen »*Con gai, con gai*!« Nachdem nun mein Geschlecht feststand, packte eine der Frauen mein Handgelenk, nickte heftig und sagte: »*Nha khach.*«

»Wo?«, fragte ich.

»*Nha khach*«, wiederholte sie und winkte zu einem hölzernen Doppelbett hinüber, das in eine Ecke des Restaurants gezwängt war. Ich rollte Greene in das Restaurant, dann ging ich wieder auf die Straße hinaus. Ich wollte zum Strand gehen. Der Ozean war hinter den hohen Sandwällen zu sehen, aber es gab keinen erkennbaren Weg über die Dünen. »Strand«, schaute ich im Sprachführer nach und zeigte es den Frauen.

Nick, nick, nick. Niemand rührte sich.

Ich schlug »folgen« nach, zeigte auf mich selber, dann auf sie.

Nick, nick, nick. Die Frau, die mein Geschlecht geprüft hatte, zeigte jetzt ebenfalls auf sich selber, rührte sich aber immer noch nicht.

»*Tien*«, sagte sie.

Ich kannte das Wort nicht.

»*Tien*«, wiederholte sie.

Ich hielt ihr den Sprachführer hin. Sie schüttelte den Kopf, raschelte in ihrer Bluse nach etwas herum, aber eine andere Frau war schneller, zog mehrere Scheine aus einer Tasche, »*Tien*« – Geld. Ich reagierte prompt und ohne eine Sekunde zu überlegen: »Nein!«, schrie ich, machte auf dem Absatz kehrt und rannte ins Restaurant zurück. Aufgeregtes Geschnatter brach los. »*Toi di. Di!*« (Ich gehe! Gehe!), rief ich. Die Frau griff nach meinem Sprachführer, aber ich riss ihn ihr aus der Hand und verstaute ihn wütend in einer Tasche. »*Tien, tien, tien*«, fauchte ich böse, in der Hoffnung, dass sie aus meinem Tonfall heraushören konnten, was ich damit sagen wollte: »Geld, Geld, Geld – es geht immer nur ums Geld!« Ich schleuderte die arme Greene praktisch auf die Straße hinaus und warf mich auf den Sattel. Ich trat voll in die Pedale, ohne auch nur einmal zu den verdatterten Frauen zurückzuschauen, und mein selbstgerechter Zorn verlieh mir ungeahnte Kräfte.

Aber während ich mich Kilometer um Kilometer abstrampelte und der Spätnachmittag in den Abend überging, ließ ich die Szene noch einmal in allen Details vor mir Revue passieren: Wie ich in meinem sperrigen Helm und der unanständig engen Lycra-Hose auf meinem Fahrrad dahergekommen war und nach einem Hotel gefragt hatte. Und wie die Leute dagestanden waren und darüber debattiert hatten, ob ich nun Männlein oder Weiblein sei. Auf einmal löste sich meine Empörung in leises Kichern auf. Und je weiter ich mich von dem Ort des Geschehens entfernte, desto fragwürdiger erschien mir mein Wutausbruch. Ich hatte sie gebeten mich zum Strand zu führen. Warum in aller Welt sollten sie so etwas umsonst tun? Warum sollten sie so entzückt über mein Auftauchen sein, dass sie meine Touristenaktivitäten unterstützten, ohne etwas dafür zu verlangen? Damit ich später in einem Großstadtcafé bei einem Bier sitzen und anderen Touristen erzählen konnte, die Dorfbewohner hätten »noch nicht einmal Geld annehmen wollen«, weil sie so reizend, so exotisch (und ich hatte sie gefunden – ich!) und so fernab von der Welt waren, dass sie trotz ihrer Armut unglaublich großzügig und freigebig waren. Die Menschen an der Nationalstraße 1 waren, auch wenn sie barfuß gingen und in armseligen Hütten wohnten, nicht so naiv, wie wir sie gerne sehen wollten.

Wenn Reisende erzählen, wie sie mit Einheimischen gefeilscht haben, tun sie das meistens mit selbstgerechtem Stolz und stellen es so hin, als hätten sie aus edlen Motiven gehandelt, im Namen dessen, was recht und billig ist. Eines Nachts bekam ich die vietnamesische Seite der Medaille zu hören. Sowohl in China als auch in Vietnam und in vielen anderen Ländern hat sich ein doppeltes Preissystem eingebürgert. Die Preise – besonders für Verkehrsmittel, Unterkünfte in großen Städten und die großen Touristen-Attraktionen – richten sich offiziell nach der Nationalität des Betreffenden. (Es ist ein System, das viele westliche Reisende auf die Barrikaden bringt, mich selbst eingeschlossen, das aber, aus der Distanz betrachtet, durchaus seine Berechtigung hat.) In China hatte ich es als Experiment angesehen, wenn die Leute mir an entlegenen Orten, wo diese offizielle Einteilung in zwei Preisklassen nicht existierte, das Doppelte oder Dreifache abverlangt hatten. In Vietnam wurde diesem Zwei-Klassen-Prinzip oft ganz offen gehuldigt – es ging nicht einfach darum, ein paar tausend Dong zusätzlich zu verdienen, sondern die Leute waren zu Recht der Meinung, dass ich mehr bezahlen sollte.

In dem Dorf Lang Co präsentierte ein 14-jähriger Kellner zwei Kanadiern und mir eine Rechnung, in der 5000 Dong für ein Reisgericht, das sonst 2000 kostete, und 2000 Dong für eine Gemüseplatte, die normalerweise gratis war, aufgelistet waren. Wir kannten die »korrekten« Preise, Preise, die im ganzen Land und in jedem der vielen Restaurants in dieser speziellen Straße dieselben waren. Wir fackelten nicht lange und schrieben die Rechnung neu, dann legten wir den Betrag auf den Tisch, standen auf und gingen. Der Junge folgte uns die Straße hinunter und brüllte: »Die Leute in Vietnam haben keine Arbeit, und Sie kommen hierher und bilden sich ein ...« Er hatte uns nicht übers Ohr hauen wollen. Er sah, dass wir genau wussten, was er seinem Nachbarn für das Essen berechnen würde, und er war der Meinung, dass wir einen höheren Preis bezahlen sollten. Und während wir in selbstgerechter Empörung davonstolzierten, fragte ich mich, ob er wirklich so im Unrecht war.

Trotzdem war ich immer wieder tief gekränkt, auch als ich schon fast in Saigon war, wenn ein Restaurantbesitzer mir den doppelten Preis abverlangte, nachdem ich stundenlang mit ihm die Speisekarte übersetzt und ihm Tipps gegeben hatte, wie er noch mehr Touristen anlocken könne. Es waren im Endeffekt nur achtzig Cents mehr, aber ich kaute den ganzen restlichen Tag an dieser Kränkung, hasste Vietnam, hasste diesen ständigen Kampf, den es in meinen Augen bedeutete, ich allein gegen alle in diesem Land – bis ich mir eine Szene in Erinnerung rief, die das Ganze wieder ins rechte Licht rückte.

In der Lobby eines Hotels in Huë beobachtete ich eine schlanke blonde Deutsche, die sich mit der Rezeptionistin wegen ihrer Hotelrechnung herumstritt. Die Rezeptionistin verlangte Dong zu einem Wechselkurs von 10 870 je Dollar. Die Deutsche beharrte darauf, dass das der gestrige Bankkurs gewesen sei, heute seien es 10 830. So ging es eine Weile hin und her. Die Hotelangestellte gab zu, dass sie an diesem Tag noch nicht auf der Bank gewesen war, worauf die Deutsche sagte, sie würde warten, bis sie sich davon überzeugt habe, dass die neue Rate korrekt sei. Die Rezeptionistin stieg also pflichtschuldigst auf ihr Fahrrad und kehrte zwanzig Minuten später mit der Bestätigung des niedrigeren Kurses zurück. Die Deutsche, die jetzt natürlich triumphierte, hatte eine Dreiviertelstunde vergeudet, um 800 Dong zu sparen – weniger als zehn Cent auf einer Zwanzig-Dollar-Rechnung. Ich glaube nicht, dass sie besonders viel von ihrer Reise hatte.

70 Kilometer südlich von Huê breitet sich über einer schmalen Sandzunge zwischen dem leuchtenden, abgestuften Blau der Lagune und dem Südchinesischen Meer das Dorf Lang Co aus. Weiße Wolken quollen wie Trockeneis aus einem Bühnenzylinder über den Berghang und türmten sich über dem Ort auf. Der Übergang vom Norden in den Süden, der in Huê begonnen hatte, machte sich noch stärker bemerkbar, als ich die Nationalstraße 1 unter einem makellos blauen Himmel entlangradelte und die Sonne mir zum ersten Mal seit sechs Monaten auf meine blassen Knie brannte. Das charmante, baufällige Hotel in Lang Co schien wie geschaffen dafür, aufgestylt zu werden. Es war nur eine Frage der Zeit, bis das kleine Restaurant eine gut gefliese Terrasse mit einem Postkartenständer bekommen, in den Duschen heißes Wasser fließen würde und die Veranden vor den Zimmern mit Coca-Cola-Sonnenschirmen ausgestattet sein würden. Aber im März 1994 waren die Veranden noch kahl, es kam nur kaltes Wasser, und die Cafétische wackelten auf unebenen Ziegelsteinen herum.

Am Morgen nach meiner Ankunft unternahm ich einen Spaziergang zum Pazifik hinunter, meine nackten Zehen im Sand vergraben. Lang Co war ein tropisches Inselparadies. Frauen holten Wasser an einem Brunnen unter den Kokospalmen. Glückliche Kinder tobten im Sand. Die Männer brachen im Morgengrauen auf, um die unerschöpflichen Reichtümer des Meeres zu ernten. Am Abend kehrten sie lachend zurück, um ihren Fang mit der Familie zu teilen. Halt – einmal blinzeln, ein bisschen genauer hinsehen, und die verbrauchten Gesichter erzählten zutreffender die Wirklichkeit: von den Härten eines Lebens, in dem jedes Abendessen einer Natur abgetrotzt werden musste, die kaum weniger unberechenbar war als die Regierung. Im Zentrum des Dorfs ragte die katholische Kirche wuchtig und einschüchternd über den Strohdächern empor. Während ein Junge mit einer Engelsgeduld seine kleinen Brüder über sich hinwegpurzeln ließ, die sofort wieder aufstanden, lachend und quiekend, und das Spiel von vorne begannen, starrte ich auf die Bilder von Jesus und Maria, die ausgesprochen westlich aussahen, und ich hörte wieder die lispelnde Mädchenstimme, die mir gesagt hatte, Vietnamesinnen könnten nicht schön sein.

Ein 25-jähriger Schneider lud mich in sein nahe gelegenes Haus ein. In einem schattigen, weiß gekalkten Raum, unter den Blicken seiner Vorfahren, deren Portraits über einer Kerze an der Wand hingen, servierte er Tee und Kaffee auf einem rauen Holztisch, auf dem ein Stapel »Teach Yourself English«-Lehrbücher lag. Sein Vater saß in einem Schaukelstuhl und starrte durch den wilden Wein, der vor dem Fenster wucherte, ins Freie hinaus – um was zu sehen? Als er sein eingerostetes Französisch ausgrub, klang es wie eine Stimme aus der Vergangenheit. Ein tiefer Schmerz lag in seinen Augen, die zu viel gesehen hatten. Aber dann schmiegte sich sein Enkel zwischen seine Knie, um die Fremde aus sicherer Entfernung zu betrachten, und als der alte Mann auf ihn hinunterschaute, trat ein gewisser Friede in seine Züge, die durch den Rauch seiner Pfeife hindurchschimmerten.

Der paradiesische Strand, über den ich ins Dorf zurückspazierte, war offenbar die Gemeinschaftstoilette des Dorfes. Kleine »Sandburgen« aus menschlichen Fäkalien lagen über den Sand an der Flutlinie verstreut. Ein zehnjähriger Junge, der mich gerade erspäht hatte, wollte seinem kleinen Bruder zeigen, wie man mit Touristen umgeht. Er hielt mir den kleinen Kerl unter die Nase und hob seinen Babyarm in die Höhe. »Hallo, Sie – Kugelschreiber«, rief er, und ich fühlte mich in das nasse, graue Moskau vor zehn Jahren zurückversetzt, als mich die kleinen Knirpse noch um Kugelschreiber und Kaugummis angebettelt hatten. »He, Sie, Kugelschreiber«, brachte er dem Krabbelkind bei, das noch zu klein war, um viel Vietnamesisch zu sprechen. »He, Sie, Kugelschreiber. Kugelschreiber, Kugelschreiber«, brüllte er mir nach.

Etwas weiter unten am Strand stürzte ein Schwarm Kinder hinter mir her. Vier, fünf, sechs Jahre alt – lauter aggressive Zwerge. Sie waren nicht freundlich oder neugierig, sie starrten mich an und sahen nicht den Menschen in mir. Ein Junge mit einem hölzernen Spielzeuggewehr zielte auf mich und schoss. Ich grapschte nach der Waffe, aber ich war groß und ungeschickt, und er war viel zu schnell für mich. Die unterschwellige Gewalttätigkeit der Kinderbande kochte im Spiel an die Oberfläche hoch. Wie beim Tauziehen rannten sie gegen mich an, schwenkten herum und rasten davon, nur dass sie nicht zogen, sondern schlugen. Wieder hätte ich am liebsten zurückgeschlagen, diesen kleinen Kindern wehgetan, einer der winzigen Gestalten eine Rückhand verpasst, ihnen die zarten Knochen gebrochen. Ein Junge, ein richtiger Winzling, den ich in der Luft hätte zerreißen können, ballte seine Babyhände zu Fäusten, das Gesicht voller Wut und Hass und Trotz, als er auf mich einschlug.

Ich hockte mich in den Sand, so dass ich auf Augenhöhe mit ihm war. Die anderen spritzten kurz außer Reichweite davon, dann wagten sie sich langsam wieder näher, wobei sie ihre Freunde vor sich herstießen, um hinter ihnen in Deckung zu gehen. »Wer hat euch beigebracht, mich wegen meiner Hautfarbe zu hassen?«, fragte ich mit Worten, von denen ich wusste, dass sie sie nicht verstehen konnten. »Wer hat euch beigebracht, mich wegen meiner Hautfarbe zu hassen?« Warum konnte ich ihnen nicht klar machen, dass ich ein Mensch war, dass ich kein Alien war, den man einfach quälen konnte? Es war zutiefst verstörend für mich als weiße Mittelschicht-Amerikanerin, den Rassismus von der anderen Seite her kennen zu lernen, diese Kinder zu sehen, die so klein waren und so voll Hass, die mich ablehnten, weil ich einen anderen Körper hatte als sie. Eines der Kinder schubste seinen Freund zu heftig, und er prallte frontal mit mir zusammen. Sie sprangen alle zurück, aus Angst vor Schlägen, denn sie wussten ja nicht, dass ich dazu niemals fähig wäre. Ich wirbelte herum und lief davon, außer mir vor Wut, Verzweiflung und Hilflosigkeit.

Als es Mittag wurde, flüchtete ich vor der Sonne in den Schatten eines Caféhaus-Sonnenschirms. Ein gut gekleideter Vietnamese setzte sich zu der Gruppe am Nebentisch. Sie schauten zu mir herüber. »Hallo, woher kommen Sie?«, fragte der Mann auf Englisch. Es war die Standardbegrüßung. Seine Aussprache war ungewöhnlich gut. Er war schon seit mehreren Tagen mit seiner Frau in Lang Co. Sie war hierher gekommen, um einen bestimmten Laden aufzusuchen. Schließlich fand sie ihn unter den zahlreichen anderen, die inzwischen die Häuserfronten der Bewohner säumten. Über einem klapprigen, verglasten Kabinett mit dem üblichen Sammelsurium von Stiften, Batterien, Zahnbürsten, Feuerzeugen, Spielkarten und anderem Krimskrams hing ein Draht, an dem Zeitschriften mit Wäscheklammern befestigt waren. Die Frau hatte mit dem ältlichen Ladenbesitzer gesprochen und kaum ihre Blicke von seinem zerfurchten Gesicht losreißen können. Sie hatte ihm von ihrem Leben in Kalifornien erzählt und ihn nach seinem Leben hier gefragt. Schließlich hatte sie sich nicht länger zurückhalten können. »Erkennst du mich denn nicht? Ich bin's doch, Vater, ich!«

Vor 13 Jahren war sie von hier geflüchtet. Jetzt hatte sie sich zum ersten Mal hierher zurückgewagt. Sie hatte ihrer Familie mitgeteilt, dass sie kommen würde.

»Was hat sich hier am meisten verändert?«, fragte ich sie mit einem Blick auf ihre modische Kleidung. Ich konnte sie mir gut in einem klimatisierten Haus in Südkalifornien vorstellen und versuchte mir auszumalen, wie sie in diesem Dorf groß geworden und schließlich in einem zerbrechlichen Boot geflohen war.

»Die Wirtschaft«, antwortete ihr Mann, ein erfolgreicher Immobilienmakler aus Los Angeles, sofort. »Es gibt hier jetzt so viel mehr.«

Die Frau schaute über den Tisch hinweg ihren Vater an, dann ihre kleine Schwester, eine schöne junge Frau, die neben ihrem Verlobten saß. »Sie war fünf, als ich fortgegangen bin.«

Als ich etwas später auf meiner Veranda saß und las, spähte ein schlaksiger, zerzauster Blondschopf vom Nachbarbalkon zu mir herüber. Er stellte sich als Dan vor, seine Freundin als Karin. Die beiden kamen aus Vancouver in Kanada. Sobald die Sonne unterging und es draußen kühler wurde, gingen wir zusammen in eines der vielen Freiluft-Restaurants, die die Straße säumten. Das war das erste unserer gemeinsamen Abendessen, die sich mit zahlreichen Bierrunden bis nach 10 Uhr, also bis zur Stromsperre hinzogen.

Die Faulenzer-Tage in Lang Co vergingen wie im Flug: spät aus dem Bett kugeln, vor dem Frühstück zur Erfrischung eine Runde Schwimmen im Südchinesischen Meer einlegen, am Nachmittag im Schatten sitzen und lesen oder schreiben, lange Abendspaziergänge am Strand entlang unter dem Pfeil und Bogen des Orion machen. Schicke weiße Minivans bogen in die Hoteleinfahrt ein und spuckten kleine Grüppchen französischer Touristen aus, die zum Strand hinunterspazierten und ein paar Fotos machten, um dann schnell in die Geborgenheit ihres rollenden Kokons zurückzuflüchten. Zwei vierzigjährige Deutsche strampelten die Einfahrt herauf, mit leichtem Gepäck und dünnen Reifen an ihren blitzenden Rädern. Sie waren auf einer 14-tägigen Urlaubsreise hier und rasten von Hanoi nach Saigon, 150 Kilometer pro Tag. Eine Amerikanerin in einem funkelnagelneuen Toyota fuhr zum Mittagessen vor, mit einem Führer, dessen Englisch völlig unverständlich war und der nichts über die Orte wusste, die sie besichtigten. Wir drängten sie ihren Terminplan sausen zu lassen und die Nacht über hier zu bleiben. Sie sagte wehmütig, das würde sie nur zu gerne tun, stieg dann aber doch pflichtschuldigst in ihren Wagen und rollte davon.

Eines Nachts schreckte mich das laute Zischen eines geplatzten Fahrradreifens auf. Absurd: Kein Fahrradreifen platzt einfach so um vier Uhr morgens, dachte ich benommen, während ich unter meinem Moskitonetz hervorkroch, zu Greene hinübertappte, die an der Wand lehnte, und ihren Hinterreifen mit zwei Fingern zusammenzwickte. Er war vollkommen platt. Barfuß im Dunkeln stehend, malte ich mir das monströse Insekt aus, dessen Riesenstachel mehrere Schichten dicken Gummis mit einem einzigen Stich zu durchbohren vermochte. Ich huschte ins Bett zurück, stopfte das Moskitonetz fest unter die Matratze und wünschte den blassen Geckos, die tschilpend an der Wand hingen, *bon appétit*.

Am Morgen fiel mir mein idiotischer Traum von dem geplatzten Reifen und dem Monsterinsekt wieder ein. Ich sah zu Greene hinüber. Ihr Hinterrad ruhte völlig platt auf dem Boden. Doch es war kein Insektenstich gewesen. Der Gummi am Ventil unten war einfach abgewetzt und rissig gewesen und hatte schließlich ganz den Geist aufgegeben. Aber als ich mich auf die Veranda setzte, um den neuen Schlauch einzusetzen, stellte ich zu meinem Entsetzen fest, dass ich nur schmale Ersatzschläuche dabeihatte! Der Fahrradladen in Seattle hatte mir die falsche Größe verkauft und ich hatte es dummerweise nicht nachgeprüft. Ich versuchte den Schlauch mit Isolierband zu reparieren, aber das Isolierband würde nicht den ganzen Weg bis Saigon halten. Ich fragte mich, ob ein schmaler Schlauch nicht doch irgendwie passend gemacht werden konnte, legte die dünne Gummischlange hinein und fing an zu pumpen. Dass ich 8000 Kilometer auf einem Fahrrad durch Asien gefahren bin, bleibt ein kleines Wunder oder war vielleicht auch reines Narrenglück. Der Schlauch sah zu lang und dünn aus, doch als er sich allmählich aufblähte und rundete, stellte sich heraus, dass er genau die richtige Größe hatte.

In vielerlei Hinsicht begann Vietnam nicht in Huế, sondern in Da Nang, vierzig Kilometer südlich von Lang Co. »Hello – Okay – Number One«, brüllten die Leute aus vorüberfahrenden Autos, als ich mich auf den Hai-Van-Pass hinaufkämpfte, der gleich südlich von Lang Co etwas abseits der Küste auf eine Höhe von 500 Meter führt. Es war ein neuer Satz, der mich über den Berg hinüber verfolgen sollte, dann hinunter nach Da Nang und den ganzen Weg bis Saigon. In Da Nang, einer Stadt, deren Name im Bewusstsein der

311

Amerikaner als Heimat von »China Beach R&R« verankert ist
(China Beach war einer der größten Stützpunkte der Amerikaner),
fragten die Leute plötzlich als Erstes »Amerikanerin?«, und nicht
mehr »*Phap*?« oder »*Lien xo*?«. Die Rikscha-Fahrer und Coca-Cola-
Verkäufer sprachen fließendes, idiomatisches Englisch, mit amerikanischen Slang-Wörtern durchsetzt. Wenn ich fragte, wo sie die
Sprache so gut gelernt hatten, war die Antwort unweigerlich ein ge-
dämpftes, vages »vor 1975«. Ihr Englisch war besser als das Englisch
der einheimischen Englischlehrer, aber vor zwanzig Jahren waren
sie auf der falschen Seite gewesen.

Anders als in Hanoi oder Haiphong gab es massenhaft Bettler auf
der Straße. Kleine Kinder schleppten ihre noch kleineren, bejam-
mernswert stillen Geschwister mit sich herum und streckten for-
dernd ihre schmutzigen kleinen Hände aus. Die Kinder in Da Nang
waren schon viel gerissener als die Gören von Lang Co, die immer
noch um Kugelschreiber bettelten. Sie hatten gelernt, jeden vorüberkommenden Fremden mit »Hallo, geben Sie mir einen Dollar«
anzuhauen. Männer mit verstümmelten oder fehlenden Armen und
Beinen hoppelten auf grob gezimmerten Krücken herum oder stießen sich auf primitiven Skateboards auf den Gehsteigen entlang.
Alte Frauen mit runzliger Lederhaut streckten die Hände unter
ihren breiten, kegelförmigen Palmstrohhüten hervor. So wie sie dasaßen, zusammengekauert in ihren losen schwarzen Hosen und
Hemden, das Kinn auf ein Knie gestützt, sahen sie wie lauter »Böse
Hexen des Westens« aus, die in der feuchten Hitze dahinschmolzen.

Im Hotel erzählte mir die Frau an der Rezeption gerade: »Keine
Einzelzimmer heute, nur Doppelzimmer«, als ein schmächtiger junger Deutscher hereinkam und ebenfalls nach einem Einzelzimmer
fragte. Ich schaute ihn an und schlug ihm vor, ein Zimmer mit mir
zusammen zu nehmen. Wenn ich in Amerika zu Hause unterwegs
bin und in ein Motel einchecke, würde ich nie auf die Idee kommen
einen Fremden zu fragen, ob er ein Zimmer mit mir teilen wolle.
Aber wenn man in fremden Ländern reist, besonders in Entwick-
lungsländern, fasst man sofort und grundlos Vertrauen, und natür-

312

lich spielt auch die fixe Idee, ein paar Dollars zu sparen, eine Rolle. Stefan war aus Potsdam. Er hatte Vietnamesisch an der Universität studiert, zu einer Zeit, als die Fenster seines Landes nur nach Osten aufgingen. Er war sofort bereit ein Zimmer mit mir zu nehmen. »In Ordnung«, sagte ich zu der schockierten Rezeptionistin, »wir nehmen ein Doppelzimmer.« Kopfschüttelnd schob sie zwei Schlüssel über die Theke und wedelte uns angewidert fort. Ich hatte soeben sämtliche Vorurteile bestätigt, die sie in Bezug auf die Moral westlicher Frauen hegte.

Es gab Touristen en masse in Da Nang, was mir die Wohltat relativer Anonymität verschaffte. Das Abendessen, das ich in einem vom Reiseführer empfohlenen Restaurant mit englischen Speisekarten einnahm, mündete in stundenlange ewig gleiche Touristenpalaver. Statt mit »Hallo, woher kommen Sie?« begrüßten wir uns mit »Hallo, geht's nach Norden oder Süden?« Das Gespräch, das daraufhin folgte, war kein bisschen abwechslungsreicher als die Sieben Fragen. Ich heuchelte Verachtung für diese Dialoge, obwohl ich in Wahrheit ganz versessen darauf war, weil sie mir die Möglichkeit gaben unter meinesgleichen zu sein.

Ein Deutscher am Nebentisch bot mir seinen tiefgekühlten Kuttelfisch an. Er hatte nicht gewusst, dass Kuttelfisch eine Tintenfischart war. Ich schlug ihm vor, den Fisch dem nächsten Bettler zu schenken. Es dauerte auch nicht lange, bis eines der unvermeidlichen Kinder aus dem Dunkel auftauchte und auf der Straße gleich hinter der niedrigen Restaurantmauer stehen blieb. Gerhardt hielt den Teller hin, und die kleinen Hände fegten ihn in null Komma nix leer. »*Cam on*« – danke, sagte der Junge mit einem Nicken und stürzte davon, während er sich eine ganze Faust voll Tintenfisch in den Mund schaufelte. Er war nicht am Verhungern, aber so wie er das Essen hinunterschlang, konnte man sich ausrechnen, dass er nicht zum Spaß bettelte. Ein Kind, das dankbar für ein bisschen Essen ist, nimmt jedem Zynismus den Wind aus den Segeln. Ein paar Sekunden später tauchte ein anderer kleiner Knirps auf, zeigte auf seinen Freund, der im Gegenlicht nur undeutlich zu sehen war, und fragte,

313

ob wir für ihn auch etwas hätten. Gerhardt zeigte ihm entschuldigend seinen leeren Teller. Ängstlich um sich blickend, zeigte das Kind auf seine Schale mit knusprigen getrockneten Nudeln. Gerhardt hielt sie ihm hin, gerade als der Kellner auftauchte. Das Kind leerte die Schale mit einem dankbaren Nicken und war blitzschnell in der Nacht verschwunden, bevor der Kellner nach ihm schlagen konnte.

Ich blieb lange genug in Da Nang, um meine Post abzuholen, einen kaputten Radtaschen-Reißverschluss zu ersetzen und mein Visum bis Mitte April verlängern zu lassen. Dann fuhr ich weitere dreißig Kilometer nach Süden, in die entzückende Stadt Hoi An am Flussufer. Karin und Dan setzen sich gerade zu einem Ananas-Pfannkuchen-Frühstück hin, als ich ankam. Nach dem Frühstück wanderten wir zu dritt durch die malerischen Straßen. Im 17. und 18. Jahrhundert war Hoi An, damals noch Faifo, die Heimat von Händler-Gemeinschaften aus Japan, China, Portugal und den Niederlanden gewesen. Die Stadt blieb während des Kriegs mit Amerika weitgehend von der Zerstörung verschont und wirkt heute wie ein gemächlicher älterer Herr, der seine beste Zeit hinter sich hat, aber seinen Ruhestand fröhlich genießt.

Auf dem Markt ließ ich mir ein leichtes Top und eine weite Hose schneidern, die in dieser extremen Feuchtigkeit angenehmer waren als schwere Baumwoll-T-Shirts und Bluejeans und weniger anstößig als Shorts. Erhitzt und verschwitzt von der feuchten, stehenden Luft, sanken wir in breite Holzsessel, tranken *nuoc chanh da*, Limonade mit Eiswürfeln, und kühlten unsere schweißnassen Beine und Stirnen mit den kalten Gläsern.

Am Abend erspähte ich ein anderes Tourenrad im Hotelhof und machte mich auf die Suche nach seinem Besitzer. Er entpuppte sich als Deutsch-Schweizer mit blonden Jesushaaren, der 17 000 Kilometer von der Schweiz in die Türkei und nach Ägypten, von Pakistan nach Indien und von Malaysia nach Vietnam geradelt war und jetzt nach Norden in Richtung Russland und dann zurück in die Schweiz fahren wollte. Ich kam mir plötzlich wie eine Schulmamsell auf einem Tagesausflug vor.

Karin, Dan und ich liehen uns Mopeds aus und fuhren nach My Son hinaus, das über 700 Jahre lang das intellektuelle und religiöse Zentrum des Champa-Reichs gewesen war. Die Kultur der Cham, ein Volk seefahrender Kaufleute, entwickelte sich bereits im ersten Jahrhundert vor Christus im heutigen Zentral-Vietnam. Die maritimen Kontakte zu Indien hinterließen tiefe Spuren in dieser Kultur, und schließlich übernahmen die Cham nicht nur die Hindu-Religion, sondern auch das indische Alphabet.

Die letzten paar Kilometer der Straße nach My Son waren extrem holprig. Ich konnte das schwere Moped, das sich durch Furchen und über Steine quälte, kaum halten. Schließlich war ich so gestresst von dem Lärm, dem Gewicht und dem Ölgestank dieses Gefährts, dass ich mich reuevoll nach der guten alten Greene zurücksehnte. Die Straße war für Minivans noch nicht befahrbar, daher haftete My Son trotz intensiver Restaurierungsarbeiten noch das Flair einer eben erst entdeckten Dschungelruine an.

Die verfallenen, überwucherten Tempel und Türme erweckten weitaus lebendigere Erinnerungen an ihr ursprüngliches Leben als viele der sorgfältig hergerichteten Bauwerke, die ich in anderen Ländern gesehen hatte. Wir gingen auf Fußpfaden durch das hohe Gras und stellten uns die Mauern und Dächer vor, die jetzt verschwunden waren oder auseinander fielen, malten uns das Leben aus, das die Menschen hier einst geführt haben mochten. Bevor ich nach My Son gekommen war, hatte ich nicht gewusst, dass es einst einen bedeutsamen indischen Einfluss in Fernostasien gegeben hatte. Ich hatte nie etwas von den Cham oder ihrem Königreich gehört. Ich wusste nicht, dass es vor einem Jahrtausend eine Hochkultur an diesem Ort gegeben hatte, eine Zivilisation, die mit der aufstrebenden vietnamesischen Kultur im Norden kämpfte, der sie erst im 15. Jahrhundert unterliegen sollte. Ich wusste nur, dass die Vietcong sich in diesem Gebiet verschanzt und die Amerikaner es in Schutt und Asche gelegt hatten.

Fast hätte ich My Lai links liegen gelassen. Neunzig Kilometer südlich von Hoi An und zwölf Kilometer östlich von der Nationalstraße 1, nicht weit entfernt vom Pazifikstrand, drängen sich vier Weiler in der schattigen grünen Landschaft zusammen. Hier haben die amerikanischen Truppen am 16. März 1968 ein grauenhaftes Gemetzel veranstaltet, eine Orgie von Vergewaltigungen und Folterungen, dem hunderte Vietnamesen zum Opfer gefallen waren. Ich mache keine »War Tour«, sagte ich mir, als ich nach Süden radelte, ich brauche da nicht hinzugehen. Wenn ich hier nicht anhalte, kann ich am Abend Karin und Dan in Sa Huynh einholen. Wir könnten zusammen Abend essen und ein Bier trinken und bei Sonnenaufgang schwimmen gehen. Die offiziellen Gedenkstätten in My Lai waren sicherlich im kalten Monumental-Stil des sozialistischen Realismus gehalten und von einseitiger, stark simplifizierender Propaganda gefärbt, und nichts daran würde die Angst und den Schrecken der Opfer spürbar machen. Ich wollte nicht hingehen. Und doch zwang mich etwas, von der Schnellstraße nach Osten abzubiegen.

Eine gepflegte Allee, mit kleinen, fein gemeißelten Skulpturen gesäumt, führte zu einem wuchtigen weißen Denkmal, das die Toten, die Verwundeten und moralisch Triumphierenden abbildete. Eine Frau wiegt einen verschrumpelten Greis in den Armen, eine andere kauert mit dem Gesicht nach unten über einem gefallenen Körper, über ihnen steht eine Mutter, deren Säugling schlaff über einen Arm herabhängt und die ihre Fäuste zum Himmel ballt. So bewusst als Amerikanerin gefühlt und so geschämt dafür hatte ich mich nicht mehr, seit ich die Grenze nach Vietnam überschritten hatte. Welches Recht hatte ich hierher zu kommen und zu gaffen, was war ich nur für eine schamlose, voyeuristische Schnüfflerin?

Auf den Pflastersteinen hinter mir klackerten Absätze. Eine Frau Mitte vierzig in einem properen roten Blazer und einer weißen Bluse begrüßte mich auf Englisch. Sie zeigte mir, wo ich Greene abstellen konnte, und sagte mir, ich solle mir Zeit lassen und in aller Ruhe auf dem Gelände umherwandern, ehe ich hereinkam, um das Museum zu besichtigen.

Eine sanfte Brise strich durch die Bäume. Das Gras war hoch und leuchtend grün, das stille Wäldchen ein krasser Gegensatz zu dem

Chaos und dem Gewehrgeknatter, das mir im Kopf herumspukte. Der Ort war wohltuend frei von Pathos, lenkte die Aufmerksamkeit auf eine Wirklichkeit, die nicht fassbar war. Nur die Fundamente verbrannter Häuser zeugten von den sinnlosen Gräueln jenes Nachmittags. Vor jedem Häuserfundament stand ein Granit-Gedenkstein, auf dem Namen und Alter der ermordeten Familienmitglieder eingemeißelt war, jeder ein stummer Schrei:

Do Thi Hiep	55 Jahre alt
Nguyen Thi Tuong	25 Jahre alt
Do Cu Bay	10 Jahre alt
Do Cu	4 Jahre alt
Pham Cu	1 Jahr alt

Das diffuse Pflichtgefühl, das mich gezwungen hatte abzubiegen, war stark gewesen, aber seltsamerweise hatte es nicht direkt mit dem Krieg zu tun. Was es war, sollte ich erst Jahre später begreifen, als ich mit dem Hund eine steile Straße in Seattle hinunterging, an den gepflegten Blumengärten und hübschen Backsteinhäusern vorbei, und darüber nachgrübelte, wie ich über diesen Nachmittag in My Lai schreiben sollte.

Der Vater meines Vaters emigrierte mit seiner Familie 1936 nach Holland. Nach wenigen Jahren musste er erneut fliehen und kam schließlich in die Vereinigten Staaten. Ich wuchs in Südkalifornien auf, und mein Deutsch- und Jüdischsein waren untrennbar miteinander verflochten. Was deutsch an mir war, war zugleich jüdisch; was jüdisch an mir war, war zugleich deutsch. Die Vorstellung, dass das Deutsche und Jüdische zwei entgegengesetzte Pole waren, hatte mich immer gequält. Ich konnte es nicht akzeptieren, dass das Jüdische in mir das Deutsche hassen und fürchten sollte, oder dass das Deutsche unweigerlich das Jüdische vernichten wollte.

Meine Französisch- und Russischkenntnisse übertreffen längst meinen deutschen Wortschatz, aber nach wie vor empfinde ich die Sprache, die ich als Kindergartenkind in München gelernt habe, als

Muttersprache. (Nur das Wort »Jude« jagt mir Schauder über den Rücken.) Ich sehe deutsch aus, ich habe einen deutschen Namen, meine deutsche Aussprache ist ein Mischmasch aus verschiedenen Dialekten, aber ich habe keinen ausländischen Akzent. Ich bin in Deutschland zu Hause. Außer wenn ich Dachau besichtige. In Dachau bin ich jüdisch, nicht amerikanisch. Und auch nicht deutsch – diese Leute wollten mich vernichten. (Der Konflikt, den ich so gern verdrängen möchte, existiert tatsächlich.)

Gleichzeitig war ich immer wieder perplex, wenn ich auf Schuldgefühle bei gleichaltrigen deutschen Jugendlichen oder jungen Menschen um die zwanzig stieß. Ich verstand nicht, dass sie sich für etwas schämten, was Jahrzehnte vor ihrer Geburt passiert war. Sie konnten doch nichts dafür! Warum habe ich mich dann so schuldig gefühlt, als ich allein im frischen grünen Gras von My Lai stand? Ich war im März 1968 noch nicht einmal drei Jahre alt. Und trotzdem – hier stand ich und starrte in den Graben, in den amerikanische Soldaten, die damals jünger waren als ich heute, über hundert blindwütig niedergemetzelte, unbewaffnete Dorfbewohner geworfen hatten, und ich fühlte mich verantwortlich, schämte mich, verspürte den Drang, es irgendwie wieder gutzumachen.

Die Frau in dem roten Blazer tauchte wieder auf und führte mich ins Museum, wo jede subtilere Empfindung in der grellen Propaganda der Bildunterschriften und drastischen, schauerlich vergrößerten Schwarz-Weiß-Fotos unterging. Die Frau fragte, ob ich mich ins Gästebuch eintragen wolle, dann ließ sie mich mit einem Kugelschreiber und einer beschriebenen Seite allein. Viele Eintragungen waren von anderen jungen Amerikanern und spiegelten dieselbe ungewisse Scham wider, die auch ich empfand. Aber es waren auch viele von dankbaren, um Verzeihung bittenden U.S.-Veteranen dabei. Doch der am häufigsten wiederkehrende Satz in dem Buch bezog sich nicht auf den Krieg in Vietnam. »Nie wieder« war immer wieder, oft ohne jeden weiteren Kommentar, auf den Seiten des Gästebuchs von My Lai zu lesen. In Dachau bin ich Jüdin. In My Lai bin ich Amerikanerin.

Tiger und Glühwürmchen

Ich habe immer die Touristen verachtet, die ein Land in Bausch und Bogen verurteilen. Ich verachte sie, weil sie sich nicht die Zeit genommen haben es wirklich kennen zu lernen, weil sie sich keine Mühe gegeben haben die Wahrheit unter einer unfreundlichen oder feindseligen Oberfläche zu entdecken. Dan sagte, er schwanke zwischen Hass und Liebe für Vietnam. Das leuchtete mir ein. Aber ich hatte Vietnam nur ein paar kurze Augenblicke lang geliebt, und das war zu wenig. Es war ein seltsames, unangenehmes Gefühl, ein Land, ein Volk zu hassen; reisen und nicht auf Kontakte mit der Bevölkerung zu hoffen, sondern sich nach Ruhe und Einsamkeit zu sehen, sich nichts weiter zu wünschen, als in Ruhe gelassen zu werden.

Nachdem ich in Sa Huynh angekommen war, siebzig schnelle, ebene Kilometer südlich von My Lai, war ich am Strand entlang vom Hotel zum Dorf gewandert, wo blühende Innenhöfe sich auf malerische, glühend heiße Sandgassen öffneten. Und sofort waren die Kinder aufgetaucht. Die Kinderhorden von Vietnam, gnadenlos in ihrem Hohngeschrei, ihrem Geschubse und Sachenwerfen, demoralisierten mich in einer Weise, wie ich es nie für möglich gehalten hätte. Niemand konnte mich zwingen noch einen Monat zu bleiben, sagte ich mir, als ich ins Hotel zurückflüchtete, ein heruntergekommener Betonkomplex, in dem Karin und Dan außer mir die einzigen Gäste waren. Wenn ich wollte, konnte ich schnurstracks die Küste hinunter nach Saigon fahren und dieser Hölle entkommen. Hundert-Kilometer-Tage waren jetzt keine große Sache mehr; ich konnte in einer Woche dort sein. Aber ich brachte es nicht fertig. Ich hatte bereits gekniffen, indem ich die Nationalstraße 1 entlanggefahren war. Wozu mit dem Fahrrad reisen, wenn ich bloß auf der Schnellstraße entlangsauste? Ich kurvte blindlings durch das Land und prallte an seiner harten Schale ab. Die Vorstellung, »dort hinaus« zu fahren, wie Karin es bei einem Abendessen nannte, bei dem es frischen Schnapperfisch gab, jagte mir Angst ein, aber ich wusste auch, dass das Land, das ich gesehen hatte, die Menschen, mit denen ich mich nicht anfreunden konnte, das Land und die Menschen von der Schnellstraße waren. Ich musste ins Landesinnere fahren.

Die Nationalstraße 1 war ein kräftiges rotes Band auf meiner Karte. Zwei breite orange Straßen wanden sich von der Küste in das zentrale Hochland hinauf – eine von Qui Nhon nach Pleiku und eine von Ninh Hòa nach Buon Me Thuot. Eine ebenso robuste Straße verband die drei Hochlandstädte von Buon Me Thuot nach Norden über Pleiku nach Kon Tum, wo sie abrupt endete, mit der Küste durch nichts als einen dubiosen Faden verbunden. Das war die Route, die ich auswählte – eine leere weiße Linie auf der Karte von Duc Lam südwestlich nach Kon Tum. Am nächsten Morgen trieb ich mich aus dem Bett und auf die N 1 und radelte bei Gegenwind von Sa Huynh nach Norden zurück. Ich glaubte schon längst nicht mehr, dass es so etwas wie Rückenwind überhaupt gab. Ich sah sie lebhaft vor mir, die wilden, drallen Windgötter mit ihren roten Augen und schwarzen Leibern, wie sie über die glücklose fremde Radfahrerin lachten, die sich mit ihren perfiden Gegenwinden herumschlagen musste – den westlichen, östlichen, südlichen und nördlichen.

Nach 33 Kilometern stieß ich auf die Abzweigung, holte tief Luft, sagte mir, dass es ja nur ein paar Tage waren, und ließ den Asphalt hinter mir. Kleine Ansammlungen von palmstrohgedeckten Lehmhäusern waren über die saftigen, grünen, plötzlich stillen Hügel verteilt. Es war ruhig. Zum ersten Mal seit ewigen Zeiten war es ruhig. Vereinzelte Regentropfen klatschten herunter, als ich um drei Uhr in Ba To ankam. Hier wollte ich anhalten. Ich war nicht hier, um zwanghaft Kilometer zu machen. Ich würde hier bleiben und das

Dorf erkunden. Ein vorüberkommender Radfahrer zeigte mir eine Regierungsunterkunft, deren einstöckige Gebäude auf drei Seiten von einem großen Hof umgeben waren.

Es brauchte fast zwei Stunden, einen Englischlehrer, der kaum Englisch sprach, und einen Polizisten sowie viele, viele Tassen Tee, bis ich einchecken konnte. Während die verschiedenen Beamten abwechselnd meinen Pass prüften, saß ich da und beantwortete die Fragen der anderen, wobei ich mich sehr unwohl in meinen engen Radlershorts und mit meinen massigen weißen Beinen fühlte. Von Zeit zu Zeit stand einer der Männer auf, um das Kindervolk zu verjagen, das sich am Rand der Veranda versammelt hatte, aber sie kamen fast sofort zurück, waren nur so lange weg wie eine Welle, die sich vom Strand zurückzieht, um mit dem nächsten Brecher unweigerlich wieder anzurollen. Schließlich zeigten die Männer mir ein Zimmer, wo ich schnell in meine neue Hose und Sandalen schlüpfte und dann loszog, um Ba To zu erkunden. Nach einer Stunde war ich wieder zurück und schloss mich ein, von Zehnjährigen terrorisiert.

Die Kinder, die auf dem Markt hinter mir her stürzten, ließen eine Gasse von zertrümmerten Waren und umgeworfenen Haufen zurück. Trotz meines »Kometen der Zerstörung« im Schlepptau gelang es mir irgendwie, Seife, Bananen und Erdnusskrokant zu kaufen, ehe ein Mann an meiner Seite auftauchte und fragte, wo ich herkäme. Er war ungefähr so groß wie ich, aber sehr mager, und er machte sich so klein, war so unscheinbar, dass er kaum zu existieren schien, als er so neben mir stand, ein Meer der Stille mitten im Chaos und Radau um mich her. Er war eine Fata Morgana, ein Geist, jemand, der gelernt hatte zu verschwinden. Sein Englisch war ausgezeichnet. Bei dem Geschrei, das die herumschwärmenden Kinder veranstalteten, konnte ich nicht hören, was er vor 1975 gemacht hatte.

Wir verließen den Markt, doch die Kinder folgten uns auf die Hauptstraße. Sie waren gnadenlos, traten mir hinten auf meine Sandalen, provozierten uns mit unanständigen Gesten, schubsten sich gegenseitig, bis einer von ihnen uns anrempelte. Dann rannten sie zwischen uns durch wie Footballspieler, die durch die gegnerischen Linien stürmen. Nur ganz wenige waren wirklich unerträglich, und einige, besonders zwei Mädchen mit weißen Strohhüten, waren aufrichtig bemüht Englisch zu sprechen. Aber inzwischen hasste ich sie alle. Sie waren wilde kleine Biester, hemmungslos und völlig außer Kontrolle. Wie bissige kleine Tiere griffen sie Fremde an – Eindringlinge, Außenseiter –, und niemand hinderte sie daran. Das Gespenst neben mir, wohl ein zurückgekehrter Verbannter, der noch nicht wieder voll in die Gesellschaft aufgenommen worden war, ertrug die Tyrannei der Zwerge ohne aufzumucken.

Er lud mich ein, mit ihm auf ein Glas Wein nach Hause zu gehen, aber bevor wir in eine nahe gelegene Seitenstraße einbiegen konnten, riefen ihn plötzlich mehrere Männer und er ging abrupt weg. Nach einem kurzen Wortwechsel kämpfte er sich durch die Kinderschar zu mir zurück und sagte, die Augen abgewandt und auf irgendeinen Punkt in der Ferne gerichtet: »Auf Wiedersehen, vielleicht sehen wir uns heute Abend, vielleicht werde ich im Hotel sein, es war nett Sie kennen zu lernen.« Ich schaute über seine Schulter auf die Männer, die uns beobachteten, und dann wieder zu ihm, aber ich konnte nichts in seinen Augen lesen. Er war bereits verschwunden. »Okay«, sagte ich. Er ging in eine Seitenstraße davon und ich sah ihn nie wieder.

Ich hatte gehofft, dass ich um 6.00 Uhr auf der Straße sein würde, um den Monsterkindern zu entkommen, aber um 7.30 Uhr saß ich immer noch im Büro, umgeben von einem Dutzend Beamter und einem sehr nervösen Englischlehrer. Er beschrieb die Straße nach Kon Tum: »Sehr gefährlich. Wilde Tiere. Tiger. Keine Häuser. Montagnards (Gebirgler) mit Messern.«

»Deshalb möchte ich früh aufbrechen, damit ich heute noch nach Kon Tum komme«, sagte ich absurderweise. Selbst auf einer guten Schotterpiste würde ich niemals die 130 Kilometer schaffen, die es angeblich bis Kon Tum waren, und 7.30 war alles anders als früh für Leute, die seit fünf Uhr morgens auf den Beinen waren.

»Wenn wir nach Kon Tum wollen, nehmen wir die Nationalstraße 1, dann biegen wir bei Pleiku auf die Schnellstraße 19 ab«, erklärte er mir.

»Ich werde sehr vorsichtig sein«, versicherte ich hilflos.

Ich hatte Angst, sie würden mir rundweg erklären, dass ich dort
nicht hingehen könne, und hoffte zugleich, dass sie es mir verbieten
würden und ich so gezwungen wäre, auf den sicheren Highway zurückzukehren.

»Es ist Ihre Entscheidung«, artikulierte er schließlich sorgfältig
und wischte sich angestrengt über die Stirn, »aber ich nehme an, Sie
haben sich bereits entschieden.«

»Ja«, sagte ich.

»Dann viel Glück«, sagte er und schüttelte den Kopf.

Ich winkte zum Abschied und radelte in ein anderes Land davon.
Es war feucht und still. Alle paar Kilometer schoss ein Bach über die
Straße. Nach kurzer Zeit tauchte ein niedriges Haus in einem ge-
rodeten Wiesenstück auf. Ich hörte Stimmen schnattern: »*Tieng
Duc, tieng Duc*!« (Deutsche, Deutsche). Ein Mann wühlte sich aus
dem Menschenknäuel heraus, das sich neben dem Bambuszaun zu-
sammengerottet hatte. Er blickte zögernd über die Schulter zurück,
wie ein Halbwüchsiger, der von seinen Kumpels aufgestachelt wird,
ein Mädchen zum Tanzen aufzufordern, dann pflanzte er sich mitten auf der Straße auf, holte einmal tief Luft und sagte auf Deutsch:
»Pause, bitte.« Ich lächelte und hielt an. Er hockte sich auf die Straße
und starrte angestrengt vor sich hin. Seine Freunde kicherten im
Hintergrund.

»Wohin gehen Sie«, fragte er, wieder auf Deutsch, und löste damit neues Gekicher aus. Ich fand es beruhigend, dass sie ausnahms-
weise nicht über mich lachten.

»Nach Kon Tum«, sagte ich, ebenfalls auf Deutsch.

Er wusste nicht weiter, suchte nach Worten: »Mittagessen, bitte.«

»Gerne.« Ich nahm die Einladung an, rollte Greene durch das Tor,
zog eine Hose über meine Shorts und tauschte meine plumpen
Schuhe gegen Zehenriemensandalen aus. Wir hockten in einem Hof

um einen großen Keramikkrug, der in einem Flechtkorb steckte, und schlürften einen selbst gebrauten Reiswein durch lange Bambusstrohhalme. Dung war 36 und hatte zwei Jahre in Ostdeutschland gearbeitet. Ein silbernes Uhrarmband baumelte lose unter der umgekrempelten Manschette seines makellos weißen Hemdes. Mit den vollen roten Lippen und dem modisch geschnittenen schwarzen Haar hatte er fast etwas Androgynes an sich.

»Haben Sie eine Kamera?«, fragte er.

»Ja, aber sie ist kaputt.« Meine Batterien hatten den Geist aufgegeben, als ich von der Nationalstraße 1 abgebogen war.

»Haben Sie einen Film? Ich habe eine Kamera, aber keinen Film.« Er zeigte mir eine ostdeutsche Automatik-Kamera, in die ich zwei Batterien und eine Filmrolle einlegte.

Der Hof füllte sich mit Menschen, die eher hagere indische Gesichter hatten als runde ostasiatische. Sie standen ruhig da und schauten – lächelnd und freundlich, nicht hämisch feixend. Zigaretten baumelten in den Fingern der Männer. Eine barfüßige Frau, die mir kaum bis an die Schulter reichte, trug ein oranges Hemd, unter dem ihr vorgewölbter Babybauch hervorlugte. Sie stand mit zwei anderen Frauen zusammen, alle in geraden, knielangen schwarzen Röcken, und sie lachten halb entzückt, halb ungläubig, als ich die Kamera auf sie richtete. Ein Mädchen, das höchstens zehn war und nichts anderes als einen Rock und zwei Halsketten anhatte, posierte in der Nähe, auf dem nackten Rücken ein Kleinkind, das sich an ihr festklammerte. Ein Säugling schlief in einer Stoffschlinge, die über der Schulter seines Vaters befestigt war. Die dick geäderte Hand des Vaters hielt das Kind sanft an seinen hageren Körper. Die Stirn über den eingesunkenen Augen war tief gefurcht, und die linke Seite seiner Oberlippe von einem unbehandelten Abszess dunkel verfärbt und angeschwollen.

Eine Frau in mittlerem Alter, die Haare zu einem ordentlichen Knoten zusammengefasst, das hellblaue Hemd und die schwarze Hose frisch und sauber, überwachte das Kochen im Hof. Mehrere jüngere Frauen wuschen Geschirr in roten Plastikwannen ab, während andere den Ofen schürten, einen ausgehöhlten Lehmhügel, in den sie kurze Holzstücke schoben, um das Feuer am Glimmen zu halten. Im Innern des Hauses, das nur aus einem Raum bestand, schimmerte eine Kerze auf einem Altar, der mit Bananen, Blumen und Bündeln von Räucherstäbchen dekoriert war. Gebratene Frühlingsrollen, Gemüse, Fett, durchpassiertes Fleisch mit Blut, endlose Mengen Reis und selbst gebrannter Schnaps waren auf einer Decke auf dem Boden ausgebreitet. Dung erklärte, das Fest finde zu Ehren des zweiten Geburtstages seines Sohnes statt. Die Kinder, die draußen herumtobten, waren barfuß, mit schmutzigen, viel zu großen T-Shirts oder verfilzten Shorts bekleidet. Das Baby auf Dungs Schoß trug ein makellos weißes T-Shirt mit lateinischen Buchstaben beschriftet, eine hellgelbe Shorts, die wie angegossen passte, und neue Tennisschuhe.

Wir setzten uns um die Decke, ließen Schalen herumgehen und Essstäbchen klicken, während wir auf die Freundschaft und auf die Zukunft des Kindes tranken. Jemand hatte ein winziges Kätzchen mit einem gefleckten Fell wie ein Leopard, das *meo* genannt wurde (»Katze«), obwohl es keinerlei Ähnlichkeit mit den üblichen Hauskatzen hatte. Meine Gastgeber wollten es mit kleinen, überreifen Bananenstückchen füttern, aber es miaute nur kläglich weiter in meiner Handfläche. Ein Mann mit weit auseinander stehenden, fröhlichen Augen, der offensichtlich in einer anderen Welt lebte, sagte immer wieder mit seligem Lächeln mein Alter und meine Route vor sich hin: »28 Jahre. Kon Tum – Pleiku – Buon Me Thuot – Saigon.« Jedes Mal, wenn ich ihm bestätigend zulächelte, wurde sein schiefes Grinsen noch breiter, so dass der nackte Gaumen oben und ein paar unregelmäßige Metallzähne unten sichtbar wurden, während er eifrig nickte, hocherfreut über die gelungene Kommunikation. Schließlich näherte sich das Festmahl seinem Ende, und zum Abschluss wurde ein süßes, klebriges schwarzes Reisgericht gereicht.

Es lag eine Freundlichkeit in den Blicken, ein Wohlwollen in der Neugier, eine Herzlichkeit und Großzügigkeit in ihrem Gelächter, die mir das Gefühl gaben willkommen zu sein, nicht als exotische Monstrosität, sondern als menschliches Wesen. Die »Hallos« waren Grüße und kein hämisches Gebell, das eher nach Granatschüssen klang. Die Fragen waren Fragen, keine Pfeile von Spott und Hohn. Der Nachmittag erinnerte mich an den längst vergangenen Abend in Tosontsengel. Die Armen, die Unterdrückten und Ausgestoßenen sind so viel freigebiger und großzügiger als wir, die wir mehr haben, dachte ich, während ich eine Ansichtskarte von Seattle hervorholte und ihnen für »meinen schönsten Tag in Vietnam« dankte. Als ich auf der Nationalstraße 1 nach Norden geradelt war, hatte ich bereits von den Stränden in Nha Trang geträumt, wo ich wieder an die Küste herunterkommen wollte, 350 Kilometer südlich von Sa Huynh. Doch als ich jetzt durch die feuchte, grüne Landschaft fuhr, sagte ich mir, dass ich überhaupt nicht auf die Schnellstraße zurückmusste. Ich konnte den ganzen Weg bis Saigon im Landesinneren bleiben.

Ein breiter Fluss wand sich durch das grüne Gebirgstal. Die Landschaft erinnerte mich an die Pazifikstaaten zu Hause, nur mit dem Unterschied, dass dort die Brücke nicht aus nackten Steinsäulen bestanden. Ich hievte Greene über die Schulter und durchstieg balancierend das steinige Flussbett. Die Mongolei ließ grüßen, aber Greene war jetzt leicht genug, dass ich sie tragen konnte. In der brütenden vietnamesischen Hitze schenkte ich es mir außerdem, Schuhe und Strümpfe auszuziehen. Die Straße führte weiter über die Hügel an zwei niedrigen, strohgedeckten Gebäuden vorbei. Durch die leeren Fensterhöhlen konnte ich eine Tafel sehen, die auf einem Stuhl lehnte, und die Gestalten von Kindern in bunten Reihen, jeweils zu dritt an einem rauen Holztisch. Keine Bücher, kein Papier, keine Schreibstifte.

Ich hielt an, um meinen Kompass zu befragen. Meine Richtung war Südwesten. Und auf der Karte war die Straße nach Kon Tum, die einen Fluss überquerte, nicht eingezeichnet. Die barfüßigen Kinder in den zerrissenen T-Shirts und Shorts drängten sich jetzt vor dem Schulhaus zusammen und starrten mich an. Eine Frau mit einem Pferdeschwanz und ein grobknochiger Mann kamen die Straße herunter. »Ja, ja«, bestätigte der Mann mit tiefer, brüchiger Stimme. »Das ist der Weg nach Kon Tum.« Die Kinder waren still, lachten freundlich, nicht hämisch, schauten neugierig, aber nicht aggressiv, nachdem ihr Schultag durch meine Ankunft beendet worden war. Es war drei Uhr. Ich war nur zwanzig Kilometer von Ba To entfernt. Aber ich war so begeistert von dem neu entdeckten freundlichen Land, dass ich ihre Einladung annahm, die Nacht über zu bleiben.

Huong, die junge Frau mit dem Pferdeschwanz, war 24 Jahre alt und wohnte mit ihrer taubstummen Mutter und ihrer kleinen Tochter, die erst vor einem Monat hier geboren worden war, in dem Lehmbodenhaus neben der Schule. Ein paar geschwärzte Töpfe hingen an der Wand über einem winzigen Feuer. Dünne Zweige ragten zwischen den drei Steinen hervor, auf denen ein Heizkessel stand. Wenn die Enden brannten, wurden die Zweige weiter hineingeschoben. Im zweiten und größeren Raum war die Hängematte des Babys über dem Bett aufgespannt, und ein großer Sack Reis lehnte in der Ecke auf dem unebenen Erdboden.

Huongs Mutter wurde meine Übersetzerin. Wenn ich nicht verstand, was die anderen mich fragten, klopfte sie mir auf die Schulter, und ihre Mimik und Gestik waren mindestens so beredt wie fließendes Englisch. Bei der Frage, ob ich Kinder hätte, drückte sie beide Hände gegen den Magen und ließ sie nach unten herausflutschen. Die Antwort, so hatten Karin und Dan und ich uns geeinigt, war nicht »nein«, sondern »noch nicht«. Ich gab inzwischen auch nicht mehr zu, dass ich nicht verheiratet war. Ich sagte jetzt immer: »Mein Mann fährt nicht gern Fahrrad. Er muss arbeiten. Er kommt mit dem Flugzeug nach Vietnam und holt mich in Saigon ab.« Plötzlich konnte ich mich nicht mehr an das Wort für »fliegen« erinnern. Ich mimte ein Flugzeug, und der Mann mit der brüchigen Stimme, der bisher nicht einmal »Hallo« auf Englisch hervorgebracht hatte, sagte sofort: »Helikopter«. Huongs Mutter nickte und mimte viele Flugzeuge am Himmel oben, mimte fallende Bomben, mimte, wie sie das Gehör verloren hatte. Der Mann mit der brüchigen Stimme zeigte auf sie und sagte: »Vietnamesin«, dann zeigte er auf sich und sagte: »Montagnard«

Mit dem Ausdruck »Montagnard«, der einfach »Bergbewohner« bedeutet, hatten die Franzosen die vielen unterschiedlichen Stämme des vietnamesischen Hochlands zusammengefasst. Als Zugeständnis an die begrenzten Dialektkenntnisse der Fremden und in dem Wissen, dass die Kolonialherren niemals in der Lage oder willens sein würden, die einzelnen Stämme auseinander zu halten, hatten die Hochländer den Ausdruck für sich selber übernommen.

Eine der Frauen, die auf der Türschwelle standen und unsere Unterhaltung mitverfolgten, klopfte sich auf die Brust und rief stolz: »Hré!« Obwohl die Sprache der Hré erst im 20. Jahrhundert niedergeschrieben wurde, reicht die Geschichte dieses Stammes bis ins vorletzte Jahrtausend zurück. Von den Cham im 11. Jahrhundert unterjocht, mussten sich die Hré in den darauf folgenden Jahrhunderten gegen die Eroberungsgelüste der Cham, der Vietnamesen und der Franzosen zur Wehr setzen, und es kostete sie harte Kämpfe, ihre eigene Identität zu wahren. Bis heute sind sie einer der volkreichsten Stämme im vietnamesischen Hochland. Die Hré sind seit alters her einer animistischen Weltsicht verhaftet, mit guten und bösen Geistern, die in den Menschen und in der Natur hausen. Ihre Kultur ist überwiegend bäuerlich geprägt; sie kultivieren eine große Bandbreite landwirtschaftlicher Erzeugnisse, wie Tabak, Kokosnüsse, Maniok und Hanf, abgesehen von ihrem alten Grundnahrungsmittel, dem Reis. Die Frau, die von der Türschwelle her stolz ihre Herkunft bekannt gab, trug einen langen Rock und eine schwere Perlenkette, wie ich sie bisher nirgends an der Küste gesehen hatte.

Das Essen für vier Erwachsene an diesem Abend bestand aus zwei heringsgroßen Fischen, einer Tomate und einem riesigen Topf Reis. Der Mann mit der brüchigen Stimme ging nach dem Essen fort, und Huongs Mutter richtete die breite Küchenbank für mich her. Für sich selber spannte sie eine Hängematte im Raum auf. Dann verriegelte sie die Holztür, fuhr sich mit der Handkante über die Kehle, um mir begreiflich zu machen, dass hier draußen gefährliche Banditen ihr Unwesen trieben, und zeigte mir genau, wie die Tür aufgeriegelt wurde, falls ich mitten in der Nacht austreten musste – Letzteres mimte sie, indem sie sich rasch mit einer Hand zwischen die Beine fuhr.

Als wir am nächsten Morgen aufstanden, regnete es nicht direkt, aber die Wolken am Himmel verhießen nichts Gutes. »Die Straße geht aufwärts, endlos aufwärts, auf einen Berg hinauf«, erklärte Huongs Mutter, dann wiederholte sie ihre Warnung vom Vorabend und fuhr sich mit der Hand über die Kehle, um mir einzutrichtern, dass ich vor den bösen Leuten dort oben auf der Hut sein solle. Schließlich fügte sie mit Fingerbewegungen, die klarer als jede Sprache waren, hinzu: »Wenn die Straße zu anstrengend ist, dann kommen Sie zurück und übernachten bei uns.«

Um den Rand eines stillen Tals herum bäumten sich die Berge plötzlich auf wie eine grüne Wand. Greenes Gänge verrutschten wieder einmal. Mehrere Zähne am zweiten Kettenrad waren zu nutzlosen Huppeln abgewetzt, so dass die neue Kette nicht greifen konnte. Die Straße wurde von Minute zu Minute steiniger, schlammiger und steiler. Der Fluss lag hinter mir. Ich schob nun Greene langsam in den dichter werdenden Dschungel hinein. Salziger Schweiß tropfte mir auf die Lippen. Ich hatte meinen Kilometerzähler nicht neu eingestellt, seit ich von der Schnellstraße abgebogen war. Er stand auf 57,6. Nach meiner Uhr war es 9.10 Uhr vormittags. Ich hatte Huongs Haus vor einer Stunde verlassen und war erst drei Kilometer weit gekommen. Auf der roten klebrigen Erde lagen dicke Blätter wie flache, triefende Platten. In den Mauern aus Grün tröpfelte, zirpte, klickte und zwitscherte es. Es war eine Natur, wie ich sie noch nie erlebt hatte. Um eine Biegung herum tauchte eine kleine Gruppe von sehnigen, dunkelhäutigen Männern auf, die eifrig damit beschäftigt waren, riesige Bäume zu fällen. Ihre pechschwarzen Augen folgten mir stumm, als ich vorüberfuhr. Eine Schar Tagelöhner zog langsam den Hang hinunter: zwei Frauen, die schwere Lasten auf dem Rücken trugen, und ein halbes Dutzend Männer in zerlumpten Shorts und zerrissenen T-Shirts, die gar nichts trugen. »Wo wollen Sie hin?«, fragte einer der Männer.

»Kon Tum.«

Sie nickten gleichmütig. Sie wussten nichts mit mir anzufangen. Aber zumindest war ich auf dem richtigen Weg.

Ich blickte wieder auf meine Uhr, die immer noch 9.10 anzeigte. Der Kilometerzähler stand immer noch auf 57,6. Die Uhr war stehen geblieben, aber der Kilometerzähler nicht; die Zeit verging, aber die Kilometer nicht. Wie ein dunkler Tunnel wand sich die Straße jetzt durch eine Vegetation, die so dicht und grün war, dass sie fast schwarz wirkte. Am frühen Nachmittag wurde es kurz etwas ebener und ich konnte mehrere hundert Meter an einem Stück fahren, bevor der nächste verschlammte, nasse Abschnitt kam, wo ich wieder absteigen und schieben musste. Es war eine Welt, in der sieben oder acht Kilometer pro Stunde ein geradezu rasantes Tempo waren.

Ich passierte einen Wildbach, der schäumend über rote Felsen in eine Schlucht hinunterstürzte. An einem seiner Zuflüsse hockten zwei kräftige Jugendliche; über der Schulter des einen hing eine Tasche mit einem Kassettenrekorder, aus dem Pop-Musik schepperte. Die Batterien waren kurz davor ihren Geist aufzugeben. Ich hielt an, um mir Wasser ins Gesicht und auf den Hals zu spritzen. Als ich wieder aufbrach, kamen die beiden mit. Einer der Jungen zeigte sich als Kavalier und schob Greene den nächsten Hang hinauf. Der rote Schlamm wich auf einmal Strudeln von triefenden, raschelnden Blättern, die wir aufwirbelten, wie ich es in meiner Kindheit mit den Blätterhaufen im Herbst gemacht hatte. Das dichte Dschungeldach ließ jetzt ein paar Sonnenstrahlen durchsickern.

Eine junge Montagnard-Frau und ihr Großvater tauchten auf der Straße vor uns auf. Der muntere alte Mann, dessen Augen freundlich funkelten, fragte mich nach meiner Adresse. Er würde mir nie einen Brief schreiben, aber überall in Vietnam sammelten die Leute Adressen wie Briefmarken. Als der alte Mann in seinen Taschen nach einem Fetzen Papier kramte, löste sich eine schimmernde Klinge, die auf den Boden herunterfiel und blitzend im nassen Gras lag. Es stimmte also: Die Montagnards führten Messer mit sich. Der alte Mann stieß ein scheues, verschmitztes Lachen aus, dann schnappte er das Messer und steckte es mit einem verlegenen Schulterzucken und einem breiten Grinsen wieder in die Tasche. Ich schrieb meine Adresse auf den Zettel. Er drückte mir herzlich die Hand und wünschte mir viel Glück.

In Ba To hatte man mir gesagt, Kon Tum sei 130 Kilometer entfernt. Bei dem Geburtstagsessen wurde mir versichert, es seien 150 bis 200 Kilometer. Der Mann mit der brüchigen Stimme hatte geschätzt, dass Kon Plong, die einzige Stadt zwischen der Nationalstraße und Kon Tum, nur 15 Kilometer entfernt sei. Ein kleines Tal öffnete sich auf eine Straßenseite. Die Jungen hielten an und zeigten über stille Reisterrassen zu dem winzigen Dorf, in dem sie wohnten. Sie sagten, Kon Plong sei sechzig Kilometer entfernt.

Nicht lange nachdem ich mich von den beiden Jugendlichen verabschiedet hatte, hörte der Dschungel plötzlich auf. Ich fand mich auf dem Kamm eines kieferngesäumten Hügels wieder, der in ein gepflügtes Tal mit fruchtbarer roter Basalterde auslief. Die Straße fiel zu einem Bach ab; dort kauerte eine kleine Hütte zwischen niedergebrannten Lagerfeuern. Drinnen standen drei breite, auf einer Plattform ruhende Betten. Es roch nach Rauch. Es war fünf Uhr dreißig, das Dach war dicht und die Betten ein gutes Stück vom Boden entfernt. Andererseits (wenn ich mich mehr auf den Mann mit der brüchigen Stimme verließ als auf die beiden Jungen), musste Kon Plong praktisch um die nächste Biegung liegen. Ich hatte kein Essen mehr übrig außer den vergammelten Bananen, die ich in Ba To gekauft hatte, und einem Päckchen gefriergetrockneter neapolitanischer Eiscreme, die mir eine Freundin zum Scherz nach Hanoi geschickt hatte. Ich schob weiter.

Aber Kon Plong tauchte nicht hinter der nächsten Biegung auf. Oder der übernächsten. Ich verfluchte mich, dass ich den guten Unterschlupf verschmäht hatte, aber zumindest war ich aus dem

331

Dschungel heraus. Dachte ich jedenfalls, doch plötzlich fiel die Straße hinter einer Kurve wieder in dichten Urwald ab. Ich hatte noch nie im Dschungel kampiert. Und da ich mein Zelt seit der Mongolei nicht mehr gebraucht hatte, hatte ich es Dan und Karin verkauft. Jetzt wünschte ich es mir zurück – nicht so sehr, um ein Dach über dem Kopf zu haben, trotz des Nebels, der so schwer war, dass er einem Nieseln gleichkam –, sondern wegen des Bodens. Zu viele unbekannte Kreaturen krabbeln und kriechen im Dschungel herum. Weiter hinten, wo noch Lastwagen fuhren, die ihnen gefährlich werden konnten, waren häufig zerquetschte Schlangen auf der Straße gelegen. Ich hatte zwar als Kind begeistert mit Schildkrötenschlangen gespielt, aber ich war nicht wild darauf, meinen Schlafsack mit einer unbekannten vietnamesischen Urwaldschlange zu teilen. Ich hatte eine vage Ahnung, dass es keine sonderlich gute Idee war, im Dschungel auf dem Boden zu schlafen, und sehnte mich nach einer Hängematte, obwohl im Augenblick beide Überlegungen müßig waren: Jeder Zentimeter dieses Berghangs war mit dichtem Unterholz überwuchert.

Zwei Gestalten tauchten wie Gespenster vor mir auf, ein verhutzeltes Paar mit großen Körben auf dem Rücken. Der Mann trug das Holzmacherwerkzeug in der Hand, die Frau ein Transistorradio. Leise in einer Sprache schnatternd, die nicht Vietnamesisch war, schauten sie mir nach, als ich vorbeiradelte. An der nächsten Kurve blickte ich zurück, und sie waren fort, lautlos in dem grünen Gewirr untergetaucht. Diese Urwaldstraße kam mir einsamer vor als alles, was ich in der Mongolei erlebt hatte. Tief in dem dichten Blättergewirr lagen Behausungen verborgen, und man konnte sich gut vorstellen, dass hier Menschen ungesehen und unbeobachtet leben konnten, ohne dass die Welt jenseits des nächsten Tals etwas von ihrer Existenz ahnte.

Dann ging die Sonne unter, mit einer Geschwindigkeit, die stetig zunimmt, je mehr man sich dem Äquator nähert, und die Nacht brach herein. Das glühende Ende einer Zigarette tauchte aus dem tiefen Zwielicht vor mir auf. Mein Magen schlug einen Purzelbaum.

Ich blieb wie angewurzelt stehen und spähte in die Dämmerung. Keine Bewegung war in den leeren Schatten zu sehen. Weiter unten an der Straße glühte eine zweite Zigarette auf, dann erhaschten meine Augen ein drittes Aufglühen, diesmal direkt über meinem Kopf schwebend. Glühwürmchen. Es waren keine Gespenster. Ich war nicht drauf und dran, den Verstand zu verlieren. Es waren nur Glühwürmchen. Aber mein Magen schlug immer noch Purzelbäume. Worauf hatte ich mich da nur eingelassen? Vielleicht lagen noch scharfe Bomben in diesen Bergen? »Ich weiß, ich hätte in dem Unterschlupf im Reisfeld bleiben sollen. Ich habe meine Lektion gelernt. Bitte lasst mich eine Unterkunft für die Nacht finden«, flüsterte ich, an welche Geister auch immer gewandt, die vielleicht irgendwo in der Nähe lauerten. Ich war nass, aber nicht durchgefroren. Ich konnte einfach weitergehen.

Aber in dem schummrigen weißen Mondlicht einer nebligen Dschungelnacht präsentierten die Geister mir prompt einen freien Grasfleck, der mit langen, kahlen Ästen übersät war. Ich redete mir ein, dass Schlangen nicht über Äste kriechen können, und raffte sie zu einem Rechteck zusammen. Ich klappte mein Taschenmesser auf und steckte es in den Boden. Die fingerlange Klinge war nicht besonders scharf, und ich hatte keine Ahnung, wen oder was ich eigentlich damit erdolchen wollte, aber ich hielt es für eine gebotene Vorsichtsmaßnahme, wie sie ein erfahrener Abenteurer in einem Buch ergreifen würde. Während ich meine Matte und meinen Schlafsack in dem Rechteck aus Stöcken ausbreitete, hallte mir die Warnung des Englischlehrers von Ba To im Kopf wider. Damals hatte ich sie als albern abgetan, aber jetzt war ich mir nicht mehr so sicher. Ob es hier Tiger gab?

Mit den Tigern ist das so eine Sache. Bei hellem Tageslicht findet man es vielleicht spannend, im Dschungel auf einen Tiger zu stoßen, aber im schummrigen Mondlicht, mit der Aussicht auf eine Nacht im Schlafsack mitten in der Wildnis, kann davon keine Rede mehr sein. Was nützt die Überzeugung, dass es hier in der Gegend keine Tiger gibt, wenn einen plötzlich Zweifel beschleichen, ob es nicht doch einen oder zwei geben könnte. Und so fängt man an, darüber zu spekulieren, dass sie womöglich gar nicht so süß und knuddelig sind, wie man sie sich vorgestellt hat, und dass eine Fahrradpumpe plus Taschenmesser wohl kaum eine große Raubkatze abschrecken könnten, die auf der Suche nach einem Mitternachtssnack herumstreunt. Trotzdem legte ich die Pumpe neben das Messer, wild entschlossen, sie der angreifende Bestie über den Kopf zu hauen, wenn ich sie erst im Lichtkegel meines schwachen Scheinwerfers festgebannt hätte. Bei jedem Geräusch knipste ich das kleine Licht an, um die milchige Dunkelheit abzusuchen, aber der Lichtstrahl wurde von dem dichten Nebel zurückgeworfen. Ich knipste die Lampe wieder aus, legte mich in dem warmen Nieseldunst nieder und starrte ins Dunkel hinauf, in dem Glühwürmchen an allen Ecken und Enden aufblitzten. Ich schloss die Augen. Als ich sie das nächste Mal wieder aufmachte, sickerte die Sonne durch den Nebel hindurch, was mich nicht weiter überraschte. Und keine Schlange in meinem Schlafsack!

Ich war sicher, dass Kon Plong jetzt wirklich hinter der nächsten Biegung auftauchen würde. Aber ich nahm Kurve um Kurve und noch immer war keine Stadt zu sehen. In einer zuwachsenden Lichtung duckten sich eine Reihe längst verlassener Gebäude. Die nächsten Häuser standen auf hohen Pfählen am Fuß eines steilen Hügels. Hier wuchsen Kiefern aus der roten Erde empor; große Hangflächen wiesen die Narben jahrhundertelanger Brandrodung auf. Die Regierungsmaßnahmen der letzten Jahre, die darauf abzielten, sesshafte Bauern aus den Hochlandstämmen zu machen, hatten diese Praktik zurückdrängen, aber noch nicht ausmerzen können. Ein dunkelhäutiger junger Bauer, der hinter seinem Wasserbüffel herging, starrte mir schweigend nach, als ich vorüberfuhr. War er je in Hanoi gewesen? Oder in Kon Tum? Oder an der Küste? Wir waren keine hundert Kilometer vom Meer entfernt. Hatte er es je gesehen? War er in die Schule gegangen? Sprach er Vietnamesisch?

Ich aß meine restlichen Bananen und fuhr weiter bergauf. Der Dschungel lief in ein Trockenplateau aus. Ich bewegte mich nur langsam voran und brauchte dringend etwas zu essen. An einem kleinen Bach, der über die Straße lief, hielt ich an, um Wasser zu filtern und das gefriergetrocknete Eis zu essen, das mir jetzt nicht mehr wie ein bloßer Jux vorkam. Ein Mann mit einem Schilfhut und ein Mädchen mit einem wadenlangen, geraden schwarzen Rock gingen an mir vorüber, als ich neben dem kleinen Wassergerinnsel hockte. Ihre Gesichter und gewebten Kleider erinnerten mehr an Andenbewohner als an Vietnamesen. Sie verlangsamten kurz ihre Schritte, schauten mich wortlos an, dann setzten sie feierlich ihren Weg fort. Sie sahen aus, als könnten sie ewig so weitergehen.

Am vorigen Tag hatte ich nicht mehr als sechzehn Kilometer zurückgelegt, aber jetzt wurde die Straße stetig breiter und glatter, und als ich auf dem ersten Straßenschild seit der Nationalstraße lesen konnte: »Kon Tum 57 km«, kam es mir vor, als sei ich bereits dort. »Hey, hey, hey!«, rief ein Mann, der unter einem Baum saß, ein paar Stunden später. »Hello – Okay – Number One.« Ich war in die Welt zurückgekehrt. Am späten Nachmittag rollte ich auf einer breiten, ebenen Straße einen Berghang hinab und nach Kon Plong hinein. Wie in einer Filmkulisse für eine Westernstadt, oder vielleicht auch wie im echten Westen, säumten erhöhte Bretterhäuser die Straße, mit hölzernen Stiegen, die zu den Veranden hinaufführten. Ich fand ein Café und bestellte *ca phe sua da* (Eiskaffee mit Milch). Mehrere Kinder kamen heraufgeschlichen, um über meine Schulter in mein Buch zu spähen und hinterher ihren Freunden zu berichten, was sie gesehen hatten. Nach einer Weile näherte sich ein Mann Anfang dreißig, der sich als Minh vorstellte. Er war Tierarzt und sprach etwas Englisch. Ich fragte, ob es ein Hotel in der Stadt gebe. Er schüttelte den Kopf, fügte aber zögernd hinzu, dass ich bei ihm zu Hause schlafen könne. Ich schwankte einen Augenblick, überlegte, ob ich nicht nach Kon Tum weiterfahren sollte.

»Are you fear?«, fragte Minh sanft. Er glaubte offenbar, dass ich mich davor fürchtete in seinem Haus zu schlafen.

Er war schüchtern und überhaupt nicht bedrohlich, und obwohl es sich vermutlich nicht gehörte, in einem Haus ohne eine andere Frau zu schlafen (seine Frau sei nach Kon Tum gegangen, sagte er mir), versicherte ich ihm wahrheitsgemäß, dass ich keine Angst hätte. Ich folgte ihm die Straße hinunter. Seine beiden kleinen Kinder spähten um die Ecke und schauten mir zu, als ich meinen nassen Schlafsack aufhängte, mich schnell im Hof draußen wusch und ein trockenes T-Shirt anzog. Minh und ein Freund bereiteten ein kleines Omelett und eine Platte mit Gemüse zum Abendessen zu. Eine Flasche selbst gebrannter Schnaps stand offen auf dem Tisch.

Besucher kamen. Jemand forderte mich auf, Karaoke zu singen. Ein anderer wollte mit mir eine Mopedspritztour durch Kon Plong machen. Ein Polizist tauchte auf, schaute meinen Pass durch und fragte, ob ich zu ihm und seiner Frau nach Hause kommen wolle. Ich lehnte alle Einladungen ab, denn ich wollte mich nur in Ruhe hinsetzen und mein Buch lesen und früh ins Bett gehen. Minhs Haus, das einen Betonboden hatte, war in mehrere kleine Räume aufgeteilt. Die Küche hinten ging auf den Hof hinaus. Das Wohnzimmer vorne blickte auf die Straße; das Fenster war vergittert und mit schweren Rollos versehen, aber nicht verglast; dazwischen lag ein weiterer kleiner Raum, gerade groß genug für das einzige Bett des Haushalts, in dem die Kinder und ich schliefen, während Minh auf einer harten Lattenbank ohne Moskitonetz im Vorderzimmer übernachtete.

Beim Frühstück vor Tagesanbruch lud er mich ein, noch ein oder zwei Tage zu bleiben. Ich schüttelte den Kopf und sagte, ich müsse weiter. Ich spürte, wie enttäuscht er war, doch als er seine freundliche Einladung wiederholte, fauchte ich ihn wütend an: »Ich habe doch gesagt, ich muss weiter!« Ich machte mich daran Greene zu beladen. Da setzte sich Minh mit einem Stift und einem Blatt Papier an seinen Tisch und schrieb etwas auf.

Dank Greene war ich in Teile Asiens vorgedrungen, die für Touren und Reiseführer unzugänglich waren, aber der Sinn einer Reise liegt nicht im bloßen Sehen. Er liegt in der Zeit, die man dem Genießen und Aufnehmen widmet, in der Bereitschaft, sich dem Unverhofften, dem Abenteuer zu überlassen, einer Einladung zu folgen, und nicht mit Gewalt die Stunden und Tage abzustrampeln, um so schnell wie möglich ans Ziel zu kommen. Das setzt eine große Offenheit voraus, die Fähigkeit, im Augenblick zu leben, anstatt die ganze Zeit auf die Uhr oder auf einen Plan zu schauen. Wer den ständigen Ansturm der fremden Welt auf die eigenen Sinne bewältigen will, wer ungehemmt von seiner westlichen Erziehung darauf reagieren will, braucht einen nahezu unerschöpflichen Energievorrat. Und meiner war am Ende.

Die vier Tage, die ich abseits der Nationalstraße 1 gefahren war, würden immer meine lebhaftesten Erinnerungen an meine zweieinhalb Monate in Vietnam bleiben. Die Freundlichkeit und Herzlichkeit der Hochländer hatte mich mit den grapschenden, schlagenden Händen an der Küste versöhnt. Aber jetzt war ich müde. Bis ins Mark erschöpft. Körperlich und seelisch ausgelaugt. Minhs Einladung, noch ein paar Tage zu bleiben, die Einladung seiner Freunde zu einer Karaoke-Nacht, die Einladung des Polizisten zu sich nach Hause, das alles hätte mir einen Einblick in das Vietnam verschafft, das ich gesucht hatte, als ich von der Küstenstraße abgebogen war. Es waren die Augenblicke dazwischen, die Momentaufnahmen, die sich zu einer Linie auf der Karte zusammenfügen. Endlich war ich darauf gestoßen, aber ich hatte keine Energie mehr dafür. Ich hatte genug von der Straße. Meine Erschöpfung äußerte sich in einer ungerechtfertigten, gereizten Ungeduld. In dem Augenblick, als ich Minh anfauchte, wusste ich, dass meine Reise zu Ende war.

Als Greene fertig gepackt war und ich sie auf die Straße hinuntergetragen hatte, kam Minh heraus und reichte mir einen Umschlag. Er enthielt den Brief, den er geschrieben hatte. Zwei Wochen später übertrug ihn ein Übersetzer, dessen Büro aus einem baufälligen Holztisch mitten auf einem hektischen Saigoner Gehsteig bestand, für mich ins Englische:

Liebe Ereka,

wenn wir doch nur Ihre Sprache besser könnten, dann wäre es einfacher für uns gewesen, uns mit Ihnen zu verständigen! Welch ein Jammer! Aber wie auch immer, da wir wissen, dass Sie abreisen und Ihre Tour fortsetzen werden, erlauben wir uns Ihnen diese paar Zeilen zu schreiben, um Ihnen zu sagen, dass wir tief beeindruckt von Ihrer Höflichkeit und Ihrem Verständnis waren; und wir wissen nicht, was wir Ihnen anderes sagen sollen als »Gute Reise« und »viel Glück«.

Wir nützen diese Gelegenheit, um Ihnen unsere Gefühle auszudrücken. Wie Sie vielleicht feststellen konnten, sind die meisten Vietnamesen »gastfreundliche Menschen«. Doch wie bei allen Leuten auf der Welt gibt es auch bei uns Personen, die sich nicht anständig zu benehmen wissen. Wir hoffen, dass Sie über diesen Umstand hinwegsehen können. Sie sind nicht nur eine ausländische Touristin, sondern auch eine hübsche Frau. Wir sollten Sie achten und herzlich bei uns willkommen heißen.

Leben Sie wohl. Möge das Glück uns allen gewogen sein. Vielleicht werden wir uns in der Zukunft einmal wieder sehen?

Mit besten Wünschen
Nguyen Xuan Minh

Am Ende der Reise

Die Straße, die aus Kon Plong hinausführte, wand sich durch eine heiße, trockene Hochebene, die riesig und offen unter einem weiten, tiefblauen Himmel lag. Das feuchte, dichte Grün des Dschungels war längst nur noch Erinnerung. Der Schweiß lief mir in Strömen den Rücken hinunter und tropfte mir stechend in die Augen. Barfüßige Menschen mit dickem, tiefschwarzem Haar liefen die Straße entlang. Roter Staub puffte zwischen ihren Zehen hervor. Meine Kehle war noch trockener als meine drei leeren Wasserflaschen, als Greenes Reifen über eine scharfe graue Kante in der roten Erde ratschten und vier Kilometer nördlich von Kon Tum auf Asphalt trafen.

Der Altstadtmarkt war ein Füllhorn von Früchten und freundlich lächelnden Händlern. In den Cafés saßen zahlreiche Männer und starrten stumm auf die Karaoke-Filme, die über einen Fernsehbildschirm flimmerten. Ich schlürfte Eiskaffee zu den Klängen von Karen Carpenter, die »I'm on Top of the World« sang, und stellte mir vor, wie ich Greene in eine Kiste verpackte und nach Russland zurückfuhr – und zum ersten Mal merkte ich, dass ich mich darauf freute. Aus dem Augenwinkel sah ich einen Mann am Café vorbeigehen, dann kehrtmachen und abrupt stehen bleiben. Er war kräftig gebaut und Mitte vierzig, und jetzt kam er zu mir und setzte sich mir gegenüber. »Seit wann sind Sie hier in Kon Tum?« Sein ausgezeichnetes Englisch hatte einen leichten, schleppenden Kentucky-Anklang, und sein Ton war seltsam vorwurfsvoll.

»Seit gestern.«

»Nein«, sagte er kopfschüttelnd. »Ich war zwei Tage in Pleiku und habe alle Touristenhotels abgeklappert, um die Reisenden in unser neues Mini-Hotel in Kon Tum einzuladen. Sie waren nicht dort.«

»Das stimmt, ich war nicht dort. Ich komme von Duc Lam.«

»Von Duc Lam?« Er lachte ungläubig. »Nein, das ist unmöglich, dort gibt es keine Straße.«

Zwei Tage später fuhr ich Richtung Süden mitten durch Pleiku und achtete kaum auf die Kreuzung, wo die Nationalstraße zur Küste abbiegt. Bald war ich aus der Stadt draußen und wieder in der glühenden Helligkeit der Hochebene, wo ich die Stunden abstrampelte und die trockene Hitze mir tief in die Lunge drang.

Zwei Tage danach ließ ich Greene in einem Hotelzimmer in Buon Me Thuot und stieg in einen kleinen Bus nach Ban Don. Dieses Dorf ist für seine Elefantenjäger berühmt. Ein matrilinearer Stamm, die Mnong von Ban Don, fangen und zähmen die wilden Elefanten der Region. Im Mittelgang des Busses hockten zwei junge Frauen und schienen zu schlafen, wenn sie sich nicht gerade lautlos auf den Boden erbrachen. Ich döste ebenfalls ein und wachte von lautem Gelächter auf, als mehrere Hände mich an der Schulter festhielten, damit ich nicht vom Sitz in den Gang hinunterkippte. Als ich in Ban Don ankam, wurde mir bewusst, dass ich gar nicht richtig wusste, was ich hier wollte. Die Elefanten sehen, wahrscheinlich. Aber zunächst einmal hatte ich Durst. Ich ging in ein Restaurant und bestellte eine geeiste Limonade und ein Mittagessen. Die Polizei tauchte vor dem Essen auf. Der magere, graubraune Beamte trug eine graugrüne Uniform und erschien mit zwei jungen Männern als Übersetzern im Schlepptau.

»Heute ist ein Elefantenfest. Kostet fünf Dollar.«

Ein Elefant stapfte draußen die Straße entlang.

»Wo ist das Fest?«

»Morgen. Sie übernachten hier im Haus einer ethnischen Minderheit. Zwei Dollar.«

»Ich muss aber heute noch nach Buon Me Thuot zurück. Ich will mir nur das Dorf anschauen.«

»Sie müssen bezahlen.«

An der Straße nach Ban Don

»Aber das Fest ist morgen.«
»Das Fest ist heute Abend um sechs Uhr und morgen.«
»Aber es ist erst zwei, und ich will nur ein bisschen im Dorf herumgehen. Ich fahre vor sechs Uhr wieder weg.«
»Sie müssen bezahlen.«
»Nur um im Dorf herumzulaufen?«
»Ja. Fünf Dollar.«
Ich hätte geduldig sein können. Ich hätte lächeln können. Aber ich war nicht in der Stimmung dazu. »Das ist sehr schlecht«, sagte ich.
»Ja«, stimmte einer der jungen Männer beschwichtigend zu. »Das ist der Stadtrat.« Draußen gingen wieder ein paar Elefanten vorbei. Die Männer zeigten auf sie und sagten, ich solle sie fotografieren.
»Warum?«, fauchte ich, »damit Sie mir Geld dafür abknöpfen können?« Ich war jetzt drauf und dran, alles zu vermasseln. Bei diesem Spiel führt offene Wut unweigerlich ins Aus. »Muss ich wirklich nach Buon Me Thuot zurück?«, fragte ich.
Der Polizist lächelte schief und mit gebleckten Zähnen, dann nickte er.

341

»Gibt es einen Bus dorthin?«

»Kein Bus.«

»Heißt das, ich muss zu Fuß gehen?« Das war eine dumme Frage. Ich wusste genau, dass ich eine Fahrgelegenheit ergattern konnte, jetzt oder in ein paar Stunden, aber sie wussten nicht, dass ich es wusste, und sie konnten es doch wohl nicht zulassen, dass ich zu Fuß die Straße entlangmarschierte.

»Nein«, sagte er. »Sie können ein Auto mieten.«

»Sie glauben wohl, alle Touristen sind reich. Ich bin nicht reich. Ich reise mit dem Fahrrad.« Natürlich sind wir vergleichsweise alle reich, aber ich hatte Greene als Trumpfkarte, die ich notfalls aus dem Ärmel schütteln konnte.

Er zuckte mit den Schultern. »Kein Bus.«

Ich stürmte hinaus. Auf der anderen Straßenseite drüben stand auf einem Holzschild in Englisch: »Welcome to Ban Don.« Ich zeigte grimmig auf das Schild und drehte mich zu dem Übersetzer um, der mir hinausgefolgt war. »Niemand ist hier willkommen«, sagte ich. Dann verstummte ich plötzlich. Ich hatte mich für eine gewiefte Globetrotterin gehalten. Und jetzt führte ich mich auf wie ein Idiot. Ich wollte das Dorf besichtigen. Und außerdem – ein Elefantenfest, was immer das auch sein mochte, war sicher interessant. Und was waren schon fünf Dollar?

Ich holte tief Luft, entschlossen, das Ganze noch einmal von vorne aufzurollen. Aber es war zu spät. Der Polizist grinste breit, und seine Augen schauten durch mich hindurch, als er sagte: »Sie können jetzt nach Hause gehen.« Wer blufft hier, fragte ich mich, er oder ich? Soll ich wirklich fortgehen? Wird er mich tatsächlich weglassen? Ich schlenderte die staubige Straße entlang. Er hielt mich nicht auf. Ich kehrte nicht um. Die Berge zeichneten sich schwarz-violett in der Ferne ab. Strohgedeckte Hütten aus getrocknetem Gras ragten auf Pfählen aus der glühenden Erde auf. Der Schweiß rann mir den Rücken hinunter. Ein träger Fluss zog sich durch die ausgedörrte rote Landschaft. Ich spähte neidisch von der Brücke auf die Leute hinunter, die im Wasser plantschten, badeten und ihre

Kleider wuschen. Junge Mädchen in langen, zipfeligen Röcken und losen Hemden, mit Körben auf dem Rücken und Babys im Arm, lächelten mir schüchtern zu und schossen davon. Die Spätnachmittagsonne verwandelte sich in lange, dickflüssige Strahlen, und alles badete schimmernd in der zähen Lichtbrühe. Ich stapfte weiter.

Zwei Tage später war ich wieder an den Ufern des Pazifischen Ozeans. Unter einem hellen Mond, der tief an einem kristallklaren Himmel hing, fuhr ich nach Nha Trang hinein und war vor acht Uhr am nächsten Morgen am Strand. Wenn Europäer ihre Kleider abstreifen und sich in der Sonne aalen, hüllt sich ein Vietnamese in langärmlige Hemden und sucht den Schatten auf. Helle Haut hat für sie denselben Prestigewert wie für uns braune. Ihre Blässe ist ein Zeichen, dass sie nicht auf den Feldern schuften müssen, so wie unsere Bräune beweist, dass wir reich genug sind, um uns auf Tennisplätzen und karibischen Stränden zu tummeln, anstatt in neonbeleuchteten, überfüllten Büros zu sitzen oder in der Fabrik zu arbeiten. Eine Frau, die bis zu den Handgelenken und Knöcheln bedeckt war und von der breiten Krempe ihres Hutes beschattet, erschien am Fußende des Handtuchs, auf dem ich in meinem Badeanzug lag.

»Massage?«, fragte sie.

»Nein, danke.«

»Massage. Sehr billig.« Ihre Finger glitten an meiner Wade herunter, berührten die Muskeln, die sie lockern wollte.

»Nein, danke …« Ich habe oft herumposaunt, dass ich mir eines Tages, wenn ich sagenhaft reich bin, eine Masseurin anheuern werde, die ständig neben mir steht, wie ein Schatten, um bei Bedarf meine Muskeln zu kneten, bis sich die Verspannungen gelöst haben. Am vorigen Tag war ich 13 Stunden unterwegs gewesen, war von der Hochebene durch den sirrenden Dschungel auf Meeresniveau heruntergeradelt, und jetzt lehnte ich ein unglaublich billiges Massageangebot am Strand ab, nur weil ich reflexartig zu allen Verkäufern nein sagte. Ich wälzte mich herum. Sie verstand ihr Handwerk und walkte mich durch, bis die Anspannung von 183 Kilometern in der Hitze und im Sand versickert war.

Hinterher dehnte ich meine frisch gelockerten und gekräftigten Muskeln im kühlen, klaren Salzwasser, tauchte durch die Wellen und ließ mich über sie hinaustragen. Aus den Körben fliegender Händler kaufte ich frische Früchte, süße kleine Brötchen und »The Pelican Brief«. Die Hitze wurde schlimmer, daher verzog ich mich in den Schatten eines Sonnenschirms, wo ich frische Kokosmilch schlürfte und mein Buch las. Als ich meine Milch ausgetrunken hatte, spaltete die halbwüchsige Kellnerin die Kokosnuss geschickt mit einer Machete und reichte mir einen Löffel, mit dem ich das weiche junge Fruchtfleisch auslöffeln konnte.

Als ich in Kon Tum angekommen war, hatte ich mir meine triumphale Ankunft in Saigon in allen Farben ausgemalt: der Augenblick, in dem ich das Ziel erreichte, das so lange nur in der Vorstellung existiert hatte, die Verwirklichung einer Idee, die einst nichts weiter als ein Traum gewesen war, ein Finger, der die Landkarte entlangfuhr. Aber an dem Morgen, als ich in Ca Na aufwachte, 130 Kilometer südlich von Nha Trang und nur noch zwei Tage von Saigon entfernt, zwei Tage vor dem Abschluss einer achtmonatigen, 8000 Kilometer langen Reise, war ich plötzlich nicht mehr so versessen auf das Ende.

Ich machte meine Augen auf, und die Welt war in Orange getaucht. Der Himmel über den fernen Bergen war mit den grellen Farben eines Sonnenaufgangs überhaucht, wie ich ihn auf einer Postkarte belächelt hätte. Ich wälzte mich herum. Zwanzig Minuten später war es so taghell, als ob die Nacht niemals existiert hätte. Zwei Tage lang faulenzte ich auf meinem Balkon herum oder ließ mich in dem kristallklaren Wasser treiben, während reiche Frauen aus Saigon voll angezogen ins flache Wasser eintauchten. Sie planschten herum und spielten im Wellengekräusel, dann wateten sie lachend in die heiße, trockene Sonne zurück, wo ihre leichten Kleider so schnell trockneten wie ihre Haut. Ich ging zum Strand hinunter, einem Streifen Sand, der sich zu einer Landzunge verjüngte, mit einer Lagune auf der einen Seite, dem Ozean auf der anderen und dem Dorf jenseits der Wasserrinne zwischen den beiden.

Aber mein Körper krümmte sich, als Erinnerungen an die Kinder-mobs in Lang Co und Ba To aufstiegen, und so ließ ich mich von der Wasserrinne aufhalten. Ich saß im heißen Sand und schaute den Jungen zu, die die Leute in kreisrunden Korbbooten über die hundert Meter breite Strömung ruderten.

7800 Kilometer hatte ich abgefahren; zweihundert lagen noch vor mir.

Südlich von Ca Na verlief die Straße durch trockenes Wüsten-land. Der Schweiß verdampfte so schnell, dass ich nicht einmal nass wurde, als ich in den heißen Gegenwind hineinradelte. Ein einsamer Komplex von drei Restaurants tauchte wie eine Oase neben der Straße auf. Das waren keine *com-pho*-Buden mit zwei niedrigen Tischen und dem Familienbett in der Küche. Die Tische und Stühle waren groß; die Speisekarte war in Englisch; der Eingang war mit Blumenbeeten und gemalten Windmühlen dekoriert. Ich bestellte eine Limonade. Der Kellner brachte mir eine Dose Schweppes.

»Nein«, wiederholte ich. »*Nuoc chanh da.*«

Verwirrt tauchte er mit einem halben Glas Zitronensaft wieder auf.

»Eis«, sagte ich, »*da*, so wie es überall serviert wird.«

Stirnrunzelnd brachte er mir ein zweites Glas, das mit Eis gefüllt war. Ich stellte mir vor, wie oft er wohl herrlich erfrischendes *nuoc chanh da* serviert haben mochte, das er dann zurücktragen musste oder das von den Fremden nicht angerührt worden war, weil sie Angst vor dem ungefilterten Wasser hatten. Eine Minivan-Ladung französischer Touristen tröpfelte herein und besetzte die zwei Tische neben mir, und ich fragte mich wieder einmal, wie so oft in den letzten acht Monaten, ob der Westen sich nicht zu Tode desin-fizierte. Der Kellner brachte den Fisch, den ich bestellt hatte, eine Platte Reis und eine Gabel. Ich verlangte Essstäbchen und eine Schale. Ich bat ihn, mir eine Platte mit rohem Grüngemüse und *nuoc mam* (fermentierte Fischsauce) zu bringen, die unabdingbar zu jeder Mahlzeit gehören und die ich auf dem Tisch der vietname-sischen Besitzer hinter mir stehen sah. Als ich mich gerade über mein Essen hermachen wollte, kam ein Franzose an meinen Tisch, zeigte auf das Gemüse und warnte mich: »Wissen Sie nicht, dass man das hier nicht essen soll?«

Am Nachmittag des 3. April 1994 radelte ich nach Saigon hinein, eine Stadt, die ebenso stark vom Einfluss Amerikas geprägt ist, wie Hanoi noch heute französisch wirkt. Grellbunte Reklametafeln priesen brandneue Produkte an. Junge Frauen liefen in modischen Jeans herum. Mopeds verdrängten rasch das Fahrrad und jagten die Hektik und den Geräuschpegel beträchtlich in die Höhe. Es war eine rücksichtslose, betriebsame Stadt, die ganz auf die Zukunft hin orientiert war. Hanoi war elegant, Saigon vital. Hanoi war aristokratisch zurückhaltend, Saigon streckte die Hand aus und grapschte nach einem. Hanoi empfing Fremde mit reservierter Gleichgültigkeit, Saigon schlug einem auf den Rücken und erwartete, dass man mitlachte. Die Vorstadt-Alleen von Hanoi beschirmten das vornehme Mausoleum Ho Chi Minhs, die tosenden, kommerziellen Hauptverkehrsadern von Saigon führten zum »War Crimes Museum« (Museum der Kriegsverbrechen). T-Shirts, Briefmarkensammlungen und Hubschrauber, aus Coca-Cola-Dosen fabriziert, türmten sich auf den Tischen der Gehsteighändler in der Innenstadt. Die Marktbuden waren mit Mangos, Papayas und unzähligen Ballen leuchtend bunter, gewichtsloser Stoffe voll gestopft, neben Filzschreibern, Tennisschuhen und Feuerzeugen. »Fotokopien«, »Kaffee«, »Konferenzraum«, stand auf Reklameschildern in Englisch, und darunter hockten Marktfrauen auf dem Gehsteig, neben Töpfen mit Muscheln und hart gekochten Eiern.

Ich fuhr Richtung Süden zum Mekong-Delta, aber meine Reise war vorüber, meine Energie verbraucht, und ich blieb nicht lange. Es war eine Welt, in der das feste Land nichts weiter als eine bloße Unterbrechung des Elements Wasser darstellte. Myriaden von Booten durchpflügten die grünen Wasserstraßen. Flache Boote setzten Passagiere von Ufer zu Ufer über, von Ruderern gesteuert, die im

346

Ein Mann und sein Hund im Mekong-Delta

Heck standen. Große Boote dienten als schwimmende Läden, und ihre Regale waren mit Zigaretten und Crackern voll gestopft. Boote jeglicher Größenordnung stellten das Zuhause ganzer Familien dar. Festlandhäuser säumten die Kanäle wie Vorstadtsiedlungen, und an den baufälligen Landestegen schaukelten Boote, so wie andernorts Autos in rissigen Einfahrten stehen. Häuser auf Pfählen standen dort, die Geländer ihrer Veranden mit Wäsche behängt; in Unterständen, die auf einer Seite offen waren und aufs Wasser hinausgingen, waren Altäre untergebracht. Die Toiletten waren nichts als ein Loch im Boden über derselben Strömung, in der die Leute fischten und badeten und ihr Gemüse wuschen.

Auf einer herrlichen Ruderbootstour in die Seitenkanäle hinein wurden Früchte direkt vom Baum gepflückt und noch warm in den Mund gesteckt. Ich hätte nie geglaubt, dass es so viele Früchte geben könnte, von denen ich noch nie gehört hatte. Schleimig gelbe Früchte mit Kaugummiaroma glitschten mir von den Fingern in den Mund. Hohle rosa Früchte knirschten süß zwischen meinen Zähnen. Berge von reifen grünen Bananen drohten das Boot unter ihrem Gewicht zu versenken. Die Ruderin fragte, wann ich nach Saigon zurückkehren würde.

»Vielleicht morgen, vielleicht übermorgen. Ich habe ein Fahrrad, ich kann gehen, wann immer ich will.«

»Ein Fahrrad?« Sie schüttelte den Kopf. »Von Can Tho nach Saigon mit dem Fahrrad? Das sind 150 Kilometer. Es ist zu weit.«

Die Sonne neigte sich in reichem Glanz dem Horizont zu. Ein einzelnes Ruderboot glitt geschmeidig durch das wogende, schimmernde Lichtband des Sonnenuntergangs, um dann in den Schatten der Wassernacht zu verschwinden. Ich saß auf meinem Balkon in der milden Aprilluft – von der drückenden Hitze des Tages war nur ein leichtes Brennen der Haut unter der Sonnenbräune zurückgeblieben – und schaute zu, wie die Marktleute zusammenpackten. Plötzlich wurde mir bewusst, dass mir barfüßige braune Kinder und Frauen mit kegelförmigen Strohhüten nicht mehr exotisch vorkamen.

Als ich wieder in Saigon war, ging ich über die Verkehrsinsel von Graham Greenes »Hotel Continental« zum Stadttheater hinüber. Zwei Männer spielten Badminton auf einer leeren Bühne. Ich setzte mich ganz hinten in eine Reihe und starrte in das Licht hinter dem Proszeniumsbogen. Ich konnte nicht glauben, dass es vorüber war. Bald würde ich in Hongkong sein, dann in Peking und schließlich in Wladiwostock, alles per Flugzeug und per Zug. Russland war so nahe an zu Hause, wie ich es mir nur vorstellen konnte – ein Ort, wo ich aussah wie alle anderen, wo ich kein Analphabet war, wo ich morgens, wenn ich aufstand, wusste, dass ich abends wieder im selben Bett schlafen würde, anstatt eine unbekannte Straße unter die Reifen zu nehmen und einem unwahrscheinlichen Ziel entgegenzufahren. Ich freute mich auf die zielstrebige Arbeit im Probenraum und wusste doch schon jetzt, wie sehr ich das Ungewisse, das Geheimnisvolle vermissen würde, das mich Tag für Tag um jede Biegung erwartete.

Ich schlenderte in die Sonne zurück. Kinder spielten auf Straßen, über die der Verkehr hinwegbrauste. Kinder verkauften Obst, Lotteriescheine und Postkarten – Kinder, die Touristen-Englisch sprachen, aber nicht in der Lage waren, ihren eigenen Namen auf Vietnamesisch zu schreiben. Kinder bettelten herzerweichend und wiesen dann das angebotene Essen verächtlich zurück. Kinder bettelten würdevoll und nahmen das Essen dankbar entgegen. Kinder in sauberen weißen Hemden, roten Halstüchern und dunkelblauen Hosen ließen lederne Büchertaschen von ihren Lenkstangen baumeln, saßen zu zweit oder dritt auf einem Fahrrad, lachend, mit den mageren Beinen in die Pedale tretend – Kinder, die in einem Land aufwuchsen, das endlich mit niemand mehr im Krieg lag, nicht einmal mit sich selber. Ich saß in einem Straßencafé, schlürfte einen Avocado-Shake und konnte noch immer nicht glauben, dass ich hier war, konnte mir immer noch nicht vorstellen, wie ich es hierher geschafft hatte. Ein elfjähriger Straßenverkäufer schlüpfte auf den Stuhl neben mir. Er überredete mich zwar nicht eine Postkarte zu kaufen, aber er brachte mich dazu, dass ich ihn eine Runde auf meinem Fahrrad drehen ließ. Er musste sich flach auf Greenes Stange drücken, um an den Lenker zu kommen, und reichte mit seinen Zehen kaum an die Pedale hinunter. Aber er kurvte stolz und geschickt durch die Menge.

Danksagung

Mein Dank geht an

Becky Barnett und Ann Bernheisel, ohne die ich es nie zum Flugzeug geschafft hätte;

alle, die sich Zeit genommen haben, mir Briefe zu schreiben. Es bedeutet mir viel mehr, als sie ahnen;

Greg Palmer und Renée Wayne Golden, die mir zutrauten, ein Buch zu schreiben;

Grace und Jim und Alice und Bob, unter deren Dach ich mein Buchprojekt in Angriff nehmen konnte;

Ten Eyck und Leslie Swackhamer, dank deren Großzügigkeit und Esszimmertisch ich mein Vorhaben zu Ende führen konnte; sie sind die wahren Schutzheiligen dieses Buchs;

Frank Corrado, der Zeit und Verständnis hatte, wann immer ich ihn brauchte;

und schließlich an Peter, für die Geduld, die er mit mir hatte; für alles.

Vor allem aber danke ich allen Menschen, die ich auf meinem Weg von Irkutsk nach Saigon kennen lernen durfte. Sie haben dieser Geschichte Leben und Farbe eingehaucht, und ich hoffe, dass ich ihrer Gastfreundschaft und überwältigenden Großzügigkeit gerecht geworden bin.

Bibliografie

Bawden, C. R.: The Modern History of Mongolia. New York, 1989

Conly, Shanti R. und Sharon L. Camp: China's Family Planning Program. Challenging the Myths. Washington, 1992

Major, John S.: The Land and People of Mongolia. New York, 1990

Mole, Robert L.: The Montagnards of South Vietnam. Hong Kong, 1970

Népote, Jacques und Xavier Guillaume: Vietnam. Hong Kong, 1990

Worden, Robert L., Andrea Matles Savade (Hrsg.): Mongolia. A Country Study. Washington, 1991

Wu, Jingrong (Hrsg.): The Pinyin Chinese–English Dictionary. Beijing und Hong Kong, 1979

**NATIONAL GEOGRAPHIC
ADVENTURE PRESS**

FRAUEN ÜBERALL

REISEN · MENSCHEN · ABENTEUER

Michele Slung
Unter Kannibalen
Und andere Abenteuerberichte von Frauen
ISBN 3-442-71175-4
Ab Juni 2002

Von der Wienerin Ida Pfeiffer, die im 19. Jahrhundert die Welt umrundete, über die Fliegerin Amelia Earhart und die Primatenforscherin Biruté Galdikas spannt sich dieser Reigen – Biografien von 16 mutigen und abenteuerlustigen Frauen.

Carmen Rohrbach
Im Reich der Königin von Saba
Auf Karawanenwegen im Jemen
ISBN 3-442-71179-7
Ab Juli 2002

Nach Erfahrungen auf allen Kontinenten erfüllt sich die Abenteurerin Carmen Rohrbach den Traum ihrer Kindheit: Allein durch den geheimnisvollen Jemen. Mit viel Intuition und Hintergrundwissen schildert sie das Leben der Menschen, vor allem der Frauen.

Josie Dew
Tour de Nippon
Mit dem Fahrrad allein durch Japan
ISBN 3-442-71174-6
Ab September 2002

Josie Dew ist nicht unterzukriegen: Seit Jahren radelt die Engländerin durch die Welt und berichtet davon auf humorvolle Weise. Diesmal erkundet sie Japan – und ihre Schilderungen von Land und Leuten sind so spannend wie ihre Reiseerlebnisse.

So spannend wie die Welt.